本书为教育部哲学社会科学研究重大课题攻关项目

"我国古代治理理念研究"（项目批准号：18JZD023）的成果之一；

本成果受河北大学燕赵文化研究院学科建设经费资助

中国古代
治道理论与实践研究

胥仕元 李宏亮◎著

人民出版社

前　言

　　《中国古代治道理论与实践研究》系教育部哲学社会科学研究重大攻关课题"我国古代治理理念研究"的研究成果。"治道",概而言之,就是治理国家的措施和方略。我国古代"治道"理论非常丰富,各朝代的治理者吸收采纳"治道"理论从事政治实践,造就了不同的社会景象。众所周知,不论是"治道"理论的阐释者还是"治道"的实践者,甚至集理论阐释和实践于一身者,人数众多。所以,在此我们将对这一问题及本书写作的相关问题作一说明。

一、"治道"理论阐释者人物的选择

　　1. 只选择先秦时期的人物

　　原因是,先秦的"治道"思想,具有原创性和奠基性的贡献,秦汉以后的思想理论则是在这些原创性之上的再加工,正如刘泽华先生所言:"除佛家传入增加了新的思想方式外,人们几乎都没有超越先秦诸子提供的思想范式,所有的思想家大抵都是在诸子学说的基础上从事'加减法'或'拼盘'工作。"①我们对这一观点表示认同,故以先秦划界择人。

　　2. 选择先秦时期影响重大的人物

　　以此为标准,选择了周公、孔子、老子、孟子、荀子和韩非子。我们的基

---

　　①　刘泽华:《历史点睛:正解中国历史》,天津教育出版社 2013 年版,第 37 页。

本认识是,在源远流长的中华文明中,周公是"三代"文明的总结者,又是礼乐文明的开创者,也是西周成王初年的最高执政者,其既有理论的探讨,又有从政的实践,是研究中国古代"治道"必须首先触及的人物,故以周公为起始。孔子是儒家的创始人,孟子、荀子是孔子思想的主要继承者,儒家思想在中国古代政治生活中一直发挥着主导作用,故选择儒家孔、孟、荀的"治道"理论进行分析。老子是道家的创始人,道家的"道法自然"、"无为而治"、"治大国若烹小鲜"等主张,是古代"治道"理论的重要组成部分。韩非是法家的集大成者,其思想反映了先秦法家的基本主张,法家的"治道"主张是古代"治道"理论不可或缺的组成部分,故择之。

二、"治道"实践代表人物的选择

古代社会"治道"的实践者主要是国家的实际治理者,我们选择了秦始皇、汉武帝、唐太宗、朱元璋、康熙。选择这几位帝王,是基于如下考虑:秦始皇的"政制"创设、汉武帝的"思想一统与霸王道杂之的统治术"、唐太宗的"纳谏任贤、居安思危"、朱元璋的"废相与吏治"、康熙的巩固"一统"等,从不同方面反映了"治道"实践,具有比较强的代表性,左右了他们各自时代的社会发展和历史走向,对后世产生了重要影响。本研究着重于通过对这些"治道"实践的研究,吸取"精华",剔除糟粕,服务于当今的国家治理和社会治理。

三、写作方法及基本思路

展示中国古代"治道"的理论和实践,不是为这些人立传,而是"只抓一点,不及其余","一点"就是本书的核心概念"治道","其余"就是"治道"以外的部分,基于此,我们不追求各章篇幅长短一致,内容多则多写,少则少写,以表达清楚为原则。所以,如果觉得我们对哪位先哲或国家治理者写的不够丰满,那就从本论的"治道"角度去理解,或许能够接受。

　　探讨古人的"治道"，是紧扣古籍文本记载即"入乎其内"和今人理解即"出乎其外"的综合产物。古籍文本虽然有不同的版本，但内容基本一致，我们将本着"让过去用它自己的声音来诉说"的原则使用材料，不同的是今人的解读，在不同的文化背景熏陶下会产生不同的理解，不同的理解就会产生不同的结论。所以，我们的结论只是一家之言，不强求同仁或读者对某些结论的完全认同，但求展开广泛的学术争鸣。

四、研究古代"治道"的意义所在

　　研究古代"治道"，不是主张复古，而是要从古代的"治道"中挖掘精髓，尤其是古代"治道"中的亮点和影响久远的内容，从而阐释中国古代治理和管理思想的启发意义。从宏观视角看，对古代"治道"思想和实践挖掘的越全面，越能增强人们对中国治理文化的认同感，也会改变人们认为中国古代没有治理思想的偏见，更能对我们今天的治理提供有益的借鉴。所以，展示中国古代"治道"思想的"气场"和"话语权"，把现代根植于传统中，才能够增强文化自信，更好地借传统之传承而砥砺前行。

　　毋庸置疑，古代"治道"中糟粕的内容，我们也会提及，只是秉承事实，但不作为重点探讨。我们的观点是，"治道"理论和实践中透露出的不符合时代进步特征的东西必须剔除。

目　　录

理　论　篇

实　践　篇

理　论　篇

第1章 "敬德保民":周公开创礼乐文明

夏曾佑先生曾言:"有周一代之事,其关系于中国者至深,中国若无周人,恐今日尚居草昧。盖中国一切宗教、典礼、政治、文艺,皆周人所创也。中国之有周人,犹泰西之有希腊。"①的确,周人在中国初创时期的地位十分重要,各种原创性的制度和思想对后世产生了巨大的影响,这种"地位"的确立和"思想"的影响离不开一个重要的人物:周公。正如黄仁宇所言:"整个看来,周人实为中国初期各种制度的创始者,其中最具创造性的人物是周公。"②美国汉学家顾立雅认为,"周王室的伟大成就几乎全被归于周公"③。那么,我们探讨"治道"就从周公④说起。

周公,名旦,周文王的儿子、周武王的弟弟、周成王的叔叔。因其采邑在周,故称周公。《史记》⑤载:"自文王在时,旦为子孝,笃仁,异于群子。"(《鲁周公世家》)说明文王在世时,周公旦就表现出异于常人的禀赋。

周公事文王也,行无专制,事无由己,身若不胜衣,言若不出口。有奉

① 夏曾佑:《中国古代史》,东方出版社 2012 年版,第 29 页。
② 黄仁宇:《中国大历史》,生活·读书·新知三联书店 2007 年版,第 15 页。
③ [美]顾立雅:《申不害:公元前四世纪中国的政治哲学家》,马腾译,江苏人民出版社 2019 年版,第 69 页。
④ 周公既是"治道"理论的阐述者也是实践者,相较而言,他在理论方面的开创性贡献对后世的影响更大,故将他放在"理论篇"。在此也略加说明,我们区分"理论篇"与"实践篇"也是一种大概的区分,关键看历史人物在哪方面的贡献更大、影响更大。
⑤ [西汉]司马迁:《史记》,中华书局点校本 1959 年版。以下凡引用《史记》材料均为此版本。

持于文王,洞洞属属,如将不能,恐失之,可谓能子矣。(《淮南子·氾论训》)

这是反映周公"孝"的记载。在中国社会中,百善孝为先,普通大众能够做到"孝",就能够在一个家庭、一个家族形成"孝"文化。周公年轻时就表现出极好的"孝"的修养,那么,他成为国家的最高统治者后,把这种"孝"的精神贯彻于治国政策应该是理所当然的。

周文王治理西岐时推行仁德政治,颇受百姓的拥戴,后世对文王有极高的评价,周公聪慧仁智,是文王众多儿子中的佼佼者,受文王的言传身教,成为具有"王者"风范的治国之才,也成了西周制度顶层设计的重要人物。文王死后,"武王即位,太公望为师,周公旦为辅,召公、毕公之徒左右王,师修文王绪业。"(《史记·周本纪》)亦即文王死后,周公等开始辅佐武王,"及武王即位,旦常辅翼武王,用事居多。"(《史记·鲁周公世家》)周武王率诸侯联军,"十一年,伐纣,至牧野。周公佐武王,作《牧誓》。破殷,入商宫。"(《史记·鲁周公世家》)在跟随武王克殷除暴过程中,周公旦目睹残暴统治下民不聊生,更注意到民众对安定生活的渴望,这可能是他产生怜悯之心的现实基础。"武王克殷二年,天下未宁而崩。"(《史记·封禅书》)年幼的成王继承大统但无力亲政,周公摄政,卓越政治家的素质和现实政治的需要,把周公推向了历史的前台。《史记》有载:"成王少,周初定天下,周公恐诸侯畔周,公乃摄行政当国。"(《史记·周本纪》)"武王自受命九年至十三年凡五年,周公辅之灭殷兴周,开王业之基,百世经纶犹未大定而武王崩。于是周公之责任愈大,虽不嗣立,然实处与嗣立同样之地位;而周公绝世之才德,遂愈益发扬其光辉焉。"①

周公是否真正称王,是一直争论不休的问题,先秦秦汉时期的文献记载已经不能达成一致了,"成王幼,不能莅阼,周公相,践阼而治"(《礼记·文王世子》),"仲尼曰:'昔者周公摄政,践阼而治。'"(《礼记·文王世子》)"周公践天子之位七年"(《韩诗外传》卷三),"周公践天子之位。"(《说苑·

---

① 钱穆:《周公》,九州出版社 2018 年版,第 22 页。

君道》)"周公摄天子位七年。"(《说苑·尊贤》)"武王崩,成王年幼。周公继文王之业,履天子之籍,听天下之政。"(《淮南子·氾论训》)"周公恐天下闻武王崩而畔,周公乃践祚代成王摄行政当国。"(《史记·鲁周公世家》)现代学者的归纳是四种观点,一是"周公曾经摄政称王",二是"周公只是摄政但未称王",三是"周公既未摄政也未称王",四是认为"周公当政实为篡国之举"①。就我们的论题而言,周公是否坐在了天子的位子上这一形式问题并不是最重要的,按上边我们对先秦秦汉史料的简单罗列和当代人的归纳来看,周公处于当时西周政治权力的最高位置毋庸置疑,他所起的作用实质上就是君主的作用,行使的是君王的权力,"履天子之籍,听天下之断,偃然如固有之"(《荀子·儒效》),制定的是只有君王才有权制定的有关治理国家和社会的方略,并且他还要教育年幼的成王如何治理国家,他是"周朝名副其实的第一任大家长"②。由于周公的巨大贡献,他做什么,出台什么样的治国措施,对当时的影响自不必说,一言以蔽之,"孔子之前,黄帝之后,于中国有大关系者,周公一人而已。"③对后世"治道"理论的影响同样百代不衰。

一、天佑有德:政权建立的合法性

"合法性"是个现代概念,古代可能不是这样表述的,但并不意味古代没有对这个问题的实质性理解和思考,或许恰恰相反,古人从一开始就把这个问题看得很重要。

回溯人类历史可知,一个朝代取代另一个朝代有其必然性,但建立的新朝代必然会说明接续的正当性和合法性,不然就不能使天下人信服、归心,甚至会用狐疑的目光猜测你的政权是叛逆犯上而建立的,自然也就不会心甘情愿地服从统治,乃至离心离德。所以,在政治生活中,执政者从理论上说明自己统治的合法性和正当性是非常必要的。

---

① 吕庙军:《周公研究》,人民出版社 2012 年版,第 17 页。
② 杨尚懂:《道德违约与先秦社会的政治变迁》,华夏出版社 2012 年版,第 173 页。
③ 夏曾佑:《中国古代史》,东方出版社 2012 年版,第 31 页。

(一)天命不常

早年,西周是生活在周原的"小邦周",经过多年的发展后,积蓄了一定的实力,到武王时期,联合众多邦国一举推翻了"大邑殷",武王成为主宰万邦的"天子",这一天崩地裂的变化,理论上的准备是否充分,是考验政治家智慧的关键端口。为了获得天下人政治上的认同,西周王朝的主要缔造者周公充分发挥了其政治智慧,结合历史事实,对西周政权的合法性进行了透彻的分析和有力的说明。

周公提出了"天命不常"的观点。意思是上天并不会永远保佑某个朝代。为了更具说服力,周公对前代进行了追述,认为商朝取代夏朝也是天命所为,夏王朝的灭亡就是因为"有夏不适逸"(《尚书·多士》),就是说夏桀统治集团骄奢淫逸,不能代天行使管理天下的责任,所以天抛弃了夏,而选择能够代表天命的汤来治理天下。"有夏多罪,天命殛之"(《尚书·汤誓》),周取代商也是如此,"商罪贯盈,天命诛之"(《尚书·泰誓上》)。几百年的日出日落,商代后世的执政者又走入了夏的怪圈,商纣王残暴统治的结果造成败亡的悲剧。所以,周王朝"不可不监于有夏,亦不可不监于有殷。"(《尚书·召诰》)

在商周时期,统治者认为他们权力的来源,亦即合法性的来源,一个是"先公先王",另一个就是"天"。"先公先王"能够说明权力来源的继承性、正当性,也为解释天命可变埋下了伏笔,即"皇天无亲,惟德是辅"(《尚书·蔡仲之命》)。"天"则可以说明权力来源的神圣性,因为当时的人们把"天"视为高高在上的"宗教"力量来信仰,聪明的政治家正是抓住了人们的这一心理,在没有其他更合理的理论来解释某一现象时,"天"就是最好的解释工具。就像西方人在无法解释某一现象时,就归诸上帝的作用一样。天的威力不可估量,"一方面王朝的合法性要用是否有'天命'来加以证明,另一方面王朝的交替更迭也要用'天命'的变更来加以解释"[1]。所以,产

---

[1] 〔日〕王柯:《从"天下"国家到民族国家》,上海人民出版社 2020 年版,第 61 页。

生了"祭天"活动,"祭天"不仅仅是一种形式,更是统治者的一种政治心理,本身将信将疑的一种行为,在内心默祷的次数多了也就信以为真了,觉得祭天后能够得到"天"的保佑,能够永久统治。这种表象化的东西,成了政治生活的一部分,成为证明合法性和巩固统治的工具。

另外,从天的字形看,古"天"字像人形,"天,颠也。至高无上,从一大。""天"的本义是人的头顶,人的头顶骨就叫"天灵",故引申为自然界的至高无上为"天"(《说文解字》)。周初的宗教观念和政治观念都认为,君主是天的嫡长子,故称天子。所以,周公从"天"的视角论述,能够最大限度地为民众接受。

司马迁在《史记》中记述了周武王的一段话:

> 今殷王纣维妇人言是用,自弃其先祖肆祀不答,昏弃其家国,遗其王父母弟不用,乃维四方之多罪逋逃是崇是长,是信是使,俾暴虐于百姓,以奸轨于商国。(《史记·周本纪》)

这是周武王在牧野之战前对他的士卒们进行战前动员时所说的话,历数商纣王的种种劣行。把纣王的所作所为概括为,被妲己迷惑、陷害忠良、任用奸佞、残害百姓,导致天怒人怨。上天不再保佑纣王,是改朝换代的时候了。墨子曾对三代君王评价道:"惜三代圣王禹汤文武,此顺天意而得赏也。惜三代之暴王桀纣幽厉,此反天意而得罚者也。"(《墨子·天志上》)禹、汤、文、武因为敬天并爱护百姓而得到上天的赏识,所以他们的基业能够传之子孙。而桀、纣、幽、厉因为不敬天且残害人民而受到上天的惩罚,很快断送了他们的基业。墨子的论述,明显是对禹、汤、文、武推崇有加,周公是文、武事业的继承者,那么,墨子对周公思想的某种认同自在情理之中。

周公认为:

> 天畏棐忱,民情大可见,小人难保。往尽乃心,无康好逸豫,乃其乂民。(《尚书·康诰》)

在这里,周公的话锋有了一个明显的转折,说明了天是否保佑某个朝代要看民情,揭示了民情的重要性。商纣残暴,民情悲苦;文武仁厚,民情欢悦。所以"天命"向周而背商。周公把"天命不常"和"民情大可见"思想结合起来,说明周取代商是天命所归,是合情合理的。周公头脑中或许有天的存在,有对天的敬畏,但作为大政治家,已经站在俯视天下位置的实际执政者来说,他心里更明白,"天"是虚的,而"民"是实的,"天视自我民视,天听自我民听。"(《尚书·泰誓中》)表现出此时周公对"天"的理性认识。更进一步讲,他倡导的敬天是虚,保民才是实,"实"就应该落到实处,落实到所推行的政策中。

(二)惟德是辅

周公给后世留下的最大的政治遗产就是德政。"皇天无亲,惟德是辅。"他认为皇天不偏亲偏爱任何一个人、一个家族,只要有德,皇天就会辅佐,这样,就把皇天当作是一个人格化的存在,也把是否有"德"作为合法性的重要因素。正如彭新武先生所言,"'君权天授'使君权获得了一种绝对性与神圣性,却不一定能保证其延续性、永恒性"[1]。那么,要保持延续性和永恒性,就必须考虑一个重要的因素:德。"周公深信美德比神秘的超凡能力更为重要,这称得上是轴心时代的深刻洞见。"[2]"'德'是先王能配上帝或昊天的理由","这是周代维新在思想史上的一大进步。"[3]

那么,什么是"德"?《说文解字》载:"'德'本是个会意字,在甲骨文中,德字左边是'彳',含义是道路或方向,右边是一条向下垂落的直线,垂直线的下方是一只眼睛,合起来表示目光向前直视。在金文中,将'心'字增添在'目'的下方,意思是不光要目正、心正,还要行动正直才算有德。小篆承接金文。隶变后楷书写作'德'。"不少学者都对"德"做过解释,意思基

① 彭新武:《中国古代治国要略》,人民出版社 2018 年版,第 16 页。
② [英]凯伦·阿姆斯特朗(Karen Armstrong):《轴心时代(公元前 800 年—公元前 200 年):塑造人类精神与世界观的大转折时代》,孙艳燕、白彦兵译,海南出版社 2010 年版,第 39 页。
③ 侯外庐、赵纪彬、杜国庠:《中国思想通史》(第一卷),人民出版社 1957 年版,第 92 页。

本无异,如"从'德'的含义上来说,'德'就是'得',就是做事做得适宜,于人于己都过得去,无愧于心"①。

周公重视德政作为合法性的重要来源,是把"德"作为政治范畴来看待,这一视角对后世的影响是极其深远的。司马迁在探讨朝代更替时,也特别强调了德政的重要性。他在述及夏灭亡的原因时写道:"帝桀之时,自孔甲以来而诸侯多畔夏,桀不务德而武伤百姓,百姓弗堪。乃召汤而囚之夏台,已而释之。汤修德,诸侯皆归汤,汤遂率兵以伐夏桀。桀走鸣条,遂放而死。"(《史记·夏本纪》)在司马迁的表述中,强调了"务德""修德"是保佑国运的重要条件,与周公强调德政治国观点一致。

在商代晚期,商纣王自认为"我生不有命在天?"(《尚书·西伯戡黎》)重用"善谀,好利,殷人弗亲"的费仲,"善毁谗"的恶来,不重修德,"诸侯以此益疏",而西伯侯,亦即后来的周文王,"乃阴修德行善,诸侯多叛纣而往归西伯。"(《史记·殷本纪》)以此可见,修德则天下归之,疏德则天下离之。

周公总结夏失德则天下归商,商失德则天下归周的教训,谆谆告诫年幼的成王和各位大臣要行德政。"敬德保民"中的"敬德",是周公提出的重要观念,而且强调"疾敬德"(《尚书·召诰》),一个"疾"字,体现了周人希望尽快提升德行的强烈意识,这也是中国传统"德治"在西周时期的新发展。如果用国家治理的术语来讲,就是统治集团在拥有对天下的控制权后,也要站在道德的制高点上,权力与道德双轨并进,来保障自身这辆战车的均衡运行,这给后世执政者提供了有益的执政理念。

回到"敬天"一说,如果我们对周公的心理做一分析,可以基本推断,周公作为最高的执政者,除了面向大众表明他的观点,达到人心归附的目的外,还和统治集团的成员有一个基本的认识,即"天"可以作为意识形态宣传中主要的内容,但并不能完全靠天。如:

---

① 杨荣国:《中国古代思想史》,人民出版社 1973 年版,第 10 页。

> 天不可信。(《尚书·君奭》)
>
> 天难忱斯,不易维王。(《诗经·大雅·大明》)

意思是说,上天的旨意不是完全靠得住,难道只有我周王室的统治能长久吗? 透露出周公满满的忧患意识。

当然,这种基本认识是统治者内部的某些成员的务实认知,是不会对所有的民众公开的,对于民众,他们宣传的仍然是天可以赏善罚恶,是人类的主宰。这大概就是郭沫若所说的,周人讲天有两种讲法,一种是对己(即对周人),一种是对人(即对殷人)。郭沫若认为,西周的统治者自己怀疑天命,对周人讲天不可信;而对被统治者大力宣传天命,对殷人讲天命在身。① 不过,作为既仰望星空,又脚踏大地的政治家,确实是把目光更多地注视到政治实践中,如:

> 惟王其疾敬德,王其德之用,祈天永命。(《尚书·召诰》)

意思是只有做国王的崇尚德政,以德行事,才能得到上天的保佑,保持王位的长久。在治国方略的制定和实施中要更多地关注民事、行德政。

周公的德政主要包括什么呢? 我们从相关历史资料中归纳,大致有这样几个方面:

第一,国家劝民务农,并提供保障。

> 列树以表道,立鄙食以守路,国有郊牧,疆有寓望,薮有圃草,囿有林池,所以御灾也。其余无非谷土,民无悬耜,野无奥草。不夺民时,不蔑民功。有优无匮,有逸无罢。国有班事,县有序民。(《国语·周语中》)

---

① 参见《郭沫若全集·历史编》(第一卷),人民出版社1982年版,第334页。

大意是：周朝的制度说，道路两旁栽树用来标识道路，在郊野建立食店，用以守候过路之人，国都郊外要有放牧之地，边疆要有寓舍候望之人，浅滩泽薮要有园圃之草，苑囿要有积木和积水，这些是用来防御自然灾害的。其余的地方，都应该是适宜种谷的土地，农夫家中没有闲置悬挂的农具，田野中没有深草。不要抢夺民时，不要抛弃民事。保持优裕充足，不要陷入匮乏，有休闲，无过劳。城邑官员依次治事，县鄙百姓有序劳作。这完全是一副官员百姓上下相安、其乐融融的景象。

易中天先生认为，"周人对殷人的胜利，是一种文化战胜了另一种文化，即农耕文化战胜了工商文化"[1]。这也说明了周人对农业的重视。

周公的敬天保民治国思想紧紧围绕"天"和"民"二者的重要性展开，又各有主次，达到了当时执政者有关国家合法性来源思考的最高水平。

第二，慎罚。

与"德政"相辅相成的是"慎罚"，"慎罚"是"德政"的具体表现之一。周公的"慎罚"思想集中体现在《尚书·康诰》中，如"非汝封刑人杀人，无或刑人杀人。"即刑罚不能徇一己之私，不能是你想杀就杀，你不想杀就不杀，要以事实为依据，以法为准绳。再如，"人有小罪，非眚，乃惟终，自作不典；式尔，有厥罪小，乃不可不杀。乃有大罪，非终，乃惟眚灾，适尔，既道极厥辜，时乃不可杀。"大意是，要区别"故意"和"过失"，"偶犯"与"惯犯"，并结合认罪态度加以处罚。对于故意、惯犯，又不认罪的，犯小罪也要处以重刑，对于那些过失、偶犯，认罪态度好的，犯大罪也可减刑。这种观点，对后世法律的制定和实施有重要借鉴意义。辛堪生、李学林称《康诰》是"中国刑法史乃至世界刑法史上具有划时代意义的历史文献"[2]。除《康诰》以外，《酒诰》、《梓材》、《无逸》、《立政》等也阐述了许多周公"慎罚"的观点。如"勿庸杀之，姑惟教之"（《尚书·酒诰》），这是对殷遗民"群饮"的处罚方式，而对周人的处罚则是十分严厉，"尽执拘以归于周，予其杀"。因为周公认为

---

① 易中天：《帝国的终结：中国古代政治制度批判》，复旦大学出版社 2018 年版，第 36 页。

② 辛堪生、李学林：《周公评传》，四川大学出版社 2006 年版，第 145 页。

商亡的重要原因之一就是"荒腆于酒"(《尚书·酒诰》)。"商人好酒"①,他希望百官臣僚"不腆于酒"(《尚书·酒诰》)。对自己的百官严厉约束,而对被征服者的怀柔或"慎罚"政策,在当时是十分必要的。再如,"奸宄、杀人,历人宥"(《梓材》),就是说,歹徒杀人,罪责不牵连无关的路人,即不连坐,这与现代法治理念是一致的。有学者把周公的"慎罚"思想归纳为如下几方面。"第一,判决的过程要慎之又慎,考量所有案件要多日再做断定。第二,'不可杀'与'不可不杀'的界限不在于罪行大小,也不仅在于是否故意犯罪,而在于是否悔过认错的态度。如果能有悔改的态度,'乃有大罪''时乃不可杀'。第三,要贯彻'行天之罚'的观念,用刑法治理臣民,要使他们意识到一切惩罚刑杀都是上帝的意旨,对刑罚的实行心悦诚服。"②彭新武先生对周初的刑罚原则作了六方面的概括:(1)刑罚使用要适当、适中、公正。(2)尊重客观实际,不凭自己的主观断案,要做到"听讼之两辞"(《尚书·吕刑》)。(3)要做到廉明执法。(4)要重视行为人的主观心理状态,注意区分犯罪的故意和过失、惯犯与偶犯。(5)严禁滥杀无辜。(6)规定"三刺"制度:"一曰讯群臣,二曰讯群吏,三曰讯万民。"(《周礼·秋官·小司寇》)即对重大疑难案件要求首先交给大臣们来讨论;群臣讨论尚不能决定者,再交给官吏们讨论;还不能决定者,最后交给国人讨论。③"要囚,服念五六日,至于旬时,丕蔽要囚。"(《尚书·康诰》)这个思想是很有见地和理论意义的。周公在政治实施过程中基本也遵循了"慎罚"的思想,在分封康叔时周公说:"惟乃丕显考文王,克明德慎罚,不敢侮鳏寡,庸庸,祇祇,威威,显民。"(《尚书·康诰》)如果当时的统治者真的能够"慎罚",那么,在某种程度上确实体现了"德政"。

总括天意、民情和德政的关系,"天意决定于民情,民情决定于王之敬

---

① 黄仁宇:《中国大历史》,生活·读书·新知三联书店2007年版,第7页。
② 陈来:《古代宗教与伦理:儒家思想的根源》,生活·读书·新知三联书店2017年版,第165页。周公在平定武庚、管叔、蔡叔之乱后,把武庚的殷遗民封与武王少弟康叔为卫君,周公作《康诰》,告诫康叔如何治理卫国。
③ 参见彭新武:《中国古代治国要略》,人民出版社2018年版,第23—24页。

德与否"。在天意—民情—政德的结构联系中,"强调统治者要以'德'为国家政治——行政运作的核心法则,并在具体形态上表现为一系列的善民措施。"①"如果一名统治者自私、残忍并且压迫人民,上天不会支持他,他就会垮台。……而如果国家的统治者贤明、仁慈,真正关心其臣民的福祉,人民便会从四海之内聚集到他周围,上天会将他提升到至高地位。"②我们从周公"以民情视天命"最终趋向德政来看,周公是在引领中国文化由神本世界向人文时代转化。

第三,任贤。

任贤的大前提是重视人的作用,周公曾和召公说:

> 若天棐忱,我亦不敢知曰其终出于不祥。
>
> ……
>
> 我亦不敢宁于上帝命,弗永远念天威。越我民罔尤违,惟人。
> (《尚书·君奭》)

意为:虽然上天诚心辅助我们,但我还是不敢说,我们的事业能否长久。你(召公)曾经说我能够担起治理国家的重担,但我却不敢拘泥于上帝的命令,不思考上帝的惩罚。民众不会凭空产生不满情绪的,一切都在人为。

这种观点,和周公"天畏棐忱,民情大可见"是一致的。在此基础上,周公提出了任贤的思想。

周公作为具有远见卓识的政治家,特别善于总结历史经验。"周监于二代,郁郁乎文哉。"此话出自孔子之口,更说明了周公对夏商文化的借鉴。周公认为,在殷商的成汤、太甲时期,有贤相伊尹;在太戊、祖乙、武丁等不同时期,都有贤相或贤臣辅佐,所以能够使国家兴旺。而自己的周朝,周文王

---

① 陈来:《古代宗教与伦理:儒家思想的根源》,生活·读书·新知三联书店 2017 年版,第 169 页。

② [英]凯伦·阿姆斯特朗(Karen Armstrong):《轴心时代(公元前 800 年—公元前 200 年):塑造人类精神与世界观的大转折时代》,孙艳燕、白彦兵译,海南出版社 2010 年版,第 39 页。

时期有虢叔、闳夭、散宜生、泰颠、南宫括等贤臣跟随左右,这些臣子在治理国家过程中发挥了重要作用。这是周公重用贤才思想的现实来源。

首先,周公自己求贤若渴,周公由于需要辅佐年幼的成王,没有到封地"鲁"亲自就职,"而使其子伯禽代就封于鲁",临行之时,周公谆谆告诫伯禽,"我文王之子,武王之弟,成王之叔父,我于天下亦不贱矣。然我一沐三捉发,一饭三吐哺,起以待士,犹恐失天下之贤人。子之鲁,慎无以国骄人。"(《史记·鲁周公世家》)周公先说了自己尊贵的身份:文王的儿子、武王的弟弟、成王的叔叔,可谓显贵,但仍然"一沐三捉发,一饭三吐哺,起以待士,犹恐失天下之贤人。"告诫伯禽,一定不要因为自己是国君而怠慢他人。"周公吐哺"成为求贤若渴的佳话。当然,伯禽可能也没有让周公失望,在礼崩乐坏的春秋时期,鲁地仍然保留了大量周公当年所制定的礼仪制度,所以,有史料载"周礼尽在鲁矣"(《左传》昭公二年)。

其次,周公反复告诫成王,"我则末惟成德之彦,以乂我受民","继自今立政,其勿以憸人,其惟吉士,用劢相我国家","继自今后王立政,其惟克用常人"(《尚书·立政》)。这几句话的核心意思是,希望成王要始终发挥贤士的作用,治理好国家,提拔官员,一定要提拔贤人。同时,周公还强调,选拔人才要依照"德才兼备"的标准,即所谓"誉髦斯士"(《诗经·大雅·思齐》)。这就很紧密地把选才与行德政联系起来。

当然,研究周公的思想后,每个人都会对周公的德政有所认识和概括,这些认识和概括均可以成为进一步完善周公"德政"研究的借鉴。

刘泽华先生认为,周公所说的"德"的内容十分广泛,在当时来看,一切美好的东西都可包含在德之中。归纳起来有十项:"(1)敬天;(2)敬祖,继承祖业;(3)尊王命;(4)虚心接受先哲之遗教,包括商先王先哲的成功经验;(5)怜小民;(6)慎行政,尽心治民;(7)无逸;(8)行教化……(9)'作新民',重新改造殷民,使之改邪归正;(10)慎刑罚。"①刘先生的概括从更广泛的层面上对"德"进行了阐释,对认识周公的"德政"有一定的借鉴意义。

---

① 刘泽华:《中国政治思想史集》(第一卷),人民出版社 2008 年版,第27—28 页。

还有学者认为,"西周时期,'礼乐就是德治的具体内容'。"①这对我们认识"德"与"礼"的关系具有启发作用。

放眼当今,从政治学角度看,说明一个新的朝代建立的合法性是非常必要的,许多学者也对此进行了深入的研究。周光辉认为:"有国家以来的人类历史毫无例外地表明,任何国家的政治都高度重视权力的合法化问题,即使那些通过政变或其他暴力的方式取得政权的人或集团,也都要立即采取某种方式或重新制定一些新的标准,试图将权力合法化。就是说,获得合法性对于政治权力主体以及整个社会的政治生活是至关重要的。"②这一论断说明,不论什么样的人取得政权,说明其合法性都是确立统治、巩固统治所必需的。

从学术角度讲,统治的正当性与合法性问题,是"执政集团"需要思考的重要问题。法国学者让-马克·夸克认为:政治合法性问题涉及三个要素或条件:被统治者的赞同、政治保护和促进社会最基本价值、符合宪法和法律。③ 笔者认为,这三个条件有相当合理的价值,被统治者的赞同是统治的基础,政治保护可以防止"多数人的暴政",促进社会最基本价值可以成为整个社会成员团结一致的重要前提,符合宪法和法律强调了其正当性。④

周公"保民"的德政,能够赢得被统治者的赞同,"敬天"是当时社会中的基本价值。用"敬天(敬德)保民"思想来说明西周政权建立的合法性,逻辑上是能够成立的。后世新建立政权的"肉食者",可以采用"拿来主义"的态度,充分运用这套理论来为自己政权的合法、合理性辩护。

---

① 田延峰:《中华帝制的精神源头——秦思想的发展历程》,人民出版社 2011 年版,第 107 页。

② 周光辉:《论公共权力的合法性》,吉林出版集团有限责任公司 2007 年版,第154 页。

③ 参见[法]让-马克·夸克:《合法性与政治》,佟心平、王远飞译,中央编译出版社2002 年版,第 1—51 页。

④ 参见胥仕元:《殷周秦汉国家治理思想及其工具性价值研究》,人民出版社 2015 年版,第 97 页。

可以说,"明德慎罚""开启了中国政治以德治国的先河,开启了中国文化对于人的存在的自觉认识历程"①。周公这位开创性的人物,也为后人所景仰,"中国人永远不会忘记周朝初期的岁月"②。是否实行"德政",成为检验一个政权兴亡成败的重要因素,"德"对于中国古代历朝历代统治者的政治可持续性具有根本性的作用。孟德斯鸠在谈到中国历史上二十二个朝代的更替时,认为,"最初的三个朝代历时最久,因为施政明智","开国的皇帝是在战争的艰苦中成长起来的,他们推翻了耽于逸乐的皇室,当然是尊崇品德,害怕淫佚;因为他们曾体会到品德的有益,也看到了淫佚的有害"③。孟德斯鸠在此抓住了重要的一点,即"品德"在维护政权中的关键作用。当然,"德政"就要求统治者个人的操守作为一种素质必须高于一切,这是在任何时代实施"德政"的必要前提。

二、怀保小民:首倡重民

在古代社会,统治者认为,"保民"是"养育小民",但实际上是通过保民稳固其统治基础,是一种治理的方法和手段。

(一)天畏棐忱,民情可见

周公提倡"天畏棐忱,民情大可见"(《尚书·康诰》)。强调了统治者是否敬天可以从民情中看出来,统治者如果能从民众中得到比较好的口碑,那么就能得到上天的庇护。

周公认为,殷商败亡的根本原因就是不行德政。即"惟不敬厥德,乃早坠厥命"(《尚书·召诰》)。显而易见,行"德政"的对象是"民",如何待民,不同的统治者有不同的态度。周公首创了中国古代的重民思想。

---

① 马平安:《中国政治史大纲》,新世界出版社 2015 年版,第 30 页。
② [英]凯伦·阿姆斯特朗(Karen Armstrong):《轴心时代(公元前 800 年—公元前 200 年):塑造人类精神与世界观的大转折时代》,孙艳燕、白彦兵译,海南出版社 2010 年版,第 39 页。
③ [法]孟德斯鸠:《论法的精神》(上册),张雁深译,商务印书馆 1961 年版,第 103 页。

王曰:"封! 予不惟若兹多诰。古人有言曰:'人无于水监,当于民监。'今惟殷坠厥命,我其可不大监抚于时。"(《尚书·酒诰》)

这几句话的重点在于"人无于水监,当于民监"。亦即作为一个统治者,不要以水为镜,而要以民为镜,时时对照,自省自检。告诫周人必须借鉴殷人败亡的教训。"在他看来,殷王'身厥命',即认为自己身负天命而任意非为,结果是'坠殷命',即招致大命的丧失和王朝的败亡。"[1]

(二)民惟邦本、本固邦宁

"重民"直至后来发展起来的"民本"思想,是中国古代"治道"的重要话题。从我国古代典籍记载来看,很早就有"民本"思想的萌芽,司马迁在《史记·五帝本纪》中记载,黄帝尊为天子,"监于万国","抚万民,度四方",尧帝时,"百姓昭明,合和万国"。舜帝时,设官分职,"播时百谷"以解民之饥等,这些记载似乎可以认为是"民本"的萌芽,但不是完整的民本思想。古文《尚书·夏书·五子之歌》中写道:"皇祖(指夏禹)有训:民可近,不可下,民惟邦本,本固邦宁。予视天下,愚夫愚妇一能胜予。"这是夏禹对臣子的训话,意为:对民应该亲近,不应该蔑视他们,民是国家的根本,根本牢固,国家就安宁了。天下百姓即使是愚夫愚妇也有胜过我的地方。"民惟邦本,本固邦宁"成为探讨民本思想的常用语。那么是不是就可以说我国夏代开始就有了民本思想? 这个问题也颇有争议,王兴国先生认为古文《尚书·夏书·五子之歌》是伪书,是东晋时的梅赜伪造的。[2] 持相同观点的还有刘鄂培先生,他认为"古文《尚书》是伪书,伪书的作者是东晋梅赜。'民为邦本,本固邦宁'应是梅赜将后人的思想当做夏禹的思想,硬塞在《尚书·五子之歌》里。阎若璩的考证,否定了'民为邦本,本固邦宁'为夏代的

---

[1] 陈来:《古代宗教与伦理:儒家思想的根源》,生活·读书·新知三联书店 2017 年版,第 167 页。

[2] 参见王兴国:《贾谊评传》,南京大学出版社 1992 年版,第 136 页。

思想,这对我们理解古代'民本'思想产生的时代是有意义的。"①尽管这种说法不能完全断定古文《尚书》为伪书,但也不能忽略这种质疑,需要进一步甄别,所以民本思想是否从夏代开始就有也就不能确定。

有学者认为古文《尚书》不是伪书。"如果说战国中期《古文尚书》在流传中已有不同传本,那么,两汉时代的《古文尚书》有河间献王本、壁中本、孔安国家藏本也就可以理解了。如果《古文尚书》在战国中期就已在流传,那么,《古文尚书》的伪造者当是战国中期或战国中期以前的人,而决不可能是晚至东晋时代的梅赜。"②

也有学者认为今本《尚书》是真伪混杂的。"《尚书》今本五十篇,其中一部分虽为东晋人伪造,但确可信者亦有二十八篇,此实为研究商周两代政治思想唯一宝典,而中国之民本思想之主流,亦以其中'民惟邦本,本固邦宁'一语为其原始的发源地。"③

综上所述,古文《尚书》的真伪存在比较大的争议,我们在运用时需要把其中的观点与其他典籍尤其是先秦典籍对照,辨析其相对的可用价值,择其可用而用之。比如"民惟邦本,本固邦宁",至少目前不能作为支撑夏代就有民本思想的学术观点。当然,有学者认为,古文《尚书》的真伪并不是最重要的,重要的是其中的思想,那么,"民惟邦本,本固邦宁"的价值就非常高了,这种观点也是可以谨慎借鉴的。张分田先生就认为,"不能完全排除这类思想产生于夏朝的可能性"④。

商代已经有文字记载,甲骨文的大量发现为学术研究提供了很好的佐证材料。龟甲、兽骨上的文字为我们展现了那个时代文化的灿烂和辉煌。统治者祭祀、农耕、狩猎、出征打仗等重大活动都要进行占卜,留下的文字记载给人们述说着当时的政治、经济、战争和社会生活。但现有研究表明,在大量的甲骨文中有"仆"、"妾"、"臣"、"众"等对民众蔑称的字符,没有发现

---

① 刘鄂培:《孟子大传》,清华大学出版社 1998 年版,第 183 页。
② 转引自张涛:《经学与汉代社会》,河北人民出版社 2001 年版,第 18 页。
③ 金耀基:《中国民本思想史》,法律出版社 2008 年版,第 27—28 页。
④ 张分田:《中国古代统治思想研究》,人民出版社 2013 年版,第 53 页。

"民"字,这并不能武断地说商代文字中没有"民",而是说在涉及重大事件的问题上没有"民"字,至少说明民不可能参与国家政治生活,当然,也就谈不上以民为本。所以,可以说,商代不存在民本思想。没有"民本思想",那么,统治者在具体政治实践中有没有"怜民"之心呢? 可以肯定地说是有的。商代前期不乏有为之君,周公在分析殷商兴衰的历史时,就比较客观地予以了说明,他认为,商代中宗祖乙时时以敬惧之心治民,所以在位75年;高宗武丁曾经长期生活在民间,深知下层民众的疾苦,执政之后"不敢荒宁",因而"嘉靖殷邦",举国上下,没有怨言,享国59年;祖甲也长期在民间生活,懂得保护庶民,不敢欺侮鳏寡,所以为王33年。正是他们的勤政、爱民,造就了商代的辉煌。但祖甲以后的诸王,"不知稼穑之艰难,不闻小人之劳,惟耽乐之从"(《尚书·无逸》)。纵情声色犬马,及至纣王,最终葬送了国命。①

但总的来说,商代君王最终相信的是"天"的力量,其他不论,仅商代的最后一个君主在即将灭亡时,仍说:"呜呼! 我生不有命在天?"(《尚书·西伯戡黎》)显示出他认为是天没有保住他的王位,而不是因为其残暴统治造成牧野之战兵士阵前倒戈毁了其江山,这基本就谈不上重民了。

在西周,周公的"敬天(敬德)保民",把保民作为敬天之实,包含着浓浓的"重民"因素,是对民众力量的承认和敬畏,开重民思想之先河,也是民众地位开始提高的重要标志。正如有学者所言,"以周公为代表的西周初期的统治者,他们之所以取得天下并不是因为经济和文化高于殷人,而在于殷纣王的荒淫无道,在于人民群众对周这个落后民族的支持。这使他们在一定程度上认识到民的力量,并由此而受到启迪,必须重视人事,重视民心"②。

周公告诫成王要"先知稼穑之艰苦,乃逸,则知小民之依"(《尚书·无逸》)。

周公重民思想对后世的影响是相当广泛的。如:

> 齐桓公问于管仲曰:"王者何贵?"曰:"贵天。"桓公仰而视天。

---

① 参见张岂之主编:《中国思想文化史》,高等教育出版社2006年版,第33页。

② 刘永佶:《中国官文化的奠基者与批判家——孔子与毛泽东》,山东人民出版社1994年版,第74页。

> 管仲曰:"所谓天,非苍莽之天也。王者以百姓为天。"(《韩诗外传》
> 卷四)

桓公抬头看天,管仲却俯首大地,认为王者应该以百姓为天。

孔子主张"君君、臣臣、父父、子子",维护等级制度,但他并不希望等级之间的贫富差距过大,主张富民,"使民以时"(《论语·学而》),"因民之利而利之"(《论语·尧曰》)。

孟子"民为贵,社稷次之,君为轻"的思想显示了大丈夫的"浩然之气",在《孟子》一书中,"民"字共出现近两百次,民的重要性凸显无疑。由于如何识民、如何待民,关系国家的治乱兴衰,孟子此说,引起了思想家及执政者的普遍关注。孟子之后的"民本说",我们将放在孟子一章阐述,在此不赘。

当然,对"重民"思想要客观的认识,"先秦思想家的重民思想是没有公民权内容的。重民的主体是君主,民仅是被君主重视的对象。""思想家们倡导重民不是要否定君主,而是向君主献策,把重民作为巩固君主地位的手段。""重民思想与君主专制制度是不矛盾的,它可以是君主专制制度的一种补充。"[1]刘泽华先生的观点意在强调,把重民思想放在具体的历史环境中考察,应采取不同的认识视角,对其核心内涵的借鉴是确定无疑的。

三、以礼为法:开创礼乐文明

"礼乐"是中国古代儒家治国思想的核心话题,"中国古代文化的特色主要表现在礼乐传统上面"[2]。

(一)礼乐文明的开启

"王者功成作乐,治定制礼"(《礼记·乐记》),"道德仁义,非礼不成;

---

① 刘泽华:《中国传统政治思想反思》,生活·读书·新知三联书店 1987 年版,第 118 页。
② 余英时:《士与中国文化》,上海人民出版社 1987 年版,第 88 页。

教训正俗,非礼不备;分争辨讼,非礼不决;君臣上下,父子兄弟,非礼不定;宦学事师,非礼不亲;班朝治军,莅官行法,非礼威严不行;祷祠祭祀,供给鬼神,非礼不诚不庄。是以君子恭敬撙节,退让以明礼。"(《礼记·曲礼上》)"欲使一代政治达于高尚优雅之域,致太平之盛,不可不制礼作乐。然其本源在人君之一身,本源一乱,礼乐复合为哉?"①也就是说,作为开国的一代,制定一系列的制度是自然而然的事情。楼宇烈先生认为,中国每个朝代等到政权相对稳定以后,做的第一件事就是"制礼作乐"②。而这一肇始者就是周王朝,周王朝是中国"礼仪之邦"的奠基者,当然,对前代已有的"礼"的借鉴是必要的,如周公曾说"王肇称殷礼,祀于新邑,咸秩无文"(《尚书·洛诰》)。孔子也认为周礼是沿袭夏、殷礼制而发展起来的,即"殷因于夏礼,所损益,可知也。周因于殷礼,所损益,可知也"(《论语·为政》)。为什么把"礼"和"乐"放在一起,归称为"礼乐文明"呢,从古代典籍看,"礼乐刑政,其极一也","礼乐不可须臾去身"(《礼记·乐记》),"礼乐,德之则也"(《左传》僖公二十七年)等等。其实礼乐是一体的,"如果说礼之功能在于外在的行为规范的建立;那么,乐之作用则在于内在精神秩序的培育。"③如果"礼"是"王之大经也"(《左传》昭公十五年),"天地之序也"(《左传》襄公二十一年),乐的作用则在于"乐行而伦清,耳目聪明,血气和平,移风易俗,天下皆宁。"(《礼记·乐记》)"乐者,非谓黄钟大吕、弦歌干扬也,乐之末节也。"(《礼记·乐记》)"乐由天作,礼以地制。""乐者,天地之和也;礼者,天地之序也。和故百物皆化;序故群物皆别。"(《礼记·乐记》)张岂之先生认为,"中国传统的乐的观念,有特定的内涵和深刻的哲理,不能与现代的'音乐'等量齐观。""乐的大节是德,是最重要的教化工具,这是中国与世界诸古文明音乐思想的重要区别。""礼与乐密不可分,以至于可以说:没有乐的礼不是礼,没有礼的乐不是乐。"④易中天先生认为,周公的一大发

① 钱穆:《周公》,九州出版社2018年版,第79页。
② 楼宇烈:《中国文化的根本精神》,中华书局2016年版,第48页。
③ 赵明:《先秦儒家政治哲学引论》,北京大学出版社2004年版,第120页。
④ 参见张岂之主编:《中国思想文化史》,高等教育出版社2006年版,第50—51页。

明,"就是用礼来维持秩序,用乐来保证和谐。具体地说,就是礼维护等级,制定规格;乐调节情绪,平衡心理。这就叫做'乐统同,礼辨异'。这样一种制度,就叫'礼乐制度'"①。所以,礼乐文化是中国古代有关社会政治秩序的文化创建。从现有资料看,学者们的基本共识是,西周初年的典章制度,即周公制礼作乐,多为周公损益前代的政治制度而成。针对质疑周公"制礼"的言论,金景芳先生认为,"周公制礼没有? 制的是什么礼? 自来有很多不同意见。我的看法,周公不但制过礼,而且这是周公为了进一步巩固周朝政权而采取的又一项重要措施。它的意义远远超过了周公时代,成为在整个中国古代史上发生重大影响的历史现象。"②自然,学者们的普遍共识是,周公"制礼作乐","是对古代礼制传统的承继"③。"开创了有周一代的制度与文化精神传统。""是西周统治者完善德治的一个根本举措。"④"开创了礼乐文明的先河。"⑤"是人文精神之悦动。"⑥以礼为法、以礼治国成为周公治国的主要方略。

(二)周公礼乐之内容

"礼"的概念出现较早,《说文》释:"禮,履也,所以事神致福也。从示从豐。"从先秦的历史看,礼融合了政治经济制度、婚姻制度、思想准则、习俗等为一体,是政治生活、社会生活的总规范。礼是"经国家,定社稷,序民人"(《左传》隐公十一年)的,礼可以"守其国,行其政令,无失其民"(《左传》昭公五年)。《礼记》称:"武王崩,成王年幼,周公践天子之位以治天下,六年朝诸侯于明堂,制礼作乐,颁度量而天下大服。"(《礼记·明堂位》)《左传》云:"先君周公制《周礼》曰:'则以观德,德以处事,事以度功,功以

---

① 易中天:《我山之石:儒墨道法的救世之策》,广西师范大学出版社 2009 年版,第 27 页。
② 金景芳:《古史论集》,齐鲁书社 1981 年版,第 102—103 页。
③ 晁福林:《天命与彝伦:先秦社会思想探研》,北京师范大学出版社 2012 年版,第 359 页。
④ 陈春会:《前诸子时代的思想学说》,陕西人民出版社 2011 年版,第 121 页。
⑤ 辜堪生、李学林:《周公评传》,四川大学出版社 2006 年版,序第 2 页。
⑥ 徐复观:《中国人性论史·先秦篇》,九州出版社 2014 年版,第 23 页。

食民。'"(《左传》文公十八年)意为：先君周公订《周礼》说,礼仪的法则用来观察德行,德行用来处置事情,事情用来衡量功劳,功劳用来取食于民。"周公之典"(《左传》哀公十一年),《尚书大传》云：周公"摄政六年,制礼作乐。"(《洛诰传》)《中庸》说周礼"礼仪三百,威仪三千"。

　　周公制礼作乐的具体内容,文献中没有系统的记载。后世的学者们根据自己的理解给予了说明,王国维先生在《殷周制度论》中提到了殷周制度的不同,予以说明周初的礼,"周人制度大异于商者,一曰立子立嫡之制,由是而生宗法及丧服之制,并由是而有封建子弟之制,君天子臣诸侯之制;二曰庙数之制;三曰同姓不婚之制。此数者,皆周人所以纲纪天下,其旨则在纳上下于道德,而合天子诸侯卿大夫士庶民以成一道德之团体。"[1]钱穆先生认为,周公制礼作乐包含三方面的内容,即封建、宗法、井田。"实不啻为一种新的政治制度之创建"。[2] 王玉哲先生有大体同样的看法,他认为,周公制礼作乐的具体内容,包括制定嫡长子继承制、完善分封制、作乐(大武乐)等三方面。[3] 辜堪生、李学林认为："从广义上讲,西周在经济上的井田制度,在政治上的宗法制度,在文化上的礼乐制度,都是周公制礼作乐的一部分,正是这些内容,构成周公创制的、以至影响后世的周代礼乐文化的主体。"[4]如,孔子"郁郁乎文哉,吾从周。"(《论语·八佾》)周代的"礼","可以说简直就是整个周文化的载体。"[5]那么,这些礼乐制度都是周公初创的吗？回答是：不尽然。何以如此？《诗经》有云："周虽旧邦,其命维新。"(《诗经·大雅·文王》)冯天瑜先生说道："周的'维新',包括在商的血缘政治的基础上,建立完备的宗法制和分封制,将上层建筑诸领域制度化,制定周官,确立把上下尊卑等级关系固定下来的礼制和与之相配合的情感艺

---

　　① 　王国维：《观堂集林》(上),中华书局 1959 年版,第 453—454 页。

　　② 　钱穆：《周公与中国文化》,《中国学术思想史论丛》卷一,安徽教育出版社 2004 年版,第 85 页。

　　③ 　参见王玉哲：《中华远古史》,上海人民出版社 2019 年版,第 563—566 页。

　　④ 　辜堪生、李学林：《周公评传》,四川大学出版社 2006 年版,序第 3 页。

　　⑤ 　徐克谦：《荀子：治世的理想》,上海古籍出版社 2009 年版,第 96 页。

术系统(乐),这便是所谓的'制礼作乐'。"①这便说明了周的"维新"有对商的借鉴。同时,承袭自己先祖的"功业"更应是必不可少。汉初思想家贾谊说:"文王有大德而功未就,武王有大功而治未成",直到成王,"布文陈纪,经制度,设牺牲,使四海之内懿然葆德,各遵其道,故曰'有成'"(《新书·礼容语下》)。贾谊的说法是比较中肯的,文王、武王为成王创设制度奠定了基础,而成王时期制度制定的主要决策者是周公,周公站在其父、兄的肩膀上,使"礼乐"最终成为那个时期的重要制度。亦即"文王造之而未遂,武王遂之而未成,周公旦抱少主而成之。"(《吕氏春秋·慎大览》)

笔者基本认同上述学界前辈的观点,依此观点,周公制礼作乐首先表现在分封制和宗法制。分封是西周的立国之本,纵观历史,西周由商代周原的一个诸侯,取代商统治天下,用"直管"的方式进行统治,力量显然是不够的,那么,最好的办法就是"分封"。周武王封"三监",同时也分封古代圣贤之后和功臣谋士。亦即《左传》所载:"昔武王克商,光有天下。其兄弟之国者十有五人,姬姓之国者四十人,皆举亲也。"(《左传》昭公二十八年)"授民授疆土"(《左传》定公四年),到了周公时期,分封的主旨发生了明显的变化,强化了分封与宗法血缘的联系,如《左传》记载:

> 昔周公吊二叔之不咸,故封建亲戚以蕃屏周。管、蔡、郕、霍、鲁、卫、毛、聃、郜、雍、曹、滕、毕、原、酆、郇,文之昭也。邘、晋、应、韩,武之穆也。凡、蒋、邢、茅、胙、祭,周公之胤也。(《左传》僖公二十四年)

周公主要分封了文王、武王和他自己的子弟,来"蕃屏周"。"立七十一国,姬姓独居五十三人。"(《荀子·儒效》、《荀子·君道》)"这就保证了分封制度的实施完全贯穿着宗法精神,使得分封与宗法构成了周王朝的两大支柱,犹如车之两轮、鸟之两翼。"②"大邦维屏,大宗维翰,怀德维宁,宗子维

---

① 冯天瑜:《中华元典精神》,武汉大学出版社 2006 年版,第 101 页。
② 晁福林:《天命与彝伦:先秦社会思想探研》,北京师范大学出版社 2012 年版,第359 页。

城"(《诗经·大雅·板》)。有学者认为,封建制对中华民族具有重大的政治意义,"封建制把许许多多独立分散的氏族、部族组织用血缘宗法关系联系起来,'以藩屏周',地方诸侯都要宗周,周天子的政令下达到诸侯,造成初步的政治大一统局面,为华夏文化的孕育发展与政治上的统一创造了条件。可以说,没有周初的大分封,也不会有战国以来的郡县制"①。这种观点有一定的道理,通过周初的分封,使当时的"中国"成为一个中央与地方联系较为紧密的强大王朝。

教育民众是"治道"的重要环节,周公制礼作乐的一个重要功能是以礼乐来引导教育民众。孔子曰:"周公成文武之德。追王大王、王季,上祀先公以天子之礼。斯礼也,达乎诸侯大夫,及士、庶人。"(《中庸》)其意为,周公完成了文王、武王的德业,追尊大王、王季为王。往上祭祀太王以前的先祖,用天子的礼制。这种礼制,通行到诸侯、大夫,直至士、庶人。文本中接下来孔子谈的是祭祀和埋葬的礼制,但不论谈什么,其主旨是说周公面向全社会而推行的礼制实践。总之,从国家的政治活动、宗教活动,到个人生活的方方面面,周礼都有详细的规定。陈戌国先生对周礼的特征进行了归纳,包括如下九个方面。

一、等级森严。这是由当时的财产关系、政治制度决定的。周天子拥有至高无上的权威和随心所欲的财产。"溥天之下,莫非王土。率土之滨,莫非王臣",天子之下,依次为诸侯、卿、大夫、士。士以下是庶人。庶人之下是奴隶。礼不下庶人。

二、宗法制度至西周真正形成,以前只是萌芽和雏形。

三、礼仪繁缛。"经礼三百,曲礼三千",可谓大备。各种礼典盛行于各级贵族之间。

四、礼器以青铜器为主。礼器的组合(其著者为用鼎制度)按等级作严格的规定,不惟实行各级贵族生前,亦且随葬于他们死后。

---

① 马平安:《中国政治史大纲》,新世界出版社 2015 年版,第 13 页。

五、"礼有五经,莫重于祭"。周人对天神地祇的祭祀不如殷商热烈,而祭祀祖先的热烈不在殷人之下。

六、祭祖有严格的宗庙制度(依照等级设立庙祧坛墠)。昭穆之制形成,为前此所不及。祭祖立尸,亦为周礼显著特点之一。

七、较之先秦其他时期,锡命之礼为西周一代重典,并且程式化。封国诸侯之礼亦然。封国于社于庙,与殷商封侯礼相同;"割其方土与之",并以亡国之社班赐诸侯,其具体礼仪与殷商迥殊。

八、有了专门掌礼的职官和一套礼官制度。《周官》《礼经》诸官,确已出现于西周不少。

九、西周晚期,由于阶级矛盾和民族矛盾的加剧,以及统治阶级内部各方面势力的消长,王纲趋向松弛,礼制开始出现被破坏的现象。①

孟德斯鸠在谈到中国的"礼"时说道:"中国的立法者们主要的目标,是要使他们的人民能够平静地过生活。他们要人人互相尊重,要每个人时时刻刻都感到对他人负有许多义务;要每个公民在某个方面都依赖其他公民。因此,他们制定了最广泛的'礼'的规则。"②

我们称周公开创礼乐文明,礼乐须臾不分,那么,"乐"发挥的是什么具体作用呢,《礼记·乐记》言道:"乐者为同,礼者为异;同则相亲,异则相敬。"可见,礼乐互为表里。乐具有特有的自然属性和功能,乐的节律、音响,发乎人性、感于人心,"使其不仅能满足礼仪程序结构化的需要,而且能通过接受者个体的情感官能感受,使礼的精神潜移默化,深入人心"③。"声音之道与政通矣。"(《礼记·乐记》)《礼记·王制》载:"天子五年一巡守。……觐诸侯,问百年者就见之。命大师陈诗,以观民风。"这说的是,天

---

① 转引自任剑涛:《伦理政治研究:从早期儒学视角的理论透视》,吉林出版集团有限责任公司 2007 年版,第 32—33 页。

② [法]孟德斯鸠:《论法的精神》(上册),张雁深译,商务印书馆 1961 年版,第 312 页。

③ 姚小鸥:《诗经三颂与先秦礼乐文化》,北京广播学院出版社 2000 年版,第 4 页。

子五年一巡狩,到各地视察,各地官员述职的内容之一就是展示当地流行的
民歌,从民歌中了解官员行政及民风情况,把有助于教化的民歌就让随行的
官员记下来,向全国推广,这就是"采风"。相传,《诗经》中的"周南"就是
周公采风所得的乐章。另外,历史上吊民伐罪的君王,都会作乐以示纪念,
如武王克商之后,周公作《大武》,以铭记武王的功勋。成王时,周公东征,
驰师驱逐用象群为虐的叛乱殷民,作《三象》。从中都可以看出"乐"的政治
意义。《周礼》中记载,在宗教祭祀活动中对天地、山川、社稷、鬼神、祖先等
不同对象,礼仪不同,演奏的音乐也不同。

> 乃奏黄钟,歌大吕,舞《云门》,以祀天神。乃奏太簇,歌应钟,舞
> 《咸池》,以祭地示。乃奏姑洗,歌南吕,舞《大韶》,以祀四望。乃奏
> 蕤宾,歌函种,舞《大夏》,以祭山川。乃奏夷则,歌小吕,舞《大濩》,
> 以享先妣。乃奏无射,歌夹钟,舞《大武》,以享先祖。(《周礼·春
> 官·大司乐》)

这段文字说明,在不同的乐声中跳不同的舞,分别来祭祀天神、地神、名
山大川,祭祀祖先姜嫄,先公先王等。"凡六乐者,文之以五声,播之以八
音。"就是六种调式的舞乐,都要用五声、八音相配合。这些音乐,当然有烘
托声势、渲染气氛、抒发情感等审美功能,"但它发挥的主要是社会功能和
政治功能"[①]。

再有,乐器是否合于规制,是关系国家命脉的事情,如《吕氏春秋》
所载:

> 凡古圣王之所以贵乐者,为其乐也。夏桀、殷纣作为侈乐,大鼓、
> 钟、磬、管、箫之音,以巨为美,以众为观;诪诡殊瑰,耳所未尝闻,目所未
> 尝见,务以相过,不用度量。(《吕氏春秋·侈乐》)

---

① 惠吉星:《荀子与中国文化》,贵州人民出版社 1996 年版,第 9 页。

古代的圣王重视音乐，是因为它能使人快乐。夏桀、殷纣制作奢侈放纵的音乐，随意增大鼓、钟、磬、管、箫等乐器的声音，把声音巨大当作美好，把乐器众多当作壮观；他们的音乐奇异瑰丽，人们的耳朵不曾听到过，眼睛不曾看到过；他们的音乐务求过分，不遵法度。

一味放纵地追求乐器的巨大、壮观、奇异瑰丽，显然和"乐为德音"相违背，破坏了乐的教化功能，是引导整个社会走向靡败的因素之一。

礼在古代的核心意思是"别贵贱，明尊卑"。"民不迁，农不移，工贾不变"（《左传》昭公二十六年），"贵贱""尊卑"的强调，是为了维护统治者所需要的一种秩序，这种秩序如果被打乱，就是"礼崩乐坏"，所以孔子对"八佾舞于庭，是可忍也，孰不可忍也"（《论语·八佾》）。对于我们现在的借鉴意义是，使人们能够客观认识自己在社会中的身份，作为社会成员应该遵循什么样的规矩，作出什么样的贡献。

中国古代的"礼乐"，是一个庞大的体系，一个人穷尽一生，或许也只是在某方面对其有所认识。我们说周公"以礼为法"，并不是完全就把周公的"礼"当作规矩人们行为的"法"来看待，"礼"基本上可以认为是"不具有强制力"的法，是扎根于人们内心的，是自然法或习惯法，是人们在一种这样的文化氛围中自觉养成的习惯，如果社会中各色人等都能够自觉尽职，就能够实现社会和谐。从这个意义上讲，周公的"礼乐"文明和"德治"完全能够形成逻辑关系，通过德政使人们的道德提升，从而践行"礼制"，实现"礼治"。就此而言，"德治"就是"礼治"。正如杨荣国先生在探讨殷人的"德治""礼治"时所言，"要达到这作为规范的'礼'的目的，就必得要有很好的'德'的修养为前提；反之，如果要完成'德'的修养，也必得有'礼'来作为规范，二者在作用上虽有所不同，但其实是相辅相成的"①。也是从这个角度讲，"礼治"比"法治"要难，难就难在"礼治"的执行者自身必须有极高的道德修养，成为道德的标杆。

再者，周初的宗法制，《说文解字》谓："宗，尊祖庙也。"《易·系辞上》

---

① 杨荣国：《中国古代思想史》，人民出版社 1973 年版，第 11 页。

称:"制而用之谓之法。"①所谓宗法,就是通过祭祀,维系血缘延续的规范。"宗法制"是一种"等级制",嫡长子继承制、大宗、小宗等,贵贱长幼等级森严。所以,"礼治"这种治国手段适合等级社会,周公重视以"德行"而推行开来的"礼乐"制度也就顺理成章了。易中天先生认为,"宗法制"血缘关系是周初的"政治链条"②,就是这条政治链条维系着天子与诸侯、诸侯与大夫的关系。一旦这条"政治链条"断裂,就是"礼崩乐坏"。

另外,井田制也是周公制礼作乐的重要内容,是当时社会的经济制度。《国语》中有载:

> 季康子欲以田赋,使冉有访诸仲尼。仲尼不对,私于冉有曰:"求来! 女不闻乎? 先王制土,籍田以力,而砥其远迩;赋里以入,而量其有无;任力以夫,而议其老幼。于是乎鳏、寡、孤、疾,有军旅之出则征之,无则已。其岁,收田一井,出稯禾、秉刍、缶米,不是过也。先王以为足。若子季孙欲其法也,则有周公之籍矣;若欲犯法,则苟而赋,又何访焉!"(《国语·鲁语下》)

这段话的大致意思是,季康子想要按照田亩数量征收税赋及征招军役、军备,派家臣冉有咨询孔子,孔子没有做正面回答,而是把冉有叫到身边,给冉有讲了一番先王征收税赋和征招军役的规定,其中提到"一井"之田如何征收,且认为不能超过这个数,告诉冉有,如果季康子想按照法度征税,那么,周公已经有籍田之法,如果季康子想要违背法度,那就随意征税好了。我们从这个记载中能够了解到,孔子提到的周公的籍田之法,便是西周时期的井田制。

有关西周是否实行过井田制,学界尚有争论,笔者认为井田制的存在是比较可信的。比如,"古者三百步为里,名曰'井田'。井田者,九百亩,公田

---

① 赵安军:《易经译注》,团结出版社 2015 年版,第 147 页。
② 易中天:《我山之石:儒墨道法的救世之策》,广西师范大学出版社 2009 年版,第 27 页。

居一。"(《春秋·穀梁传》宣公十五年)《国语》载:"宣王即位,不籍千亩。"
(《周语上》)这里的"籍"指的就是"籍田"礼制,孟春正月,天子举行亲自耕
田典礼,以表示重视农耕。天子的籍田为千亩,"宣王即位,不籍千亩"意思
是天子不再举行"籍田礼",说明此时的井田制已经遭到破坏。那么,宣王
是何许人? 他就是那个宠爱褒姒、烽火戏诸侯的幽王的父亲,幽王是西周的
末代天子,这基本可以说明,从周公的西周初到差不多西周末的宣王时期,
"籍田礼"一直存在,在宣王时遭到破坏,可见"井田制"作为西周的经济制
度一直存在,其影响也是长久的,如商鞅变法"为田开阡陌封疆"(《史记·
商君列传》),就是说在剧烈的社会变革中,"井田制"开始瓦解。当然,很多
学者在表述时,多用"据说""好像"等词,比如黄仁宇言:"周朝全国的耕地
据说构成一种'井田制度'。一'井',包括约十英亩方整的土地,每边各以
三分,割成九个等方块,每块约4.5英亩,八家农户各耕耘外围的八块方地,
并共同耕种当中一块'公地',亦即公侯所领之地。这样的安排,不必全照
规定一成不变地办到,却好像已在广大的区域内施行。"①黄仁宇先生还认
为:"'井田制度'是'间架性设计'的代表。间架性设计是来自标准化的要
求,这种方式影响此后三千年的中国政治,它意味着国家和社会结构是可以
人为地创造出的,同时也导致上层设计的形式远比下层运作的实质更为重
要的统治习惯。"②这一补充说明,我们也许可以解读为,井田制的上层设计
是有的,但在下层运作中是否落到实处就存疑了。尽管如此,周公作为当时
"上层集团"的首脑,已经做出了"顶层设计",可以作为"治道"的经济举
措,这是毋庸置疑的。

还有学者认为,西周的井田制已经是"第三代井田制"了。夏朝的井田
制属于第一代井田制,每块井田的面积为405亩,中间的5亩为居住区,分
给8户农户耕作,每户50亩。商朝的井田制为第二代井田制,每块井田的
面积为567亩,中间的7亩为居住区,56亩为公田,周边八块各63亩,分给

① 黄仁宇:《中国大历史》,生活·读书·新知三联书店2007年版,第17—18页。
② 黄仁宇:《中国大历史》,生活·读书·新知三联书店2007年版,第18页。

8 户农户耕作,公田由耕作同一块井田的农户提供劳务耕作。作为第三代井田制的周朝井田制,每块井田的面积为 900 亩,分给 9 户农户耕作,每户100 亩,按十分之一的比例另行设置公田,由耕作的农户提供劳务耕作。①如果这种说法能够确认,那么,井田制的存在也是可信的。

有学者给予归纳,认为"井"有三义,"第一为名词,意为标准、规格;第二为动词,意为整治、规划;第三为专有名词,是个具有确定内涵的单位"②。可以说,"井田制就是一种按一定的标准平均授田,以'井'作为单位组织生产、征收赋税的制度"③。

另外需要说明,"井田制"是当时的一种公有制或称为国有制,是大家平均占有土地并等量地缴纳赋税(粮食),这对此后中国社会中的"平等""平均"思想的流传产生了重要影响,也可以说是周公"治道"理论产生的重要影响之一。

(三)礼治的影响

先秦时期,用礼来区分"蛮夷"和"华夏","华夏"、"夏"或"诸夏"是接受周礼、受周礼熏陶的中原地区诸族的总称,文明程度较高,而其他外围诸族则被称为"蛮夷狄戎"。可见,"礼"与文明联系的非常紧密。"诸戎饮食,衣服,不与华同。"(《左传》襄公十四年)"礼"作为区分"夏"与"夷"的标准还在于,不论你身处何处,只要遵循"礼"就是"夏";反之,即使居住在"华夏之地",但如果失去了"礼",也将被降为"夷"。所以,有学者认为,"在当时的'中国'人看来,随着'礼'的获得或丧失,'中国'与'四夷',也就是文明与野蛮之间完全可能发生转换"④。比如,孔子评价管仲时说"微管仲,吾其被发左衽矣"(《论语·宪问》)。其实是说,管仲使人们摆脱了"被发左衽"的状态,推动了文明的进步,管仲功莫大焉。

---

① 参见杨尚懂:《道德违约与先秦社会的政治变迁》,华夏出版社 2012 年版,第 102—103 页。
② 于琨奇:《战国秦汉小农经济研究》,商务印书馆 2012 年版,第 2 页。
③ 于琨奇:《战国秦汉小农经济研究》,商务印书馆 2012 年版,第 10 页。
④ [日]王柯:《从"天下"国家到民族国家》,上海人民出版社 2020 年版,第 50 页。

西周的文明可以概括为礼乐文明,事事讲礼,以礼治国,贯穿整个西周社会的政治生活,对后世的影响巨大而深远。"礼是华夏族及其后裔汉族文化的重要组成部分,从某种意义上说是它的标志之一。在由野蛮走向文明的过程中,礼对华夏族生活规范化曾起过积极的作用,其中许多合理的东西在先秦及其以后一直熏陶着人们。"①"谈中国传统的礼乐文化,谈人文化成,都离不开周公。更为重要的是,周公对于中国传统文化价值体系的形成和发展,有着独特的贡献。"②

刘泽华先生对礼进一步评价道:

> 礼从春秋战国的危势中苏醒过来,到汉取得了优势,直到封建社会的末日,除农民造反的日子受到威胁外,一直稳坐泰山。礼有这种幸运,当然不只是靠了儒家的韧战,最主要的还是因为它自身固有的价值获得了生存权。当然,礼之所以能如此显赫,也不能低估儒家的提倡和宣传。人类历史上无数的事例说明:一个事物仅靠它质朴的自然形态,在未经人们从理论上加以论证之前,它的影响与作用只能在自发状态中徘徊;如果一旦获得了理论的论证,而这些理论在一定时期内又不能被人所否定,这个事物就会在理论指导下由自发状态进入自觉状态,就能最大限度地发挥它的作用与影响。如果没有儒家这帮理论家,礼的命运未必如此通达。③

徐复观先生认为,"维持封建秩序的礼,其中含有许多合理的成分在里面"④。

当然,任何事物都有其两面性,或者说有两面作用。由于礼就像一张大网,覆盖到社会的边边角角,就可能出现"异化"的想象,即"礼"成了社会的主体,活生生的人的生活反而成了为"礼"而生活,甚至出现"以礼废理"

---

① 刘泽华:《中国传统政治思想反思》,生活·读书·新知三联书店1987年版,第97页。
② 辜堪生、李学林:《周公评传》,四川大学出版社2006年版,序第1页。
③ 刘泽华:《中国传统政治思想反思》,生活·读书·新知三联书店1987年版,第85—86页。
④ 徐复观:《两汉思想史》第一卷,华东师范大学出版社2001年版,第59页。

的状况,这是认识"礼"时必须引起重视的。

比如,被西方人习惯称为的"礼教","礼教,即以礼为教,古代也叫作名教,即以名分为教,它起到了与宗教同样的作用,而不同于宗教的形式。它主要是伦理学或道德哲学,而不同于纯哲学。它把伦理、政治二者密切结合在一起,而不是将伦理与政治分开。""儒家就是以礼教代宗教,以礼教为宗教。"①魏晋时期玄学家嵇康"越名教而任自然"的呼喊,有放荡不羁的成分,但也决不排除抨击"礼教"虚伪的真实目的,名教就是"礼教"。

"礼",在宋代转化为"理""天理"。宋代理学的代表人物二程、朱熹等,对"天理"各有论述,把"理"作为世界的本原,由世界的本原可以衍生出世间的万事万物,当然也包括人类社会的各种规范和制度。

执政者以此"礼"为"天理",把某些有利于统治的思想、观点固化,民顺应统治就是顺应天理,反之则是伤天害理,最后达到巩固其统治地位的目的。而有些观点是曲解了思想家的本意,如"存天理、灭人欲",首先必须弄清楚什么是天理、什么是人欲。朱熹认为,君臣、父子、夫妇是不是天理?仁义礼智是不是天理?那么,在社会生活中遵循这些就是存天理,违反这些就是违反天理;朱熹认为"人心、人欲也",此话有病,人心极可能滑向人欲,但人心并不等于人欲,"饮食者,天理也""追求美味,人欲也"(《朱子语类》卷十三)。朱熹认为,人们的正常需要是天理,追求和贪图享乐才是人欲。但统治者却把人们对基本衣食住行的追求都说成是人欲,完全不把逝去的先贤说的话当回事,随意曲解其中的含义。而统治者对小程"饿死事极小,失节事极大"(《二程遗书》卷二十二下)的解读和实际运用,则更加脱离了小程说话的语境和情绪表达。②

① 蔡尚思:《中国礼教思想史》,上海古籍出版社 2006 年版,第 1 页。
② 有弟子问程颐,"或有孤孀贫穷无托者,可再嫁否?"他回答:"只是后世怕寒饿死,故有是说,然饿死事极小,失节事极大。"(见《二程遗书》)此事对程颐来说,只是强调守节的重要,要人们把守节看的重于饥寒生死,并没什么大错,他本人也只是从义气上反对,并没有阻止寡妇改嫁。可是到了后世,程朱理学被统治者利用为官方哲学,程颐这话就成了不许妇女改嫁的金科玉律,因而对妇女们造成了极大的痛苦。思想家们的言论能否成为世人的行为准则,主要取决于社会历史的客观进程,同时也与政治有关,思想家毕竟只是思想家而已,不能把此事全部归咎于程颐。

统治者拿小程的话用于束缚妇女，大肆宣扬妇女在丈夫死后不得改嫁，改嫁就意味着失去贞节，所以把古代典籍中的《列女传》活生生变成了《烈女传》，这种影响直到中国封建社会结束。

费孝通先生对礼治社会的看法是"礼治社会并不是指文质彬彬，像《镜花缘》里所描写的君子国一般的社会。礼并不带有'文明'，或是'慈善'，或是'见了人点个头'、不穷凶极恶的意思。礼也可以杀人，可以很'野蛮'"①。

"礼教""礼治"对中国社会的影响和控制是全方位的。一般而言，中国古代的行政公文推行的最底层是县，是谓县治，县以下就是乡治，乡治用什么来治，用乡俗民俗，也就是所说的"礼"。费孝通先生认为："礼治社会并不能在变迁很快的时代中出现，这是乡土社会的特色。"②该观点一语中的，中国古代以自然经济为基础的社会变化异常缓慢，为礼治的实施提供了前提，正是由于有乡村社会中的礼治，才解决了皇权不能直接到达的中国乡村的边边角角发生的各种问题。行使这种权力的是乡村的家族长，他们一般有比较高的威望，又受到传统习俗（礼俗）的熏陶并成为传统习俗的坚定维护者。他们制定乡村规则，解决邻里纠纷，谋划地方发展，成为维护社会稳定的坚定力量。而乡村的民众，由于生于斯、长于斯，受乡俗的洗礼，会主动按照乡村礼俗的要求交往行事，有什么不能自己解决的邻里纠纷或利益冲突都会请族长主持公道，这种一唱一和使礼俗起到了其他社会控制力量所起不到的作用。因此，可以说中国的乡村社会是一个"无法"的社会，但"无法"并不等于没有治理的手段和途径，"礼治"就起到了很好的填补作用。"所以，在乡土社会的礼治秩序中做人，如果不知道礼，就不仅仅是知识的问题，而是可以上升到道德的层面，意味着这个人不懂规矩，不是好人。"③

周公是一位政治强人，他协助武王伐纣，辅佐成王治国，面对国家的安危，敢于诛杀参与武庚叛乱的管叔，放逐蔡叔，制定了一整套周朝的政治、经

---

① 费孝通：《乡土中国》，人民出版社 2012 年版，第 60 页。
② 费孝通：《乡土中国》，人民出版社 2012 年版，第 65 页。
③ 张焕君：《制礼作乐：先秦儒家礼学的形成与特征》，中国社会科学出版社 2010 年版，第 27 页。

济、礼法制度,使周初社会深深打上了他自己的烙印。他的"敬天(敬德)保民"、怀保小民、制礼作乐,是个永远也说不完的话题,从历代不同的人物对周公的评价就可见一斑。公孙弘曰:"周公旦治天下,期年而变,三年而化,五年而定。"(《汉书·公孙弘传》)有学者把殷周之际因政治、社会、思想和文化的结构性变动而孕育的体系称为"德礼体系"①。这种"德礼体系",从文王、武王开始创制,至周公最终完成,集中反映的是周公的"德政"和"制礼作乐",可见,周公的时代性标杆形象是确定无疑的。"周公对事业忠心耿耿,料事多谋而审慎,善于从前人的得失利弊中寻出自己的道路,对于有周一代,甚至整个奴隶社会的历史,做出了卓越的贡献,三千年前这样一个头脑清醒的政治家,我们称他是一个伟大人物,实不为过。"②钱穆先生写道:"孔子晚年,有'久矣!不复梦见周公'之叹,则其壮年以来之于周公,其思慕之忱为何如?《孟子》云'周公、仲尼之道',后世亦每以周、孔并称,非无故也。"③"宗周承袭过去而创造了自己的灿烂文明,在这种文明的创造过程中,永远不能忘掉周公。"④"没有周公就不会有传世的礼乐文明,没有周公就没有儒家的历史渊源,没有儒家中国传统的文明可能是另一种精神状态。"⑤"以德、礼为主的周公之道,世世相传,春秋末期遂有孔子以仁、礼为内容的儒家思想。"⑥"周公制礼作乐奠定了中华礼乐文明的底蕴,是一场比武王克商的意义还要重大的文化革命。"⑦

---

① 郑开:《论"中国意识"的思想史建构》,载《中国之为中国:正统与异端之辩》,上海人民出版社 2012 年版。
② 金景芳:《中国奴隶社会史》,上海人民出版社 1983 年版,第 128—129 页。
③ 钱穆:《周公》,九州出版社 2018 年版,弁言第 1 页。
④ 杨向奎:《大一统与儒家思想》,北京出版社 2011 年版,第 27 页。
⑤ 杨向奎:《宗周社会与礼乐文明》,人民出版社 1992 年版,第 136 页。
⑥ 杨向奎:《宗周社会与礼乐文明》,人民出版社 1992 年版,第 279 页。
⑦ 张岂之主编:《中国思想文化史》,高等教育出版社 2006 年版,第 34 页。

第 2 章　仁通天下:孔子的德治理想

孔子(公元前 551 年—公元前 479 年),名丘,字仲尼,儒家的至圣先师,也是中国人心目中的"圣人",被尊为"素王"。孔子祖上是宋国的贵族,他出生于周公的封地"鲁",周公的子孙从伯禽开始世代在此经营,以推行周公之礼和德政而著称,这对孔子潜移默化的影响是不言而喻的。到晚年时,孔子在讲学的同时,编纂"六经","六经"是儒家文化的主要载体,而儒家文化又是中国古代文化的主流,因此,梁漱溟先生认为:"孔子以前的中国文化差不多都收在孔子手里,孔子以后的中国文化又差不多都由孔子那里出来。"①这种评价似有夸张,但在中国古代也只有孔子可能承受得起,这也印证了一句古语,"天不生仲尼,万古如长夜"。在孔府、孔庙中就有"天下文官祖,古今帝王师"的楹联。那么,孔子是如何探讨"治道"的呢,本章将逐一展开分析。

一、仁者"爱人"的情怀

儒家的"政治"是伦理政治,是"修身、齐家、治国、平天下"。故孔子认为"治道"首先应该有"仁者"情怀。

(一)仁与孔子释"仁"

"仁",不是孔子创设的概念,孔子之前或与其同时代已经有不少人在

---

① 梁漱溟:《东西文化及其哲学》,商务印书馆 1997 年版,第 150 页。

谈"仁"，用"仁"来评判每个人的行为。当然，对什么是"仁"，理解不尽相同，《说文解字》释为："仁，亲也，从人二"，说的是人与人的关系。德国学者史怀哲在他的《中国思想史》中这样写道："'仁'这个汉字在中文中是表达着人性的意义的，它的写法是由一个人字旁加一个数字二组成，由此表达出了人必须因其与他人在一起的这种归属性来定义其行为的基本原则。"①史怀哲的学说基本上是对《说文》有关"仁"的再解读，国内许多学者对此已早有说明。在孔子这里，"仁"成了一个非常重要的概念（并由此人们谈"仁"就会联想到孔子），诚如郭沫若先生所言，在孔子思想中，"一个'仁'字最被强调"②。我们可以从《论语》中找到许多关于"仁"的论述。

　　子曰："人而不仁，如礼何？人而不仁，如乐何？"（《论语·八佾》）

意思是，人如果没有仁，怎么能用礼呢？人如果没有仁，怎么能用乐呢？《论语》中"仁"字出现了一百多次，是孔子特别重视的一个伦理范畴和政治范畴，不过，孔子对不同的人所阐述的"仁"的内涵不同。

　　颜渊问仁。子曰："克己复礼为仁。一日克己复礼，天下归仁焉。为仁由己，而由人乎哉？"

　　颜渊曰："请问其目。"子曰："非礼勿视，非礼勿听，非礼勿言，非礼勿动。"（《论语·颜渊》）

意思是，颜渊问如何实践仁德。孔子说："克制自己，使言行符合于礼，就是仁。一旦做到了这样，天下人就都称许你是仁人了。"③颜渊请教行动

---

① ［德］阿尔伯特·史怀哲：《中国思想史》，常暄译，社会科学文献出版社 2009 年版，第 54 页。

② 郭沫若：《十批判书》，科学出版社 1956 年版，第 85 页。

③ 刘永佶先生认为，"克己复礼为仁"这句话，应这样理解：勇于承担并胜任复礼大业于己身，并努力为之奋斗，就是仁。（刘永佶：《中国文化现代化》，河北大学出版社 1997 年版，第 157 页）这是从仁为礼服务的角度的一种解说，很有见地。

的指南。孔子回答:"不符合礼的事不看,不符合礼的话不听,不符合礼的话不说,不符合礼的事不做。"孔子说的"视、听、言、动",涵盖了人们生活的方方面面,在人际交往中,依照"礼"的规范行事,就会成为仁人。刘永佶先生认为,孔子对"仁"下过许多定义,"而唯独给颜渊的回答,层次最高,也最为抽象、概括"①。

> 仲弓问仁。子曰:"出门如见大宾,使民如承大祭。己所不欲,勿施于人。在邦无怨,在家无怨。"(《论语·颜渊》)

仲弓问如何实践仁德。孔子说:"出门做事好像去接待贵宾,役使百姓好像去承当大祀典,自己所不喜欢的事物,就不要强加于别人。在邦、家做事情,都要让人家没有怨恨。"这显然有别于孔子对颜渊的回答。

> 司马牛问仁。子曰:"仁者,其言也讱。"曰:"其言也讱,斯谓之仁已乎?"子曰:"为之难,言之得无讱乎?"(《论语·颜渊》)

司马牛问如何实践仁德。孔子说:"仁人,不轻易说话。"司马牛说:"不轻易说话,这就叫作仁了吗?"孔子说:"做起来很困难,说话能够轻易说吗?"

司马牛平时多言而躁,可能是喜欢自我表现的缘故,孔子在给司马牛讲仁时,充分体现了因材施教,针对司马牛的这一缺点,教导他不轻易说话就是仁,话多反而有失。

孔子的学生樊迟请教"仁"的次数比较多,如:

> 樊迟问仁。子曰:"居处恭,执事敬,与人忠。虽之夷狄,不可弃

---

① 刘永佶:《中国官文化的奠基者与批判家——孔子与毛泽东》,山东人民出版社1994年版,第83页。

也。"(《论语·子路》)

樊迟问怎样做才是仁。孔子说:"居家时容貌态度端庄,办事严肃认真,替人做事要有忠心。就算是到了夷狄那里,这些品德也是不可以丢弃的。"

樊迟问仁。子曰:"爱人。"(《论语·颜渊》)
樊迟问知。子曰:"务民之义,敬鬼神而远之,可谓知矣。"问仁。曰:"仁者先难而后获,可谓仁矣。"(《论语·雍也》)

即使是对同一个人,孔子不同时候的用词也不一样。以上两则,孔子回答樊迟,一是爱人就是仁。二是有仁德的人先要付出一定的艰苦劳动,而后才能获得果实,才是仁德。

子贡问为仁。子曰:"工欲善其事,必先利其器。居是邦也,事其大夫之贤者,友其士之仁者。"(《论语·卫灵公》)

子贡问如何培育仁德。孔子说:"做工的人要想把工作做好,首先必须把工具准备好。住在一个国家,要尊重那些当官中的贤者,结交那些士人中的仁人。"

子张问仁于孔子。孔子曰:"能行五者于天下为仁矣。""请问之。"曰:"恭、宽、信、敏、惠。恭则不侮,宽则得众,信则人任焉,敏则有功,惠则足以使人。"(《论语·阳货》)

孔子回答子张有关"仁"的问题时认为,具备"恭、宽、信、敏、惠"五种品德就是仁了。

以上是孔子对"仁"的不同回答①,综观之,"孔子并没有为我们提供任何关于'仁'这个术语的穷竭性定义。"②怎样理解孔子对什么是仁给出的如此多的答案,其实也并不难,孔子学生众多,有教无类,因材施教,出现不同答案是很自然的事。孔子自己也说过,人的才智不同,中等以上才智的人,如颜回,可以告诉他一些高深的学问,中等以下才智的人,如樊迟,只能告诉他一些易于理解的知识。所以,我们要理解孔子的"仁",必须通观全局。从一般意义上来看,孔子的"仁"主要还是讲人的修养、做人的道理,就是"忠""恕"之道,就是推己及人。曾子对此进行了概括:

> 子曰:"参乎! 吾道一以贯之。"曾子曰:"唯。"子出,门人问曰:"何谓也?"曾子曰:"夫子之道,忠恕而已矣。"(《论语·里仁》)

"忠、恕"就是孔子一以贯之的道。
孔子对"忠"的具体表达是:

> 夫仁者,己欲立而立人,己欲达而达人。能近取譬,可谓仁之方也已。(《论语·雍也》)

意思是,仁是什么呢? 自己要想站得住,同时也要让别人站得住。自己要想通达,同时也要让别人通达。凡事都要以自身为例而想到别人,可以说是实践仁德的方法了。这是孔子忠恕之道中的"忠"。
至于"恕",孔子用"己所不欲,勿施于人"这八个字予以解答。

---

① 由于孔子对"仁"的不同表述,所以"仁"在英语里已有各种各样的译法,如翻译为Good(善)、Humanity(人性)、Love(爱)、Benevolence(仁慈)、Virtue(美德)、Manhood(人的状态)、Manhood-at-Its-Best(人的最佳状态)等等。对很多诠释者来说,"仁"似乎是一种美德、一种无所不包(all-inclusive)的美德、一种精神状态、一种态度和情感的复合、一种神秘的统一体。([美]赫伯特·芬格莱特:《孔子:即凡而圣》,彭郭翔、张华译,江苏人民出版社2010年版,第33页)
② [美]本杰明·史华兹:《古代中国的思想世界》,程钢译,江苏人民出版社2008年版,第108页。

> 子贡问曰:"有一言而可以终身行之者乎?"子曰:"其恕乎! 己所不欲,勿施于人。"(《论语·卫灵公》)

自己所不希望的,也不要强加给别人。这是孔子告诉子贡终身可以奉行的原则。在孔子对仲弓问仁的回答中,孔子同样用了这八个字,孔子认为"己所不欲,勿施于人"不仅仅是针对某个个体,而是针对大众的普适性原则。

(二)"仁"的践行

孔子不仅仅把"仁"看作一种理论,更看作政治上的作为,如"桓公九合诸侯,不以兵车,管仲之力也。如其仁,如其仁!"(《论语·宪问》)孔子曾经对管仲不知礼的行为颇有微词,但针对管仲的"九合诸侯"则认为是"仁"。

"仁"字,从人从二,包含有双方见面首先应该把对方当作人看待的基本内涵。这种意思为多数人的共识,如姚中秋认为:"仁就是人把他人当成自己的同类、当成人看待的那种自然的倾向。"[1]孔子生活的时代,许多下层民众被当作"会说话的工具",不被当作人来看待,那么,就必然出现统治者与民众之间的对立,这种对立其实不利于社会的稳定和社会秩序的构建。因此,孔子既希望用礼来"别贵贱、明尊卑",又希望用仁来求得和谐。当然,民众更有对"仁"的期盼,"民之于仁也,甚于水火"(《论语·卫灵公》)。"孔子认为,有了仁,礼就多一分温情,少一分严酷,社会就可以稳定。"[2]"这种很有人情味的仁使等级社会有了人际的黏合剂,找到了建立和谐融洽的钥匙。"[3]因此,孔子提倡行仁德政治。如:

> 使民以时。(《论语·学而》)

---

① 姚中秋:《华夏治理秩序史(第一卷)·天下(上册)》,海南出版社 2012 年版,第 28 页。
② 葛兆光:《中国经典十种》,中华书局 2008 年版,第 48 页。
③ 葛兆光:《中国经典十种》,中华书局 2008 年版,第 49 页。

役使百姓要等农闲的时候

> 其养民也惠,其使民也义。(《论语·公冶长》)

这是孔子评论古代杰出政治家子产时用的一句话,意思是,子产抚养百姓并给他们恩惠,役使百姓也合于情理。表达了孔子对子产行事风格的肯定态度。因为孔子本身就有"惠则足以使人"(《论语·阳货》)的思想。

> 因民之所利而利之。(《论语·尧曰》)

就是顺着百姓可以得利的方向来引导他们去做能得利的事,这样就能很好地利用民力,其中自然包含着利民、德政的因素。

> 哀公问政于孔子。孔子对曰:"政之急者,莫大乎使民富且寿也。"(《孔子家语·贤君》)

孔子认为,治理国家最急迫的事,没有比让民众"富且寿"更重要的了。使民富裕和长寿,显而易见包含着"仁"的因素。

> 厩焚。子退朝,曰:"伤人乎?"不问马。(《论语·乡党》)

孔子的马棚失火,孔子从朝堂回来问道:"伤人了吗?"而没有问马如何。这说明他是践行了"爱人"的精神。

孔子"治道"理论的核心和灵魂是"仁",即"爱人"(《论语·颜渊》),"爱众"(《论语·学而》),以人为本。治国者具有仁爱的情怀,是治国的前提和基础。

萧公权先生总结了孔子"人本主义的政治观":

孔子的全部政治学说，从根本到枝节，都以"人"为其最高、最后和最直接的对象或目的。在他的学说当中，政治生活是人性的表现，是人性发展的过程，是人类活动的结果，是满足人类要求的努力。①

这一总结是很精准到位的。

二、克己复礼的君子修养

这里的君子，就是能够参与到国家政治生活中的那些人，主要有两种，一是道德修养高尚的人，二是有身份的人，主要包括当时的贵族阶层。他们的修养，是民众行为及素养的风向标。

（一）克己

《论语》中，随处可以看到孔子对于修身重要性的强调，修身的重要环节是克己，克制小我，伸张大我。"修身、齐家、治国、平天下"的儒家伦理政治内涵，完善社会，治平天下，首先要完善自己。正如美国学者本杰明·史华兹所言，孔子"天下有道"中的"道"，表示规范性的社会秩序之外，"从另一方面讲，它也明显地重视个人'内在的'道德生活"②。这一判断是应该能够肯定的。那么，如何克己，归纳起来，孔子从以下几方面进行了阐释。

第一，强化自我约束。

孔子主张通过教化、个人的修养，实现每个人的自律。故，强调作为主体的个人必须自觉约束自己。如：

> 以约失之者鲜矣。（《论语·里仁》）
> 子曰："贤哉，回也！一箪食，一瓢饮，在陋巷，人不堪其忧，回也不

---

① 转引自张允起：《政道溯源》，商务印书馆 2019 年版，第 171 页。
② ［美］本杰明·史华兹：《古代中国的思想世界》，程钢译，江苏人民出版社 2008 年版，第 81 页。

改其乐。贤哉，回也！"（《论语·雍也》）

就是讲以礼对自己约束、节制，就很少犯错误了，不能随性地放纵自己。颜回是孔子最得意的学生，孔子称赞他贤得，住在破旧的巷子，一竹筐饭，一瓜瓢水，别人都受不了这种困苦，颜回却觉得很快乐。颜回是多么有修养啊！当然，更认为颜回的行为符合"礼"，"其心三月不违仁"（《论语·雍也》）。

第二，自省要贯穿于克己之中。

自省是中国古代非常重要的一种自我修养的方式。

> 见贤思齐焉，见不贤而内自省也。（《论语·里仁》）

孔子主张应该"见贤思齐"，"见不贤而内自省"，"自省"应成为达成完美人格的必修功课，应该贯穿每个人克己的始终。故曾子承师衣钵，进一步强调：

> 吾日三省吾身：为人谋而不忠乎？与朋友交而不信乎？传不习乎？（《论语·学而》）

这样一拓展，曾子就将孔子倡导自省的精神更加具体化。

> 君子之过也，如日月之食焉；过也，人皆见之；更也，人皆仰之。（《论语·子张》）

君子的过失就好像日食与月食，错误的时候，每个人都看得见；更改的时候，每个人都仰望着。那么，如何更改，必包含有自省的过程。南怀瑾先生把"克己"称为"心灵的净化"①，或许也就是这个意思吧。

---

① 南怀瑾：《论语别裁》下册，复旦大学出版社 2002 年版，第 533 页。

第三,自戒是克己的必备要素。

孔子曰:"君子有三戒,少之时,血气未定,戒之在色;及其壮也,血气方纲,戒之在斗;及其老也,血气既衰,戒之在得。"(《论语·季氏》)

孔子在这里,明确强调了君子的"三戒"。孔子阐释了作为君子"少时"、"壮时"、"老时"应该"戒色"、"戒斗"、"戒得",加强自身修养。

第四,慎言慎行是修身的具体表现。

子曰:"君子食无求饱,居无求安,敏于事而慎于言,就有道而正焉,可谓好学也已。"(《论语·学而》)

这是孔子在回答怎样才算好学时所说的话,意思是:君子不一味追求吃得好、住得安逸。而要做事勤快,说话谨慎,按照有道德的人的教导来纠正自己的错误,就可以说是好学的了。其中强调了"敏于事而慎于言",那么慎言慎行也就为克己所必须。

子曰:"弟子入则孝,出则弟,谨而信,泛爱众,而亲仁。"(《论语·学而》)

孔子说:"年轻人在家要孝顺父母,离开自己的房子,便敬爱兄长,言行谨慎有诚信,博爱大众,亲近有仁德的人。"这是孔子谈"孝悌"时的观点,强调做事务求慎始善终,谨慎小心。

第五,无争是克己的至高境界。

子曰:"君子矜而不争,群而不党。"(《论语·卫灵公》)

子曰:"君子无所争。必也射乎! 揖让而升,下而饮,其争也君子。"(《论语·八佾》)

孔子认为,君子没有什么可争的事情,如果说非要争个高下,那就射箭比赛吧,就是射箭比赛时,也是彼此作揖行礼而后登台比赛,比赛完毕后饮酒相互祝贺,这种争也是君子之争。

曾子说得更加彻底,"犯而不校"(《论语·泰伯》)。这种无争,是一种彻底的克己,每个个体均安于现状,甚至别人侵犯都不去计较,这种克己就很值得玩味。

第六,"君子"克己在为政中应有体现。

> 季康子问政于孔子。孔子对曰:"政者,正也。子帅以正,孰敢不正?"(《论语·颜渊》)

季康子向孔子请教政治之事,孔子回答:"'政'字的意思就是端正自己。您自己端正了,谁还敢不端正?"

> 季康子问政于孔子曰:"如杀无道,以就有道,何如?"孔子对曰:"子为政,焉用杀?子欲善,而民善矣。君子之德风,小人之德草,草上之风,必偃。"(《论语·颜渊》)

季康子向孔子请教为政,说道:"假如杀掉坏人,留下好人,如何?"孔子回答:"您实施政治,哪里用得着开杀戒,您自己想做善的事情,百姓自然就跟着您做善的事情了。君子的德行好比风,百姓的德行好比草,您吹向哪边百姓就倒向哪边。"孔子的意思是,希望作为执政者的季康子能够起到表率作用,很好地用德行引导百姓。

> 季康子问:"使民敬、忠以劝,如之何?"子曰:"临之以庄,则敬;孝慈,则忠;举善而教不能,则劝。"(《论语·为政》)

季康子问:"要使百姓严肃、认真、敬忠,互相勉励,该怎么办?"孔子回答："你严肃认真地对待百姓的事情，百姓就会严肃认真地对待你的政令；你孝顺父母，慈爱幼小，百姓也就会对你尽心竭力；你提拔好人，教育能力弱的人，百姓也就会劝勉了。"

在《孔子家语》中，也提到了君子克己与为政的关系。孔子在回答鲁哀公"人道孰为大"时说道：

> 人道政为大。夫政者，正也。君为正，则百姓从而正矣。君之所为，百姓之所从。君不为正，百姓何所从乎！（《孔子家语·大婚解》）

以上几段对话强调了"君子"身体力行，加强自身修养对于治国的重要作用，从中也能看出儒家的"修身、齐家、治国、平天下"的伦理政治观。

实际上，孔子讲的"为政以德"的起点就是"正己"，执政者自己有良好的德行，才能形成"众星共之"的局面。

第七，君子克己应该加强学习。

> 子曰："君子博学于文，约之以礼，亦可以弗畔矣夫！"（《论语·雍也》）

君子广泛地学习文献，并用礼来约束自己，也就可以不离经叛道了！

第八，"安百姓"是君子修己的归宿。

> 子曰："修己以敬"，"修己以安人"，"修己以安百姓"。（《论语·宪问》）

这是孔子"己、人、百姓"次第推进的逻辑思维。以孔子为代表的儒家本身是积极入世的，他们始终在关注社会现实政治，也就是每个人修身之后可成为推进现实社会政治进程的有效力量。

孔子强调"克己"，从自身做起，且这种克己首先是对统治者的要求，将

"克己"和儒家主张的"德治"有机地结合起来。有学者认为："作为一个理想主义者的孔子,是把统治者作为最需要进行道德教育的对象的,因为统治者才具有为所欲为、欺压、愚弄别人的条件,所以他们是最需要'克己'的。一般百姓不'克己',不忠、不孝、不仁、不义,统治者有监禁、杀头等多种手段来对付。而统治者不'克己',老百姓是几乎没有任何办法的,只有到最后忍无可忍揭竿而起时,那就是天下大乱、玉石俱焚了。因此,他的主要目标是劝导国君推行'克己'的仁政,达到社会的相对公平。"①所以赵明先生也讲:"'克己'不是空泛地谈论个人的道德修养,而是有着非常明确的政治含义的。"②

(二)复礼

"复礼"是孔子"治道"理论的重要组成部分。如果说"克己"是自律,那么,"复礼"就是他律。

刘永佶先生认为:"孔子将'复礼',视为自己学说的宗旨。"③"孔丘的'复礼',主要是恢复和建立社会秩序,使社会尽快摆脱'无序'状态。"④徐远和先生同样认为,孔子的复礼"并非要复辟西周的奴隶制,而是要通过'礼让为国',结束动乱的政局,恢复稳定的等级秩序,实现国家的统一"⑤。关于"礼",我们在周公部分已经进行了阐释,《说文解字》载:"礼,履也,所以事神致福也。"这里的"履也",说明"礼"就是"履",需要践行,是祭神祈福的一种仪式。"礼,经国家、定社稷、序民人、利后嗣者也。""礼,王之大经也。"(《左传》昭公十五年)周惠王、周襄王时代的内史过曾说:"礼,国之干也。敬,礼之舆也。不敬则礼不行,礼不行则上下昏,何以长世。"(《左传》僖公十一年)"夫礼,生死存亡之体也"(《左传》昭公二十五年),"无礼必

---

① 刘元峰:《〈论语〉大义》,河北大学出版社 2008 年版,第 23 页。

② 赵明:《先秦儒家政治哲学引论》,北京大学出版社 2004 年版,第 142 页。

③ 刘永佶:《中国文化现代化》,河北大学出版社 1997 年版,第 151 页。

④ 刘永佶:《中国官文化的奠基者与批判家——孔子与毛泽东》,山东人民出版社 1994 年版,第 62 页。

⑤ 徐远和:《儒学与东方文化》,人民出版社 1994 年版,第 13 页。

亡"（《左传》昭公二十五年），礼是一个国家治乱存亡的根本。日本学者中村元认为："古代中国最重要的思想是'礼'的观念，孔子提出一整套自周公传下的政治体系和社会习俗体系。这是在实际生活中所遵奉的理想的道德规范。人的每一责任，如子女孝顺和尊敬长者，都必须按'礼'严格执行。所以，中国人的理想是一言一行都应与'礼'的观念一致。"①中村元的分析是比较客观的，说明了礼在中国社会中的重要性。

学界对孔子思想的核心是"仁"还是"礼"有比较大的争议，在《论语》中"仁"和"礼"出现的频率都较高，是孔子思想中非常重要的两个范畴，但毋庸讳言，孔子重视礼是不争的事实，在他生活的时代，"礼"具有其他概念和范畴不可替代的作用。所以，笔者的主张是："礼"是孔子思想中最重要的概念和范畴。有学者把孔子的"仁"和"礼"比较后认为："对于涵盖一切具体道德的人生大德或者说人生最高之德——仁，孔子也将其置于礼的控制之下。"②马克斯·韦伯则把礼称为"一个儒教的基本概念！"③

孔子对礼的重视首先来源于家世。孔子的祖上是商纣王的庶兄微子启，属于商王室成员，周灭商后，微子启臣服于周，被封到宋，所以微子启是宋国的第一代国君。日月转换、春秋轮回，到孔子的父亲孔纥时，只做了个陬邑宰，家族的地位已经下降为士，士是贵族中最低的一级，主要从事作战、守卫、记录史实、参赞礼仪等事宜，但毕竟是贵族，所以，必须知礼。"不学

---

①　［日］中村元：《东方民族的思维方法》，林太、马小鹤译，浙江人民出版社 1989 年版，第 199—200 页。

②　陆建华：《先秦诸子礼学研究》，人民出版社 2008 年版，第 67 页。美国学者赫伯特·芬格莱特对孔子"仁"与"礼"的关系，给予了如下诠释："仁"和"礼"是同一事情的两个方面，各自指向人在其担当的独特的人际角色中所表现出来的行为的某一个方面。"礼"指导我们注意有关品行和各种关系的传统的社会模式；"仁"则指导我们关注那些追求行为模式从而保持种种社会关系的人。"礼"也指符合其社会身份的特定行为，各种行为是恒常准则的榜样；"仁"则指表达个人取向的行为，表示他对于"礼"所规定的行为的服膺。"礼"又指称这种行为是公开的和可以区分的有序行为模式；"仁"则指称这种行为是某个行动者的一个不可分割的姿态，指涉他的独特性和个人性，以便与实施这个行为的独特个体和这个特定行为的独特境遇相联系。（［美］赫伯特·芬格莱特：《孔子：即凡而圣》，彭郭翔、张华译，江苏人民出版社 2010 年版，第 37 页。）

③　［德］马克斯·韦伯：《儒教与道教》，洪天富译，江苏人民出版社 2010 年版，第 165 页。

礼,无以立"(《论语·季氏》),"不知礼,无以立也"(《论语·尧曰》)。孔子三岁丧父,母亲颜氏在生活窘困的情况下,为年幼的孔子置办礼器,让孔子学习进退揖让等各种礼仪,使孔子从小就成了知礼之人。孔子也非常好学,曾经"适周问礼"(《史记·孔子世家》)。①

孔子在成长的过程中,处处留意礼仪,比如:

> 子入太庙,每事问。或曰:"孰谓鄹人之子知礼乎? 入太庙,每事问。"子闻之,曰:"是礼也。"(《论语·八佾》)

孔子进入周公庙,每件事都要请教,有人便说,谁说叔梁纥的儿子懂礼啊? 他进入太庙,每件事都要向别人问询。孔子听后说道:这正是礼呀!

孔子创建了儒家,创造性地对"礼"尤其是周公的"礼"进行了改造,使"礼"成为儒家文化的核心,而儒家文化又是中国传统文化的重要载体。所以,"礼"在很大程度上引领了中国的传统政治文化和思想文化,也成为人们修身必须遵从之根本。蔡尚思先生认为,"中国思想文化史不限于儒家,而不能不承认儒家是其中心;儒家思想不限于礼教,而不能不承认礼教是其中心"②。周光辉先生认为,"中国古代传统政治文化中的核心范式'礼'实际上就是血缘伦理、政治规范与宗教精神相融合的产物。礼把父子辈分与君臣等级看作是天地之别、视为天经地义,因此,民众必须遵守。"③

再看《礼记》的记载:

> 朝觐之礼,所以明君臣之义也;聘问之礼,所以使诸侯相尊敬也;丧

---

① 孔子"适周问礼"(《史记·孔子世家》)。因为老子做过周王室的守藏史,学识渊博,对周代的礼仪制度等非常了解,故孔子向老子问礼。历史学家夏曾佑先生直接说:"孔子者,老子之弟子也。"(夏曾佑:《中国古代史》,东方出版社 2012 年版,第 58 页)当然,这个问题可以各抒己见,但是,孔子向老子请教"礼"应该确有其事。

② 蔡尚思:《中国礼教思想史》,上海古籍出版社 2006 年版,第 7 页。

③ 周光辉:《论公共权力的合法性》,吉林出版集团有限责任公司 2007 年版,第 73—74 页。

祭之礼,所以明臣子之恩也;乡饮酒之礼,所以明长幼之序也;昏姻之礼,所以明男女之别也。夫礼,禁乱之所由生。(《礼记·经解》)

简单几句话,概括了朝觐、聘问、丧祭、乡饮酒、婚姻等诸多方面,尤其最后一句是总的概括,说明礼是禁乱的,只要人们按照礼所规定的去做,社会就是有序的,就不会乱。

孔子对"礼"的作用倍加重视,他曾说:

丘闻之,民之所由生,礼为大。非礼无以节事天地之神也,非礼无以辨君臣、上下、长幼之位也,非礼无以别男女、父子、兄弟之亲,昏姻、疏数之交也。(《礼记·哀公问》)

礼者何也? 即事之治也。君子有其事必有其治。治国而无礼,譬犹瞽之无相与! 伥伥乎其何之? 譬如终夜有求于幽室之中,非烛何见? 若无礼,则手足无所错,耳目无所加,进退揖让无所制。是故以之居处,长幼失其别,闺门、三族失其和,朝廷官爵失其序,田猎戎事失其策,军旅武功失其制,宫室失其度,量鼎失其象,味失其时,乐失其节,车失其式,鬼神失其饗,丧纪失其哀,辨说失其党,官失其体,政事失其施,加于身而错于前,凡众之动失其宜。如此,则无以祖洽于众也。(《礼记·仲尼燕居》)

意思是说,礼就是对事务的治理。君子有什么事务,必有相应的治理手段。治理国家如果没有礼,就犹如盲人没有相扶引导的人吧! 茫然要往哪里去呢? 比如整夜在暗室里寻找,没有烛光怎能看得见? 没有礼,那手脚就不知所措,耳目就不知怎么用,进退揖让就没有规矩。所以,这样下去,居家处所就没大没小,长幼无别,家族门内,祖孙三辈族人就要失去和睦,朝廷官爵上下就要失去秩序,田猎就将失掉策略,军队攻守就将失掉控制,宫室建造就将失去制度,量器鼎类就要失去式样,饮食味道就要失去时宜,音乐将失去节制,用车就要丧失定式,鬼神就要失去时宜的祭享,丧事就要失掉合度的致哀,辨说失去了听众,百官失去了职守,政事失去了顺利实施,凡加在身上的和摆在前面的,所有种种举动都失去所宜。如此,就没法团结民众了。形象的比喻,现实的写真,再次论证了一个观点:"不学礼,无以立。"(《论语·季氏》)

在《论语》中,有关礼的重要性的论述,尤其是治理国家和社会方面的阐述有很多。如:

> 上好礼,则民易使也。(《论语·宪问》)
> 上好礼,则民莫敢不敬。(《论语·子路》)
> 道之以政,齐之以刑,民免而无耻;道之以德,齐之以礼,有耻且格。(《论语·为政》)

在上位的人遇事以礼而行,就容易役使百姓;统治者讲究礼节,则百姓就没人敢不尊敬。所以,要用"德""礼"引导和规矩百姓,不仅使百姓有廉耻之心,而且让他们人心归服,比用"政""刑"更能得到好的效果。

> 恭而无礼则劳,慎而无礼则葸,勇而无礼则乱,直而无礼则绞。君子笃于亲,则民兴于仁;故旧不遗,则民不偷。(《论语·泰伯》)

就礼的作用而言,孔子认为,礼的作用,以遇事都做得恰当为可贵,如:

> 礼之用,和为贵。(《论语·学而》)

至于如何恰当,还需要体现于孔子一贯主张的"君君、臣臣、父父、子子",各就其位,各负其责。

孔子曾和弟子子路、曾皙、冉有、公西华聊天,孔子预设了一种情况,假如有人任用你们治国,你们如何做,他们的谈话如下:

　　子路、曾皙、冉有、公西华侍坐。子曰:"以吾一日长乎尔,毋吾以也。居则曰:'不吾知也!'如或知尔,则何以哉?"子路率尔而对曰:"千乘之国,摄乎大国之间,加之以师旅,因之以饥馑;由也为之,比及三年,可使有勇,且知方也。"夫子哂之。"求! 尔何如?"对曰:"方六七十,如五六十,求也为之,比及三年,可使民足。如其礼乐,以俟君子。""赤! 尔何如?"对曰:"非曰能之,愿学焉。宗庙之事,如会同,端章甫,原为小相焉。""点! 尔何如?"鼓瑟希,铿尔,舍瑟而作,对曰:"异乎三子者之撰。"子曰:"何伤乎? 亦各言其志也。"曰:"莫春者,春服既成,冠者五六人,童子六七人,浴乎沂,风乎舞雩,咏而归。"夫子喟然叹曰:"吾与点也!"三子者出,曾皙后。曾皙曰:"夫三子者之言何如?"子曰:"亦各言其志也已矣。"曰:"夫子何哂由也?"曰:"为国以礼,其言不让,是故哂之。"(《论语·先进》)

　　对话的最后,曾皙问孔子为什么笑子路? 孔子说道,治理国家讲究礼让,可子路一点也不谦虚,故而笑之。从孔子和弟子的对话中,能够明白孔子主张以礼治国的基本态度。但在这段对话中,孔子说"吾与点也!"意味着孔子赞同"莫春者,春服既成,冠者五六人,童子六七人,浴乎沂,风乎舞雩,咏而归。"这又好像有孔子要超然世外的感觉,"天下有道则见,无道则隐"(《论语·泰伯》)。这是否在轻轻松松的聊天中流露出孔子的无奈,因为他生活的时代礼崩乐坏,主张以礼治国的做法已经变得很不现实,在瞬间的"出世"之后,孔子还是以"一以贯之"的勇气,明知不可为而为之,"入世"论政,主张"复礼"。

　　孔子有过比较短暂的从政时段,在此期间,他依礼而治,效果显著,做中都宰时,使中都大治。

　　孔子初仕,为中都宰。制为养生送死之节,长幼异食,强弱异任,男女别涂,路无拾遗,器不雕伪。为四寸之棺,五寸之椁,因丘陵为坟,不封、不树。行之一年,而西方之诸侯则焉。(《孔子家语·相鲁》)

这是说,孔子依礼制治理中都,中都大治,西边各诸侯国纷纷效仿。

上边的论述主要是理论探讨和孔子以礼而治中都取得的成绩,那么,孔子的复礼,是要复什么样的礼呢? 在《论语·为政》中记载:

> 子张问:"十世可知也?"子曰:"殷因于夏礼,所损益可知也;周因于殷礼,所损益可知也。其或继周者,虽百世可知也。"(《论语·为政》)

就是说,夏、商、周各朝的礼仪制度都有所废除,有所增加,假如有继承周朝而当政的人,就是以后一百代,也是可以预先知道的。孔子师徒这几句对话,有非常重要的意义,有学者是这样评价的:"子张'十世可知也'的疑问被孔子'虽百世可知也'的回答所化解,礼由三代时的特殊的治道上升为超越历史时空限制的人类长久的乃至唯一的治道;礼治由三代的政治模式扩大并普遍化为人类唯一的政治模式。"①由"损益"的角度可知,孔子认为"礼"并不是固定不变的。

在《论语·八佾》中记载:

> 子曰:"夏礼,吾能言之,杞不足征也;殷礼,吾能言之,宋不足征也。文献不足故也。足,则吾能征之矣。"(《论语·八佾》)
> 子曰:"周监于二代,郁郁乎文哉! 吾从周。"(《论语·八佾》)

孔子说,周朝的礼仪制度是以夏、商两代为根据,然后制定的,我主张周朝的。这样看来,孔子的礼,主要是指周代的礼仪制度。周代的礼,就是周代的基本法,第一章周公部分我们已经述及,主要是由周公制定的,孔子特别崇拜周公,并以许久没有梦见周公为衰老的表征,曾感叹自己没有生活在周公的时代,没有聆听周公的教诲而叹息不已。"周公集黄帝、尧、舜、禹、

---

① 陆建华:《先秦诸子礼学研究》,人民出版社 2008 年版,第 59 页。

汤、文、武之大成，其道繁博奥衍，毕生研之而不可尽。"①蔡尚思先生就周公
和孔子对礼的贡献的看法是："到了孔子，才由周公的礼的制度而发展为礼
的理论。孔子以前虽有关于礼的一些理论，但还是零乱而不成体系的。所
以，我认为周公是礼的制度的祖师，孔子是礼的理论的祖师。若论先后，周
公为先；若论轻重，孔子为重。"②孔子所讲的"礼"，就是以周礼为原则的一
系列社会生活的规范，礼规定了一个人处在什么样的社会地位，应该做什么
不应该做什么，但他生活时代礼制的规定已不被人们遵守，"复礼"是他"救
世"的基本主张。"'复礼'，即按照社会典章制度和伦理原则行事，做到在
视、听、言、动诸方面皆合于礼。"③"复礼"是一种制度建设，"安上治民，莫
善于礼"（《礼记·经解》），这是对执政者相当恳切的忠告。

（三）"礼"的践行

孔子是礼治的倡导者，也是践行者。孔子对"礼"的遵从体现在各个
方面。

> 阳货欲见孔子，孔子不见，归孔子豚。孔子时其亡也，而往拜之。
> 遇诸途。谓孔子曰："来！予与尔言。"曰："怀其宝而迷其邦，可谓仁
> 乎？"曰："不可。""好从事而亟失时，可谓知乎？"曰："不可。""日月逝
> 矣，岁不我与。"孔子曰："诺，吾将仕矣。"（《论语·阳货》）

阳货是季氏的家臣，把持朝政，有意请孔子帮他治政，想让孔子来拜会
他，孔子不去，阳货就依当时的礼俗，把一只蒸熟的小猪送到了孔子的家里，
按照礼制，阳货给孔子送东西，孔子应该亲往阳货家拜谢，而孔子对阳货没
好感，不想见阳货，但如果不去拜谢，就是不守礼制。"礼尚往来，往而不
来，非礼也；来而不往，亦非礼也。"（《礼记·曲礼上》）所以，孔子就想趁着

---

① 夏曾佑：《中国古代史》，东方出版社 2012 年版，第 32 页。
② 蔡尚思：《中国礼教思想史》，上海古籍出版社 2006 年版，第 6—7 页。
③ 李振纲：《中国古代哲学史论》，中国社会科学出版社 2004 年版，第 9 页。

阳货不在家时去拜谢,不巧的是,两个人在路上正好遇见,就有了上边两个人关于"出仕"的对话。最后孔子说:"诺,吾将仕矣。"

孔子对各个社会身份的人士享受什么待遇,采取坚决固守的态度。

比如,"八佾舞于庭",孔子"是可忍也,孰不可忍也"(《论语·八佾》),表现出对只有大夫身份的季氏僭越礼制,用天子"八佾"之舞的愤怒,孔子维护礼制的这种愤怒,其实是在维护高高在上的君主权威。天子八佾,诸侯六佾,大夫四佾,士二佾,礼制都有严格的规定。

另外,对待他特别钟爱的弟子颜回,他固守"礼制"几乎到了固执的地步。颜回英年早逝,孔子特别悲痛,"噫!天丧予!天丧予!"(《论语·先进》)因为颜回是孔子最得意的学生,孔子把他视为自己学说的传承人,故后人有"孔颜之学"的说法。现在颜回先于孔子而死,孔子发出"老天爷要我的命呀!"的悲号,"颜渊死,子哭之恸"(《论语·先进》)。孔子哭颜回哭到不能自持,可见,孔子是多么的垂怜颜回,尽管如此,颜回的父亲请求孔子卖掉车子替颜回买个外椁。孔子说:"才不才,亦各言其子也。鲤也死,有棺而无椁。吾不徒行而以为之椁。以吾从大夫之后,不可徒行也。"(《论语·先进》)孔子的意思是,都是儿子,我的儿子鲤死了,也只有棺而没有椁,不能因为颜回有才就配外椁。我不能卖掉车子步行来替他买椁。因为我曾经做过大夫,是不可以步行的。① 做过大夫,出门就要坐车,不能步行,凸显孔子对礼的坚守到了一种近乎严苛或固执的程度,凡事必依礼而行。

孔子对礼的遵循,还表现为一视同仁,也可认为是一种固守。如"禘自既灌而往者,吾不欲观之矣。"(《论语·八佾》)意思是,禘祭的礼,从第一次献酒之后,我就不想看了。为什么孔子这样说呢?因为禘礼是古代一种极为隆重的大祭之礼,只有天子才有资格用这种礼。因为周公在周王朝建立过程中有极大的功勋,所以在周公死后成王特许他的后代用禘礼祭祀他。此后,鲁国之君竟沿用禘礼,成为惯例。孔子认为,这是一种越礼行为,故不想看。试想,即便孔子对周公多有崇奉,但放在礼制中思考这个问题,孔子

---

① 孔子曾经做过鲁国的司寇,是大夫之位。

仍然认为鲁国国君所为是僭越行为。

孔子从"礼"的视角对管仲的评价，也是如此。如：

> "然则管仲知礼乎？"曰："邦君树塞门，管氏也树塞门。邦君为两君之好，有反坫，管氏亦有反坫。管氏而知礼，孰不知礼？"（《论语·八佾》）

有人问孔子管仲懂"礼"吗？孔子回答，国君宫殿门前立了一个塞门，管氏也立了一个塞门；国君设宴招待别国的君主，在堂上有放置酒杯的设备，管氏也有这样的设备。假如说管仲懂得礼节，那谁不懂得礼节呢？就事论事，孔子认为管仲所为是一种违背礼制的行为。

孔子有一次病重，已赋闲在家，按照礼制是不配备家臣的，子路为了尊敬孔子，让孔子的门徒去作孔子的家臣，组织给孔子料理后事。后来，孔子的病慢慢好了起来，便说："子路干这种弄虚作假的事太久了，我本来无家臣，却偏偏要装作有家臣，我欺骗谁呀？欺骗天吗？与其在家臣的伺候下死去，我宁可在你们这些学生的照料下死去，不还好些吗？即使不按大夫之礼安葬，难道我就会死在路边没人埋嘛？"孔子一方面在责备子路，另一方面则是强调，任何人任何时候都要按照礼制的规定行事，违反了具体的规定就是对礼制原则的破坏。相比鲁国季氏作为大夫用八佾之舞，当时孔子表现的"是可忍也，孰不可忍也"也就很好理解了。

孔子任鲁国大司寇时，依照礼制完成的一件重大事情是，"沟而合诸墓"（《左传》定公元年）。事情的基本情况是，季平子与郈昭伯因为斗鸡得罪鲁昭公，昭公率军队攻打季平子，季平子与孟氏、叔孙氏三家联手攻打昭公，"昭公师败，奔于齐，齐处昭公乾侯。"（《史记·孔子世家》）这是孔子三十五岁时的事情。"孔子年四十二，鲁昭公卒于乾侯，定公立。"（《史记·孔子世家》）说明孔子四十二岁时昭公客死于乾侯，反丧于鲁。"葬昭公于墓道南。孔子之为司寇也，沟而合诸墓。"（《左传》定公元年）在墓道南面安葬昭公。孔子做司寇时，在昭公坟墓外挖沟，使他和先公的坟墓同在一个范围内。短短的五个字"沟而合诸墓",反映出孔子对礼制的坚持,极尽所能保有昭公失去的名分。[1]

在古代,祭祀是大事,有关祭祀用品和等级的规定十分严格,这是礼制的重要组成部分,孔子对此有特别强调。比如祭祀用品方面:

> 子贡欲去告朔之饩羊。子曰:"赐也!尔爱其羊,我爱其礼。"(《论语·八佾》)

孔子与子贡有关告朔用羊的对话。子贡想把每月初一祭祀祖庙的那只活羊去掉不用。孔子说:"赐呀!你可惜那只羊,我可惜那个礼。"每月初一杀一只活羊到祖庙祭祀,然后回朝处理政务,是西周时期流传下来的传统。当时鲁国国君既不亲自去告朔,又不听政,只是让相关执事杀一只活羊应付了事,完全不把告朔当回事。在子贡看来,告朔只是一种形式,想着连羊也不用杀了。孔子认为,尽管只是一种形式,但按照礼制的规定去做还是有必要的。由此,我们可以看到孔子特别关注"礼"的形式问题,如果通观古代的礼制,许多重大活动的庄重肃穆或虔诚用心都是通过一些外在形式体现的,礼就起到了这个作用。

如,子曰:"麻冕,礼也;今也纯,俭,吾从众。拜下,礼也;今拜乎上,泰也。虽违众,吾从下。"(《论语·子罕》)孔子认为,礼帽用麻料来织,这是合于传统的礼的;今天大家都用丝料,这样俭省些,我同意大家的做法。臣见君,先在堂下磕头,然后升堂又磕头,这是合于传统的礼的。今天大家都免除了堂下的磕头,只升堂后磕头,这是倨傲的表现。虽然与大家不一致,我仍然主张先在堂下磕头。孔子的这个观点,多少有点矛盾的感觉:臣见君磕头的礼节,体现了孔子捍卫礼所规定的君臣关系、君臣等级,这是不容妥协的,而做礼帽改麻为丝,孔子则表示同意,那么我们可以认为,礼仪形式的些

---

[1] 《孔子家语·相鲁》也有记载:"先时,季氏葬昭公于墓道之南,孔子沟而合诸墓焉。谓季桓子曰:'贬君以彰己罪,非礼也。今合之,所以掩夫子之不臣。'"

许变化孔子还是能够接受的。

再如,对祭祀者身份和等级的强调:

季氏旅于泰山。子谓冉有曰:"女弗能救与?"对曰:"不能。"子曰:"呜呼! 曾谓泰山不如林放乎?"(《论语·八佾》)

依礼,只有天子和鲁国国君才有资格祭祀泰山,但季康子作为鲁国大夫竟然也去祭祀泰山,孔子认为,这是明显的僭越违礼行为,孔子希望任季氏家臣的冉有阻止季氏的这一举动,冉有无力阻止,孔子只得呜呼哀叹! 认为,泰山之神难道不如林放那样知礼吗? 竟能够接受季氏不合乎礼的祭祀吗?

还有对祭祀仪式的严格要求:

三家者以《雍》彻。子曰:"'相维辟公,天子穆穆',奚取于三家之堂?"(《论语·八佾》)

这是在讲一种祭祀的仪式。《雍》是《诗经》中《周颂》的一篇,是古代天子在祭祀完宗庙后撤除祭品时专唱的一首诗,是"天子"专用的。三家,是指鲁大夫孟孙氏、叔孙氏和季孙氏。这三家,在祭祀完祖先后,唱着《雍》这首诗来撤除祭品,很明显,三家僭用了天子之礼,做出了违礼的行为,这是孔子极力反对的。所以,孔子说,《雍》诗中说,诸侯助祭,天子严肃静穆地主祭,这样两行诗,用在季氏三家大夫祭祖的厅堂上,取它哪一点意义呢?

孔子在维护礼制的过程中,曾经遇到过生命危险。比如,他周游列国时,经过宋国,在一棵大树下和弟子休息习礼,宋国的权臣司马魋反对孔子恢复礼制的行为,因为恢复礼制对司马魋不利,所以他砍掉大树,想杀死孔子(当然,这种杀人的方法也很离奇)。孔子便离开了宋国,并且很镇定地说了一句"天生德于予,桓魋其如予何?"(《论语·述而》,另见《史记·孔子世家》)孔子认为是天授大命,桓魋之流不会把他怎么样。①

西周时期,"礼不下庶人",那么,礼对于普通百姓而言,没有什么约束力。但从孔子开始,他站在人学立场,以"仁"视之,把礼面向全体社会成员,"齐之以礼"(《论语·为政》)一方面想使礼在整个社会中起作用,另一方面使社会成员在礼的规矩下逐渐走向文明。对孔子的这一做法,见仁见智,会有更多的辩论。

蔡尚思先生则认为,孔子政治思想的出发点,"便是反对僭礼,要求恢复早被历史所否定的西周奴隶制的统治秩序"②。"维护周礼是孔子政治活动和思想学说的出发点与归宿"③。蔡先生把孔子放在一定的历史阶段来评价,有其历史意义和借鉴价值。这正是汉代司马谈的认识:儒者"博而寡要,劳而少功,若夫列君臣父子之礼,序夫妇长幼之别,虽百家弗能易也。"(《史记·太史公自序》)所以,在孔子看来,"礼"是建立社会秩序的良方,"礼"是天地秩序,应该触及社会的每一个角落。金观涛、刘青峰认为:"孔子学说的社会观的主要内容是'礼'。'礼'一方面来自孔子对西周国家政治、宗教制度的继承,另一方面孔子又给'礼'注入了理想政府的构想,并把如何实现这种理想而和谐的社会的方法和机制也一并包括在其中了。"④

上述,我们展示了大量有关孔子"克己复礼"方面的言行记事,克己是为了遵循礼制的规定,言行不逾矩,复礼是主张构建礼制规范,并建立起礼制的社会秩序。这些的起始点和最终的落脚点是人们必须强化"礼"的修养,而在儒家所强调的"上行下效""德道标杆"的大环境里,"君子"的自身修养极为重要,"君子之德风,小人之德草,草上之风,必偃"。那么,毫无疑问,强化"礼"的修养,就成为"君子"的必修课。

---

① 《孟子·万章上》也有这样的说法:"孔子不悦于鲁卫,遭宋桓司马将要而杀之,微服而过宋。"这是讲,孔子在鲁国和卫国很不顺心,碰到宋国的司马桓魋预谋要拦截并杀害他,只好化装悄悄离开宋国。
② 蔡尚思主编:《十家论孔》,上海人民出版社 2006 年版,第 269 页。
③ 蔡尚思主编:《十家论孔》,上海人民出版社 2006 年版,第 309 页。
④ 金观涛、刘青峰:《兴盛与危机——论中国社会超稳定结构》,法律出版社 2011 年版,第 273 页。

那么，"礼"在中国古代社会发挥的作用究竟如何呢？我们看看旁观者孟德斯鸠怎么说：

中国的立法者们主要的目标，是要使他们的人民能够平静地过生活。他们要人人互相尊重，要每个人时时刻刻都感到对他人负有许多义务；要每个公民在某个方面都依赖其他公民。因此，他们制定了最广泛的"礼"的规则。

……

中国的立法者们所做的尚不止此。他们把宗教、法律、风俗、礼仪都混在一起。所有这些东西都是道德。所有这些东西都是品德。这四者的箴规，都是所谓礼教。中国统治者就是因为严格遵守这种礼教而获得了成功。中国人把整个青年时代用在学习这种礼教上，并把整个一生用在实践这种礼教上。文人用之以施教，官吏用之以宣传；生活上的一切细微的行动都包罗在这些礼教之内，所以当人们找到使它们获得严格遵守的方法的时候，中国便治理得很好了。

有两种原因使这种礼教得以容易地铭刻在中国人的心灵和精神里。第一是，中国的文字的写法极端复杂，学文字就必须读书，而书里写的就是礼教，结果中国人一生的极大部分时间，都把精神完全贯注在这些礼教上了；第二是，礼教里面没有什么精神性的东西，而只是一些通常实行的规则而已，所以比智力上的东西容易理解，容易打动人心。

……

尊敬父亲就必然和尊敬一切可以视同父亲的人物，如老人、师傅、官吏、皇帝等联系着。对父亲的这种尊敬，就要父亲以爱还报其子女。由此推论，老人也要以爱还报青年人；官吏要以爱还报其治下的老百姓；皇帝要以爱还报其子民。所有这些都构成了礼教，而礼教构成了国家的一般精神。①

———————

① ［法］孟德斯鸠：《论法的精神》上册，张雁深译，商务印书馆 1961 年版，第 312—315 页。

作为一个旁观者,孟德斯鸠比较详细地阐述了"礼"在中国社会中无所不包的存在和作用,当然也可以说明君子强化"礼"的修养是必修功课。

三、为政以德的贤能政治

"孔子的政治学说,从其最高原则来讲,可以称之为德治主义。"[1]"大学之道,在明明德。"(《大学》)

(一)孔子"德政"的缘由

孔子主张"德政"的缘由大致可以从三个方面分析。一是对周公"德政"的继承,陈来先生认为,"没有周公和西周文化养育的文化气质,孔子的出现是不可想象的"[2]。孔子对周公推崇备至,"久矣吾不复梦见周公!"(《论语·述而》)周公提倡"德政",孔子继承了这一思想,并大力提倡之。二是与孔子生活的时代密切相关,他认为当时社会中自上而下均缺乏"德","古者民有三疾,今也或是之亡也。古之狂也肆,今之狂也荡;古之矜也廉,今之矜也忿戾;古之愚也直,今之愚也诈而已矣"。(《论语·阳货》)道德层面已经混乱不堪。孔子曾哀叹"吾未见好德如好色者也!"(《论语·子罕》)孔子也曾在泰山脚下见妇人哭而感叹"苛政猛于虎也"(《礼记·檀弓下》)。故而,重建"德"刻不容缓,施行"德政"也是时代之需。三是孔子对人性的看法,在孔子的言论中,直接议论人性的地方很少,但却给后人留下了一句经典的话,"性相近也,习相远也"(《论语·阳货》)。人的性情本来相近,但由于后天生活的环境不同,便相距甚远。先天的性是相近的,只是后天的"习"不同,使人性趋向了不同的途径。那么,后天的"习"对人性的塑造就具有重要作用。把这一认识放在孔子的整体思想中看,孔子主张

---

[1] 王引淑:《中国传统政治哲学:十大著名思想家的治国方略》,华语教学出版社 1999年版,第 15 页。

[2] 陈来:《古代宗教与伦理:儒家思想的根源》,生活·读书·新知三联书店 2017 年版,第 4 页。

教化，"不教而杀，谓之虐"（《论语·尧曰》），为了使人性不至于为恶，自然，德治路线就油然而生了。

（二）治国者的"有德"与"用德"

孔子的"为政以德"可以从两方面理解，一是国家的治理者须有"德"，二是治国必用"德"。我们先看第一方面。

为政以德，譬如北辰居其所而众星共之。（《论语·为政》）

这是孔子希望执政者的最好定位是"譬如北辰"，用仁德来治理国家，就会像北极星一样，自己居于一定的方位，别的星辰都环绕着它。孔子用"北辰"作比方，意在说明执政者"为政以德"，百姓才能围绕在你的周围，如果不行德政，就不会有百姓拥护和追随。

季康子问政于孔子，孔子曰"政者，正也。子帅以正，孰敢不正？"（《论语·颜渊》）这是孔子希望执政者有"德"的具体反映。"子为政，焉用杀？子欲善而民善矣。君子之德风，小人之德草，草上之风，必偃。"（《论语·颜渊》）体现了孔子希望执政者有"德"的强烈愿望。也就是执政者要成为有"德"的榜样。"从管理学的角度看，儒家'以身作则'式的道德示范是一种间接控制，即用道德来引导人民、教化人民，使人民知道哪些行为是符合道德的高尚行为，而哪些行为是不符合道德的卑鄙行为。"[1]

子曰："苟正其身矣，于从政乎何有？不能正其身，如正人何？"（《论语·子路》）

孔子认为，假如自己端正了，治理国政有什么困难呢？自己本身都不能端正，怎么端正别人呢？所以，执政者本身要先起到楷模作用，"先之劳之"

---

①　彭新武：《中国古代治国要略》，人民出版社 2018 年版，第 99—100 页。

"无倦"(《论语·子路》)自己给百姓带头,然后让他们勤劳地工作,永远不要懈怠。

> 季康子患盗,问于孔子。孔子对曰:"苟子之不欲,虽赏之不窃。"(《论语·颜渊》)

孔子认为,作为执政的季康子你本人假如不贪求太多的财物,不"乱自上作"①,即使你奖励偷抢,百姓也不会干。这其中既包含着上行下效,也包含着孔子希望执政者"足民"的期盼,"民足"就不会有盗患之忧。

儒家经典中"标杆""榜样"的观点比比皆是,如《礼记》载:

> 所谓平天下在治其国者,上老老而民兴孝,上长长而民兴弟,上恤孤而民不倍,是以君子有絜矩之道也。(《礼记·大学》)

治国者尊敬老人,民众就会兴起孝敬的风气;治国者尊敬年长的,民众就会兴起敬长的风气;治国者怜惜孤儿,民众就会不背弃孤弱。故君子要有以身作则、推己及人之道。

对孔子思想有独特认识的曾子曾说:"慎终,追远,民德归厚矣。"(《论语·学而》)即谨慎地对待父母的死亡,追念远代祖先,自然会导致老百姓归于忠厚老实。作为弟子,曾子大概率地是在继承和发扬孔子的思想。"慎终,追远"当然是针对治国者说的。

"君子怀德,小人怀土"(《论语·里仁》),君子心怀的是仁德,小人怀恋乡土。作为孔子眼里的君子(治国者),应该有更高远的视野:心怀仁德。

治国者应该具备"先富而后教"之德。"子适卫,冉有仆,子曰:'庶矣哉。'冉有曰:'既庶矣,又何加焉?'曰:'富之。'曰:'既富矣,又何加焉?'曰:'教之'。"(《论语·子路》)这就是儒家倡导的"庶、富、教"的关系,先让民富起来,然后教育他们。

这段对话,孔子阐述了"庶""富""教"的递进逻辑,人口多,首先让他

---

① 彭新武:《中国古代治国要略》,人民出版社 2018 年版,第 97 页。

们富起来,富起来以后要对他们进行教化。作为古代的统治者,制定富民政策就是德政的集中表现,富起来后再开化民智,更是高层次的"仁德政治"。

孔子对有德之人称赞有加,"泰伯,其可谓至德也已矣,三以天下让,民无得而称焉。"(《论语·泰伯》)孔子称赞泰伯是道德高尚的人,他多次把社稷辞让给季历,百姓简直找不出合适的词来称赞他。

子曰:"骥不称其力,称其德也。"(《论语·宪问》)这是孔子称赞千里马的话,千里马称为骥,并不是赞美它的力气,而是赞美它的品质。可见,孔子看待事物首先都是考虑其"德性"。

除了"有德"以外,国家治理必用"德"是孔子的一贯主张。

齐景公曾经问政于孔子,孔子曰:"政在节财。"(《史记·孔子世家》)孔子说话都是有感而发,针对性极强,对齐景公说"政在节财",可能是当时齐国境内君臣上下奢靡之风比较盛,故孔子有此言。希望节约开支、杜绝浪费,使百姓生活富裕。主张节约,反对浪费,不仅仅是孔子时代人们认同的价值,也是现代人普遍认同的价值。

孔子的"使民以时"(《论语·学而》)也是"用德"的思想主张。藏富于民显而易见就是"德政"。

　　哀公问于有若曰:"年饥,用不足,如之何?"有若对曰:"盍彻乎?"曰:"二,吾犹不足,如之何其彻也?"对曰:"百姓足,君孰与不足? 百姓不足,君孰与足?"(《论语·颜渊》)

这是鲁哀公和有若的对话,哀公说年成不好,国家用度不够,该怎么办? 有若说为什么不实行十分之一的税,哀公说十分之二我都不够用,怎么能十分抽一呢? 有若说道,如果百姓的用度够,您怎么会不够? 如果百姓的用度不够您又怎么会够? 有若的这种藏富于民的思想应该是孔子"富""教"思想的延续和传承。

　　惠则足以使人。(《论语·阳货》)

以往大多是从役使民众的角度去理解这句话,但治国者利用强大的国家机器,无条件的役使民众也是一种常态,孔子强调"惠",就体现了些许的温情,统治者如果能够"先惠而后使",则不失为某种程度上的德政。

叶公问政。子曰:"近者说,远者来。"(《论语·子路》)

叶公问政孔子,孔子的回答是,使境内的人高兴,境外的人来投奔。这句对话,没有前言,即没有说明在什么情况下问政,也没有孔子给出的治政方法,而是叙述了一个孔子希望出现的局面。那我们不妨推测,能使境内人高兴,境外人投奔的治政方法肯定是孔子主张的"德政"。

有关"义利观"的主张也可以纳入孔子"德政"的思想中来探讨。孔子认为:"不义而富且贵,于我如浮云。"(《论语·述而》)"富与贵"是利,不义之富贵即是私利,私利与义矛盾时,执政者应该取义而舍利,舍之如浮云。如果统治者一味地追求私利,"放于利而行,多怨"(《论语·里仁》)。放纵自己,专门追求私利,必然招致众多的怨恨。孔子考虑得很周到,并不是否定统治者对利的追求,只是需要"先难而后获"(《论语·雍也》)。就是要吃苦在前,享受在后。由此可知,"贵义轻利"是孔子认为治国者或治理集团这一特殊主体应有的价值取向。"君子喻于义,小人喻于利"(《论语·里仁》)。

孔子在鲁国做过"中都宰"、小司空、大司寇。从孔子自己的从政实践来看,也践行了他的"德政"主张。

"中都"是鲁国的公邑,大致相当于现在的一个县大小,"中都宰"就是县长。孔子在中都宰任上仅一年光景,但"四方皆则之。由中都宰为司空,由司空为大司寇"(《史记·孔子世家》)。尽管太史公没有记载孔子在中都做了什么,但从"四方则之"来看,应该是在孔子治理中都取得了显著的成效,所以各地都效仿他的治理方法。可以作为对照材料来看待的《孔子家语》载:"孔子初仕,为中都宰。制为养生送死之节,长幼异食,强弱异任,男女别涂,路无拾遗,器不雕伪。为四寸之棺,五寸之椁,因丘陵为坟,不封、不树。行之一年，而西方之诸侯则焉。"（《孔子家语·相鲁》）意思是说，孔子在中都制定了使百姓生有保障、死能安葬的制度，提倡按照年纪的长幼吃不同的食物，根据能力的大小承担不同的任务，男女走路各走一边，路不拾遗，器物不求浮华雕饰。死人装殓，棺木厚四寸、椁木厚五寸，依傍丘陵修墓，不建高大的坟，不在坟地周围种植松柏。这样的制度在实施一年之后，西方各诸侯国都纷纷效仿。尽管《孔子家语》为后人所撰，可信度有待商榷，但这则材料作为太史公"四方则之"的延伸，还是有史料价值的。我们从这则材料里能够看出，孔子在治理一方时体现了"德政"的精神。有人可能会对"为四寸之棺，五寸之椁"提出疑问，会联想到"厚葬"，其实，孔子这里只是规定了一个适当的标准，使人们既能寄托哀思，又不至于为如何做而大费周章。孔子对自己的政治实践也信心满满，如"定公谓孔子曰：'学子此法以治鲁国，何如？'孔子对曰：'虽天下可乎，何但鲁国而已哉！'"（《孔子家语·相鲁》）孔子的口气很大，回答鲁定公时说，用我的治理方法，何止是治理鲁国，治理天下都没问题。

　　因为政绩不错，孔子被提拔为"小司空"，"小司空"是掌管国家土木建筑工程的官，在此任上，孔子做了些什么，先秦文献几乎没有为我们留下记载，《孔子家语·相鲁》只提到了一句："乃别五土之性，而物各得其所生之宜，咸得厥所。"就是说，孔子亲力亲为，根据土地的性质，把它们分为山林、川泽、丘陵、高地、沼泽五类，因地制宜，种植各种作物，使它们能很好地生长。似乎这样的解释，所涉内容或许是主管农林官员的事，与"司空"不搭，孔子在职责上"跨界"了。在此，由于无佐证材料之故，我们不去纠结孔子主管什么事，而实际上又做了什么事，仅就其从政的行事风格，其勤勉可嘉。

　　孔子升任鲁国大司寇后，掌管国家司法、刑狱和社会治安等事宜，与"三桓"同列，进入了鲁国的最高统治层。儒家的创始人，掌管了一个国家的司法，结果会怎样？"与闻国政三月，粥羔豚者弗饰贾；男女行者别于涂，涂不拾遗；四方之客至乎邑者，不求有司，皆予之以归。"（《史记·孔子世家》）"设法而不用，无奸民。"（《孔子家语·相鲁》）经过孔子的治理，仅三个月，商人不敢漫天要价，男女别涂而行，路不拾遗，四方宾客来到鲁国的城邑,就像回到自己家中一样。虽然设立了法,但派不上用场,无人犯罪。

从某种意义上讲,很好地运用"法"来治理国家,也是一种"德政","刑罚不中,则民无所措手足"(《论语·子路》)。那么,如果刑罚得当,百姓就知道怎么做,"手足就有所措"。加之孔子在运用"法"的过程中,是在对民众进行道德感化,如"听讼,吾犹人也,必也使无讼乎。"(《论语·颜渊》)通过诉讼而达到无讼,诉讼过程就是"德"的宣讲过程。

孔子对"尧"治政理民的措施称赞有加也能说明"德政"中也需要法制。

> 子曰:大哉尧之为君也! 巍巍乎! 唯天为大,唯尧则之。荡荡乎,民无能名焉。巍巍乎其有成功也,焕乎其有文章!(《论语·泰伯》)

孔子认为,尧的功绩太大了,百姓都不知怎样来称赞他。"文章"二字指的就是典章制度,其中也包括法制。儒家"祖述尧舜",把自己族谱的首位界定为"尧",孔子对"尧"的典章制度如此推崇,也就是对尧时法制的肯定。

为了强调"德政",孔子把"德"与"刑"进行了比较,从孔子的言论可知,他并不反对法治,孔子的主张是"德主刑辅"。能够最典型地反映"德主刑辅"的表述是:

> 道之以政,齐之以刑,民免而无耻;道之以德,齐之以礼,有耻且格。(《论语·为政》)

透过这句话,能够看出,"政"和"刑"只能是"民免而无耻",是"他律","德"和"礼"才能使民"有耻且格",是某种程度上的"自律"。因此,孔子明显是主张德政的。德政需要通过教化使民明白什么可做什么不可做,可以激发民众的道德自觉,使民主动的遵从社会道德规范,不僭越。孔子反对不实施教化而动辄杀戮的行为,他说:"不教而杀谓之虐,不戒视成谓之暴,慢令致期谓之贼。"(《论语·尧曰》)"不教以孝而听其狱,是杀不辜。三军大败,不可斩也;狱犴不治,不可刑也。何也? 上教之不行,罪不在民故也。"(《孔子家语·始诛》)在孔子这里,强调的是德主刑辅,并不是否定法的作用,这一点必须予以充分的认识。另外,"道之以德,齐之以礼"是对西周"折民唯刑"(《尚书·吕刑》)的修正,突破了"礼不下庶人"(《礼记·曲礼》)的旧制,其作用不可小觑。依照孔子的观点,百姓不光是面对刑罚的处置,更面临着道德的教化和礼制的约束。

既强调人的作用,又强调德治,把二者总结到一块,得出的结论是,实施人治之人应该是一个楷模,起到表率作用。"上好礼,则民莫敢不敬"(《论语·子路》),"上好礼,则民易使也"(《论语·宪问》)。所以,在上之人以礼治国,百姓就能够做到"敬",就"易使",再次强调了礼治、德治的重要性。孔子在称赞舜时说:"无为而治者其舜也与? 夫何为哉? 恭己正南面而已矣。"(《论语·卫灵公》)从容安静地使天下太平的人恐怕只有舜了,他干了什么呢? 庄严端正地坐朝堂(为政以德)罢了。

孔子在"德政"方面的思考,既有希望治国者能够推行"德政"的期盼,也有脚踏实地的认知,比如,他认为:"大德不逾闲,小德出入可也。"强调重大节操不能越界,小节放松一点是可以的。"如有王者,必世而后仁。"(《论语·子路》)假如有王者兴,一定需要有三十年才能使仁政大行,"善人为邦百年,亦可以胜残去杀矣。"(《论语·子路》)善人治理国家连续一百年,可以克服残暴免除残杀。

(三)德政与用贤

在孔子的思想中,"德政"就应该用贤,亦即"贤人政治"。我国很早就有"贤人政治"的主张,如文王"礼下贤者,日中不暇食而待士,士以此多归之"(《史记·周本纪》),周公"一沐三捉发,一饭三吐哺"(《史记·鲁周公世家》)等。"文王既没,文不在兹乎"(《论语·子罕》)的孔子,对文王、周公十分景仰,"甚矣吾衰也! 久矣吾不复梦见周公"(《论语·述而》),所以他"郁郁乎文哉,吾从周",表达了继承周代前辈"衣钵"的愿望。

《礼记》中记载,鲁哀公向孔子请教治国之道,孔子回答,"文武之政,布在方策，其人存则其政举，其人亡则其政息……故为政在人"（《礼记·中庸》）。"为政在人"是孔子"德政"主张的主要内容。孔子在追述过往时说道："舜有臣五人而治天下。武王曰：'予有乱臣十人'。"（《论语·泰伯》）"乱"即"治"之意，①乱臣就是治国之臣。意思是，舜有五位贤臣，天下便太平。武王也说过："我有十位能治理天下的臣子。"舜、武王，都是儒家特别推崇的治世之人，对他们任用贤臣的肯定，也就说明了儒家的用人取向：贤人政治。

孔子为政以德的贤人政治，在当今看来，评价是不一致的。因为贤人政治有可能滑向"人治"，也有可能走向"法治"。从人性的角度看，贤人毕竟也是人，如果没有一定外在的制约和约束机制，也可能"任性"治国，导致消极后果。另一方面，可能在贤人的领导下制定法律，同时又由贤人去推行法治，并不断地修改完善"法制"，那么，取得积极的治理效果概率是很大的。

"贤人政治"就要选拔人才，"举贤才"（《论语·子路》）。鲁哀公向孔子请教做什么事情才能使百姓服从时，孔子说："举直错诸枉，则民服；举枉错诸值，则民不服。"（《论语·为政》）直，就是正直，这里指的是有真才实学的人，枉，是不正、邪恶，可泛指无真才实学的人。那么，孔子的这句话理解起来就是，把正直的人提拔出来，放在邪恶的人之上，百姓就服从；如果把邪恶的人提拔出来，放在正直的人之上，百姓就会不服从。如何提拔人才，孔子认为应该慎重，"君子不以言举人"（《论语·卫灵公》）。"论笃是与，君子者乎？色庄者乎？"（《论语·先进》）总是推许言论笃实的人，是君子呢？还是神情上伪装庄重的人呢？孔子主张"听其言而观其行"（《论语·公冶长》），不能附和别人的看法。子贡曾经问孔子，"乡人皆好之，何如？"意思是一乡的人都说他好，这个人如何？孔子说："未可也。"子贡接着问，"乡人皆恶之，何如？"一乡的人都说不好，这个人如何？孔子说："未可也，不如乡人之善者好之，其不善者恶之。"（《论语·子路》）故孔子说，"众恶之，必察焉；众好之，必察焉"（《论语·卫灵公》），必须要有自己的判断。同时，孔子

---

① 参见杨伯峻：《论语译注》（简体字本），中华书局2006年版，第97页注释。

认为，对拉帮结派的行为要时刻警惕，"君子周而不比，小人比而不周"（《论语·为政》）。所以，通过《为政》篇，可以把孔子考察贤才的要略归纳为"三看"，一是"视其所以"，即考察一个人结交的朋友；二是"观其所由"，即观察他为达到一定目的所采用的方式方法；三是"察其所安"，即了解他的心情，安于什么，不安于什么。这样，"人焉廋哉？人焉廋哉？"这个人怎样藏得住呢？

孔子的"德政"思想，影响是深远的，比如荀子曾说"夫是之谓天德，王者之政也"（《荀子·王制》）。同时，荀子对"德政"的实施范围进行了拓展，认为对待夷、蛮、戎、狄"四夷"也要有"德"。荀子说："尧伐骥兜，舜伐有苗，禹伐共工，汤伐有夏，文王伐崇，武王伐纣，此四帝两王，皆以仁义之兵行于天下也。故近者亲其善，远方慕其德，兵不血刃，远迩来服，德盛于此，施及四极。"（《荀子·议兵》）那么，这种"德政"，为后世的治国者继承也是显而易见的。

四、正名：社会秩序原则

孔子曰："天下有道，则礼乐征伐自天子出；天下无道，则礼乐征伐自诸侯出。自诸侯出，盖十世希不失矣；自大夫出，五世希不失矣；陪臣执国命，三世希不失矣。天下有道，则政不在大夫。天下有道，则庶人不议。"（《论语·季氏》）孔子的观点很明确，"礼乐征伐自天子出"就是名正言顺，礼乐征伐从诸侯出、从大夫出，甚至"陪臣执国命"，就是名不正言不顺。

（一）孔子"正名"说的时代背景

任何观点的提出，都离不开思想家本人所处的环境。孔子生活的春秋时期，天下大乱，"礼崩乐坏"，司马迁记载，"孔子之时，周室微而礼乐废，《诗》《书》缺。"（《史记·孔子世家》）西周时期造就的各种礼仪规范被打破，严格的天子、诸侯、大夫、士的等级被轻视，各种事物完全背离了"道"。孔子有感于当时世事，遂作《春秋》，司马迁言道："《春秋》之中，弑君三十六,亡国五十二,诸侯奔走不得保其社稷者不可胜数。"(《史记·太史公自序》)"亡国五十二"一词充分概括了诸侯国之间的混战局面。仅据《春秋》记载,"春秋 242 年间,列国间的军事行动多达 483 次,宣布弭战的朝聘盟会凡 450 次。"①战争的惨烈程度相当惊人②,孟子曾说:"世衰道微,邪说暴行有作,臣弑其君者有之,子弑其父者有之。孔子惧,作《春秋》。""孔子成《春秋》而乱臣贼子惧。"(《孟子·滕文公下》)孔子用文字真实地记录当时社会混乱不堪的局面,乱臣贼子不希望在历史的记录中留下污点,产生惧怕之心。

再说天子,成王死后,康王即位,"成康之际,天下安宁,刑错四十余年不用"(《史记·周本纪》),这说明西周开国初期整体情况是很不错的。康王之子昭王即位后对外用兵,亲自率军南征荆楚,回师途中渡汉水时死于水中。昭王子穆王继位,大举攻伐四夷,滥施刑罚,制定墨、劓、膑、宫、大辟五刑共三千条,强化对民众的镇压,导致"王道衰微",民心思变,"自是荒服者不至"(《史记·周本纪》)。穆王传子共王,共王传子懿王,"王室遂衰"(《史记·周本纪》),懿王死,共王弟孝王立,孝王死后,懿王子即位,也就是夷王,"夷王衰弱,荒服不朝"(《后汉书·西羌传》)。夷王死,其子即位,是谓厉王,厉王独占山林川泽资源,民愤四起,同时厉王防民之口,使民道路以目,③引发国人暴动,厉王出奔彘,西周出现了比较特殊的时期:共和。"召公、周公二相行政,号曰'共和'",共和十四年后,厉王死于彘,太子静即位,是谓宣王。宣王多次对外用兵,但败绩连连,死后,其子幽王继位,幽王宠幸褒姒,废申后及太子宜臼,严重败坏礼制,为了博褒姒一笑,烽火戏诸侯,天子威严尽失,"诸侯益亦不至"(《史记·周本纪》),犬戎和申后之父申侯联

① 曹锦清:《如何研究中国》,上海人民出版社 2010 年版,第 168 页。
② 秦晋互相攻伐之战凡十八,晋楚大战者三,吴楚相攻者二十三,吴越相攻者八,齐鲁相攻者三十四,宋郑交兵者凡三十九。晋悼之世,宋郑两国十年而十三战。若把 242 年所有的战争加以统计,或就鲁卫宋郑中每一国所经过的战争加以统计,将更易发现战争的频度,尤为惊人。(参阅徐复观:《两汉思想史》第一卷,华东师范大学出版社 2001 年版,第 42 页)
③ 《国语·周语上》记载:"厉王虐,国人谤王,邵公告曰,民不堪命矣。王怒,得卫巫,使监谤者,以告,则杀之。国人莫敢言,道路以目。"

合,杀幽王于骊山之下,立幽王子宜臼为王,是谓平王。由于战乱,犬戎部落大量进入中原,平王无力阻挡,遂迁都洛邑,史称东周。周平王东迁,"周室衰微,诸侯强并弱,齐、楚、秦、晋始大,政由方伯。"(《史记·周本纪》)打着"尊王攘夷"的口号,挟天子以令诸侯,经常相互攻伐,周天子实际上已经无力掌控局面,任由诸侯摆布。"春秋初虽然诸侯还要朝觐天子,周王尚有一定权威以命令讨伐不臣的诸侯,但由于自身武力不强,在行使权力时往往得依靠郑、虢(北虢)等国的力量,这说明周天子实际已是表面上的天子,他统治天下的架势要垮台是迟早的问题。"①作为"大宗"的周天子已没落至此,天下乱象丛生。

孔子出生的鲁国,变化更加剧烈。公元前594年,"初税亩"实施,开始向私田征收赋税,实际上是承认了土地私有的合法性,从根本上改变了天下土地都归周天子的原则。公元前562年,鲁桓公三个儿子的后代孟孙氏、叔孙氏和季孙氏"三分公室",各拥其一,国君的权力被大大削弱,"非礼也,由三桓始也"(《礼记·郊特牲第十一》)。这两个事件,发生在孔子出生之前,可见,鲁国和其他诸侯国一样礼崩乐坏已经不可逆转。鲁昭公没有实权,季平子把持朝政,作为大夫,他在自己家里行只有天子才能用的"八佾"之舞,公开僭越礼制。公元前517年,季平子和郈昭伯因斗鸡事件发生争执,郈昭伯请求鲁昭公主持公道,鲁昭公本想以此为由讨伐季氏,季氏反而联合孟孙氏和叔孙氏,把鲁昭公击败,鲁昭公被迫流亡齐国。最终季氏也因其家臣阳虎叛乱,随鲁君一起灭亡了。

孔子对天下礼崩乐坏的现实状况痛心疾首,对社会上各种违礼现象忧心忡忡。"觚不觚,觚哉!觚哉!"②(《论语·雍也》)希望重建"君君、臣臣、父父、子子"的社会秩序。孔子的这些议论,是希望"如有用我者,吾其为东周乎?"(《论语·阳货》)这亦表明了孔子的心志,如果有人要用我,我就让

---

① 顾德融、朱顺龙:《春秋史》,上海人民出版社2004年版,第44页。

② 觚是古代盛酒的器皿,本来腹部作四条棱角,足部也作四条棱角,但到孔子时代都已成圆形的了。因此他说,觚不像个觚。所以,孔子感叹事物名不副实,表示自己对当时"君不君,臣不臣,父不父,子不子"的不满。

周文王、周武王的有道社会复兴于东周,也就是复兴于他生活的时代。孔子的"人能弘道,非道弘人"(《论语·卫灵公》)更体现了孔子予以收拾"礼崩乐坏"社会残局的愿望。

孔子明知不可为而为之,提倡"正名","正名"归根到底就是要倡扬一种"治道",一种社会秩序的原则。

(二)正名的提出与坚守

孔子的正名说,最典型的是与子路的对话。《论语·子路》记载:

> 子路曰:"卫君待子而为政,子将奚先?"子曰:"必也正名乎!"子路曰:"有是哉,子之迂也! 奚其正?"子曰:"野哉由也! 君子于其所不知,盖阙如也。名不正,则言不顺;言不顺,则事不成;事不成,则礼乐不兴;礼乐不兴,则刑罚不中;刑罚不中,则民无所措手足。"(《论语·子路》)

这段对话的背景是,孔子第二次来到卫国,已在卫国做官的子路问孔子,如果卫国国君请夫子您治理政事,您首先会做什么,孔子说正名,子路觉得孔子有点迂腐,因为在那个混乱的年代,谁还正名,而后孔子提出了"名不正,则言不顺","礼乐不兴,则刑罚不中;刑罚不中,则民无所措手足"的观点,强调了重建秩序和兴礼乐的重要性。

孔子竭力主张的"正名",就是修正各种不符合礼制规定的等级名分的现象。"孔子所说的'名',不是一般的名实关系,而是以早已肯定的古名作为判断现实的最高标准。"①"名"或"名号"是社会地位的显现,更是权力的象征,"不同的'名',体现了不同的价值观念,又反映了不同的权利、义务、德才要求,从而凝成'名'的等级属性"②。因此,"唯器与名,不可以假人"的(《左传》成公二年)名号绝对不可以混乱。针对当时天下"名实不符"、

---

① 侯外庐、赵纪彬、杜国庠:《中国思想通史》第一卷,人民出版社 1957 年版,第 167 页。

② 潘乃樾:《孔子与现代管理》,中国经济出版社 1994 年版,第 263 页。

弑君弑父、犯上作乱屡见不鲜的现状，孔子要求人们不做不符合自己名分的事情，他希望社会是一种"君君、臣臣、父父、子子"的状态，君臣父子都应该受到名分纲纪的制约，不希望人们做僭越违礼的事情。孔子的"正名"是建立秩序和规范的前提，是维护礼仪制度的必要手段，是社会秩序的原则。在其位，谋其政。"不在其位，不谋其政。"（《论语·泰伯》）"君子思不出其位"（《论语·宪问》)，胡适认为："'正名'的宗旨，只要建设是非善恶的标准……这是孔门政治哲学的根本理想。"①冯友兰先生对孔子"正名"阐释道："盖一名必有一名之定义，此定义所指，即此名所指之物之所以为此物也，亦即此物之要素或概念也。如'君'之名之定义之所指，即君之所以为君也。"②"名位不同，礼亦异数。"（《左传》庄公十八年）孔子作《春秋》就是为了正名，正如庄子所说：《春秋》以道名分。"（《庄子·天下》）

林语堂认为："孔子学说实际上常被称为'名教'或即为'名分的宗教'。名称是一个符号，所以给予人表明各个在社会上所处的一定的地位，即身份，更表明其与别个人的关系。缺乏一个名号，或在社会关系中的定限，一个人就不知道他自己的本分，从而也不知道怎样控制他的行为。孔子的理想便是这样，倘使每个人知道自己的本分，而其行动适合于自己的地位，则社会秩序便能有把握的维持。"③美国学者顾立雅称赞孔子的"正名"理论"堪称精湛至极"④。

"正名"也体现在称谓上，如：

---

① 蔡尚思主编：《十家论孔》之《胡适论孔子》，上海人民出版社 2006 年版，第 105 页。
② 冯友兰：《中国哲学史》（上），华东师范大学出版社 2011 年版，第 41 页。
③ 林语堂：《吾国与吾民》，江苏文艺出版社 2010 年版，第 178 页。另外，有学者针对孔子的正名，认为：我们给世间万物命名，这不仅仅是用一个声音或文字作符号来代替另一个事物，比如用"杯子"这个声音来指代用来喝水的那种实物，不是那么简单；命名的行为意义乃是我们通过给万物命名确立了世界的秩序和价值。比如说，我们使用国家、社会、集体、个人、自由、民主等一系列的名称，这些名称无不体现着理念，体现着秩序即事物的合理关系，体现着价值并由此判断行为的当与不当。说到底，名的世界就是一个理念化的世界，它要求实存事物依照它的规则运行。（骆玉明：《老庄随谈》，复旦大学出版社 2007 年版，"引言"第 5 页）
④ ［美］顾立雅：《申不害：公元前四世纪中国的政治哲学家》，马腾译，江苏人民出版社 2019 年版，第 98 页。

> 邦君之妻,君称之曰夫人,夫人自称曰小童;邦人称之曰君夫人,称诸异邦曰寡小君;异邦人称之亦曰君夫人。(《论语·季氏》)

这是对国君的妻子如何称呼的说明。这段文字在《论语》中出现的比较突兀,所以杨伯峻先生在译注中说这章可能也是孔子所言,却遗落了"子曰"两字。[①] 这种推断是有道理的,强调夫人的称谓,其实就是强调"正名",因为这不仅仅是称谓问题,最终关乎的是君位继承问题。依照礼制,君位继承应严格执行西周以来创立的"嫡长子继承制","天子之妃曰后,诸侯曰夫人"(《礼记·曲礼》)。那么,在诸侯国中,夫人之长子有天生的合法性继承君位,妾所生之子是没有这种资格的,严格称谓就是严格礼制的规定,就是严格秩序,就是正名。

孔子特别强调了"在其位,谋其政"的重要性。《韩非子》记载了这样一件事,季康子任鲁国的相国,子路当了郈县的县令。鲁国发动民众开挖河道,在工程进行的过程中,子路自己出粮食做成稀饭,送给开挖河道的民众吃。孔子听说后,就派子贡去把稀饭倒掉,说,这些民众都是国君的子民,你子路为什么要给他们饭吃?性格刚烈的子路找到孔子,质问孔子,先生忌恨我施行仁义么?我从您这儿学到的就是仁义。仁义就是和他人共同占有自己所拥有的东西并一起分享,现在我用自己的粮食做饭给民众吃,为何不可?孔子说了如下一段话。

> 由之野也! 吾以女知之,女徒未及也。女故如是之不知礼也! 女之餐之,为爱之也。夫礼,天子爱天下,诸侯爱境内,大夫爱官职,士爱其家,过其所爱曰侵。今鲁君有民而子擅爱之,是子侵也,不亦诬乎?(《韩非子·外储说右上》)

孔子回答的关键在于,"夫礼,天子爱天下,诸侯爱境内,大夫爱官职,

---

① 杨伯峻:《论语译注》(简体字本),中华书局 2006 年版,第 202 页。

士爱其家,过其所爱曰侵。"礼制明确规定,天子应该爱天下的人,诸侯应该爱国内的人,大夫应该爱自己的官属,士应该爱自己的家庭,如果超过了自己应该爱的范围就叫作侵犯。这是孔子在给子路讲礼制,告诫他,你的行为已经僭越了,是在侵犯君主,是非分的作为。在一般人看来,子路的行为,是值得肯定的,拿自己的粮食给民众做饭吃,是在帮国君呀!但这种仁爱的行为却违反了礼制,也有颠覆社会秩序之嫌,故遭到孔子的训诫。这个事件接下来的情况是,孔子教诲子路的话还没说完,季康子派的使者已经到了,责问孔子,我们主人发动民众服劳役,先生您却派学生招呼他们吃饭,是要和我们争夺民间威信吗?孔子随后驾着车子离开了鲁国。这件事情说明,爱人不能随便,须符合礼制的规定,否则就会为国家政治所不许。"普天之下,莫非王土;率土之滨,莫非王臣",臣民实施的爱民行为就是与执政者争民争利,是应该且必须制止的。

《左传》记载:"既,卫人赏之以邑,辞。请曲县、繁缨以朝,许之。"(《左传》成公二年)这件事明显有违礼制,孔子言道:"惜也,不如多与之邑。唯器与名,不可以假人,君之所司也。名以出信,信以守器,器以藏礼,礼以行义,义以生利,利以平民,政之大节也。若以假人,与人政也。政亡,则国家从之,弗可止也已。"(《左传》成公二年)依孔子所言,可理解其意,孔子认为,大夫使用诸侯的名号,就意味着把"名与器"假于人了,就意味着政亡、国亡,这是万万不可行的。

就从普遍意义上来讲,孔子的"正名"思想,就是要建立一种秩序。孔子作为思想家,其主张正名只能是一种说教,但对后世的影响非常之大。孔子之后的儒家代表对正名都非常重视,《荀子》专门设有《正名》篇,董仲舒《春秋繁露》中有丰富的"正名"思想,如"治天下之端,在审辨大;辨大之端,在深察名号。""是故事各顺于名,名各顺于天,天人之际,合二为一。""是正名号者于天地,天地之所生,谓之性情。"(《春秋繁露·深察名号第三十五》)

孔子从自己的视角提出了仁者爱人、克己复礼、为政以德、正名的"治道"理论,他既能从自己的从政经历中总结经验,也能从作为"统治阶级"

(士的贵族身份)中的"非统治者"(长期无缘于现实政治)视角,以"民间思想家"①的身份总结治国理政的原则和措施,这些原则和措施,对后世的"治道"理论和实践都产生了重要影响。

_____

① 易中天:《我山之石:儒墨道法的救世之策》,广西师范大学出版社 2009 年版,第 33 页。

第3章 道宁天下:老子哲学与帝王心态

　　道家学派的创始人老子是晚周诸子中最具有哲学气质的智者。老子的哲学以自然之道为基础,以无为之术为旨趣,形成与孔、墨有为哲学迥然异趣的人生智慧。孔子、墨子站在"肯定"的立场上观察世界,以"有"的眼光理解人生的意义和历史的价值,其哲学教人懂得进取与责任。老子站在"否定"的立场上观察世界,以"无"的眼光追问人生的意义和历史的价值,其哲学教人懂得退守与保全。《老子》又名《道德经》,言简意赅,近似一部用韵文写成的哲理诗,堪称晚周诸子学之绝唱。从文献学角度看,《老子》也是历代注解最多的经典之一。严灵峰主编《无求备斋老子集成》初编(160册)、续编(280册)、《老列庄三子集成补编》(56册),熊铁基主编《老子集成》(15卷),已足见先秦至清末民初老学成就之大观。古今解老注老者众,在老学思想文化史上较有影响的,从早期的列子、庄子、文子、稷下黄老学的宗老,韩非子解老喻老,中经西汉河上公、严君平、三国王弼诸家注老,唐代傅奕、宋代王安石、苏辙、吕惠卿、元代吴澄、明末王夫之等,直到晚清经世学者魏源,无不发表心得,增益老学,为后人探究老子哲学留下丰厚的文化资源。饶有意趣的是,《唐玄宗御注道德真经》《宋徽宗御解道德真经》《大明太祖高皇帝御注道德真经》《清世祖御注道德经》四种御撰老学著作,表明古代帝王对老学的关注。本章将从"道宁天下"的视角聚焦老子哲学的生命意识、帝王心态的价值关怀及其现实意义。

一、引言：从孔、老对话说起

道家鼻祖——老子是晚周诸子中最有哲学气质的智者，其生平史略最早见于《史记·老子韩非列传》：

老子者，楚苦县厉乡曲仁里人也。姓李氏，名耳，字聃，周守藏室之史也。孔子适周，将问礼于老子。老子曰："子所言者，其人与骨皆已朽矣。独其言在耳。且君子得其时则驾，不得其时则蓬累而行。吾闻之，良贾深藏若虚。君子盛德，容貌若愚。去子之骄气与多欲，态色与淫志，是皆无益于子之身。吾所以告子，若是而已。"孔子去，谓弟子曰："鸟吾知其能飞，鱼吾知其能游，兽吾知其能走。走者可以为网，游者可以为纶，飞者可以为矰，至于龙，吾不能知，其乘风云而上天。吾今日见老子其犹龙邪。"老子修道德，其学以自隐无名为务。居周久之，见周之衰，乃遂去。至关，关令尹喜曰："子将隐矣，强为我著书。"于是老子乃著书上下篇，言道德之意五千言而去，莫知其所终。

这段简短传文，以"正史"的形式为我们提供了老子如下信息：

（1）老子的籍贯、姓氏、名、字、官职。"收藏室之史"，又称"住下史"，即周朝末年管理国家文献图籍的史官。

（2）孔子曾"问礼于老子"。这是一个十分重要的信息，它透露出孔子与老子学说的思想分界。孔子与老子大体生活在同一个年代，老子年长于孔子。面对晚周"礼崩乐坏"的社会历史大变革，二人作出了不同的回应。从《论语》和其他儒家文献来看，孔子一再诉说"克己复礼为仁""郁郁乎文哉！吾从周""久矣吾不复梦见周公"等，表明孔子对于文王、武王、周公所创立的"德礼"政治模式和礼乐文明是梦寐以求的，甚至达到"知其不可而为之"的情感依托。孔子创立的儒家学说（仁、礼、孝、尊尊、亲亲、正名、德治）与这种文化背景或历史传统密不可分。此种立场，表明孔子政治立场的保守性及思想文化上的改良主义。老子与孔子的文化立场不同，集中到一点，即老子对孔子所问的"礼"已经没有兴趣，没有热情。《老子》第三十八章说："上德不德，是以有德；下德不失德，是以无德。上德无为而无以为，下德为之而有以为。上仁为之而无以为，上义为之而有以为，上礼为之而莫之应，则攘臂而扔之。故失道而后德，失德而后仁，失仁而后义，失义而后礼。夫礼者，忠信之薄而乱之首。"他以史官的眼光洞察出，昔日文、武、周公创立并维系的"德礼"制度与文化体系，如今已难以收束维持，其人与事已成为历史"僵尸"，徒留下空洞的形式，已经失去了历史存在的合理性。他奉劝孔子，生当乱世，要去掉骄气、多欲、态色、淫志，待时而驾，深藏若虚。与其一厢情愿地勉力而为，不如做个蓬累而行的隐者更合时宜。这与《论语》所载的那些"避世"隐者嘲讽孔子的口吻是一致的。孔子作为刚刚经历"王官之学"蜕变最早走向民间开办教育的"儒"，站在"肯定"的立场上体验生命，观察世界，以"肯定"（有）的眼光、积极有为的心态审视生命的意义及礼乐、伦理、德治、王道的价值和前景，其思想宗旨是援"礼"入"仁"和"克己复礼"，面向世人传布成德立人的"仁学"理想，使昔日隆盛的"德礼"制度文化，亦即"君君、臣臣、父父、子子"的宗法等级社会秩序得以改良延续。老子作为周朝末年的一位深谙天道人事的"史官"或哲学家，站在"否定"的立场上体验生命，观察世界，反思历史，以"无"的眼光、怀疑的心态追问宇宙的根源、生命的意义、政治的真谛及历史与文明背后的真相，其哲学要义是对最高权力占有者（"侯王"）诉说"有无相生"而"道宁天下"的真谛。

（3）孔子喻老子为"龙"。认为鸟、鱼、兽皆可知而制之，唯独龙，腾云潜水，变化无穷，深不可知。《庄子》中也有类似的描述，《庄子·天运》载："孔子见老聃归，三日不谈。弟子问曰：'夫子见老聃，亦将何规哉？'孔子曰：'吾乃今于是乎见龙。龙合而成体，散而成章，乘云气而养乎阴阳。……予又何规老聃哉！'""规"即"窥"，言老子之"道"玄冥而难知。司马迁的说法似托于《庄子》。蹊跷的是，孔子喻老子为"龙"，《论语》《庄子》中也有隐者、狂人喻孔子为"凤"的记载，虽是讥讽，却也折射出儒家"文质彬彬"的君子风韵。

（4）老子"其学以自隐无名为务"。孔子主张"正名"，《论语·子路》载，子路问孔子："卫君待子而为政，子将奚先?"孔子说："必也正名乎! ……名不正，则言不顺；言不顺，则事不成；事不成，则礼乐不兴；礼乐不兴，则刑罚不中；刑罚不中，则民无所措手足。"显然"正名"的依据是"礼"，"名"即礼制设定的等级名分。《论语·季氏》载，子曰："天下有道，则礼乐征伐自天子出；天下无道，则礼乐征伐自诸侯出。自诸侯出，盖十世希不失矣；自大夫出，五世希不失矣；陪臣执国命，三世希不失矣。天下有道，则政不在大夫。天下有道，则庶人不议。"这里孔子所说的"道"，具体是指"礼"或礼治原则。司马迁说老子其学"以自隐无名为务"，含蓄地暗示出老子思想不同于孔子思想的实质在于对周官礼制（名）的怀疑、超越、甚或颠覆，如此思维方式或价值取向即是"隐"。一部《老子》五千言所述的"道德之义"，都在解释一种走出"礼制"名分等级制度模式的新的存在方式——"隐"或"无名"的合理性。

换个角度，老子的"自隐无名"又具有十分鲜明的政治意涵，其实质就是用"道"或"无为"的大智慧把自己巧妙地包藏起来，站在万物背后，冷静观察芸芸万物在纷繁变化中走向自己的反面。《老子》第十六章说："致虚极，守静笃，万物并作，吾以观复。夫物芸芸，各复归其根。归根曰静，是谓复命。复命曰常，知常曰明。不知常，妄作凶。知常容，容乃公，公乃王，王乃天，天乃道，道乃久，没身不殆。"①这是何等的清醒理智啊! 细细玩味《老子》五千言，可以感受到老子与庄子虽然都属于道家，但其性格却大为不同。庄子用汪洋恣肆以适己的语言，讲逍遥适性，万物为一，嘲笑人类理智的有限性，完全是为了化解一切矛盾，进达"独与天地精神往来"的自由之境，这便体现了酒神精神的博大宽容。老子却不是这样。他讲"柔"是因为柔能克刚；讲"无为"是因为无为方可以"无不为"；讲"不争"是因为不争则"天下莫能与之争"；讲"无"是因为无可以统有；讲大智若愚是因为"愚"比

---

① 本书《老子》文本，依王弼著、楼宇烈校释:《王弼集校释》，中华书局1980年版。下引《老子》原文只在文中注出《老子》及章次。

小智更玄冥圆通。老子深邃地用"道"把自己包藏起来,讲国之利器不可以示人,分明是十二分的理智,他站在人生的反面把人性、历史、政治的秘密看了个一清二楚,却说作什么都不知道。这是典型的帝王心态,是"自隐无名"的全部谜底。

老子哲学像一面镜子,人们都能从中找到自己的影像,可都未必说得清这面镜子本身的"用意"及来历。老子说:"吾言甚易知,甚易行。天下莫能知,莫能行。"(《老子》第七十章)为什么老子所说的非常易知易行的道理,天下人人却很少能做得到呢? 可以有两种解释:一是老子的智慧太高明玄奥了,可是老子明明说"吾愚人之心也哉!"(《老子》第二十章),认为所讲的"道"并不神秘莫测。那么只能是第二种解释:世上的人"太精明"了。世人患得患失,精明到明察秋毫而不见舆薪的程度,结果被生活的表象、假象、乱象所迷惑,而看不见世界的本真状态;被"有限性"的现象世界所困扰,从而远离了无限性的真理("道")。老子哲学力求告诫世人特别是"侯王","精明"并不等于"智慧","胜人"并不意味着"强大",只有放弃世俗偏见所夸夸其谈的"刚""明""智""巧",涤除玄览,德比赤子,上善若水,才能以生无限智心,玄冥大道,复归生活的本来面目。

学术界一种观点曾认为,《老子》成书于战国中期,并据此否定老子与孔子同时且年长于孔子的传统说法。然而,1973 年,湖南长沙马王堆"汉墓"出土一批帛书,其中有《老子》甲本、乙本两个抄本;1993 年,湖北荆门郭店村"战国楚墓"又出土一批竹简,其中有三种《老子》抄本,分为甲、乙、丙三组。专家认为,甲组接近《老子》祖本,"主张《老》书晚成的论点,多不能成立"①。《老子》简帛本与通行本在篇章结构和文字上虽然有一些差别,但在道言关系、道物关系、有无关系及"道生""德畜""自然""无为""柔弱""不争"等基本观念上是完全一致的。《老子》一书从祖本、简本、帛本以至河上公、严君平、王弼注本,有一个演变过程。我们可以根据简帛文献修订《老子》通行本,却不可以否定《老子》通行本与老子哲学的一体性。

---

① 陈鼓应:《老子注译及评介》,中华书局 2015 年版,"增订重排本序"第 13 页。

二、道:生命本源与最高的善

《老子》通行本分"上篇"与"下篇"两个部分,通常认为上篇侧重言"道",下篇侧重言"德",顾名思义,谓《道德经》。其实,这只是一种笼统的说法,我们不必这么拘泥刻板地理解。"道"与"德"体用不二,分上下篇,上篇言道也不离德,下篇言德也不离道。老子说:"道生之,德畜之,物形之,势成之。"(《老子》第五十一章)"孔德之容,惟道是从。"(《老子》第二十一章)我们可从"道论"与"德论"两个方面的内在统一性把握老子哲学的体系。前者属于老子的形而上学,后者属于老子"形而上"之"道"向"形而下"生活世界的落实。"道"之基本含义是"自然","德"之基本含义是"法自然",也就是"无为"。可以从老子哲学的核心范畴(道)走进老子的形而上学或逻辑前提。胡适说,老子最大的贡献是用"天道"代替了神道。老子以前的天道观,都把"天"看作是一个有意志,有知识,能喜能怒,能作威作福的主宰。老子说"天地不仁",这一观念立下后来"自然哲学"的基础,"老子最大的功劳,在于超出天地之外,别假设一个'道'。……道的作用,并不是有意志的作用,只是一个'自然'。自是自己,然是如此,'自然'只是自己如此"①。说"道"是"假设",表明胡适对老子道论的生命本源亦缺乏渗透之理解,"道"自本自根,有无玄同,创生天地,运化万物,周行而不殆,独立而不改,至真至实,如何能说是"假设"!然而,胡适确实见到了老子之"道"(自然)对宗教造物主的解放意义。

《老子》文本中"道"约 76 见,撇开枝叶末节,从"形而上"层面看,"道"大体涵括本源、本体、法则、价值等含义。下面注重分析"道"的生命本源与最高价值意涵。

"道"即天地万物的生命本源。《老子》首章云:"道可道,非常道;名可名,非常名。无,名天地之始;有,名万物之母。故常无,欲以观其妙;常有,

---

① 胡适:《中国哲学史大纲》,东方出版社 1996 年版,第 37—38 页。

欲以观其徼。此两者,同出而异名,同谓之玄。玄之又玄,众妙之门。"这段
话放在篇首第一章,具有非同一般的意义。假如老子没有留下完整的《道
德经》,只留下这一章,也可以称得上是一位了不起的哲学家,因为他提出
了"道言关系""有无关系""道物关系"等一系列重要的哲学问题,并据此
从宇宙论或天地万物生命本源处回答了"世界从哪里来,最终又要到哪里
去"这一哲学的"终极性问题"。依照"道言关系"的逻辑,老子从"道"的可
道、不可道推出"非常道"与"常道",又从"常道"推出"道"之"常无"与"常
有"来,再从有无重玄、非有非无之"道"推出"众妙之门",从而确立了"道"
的创生本体义。在老子看来,说"道"是"有",属于从"正"或肯定的角度,
表诠"道"为"万物之母"的真实性,"常有"显示出生命本源的端倪(徼);说
"道"是"无",属于从"反"或否定的角度,遮诠"道"为"天地之始"的无限
性,"常无"显示了生命本源的神奇(妙)。此常有与常无"同出而异名"的
"道",既是宇宙万物由"无"而"有"的本源,又是生命世界由"有"而"无"的
归宿,故云"众妙之门"。

　　"道"的生命本源性又见于如下的具体语境:"道冲而用之或不盈,渊兮
似万物之宗。"(《老子》第四章)"天地之间,其犹橐籥乎? 虚而不屈,动而
愈出。"(《老子》第五章)"道之为物,惟恍惟惚。惚兮恍兮,其中有象;恍兮
惚兮,其中有物。窈兮冥兮,其中有精;其精甚真,其中有信。自古及今,其
名不去,以阅众甫。"(《老子》第二十一章)说"道"为"万物之宗",把"道"
比作"橐籥"(鼓风箱),万物皆从中流淌出来,侧重讲道的"创生义";以"恍
惚"形容"道"之似有似无,"惟恍惟惚"言道之"无","有精""有信""有象"
"有物"言道之"有",两者混合在一起,侧重讲道的"本体义"。《老子》第四
十二章说:"道生一,一生二,二生三,三生万物。万物负阴而抱阳,冲气以
为和。"这段话中"一""二""三"的具体所指及其与"道"的关系,历来众说
纷纭,争论不休,王博已做详细考辨①,此处不去再添烦乱。笔者赞成陈鼓

---

① 王博:《老子思想的史官特色》,(中国台北)文津出版社有限公司 1993 年版,第
229—234 页。

应的看法并稍加改进,认为"三生万物",可以理解为时间意义上的"创生";"道生一,一生二,二生三",老子仿佛是在"道"的范围内从逻辑上推演由"无"到"有",有单一向复杂的过程,属于逻辑意义上的"生"①。逻辑意义上的"生"与"被生"是体用关系,而不是"时间性"的创生。

"道"作为天地万物的生命本源,则具有:(1)超验性:"视之不见名曰夷,听之不闻名曰希,搏之不得名曰微。此三者不可致诘,故混而为一。其上不皦,其下不昧,绳绳不可名,复归于无物。是谓无状之状,无物之象,是为惚恍。迎之不见其首,随之不见其后。"(《老子》第十四章)(2)普遍性:"大道泛兮,其可左右。"(《老子》第三十四章)"昔之得一者:天得一以清,地得一以宁,神得一以灵,谷得一以盈,万物得一以生,侯王得一以为天下贞。其致之,天无以清将恐裂,地无以宁将恐发,神无以灵将恐歇,谷无以盈将恐竭,万物无以生将恐灭,侯王无以贵高将恐蹶。故贵以贱为本,高以下为基。"(《老子》第三十九章)(3)自然性:"人法地,地法天,天法道,道法自然。"(《老子》第二十五章)"道常无名,朴虽小,天下莫能臣也。侯王若能守之,万物将自宾。"(《老子》第三十二章)道"夫莫之命而常自然"(《老子》第五十一章)。(4)永恒性:"有物混成,先天地生,寂兮寥兮,独立不改,周行而不殆,可以为天下母。吾不知其名,字之曰道,强为之名曰大。大曰逝,逝曰远,远曰反。"(《老子》第二十五章)"独立不改"言其"恒","周行不殆"言其"动",且"道"之"动"不是一条呆板僵硬的直线,而是循环往复的"周行",亦即由起点逝向远方,又从远方返回的"圆",这一点深深影响了《易传》的大生命时空观。

老子语境中的"道",不仅是宇宙万物的生命本源、普遍法则,而且是人类行为的价值依托,所以"道"又是一种最高的"善"。《老子》第五十一章说:"万物莫不尊道而贵德。道之尊,德之贵,夫莫之命而常自然。"老子对"水"有着特殊的兴趣,他喜欢用"水"隐喻"道"利物不争的"上善"(最高的善),象征"道"及体道者的实践智慧。老子说:

---

① 陈鼓应:《老子注译及评介》,中华书局 2015 年版,第 216 页。

上善若水。水善利万物而不争,处众人之所恶,故几于道。居善地,心善渊,与善仁,言善信,正善治,事善能,动善时。夫唯不争,故无尤。(《老子》第八章)天下之至柔,驰骋天下之至坚。(《老子》第四十三章)清静为天下正。(《老子》第四十五章)江海所以能为百谷王者,以其善下之,故能为百谷王。(《老子》第六十六章)天下莫柔弱于水,而攻坚强者莫之能胜,以其无以易之。(《老子》第七十八章)

古希腊哲学家泰勒斯说"水"是万物的本原。从水的物理特性来看,"水"是万物中最柔弱的存在,它似乎完全没有自己的意志与个性,随圆则圆,就方则方,时而浑浊,时而清澈,决诸东则东流,决诸西则西流,哪个地方低下,哪个地方阴暗,它就流向那个地方,到了不能流动时它便一动不动。然而,这种柔弱善下,恰好体现了天地自然的伟大德性。正因为其柔弱,所以铁石打不碎它,利剑割不断它;相反,它却蕴藉着无穷的韧性和力量,能够水滴石穿,翻山倒海。这就是"天下之至柔,驰骋天下之至坚"的道理。对于"水"之"七善",历来注家多取河上公说。"上善之人,如水之性。众人恶卑湿垢浊,水独静留居之也。水性几与道同。""水性善喜于地,草木之上即流而下,有似于牝动而下人",是"居善地";"水心空虚,渊深清明",是"心善渊";"万物得水以生,与虚不与盈",是"与善仁";"水内影照形,不失其信",是"言善信";"无有不洗,清且平也",是"正善治";"能方能圆,曲直随形",是"事善能";"夏散冬凝,应期而动,不失其时",是"动善时"。"水性如是,故天下无有怨尤者也",所以"几与道"[1]。孔子也把"水"看作智慧的象征,说:"知者乐水,仁者乐山。知者动,仁者静;知者乐,仁者寿。"(《论语·雍也》)老子哲学实在是一种如水般深邃玄奥的智慧,体现了"水"利物不争的自然德性,清静、淡泊、理智而又深刻。

---

[1] 王卡点校:《老子道德经河上公章句》,中华书局 1993 年版,第29—30页。

三、"玄德"、"婴儿"与"圣人"

道体德用是老子哲学的基本逻辑。老子说："重积德则无不克。"(《老子》第五十九章)老子"德论"涵括以道"治国"与"治身"的问题。以道治国，属于政治；以道治身，属于养生。其实，要对两者作出严格区分，既无必要，也不可能，因为老子德论中治国与治身的根据都是"道"，即宇宙万物的生命本源与自然法则(道、自然)。

"德"在《老子》文本中约45见。老子在不同语境中有"孔德""玄德""常德""广德""建德""上德"种种说法，如云："孔德之容，惟道是从。"(《老子》第二十一章)"生而不有，为而不恃，长而不宰，是谓玄德。"(《老子》第十章、第五十一章)"常知稽式，是谓玄德。玄德深矣远矣，与物反矣，然后乃至于大顺。"(《老子》第六十五章)"常德不离，复归于婴儿。"(《老子》第二十八章)"上德若谷，大白若辱，广德若不足，建德若偷，质真若渝。"(《老子》第四十一章)"上德不德，是以有德；下德不失德，是以无德。"(《老子》第三十八章)以上这些不同说法中的"德"，其实质都有"得道""体道"之义，指从宇宙"生命本源"或"自然法则"(道)中得到的生命体验和实践智慧。对此，王弼领会得非常明澈，他说："德者，得也。常得而无丧，利而无害，故以德为名焉。何以得德？由乎道也。何以尽德，以无为用。以无为用，则莫不载也。故物，无焉，则无物不经；有焉，则不足以免其生。是以天地虽广，以无为心；圣王虽大，以虚为主。"[①]下面用"玄德"统摄老子德论，从"玄德"与"婴儿"、"玄德"与"圣人"这种特定的视角来聚焦老子"自然无为"的价值取象。

先从"婴儿"看"玄德"的内涵与特性来看。老子说：

---

① ［魏］王弼：《老子道德经注》，楼宇烈校释：《王弼集校释》，中华书局1980年版，第93页。

　　　载营魄抱一，能无离乎？专气致柔，能婴儿乎？涤除玄览，能无疵
　　乎？爱民治国，能无知乎？天门开阖，能无（无，读如为）雌乎？明白四
　　达，能无为乎？生之、畜之，生而不有，为而不恃，长而不宰，是谓玄德。
　　（《老子》第十章）知其雄，守其雌，为天下溪。为天下溪，常德不离，复
　　归于婴儿。（《老子》第二十八章）

　　《老子》"载营魄抱一"章的主旨，以往注家通常解释为"养生"。依河
上公等汉代人的解释，"营魄"即魂魄，阳主神为魂，阴主形为魄。"一"指
"道"或道所始生之"精气"。河上公注："营魄，魂魄也。人载魂魄之上得以
生，当爱养之。喜怒亡魂，卒惊伤魄。魂在肝，魄在肺。美酒甘肴，腐人肝
肺。故魂静志道不乱，魄安得寿延年也。"又注"抱一"云："言人能抱一，使
不离于身，则身长存。一者，道始所生，太和之精气也。"①这是用中医形神
合一和"精气说"解释"营魄抱一"的养生原理。此说影响很大。卢育三注：
"载，承载。司马谈说：'凡人所生者，神也；所托者，形也。神大用则竭，形
大劳则敝。形神离则死。死者不可复生，离者不可复反，故圣人重之。'
（《史记·太史公自序》）'圣人重之'，即重形神的统一。载营魄抱一，是说
形体托载着灵魂，怀抱着道。载营魄为重生，抱一为重道。"②其实，一如前
述，老子讲"治身"与"治国"遵循的是同一个生命原理。所以继"营魄抱
一""专气至柔"（"专"通"抟"，抟气调息）"涤除玄览"（"览"通"鉴"，清心
寡欲）的"治身"养生之后，又引申出"爱民治国"的问题。仔细体会，这一章
一连六个排比句，都是在以疑问的语气表示肯定的示意，意在强调人与
"道"的关系及人如何"体道"的功夫，故而最后落脚点烘托出"玄德"境界。
王弼注："不塞其原，则物自生，何功之有？不禁其性，则物自济，何为之恃？
物自长足，不吾宰成，有德无主，非玄而何？凡言玄德，皆有德而不知其主，
出乎幽冥。"③在老子看来，无论是"治身"养生，还是"爱民治国"，都要遵循

---

①　王卡点校：《老子道德经河上公章句》，中华书局 1993 年版，第 34 页。
②　卢育三：《老子释义》，天津古籍出版社 1987 年版，第 67 页。
③　[魏]王弼：《老子道德经注》，楼宇烈校释：《王弼集校释》，中华书局 1980 年版，第 24 页。

"自然无为"的生命原理，恪守"生而不有，为而不恃，长而不宰"的内在德性，像"婴儿"一样形神守真抱一，生命自然绵柔，心地纯真如洗。如此"治身"则生命和畅，如此治国则民性真朴，万国咸宁，天下无争。

老子用"婴儿"喻"玄德"，不仅在于婴儿的自然、纯真、绵柔，更在于此种自然绵柔中孕育着与物"玄同"的亲和力和"绵绵若存，用之不勤"的生命力。"婴儿"又称"赤子"，《老子》第五十五章以"赤子之德"集中描述了这种亲和力和生命力。老子说："含德之厚，比于赤子。蜂虿虺蛇不螫，猛兽不据，攫鸟不搏。骨弱筋柔而握固，未知牝牡之合而全作（全，傅奕本、帛书乙本作"朘"：生殖器），精之至也。终日号而不嗄，和之至也。知和曰常，知常曰明，益生曰祥，心使气曰强。物壮则老，谓之不道，不道早已。"这段话可分两层理解，一是"赤子"的"含德之厚"，有效避开了物类之间的矛盾、龃龉、冲突、伤害。关于"蜂虿虺蛇不螫，猛兽不据，攫鸟不搏"，河上公注："赤子不害于物，物亦不害之。故太平之世，人无贵贱，皆有仁心，有刺之物，还反其本；有毒之虫，不伤于人。"①王弼注："赤子无求无欲，不犯众物，故毒螫之物无犯于人也。含德之厚者，不犯于物，故无物以损其全也。"②二是赤子之"德"自发生成的无尽的生命力。老子形象地描绘说，玄德之人就像那赤裸裸的婴儿，尽管筋骨柔弱，小拳头却握得非常牢固；不知男女之事，小小的生殖器却能生机勃起——"未知牝牡洽而朘作"；整日哭号，嗓子也不会沙哑。老子说，这是何等的精和之至阿！"精之至""和之至"隐喻"玄德"自然内生的无尽生机。此种生机恰恰来自于赤子的"柔弱"。反之，如果违背自然无为的玄德，逞强使气，强作妄为，那么无论治身，抑或治国，都会走向自己的反面，故云"不道早已"。

再看"玄德"内曜、朴拙若愚的"圣人"。中国自古是一个崇拜圣人的国度。先秦诸子大多都有自家的圣人，老子《道德经》中的"圣人"是老子思想的代言人，道家理想的化身，教化王侯尊"道"贵"德"爱民治国的大宗师。老子说：

---

① 王卡点校：《老子道德经河上公章句》，中华书局1993年版，第211—212页。
② ［魏］王弼：《老子道德经注》，楼宇烈校释：《王弼集校释》，中华书局1980年版，第145页。

　　　　圣人在天下,歙歙为天下浑其心。百姓皆注其耳目,圣人皆孩之。
　　(《老子》第四十九章)古之善为道者,非以明民,将以愚之。民之难治,
　　以其智多。故以智治国,国之贼;不以智治国,国之福。知此两者亦稽
　　式。常知稽式,是谓玄德。玄德深矣,远矣,与物反矣,然后乃至大顺。
　　(《老子》第六十五章)

　　老子这两段话中的"浑其心"和"贵愚"常常被说成是一种"愚民政
策",就像误解孔子"民可使由之,不可使知之"一样。其实都是一种误解,
此种表面看问题或随便贴标签的形式主义,不利于我们真正理解古圣先贤
的良苦用心。孔子的话体察到古代民智低下,意在强调为政者以"仁"开
"智"的必要性。同样,老子所反对的"智",指违背自然本真(道)的机巧、
诈伪,属于"妄"和"伪";所崇尚的"愚",指淳厚、朴素、本真。圣人不只是
希望他的臣民愚朴,而且希望自己也一样的愚朴。在老子看来,只有圣人做
到了愚朴,天下百姓也才会归朴返真。《老子》第二十章说:"众人熙熙,如
享太牢,如春登台。我独泊兮其未兆,如婴儿之未孩。儽儽兮若无所归。众
人皆有馀,而我独若遗。我愚人之心也哉!沌沌兮!俗人昭昭,我独昏昏;
俗人察察,我独闷闷。澹兮其若海,飂兮若无止。众人皆有以,而我独顽似
鄙。我独异于人,而贵食母。"然而,圣人的"愚",同孩子或众人的"愚"果真
没有区别吗?冯友兰认为,两者还是有区别的,由于对"道"(生命本源与自
然法则)的"意义的觉解"不同,属于两种不同的境界。他说:"圣人的愚是
一个自觉的修养过程的结果。它比知识更高;比知识更多,而不是更少。中
国有一句成语:'大智若愚'。圣人的愚是大智,不是孩子和普通人的愚。
后一类的愚是自然的产物,而圣人的愚则是精神的创造。"[1]

　　写到此处,似乎应该点破的是,我们之所以用"玄德"统摄老子的德论,
一则"玄"更接近老子的"道",老子常用"玄"形容宇宙生命本体之"道"的
深邃、柔韧,如说:"玄之又玄,众妙之门。"(《老子》第一章)"谷神不死,是

---

　　①　冯友兰:《中国哲学简史》,北京大学出版社 2002 年,第 90 页。

谓玄牝,玄牝之门,是谓天地根。绵绵若存,用之不勤。"(《老子》第六章)据此,老子把体道之心叫作"玄览(鉴)",把和光同尘体道的境界叫作"玄同",那么最高的德性自然也就是"玄德"了。更为要紧的是,"玄德"可以凸显道家德治论与儒家德治论("明德")的不同底色。《礼记·大学》首章说:"大学之道,在明明德,在亲民,在止于至善。"儒家"明明德",相信圣人的智光外曜,可以照亮身、家、国、天下,它是一种从内向外的视角,意在照亮别人;人人都相信自己能够照亮世界,都用力向外炫耀,结果势必眼花缭乱,是非纷纭,就再也看不清生命世界的本相。"玄德"则不同,老子说:"致虚极,守静笃,万物并作,吾以观复。"(《老子》第十六章)"不出户,知天下。不窥牖,见天道。其出弥远,其知弥少。是以圣人不行而知,不见而名,不为而成。"(《老子》第四十七章)"塞其兑,闭其门,挫其锐,解其纷,和其光,同其尘,是谓玄同。"(《老子》第五十六章)"玄德"是一种"光而不耀"神明内通的智慧,此种"虚极静笃""挫锐解纷""和光同尘"内视内听的视角,意在照亮自己;道家强调,只有照亮了自己,才能看清、看透本真的生命世界。郑开说:"'明德'思想传统悠久且深厚,它的惯性足以倾轧任何挑战者。从这个角度,老子提出'玄德',颇具革命性和颠覆意义,显示了道家试图跳脱'明德'传统的窠臼与束缚,开创思想新格局的意义。"[①]有了这种"玄德"的革命性颠覆,圣人"自然无为"的价值意义豁然开朗。老子说:

> 绝圣弃智,民利百倍。绝仁弃义,民复孝慈。绝巧弃利,盗贼无有。
> (《老子》第十九章)天下多忌讳,而民弥贫;民多利器,国家滋昏;人多
> 伎巧,奇物滋起;法物滋彰,盗贼多有。故圣人云:我无为而民自化,我
> 好静而民自正,我无事而民自富,我无欲而民自朴。(《老子》第五十七
> 章)圣人常无心,以百姓心为心。(《老子》第四十九章)江海所以能为
> 百谷王者,以其善下之,故能为百谷王。……是以圣人处上而民不重,
> 处前而民不害,是以天下乐推而不厌。(《老子》第六十六章)我有三

---

① 郑开:《道家政治哲学发微》,北京大学出版社 2019 年版,第 14 页。

宝,持而保之:一曰慈,二曰俭,三曰不敢为天下先。慈,故能勇;俭,故能广;不敢为天下先,故能成器长。(《老子》第六十七章)

圣人"光而不耀"神明内通的"玄览",打破了有与无、物与我、贵与贱、尊与卑乃至一切等级名分的束缚,它使我们置身于生命世界的内部,与对象中那独一无二、不可言传的"道"相契合,直觉"天道无亲,常与善人"的大生命原理。所以,《老子》最后一章一语道破地说:"圣人不积,既以为人,己愈有;既以与人,己愈多。天之道,利而不害;圣人之道,为而不争。"(《老子》第八十一章)老子借"玄德"和"圣人"所渲染的"无为政治的真谛,不在于它能否建构某种超脱于封建宗法的政治社会结构,而在于反思、批判、质疑了封建宗法政治社会结构以及与之匹配的意识形态和文化制度(例如仁义、忠信、孝慈)的合理性"①。从这个根本究极的意义上看,老子"道德之义"所关注的重心,既不是个人的名利,也不是帝王的权力或君王驾驭臣工的"南面之术",而是"道宁天下"的生命价值关怀。

四、"无为"与"无不为"

前面已经说到,老子讲"道"是为了明德。如果说"道"的基本含义是"自然"的话,那么老子讲"德"的基本含义则是"法自然"而"无为"。道是德之本体,德是道之运用。"法自然"是"为无为"的哲学基础。老子云:"孔德之容,唯道是从。"(《老子》第二十一章)"反者道之动,弱者道之用。"(《老子》第四十章)"万物莫不尊道而贵德。"(《老子》第五十一章)"道常无为而无不为,侯王若能守之,万物将自化。化而欲作,吾将镇之以无名之朴。无名之朴,夫亦将无欲;不欲以静,天下将自定。"(《老子》第三十七章)在老子看来,最伟大而崇高的德性是循道而行。根据"道"的自然法则,任何事物都会走向自我否定,实现由无而有而又由有而无的循环。人们懂得

---

① 郑开:《道家政治哲学发微》,北京大学出版社 2019 年版,第 97 页。

了此种否定的辩证法，便应该自觉地恪守柔弱无为的原则，不固执于一得，不逞强于一时，如此才不至于物极必反，极早地被否定。道法自然，无为而无不为。侯王若能守大道而自然无为，让万物自然而然地变化，这样治理国家就不至于费太大的力气。当天下的变化失去自然常态的时候，一个明智的君王便应用自然无为之道去加以引导和安抚。冲淡人们的欲望，使其心态平静，如此天下便会无事而太平。综观老子上面的话，都包含着一个意思，道是德的本体，是无为的根据。如何才能算是无为呢？老子又讲到"无为"的含义。静观玄览《老子五千言》，我们认为老子讲"无为"不同于"不为"，而是要人"善为"。这是无为的基本含义。具体分析，又有三义：

其一，指顺自然而为。顺自然而为也就是让万物各顺其性命而自为。老子云："善行无辙迹，善言无瑕谪，善数不用筹策，善闭无关键而不可开，善结无绳约而不可解。是以圣人常善救人，故无弃人；常善救物，故无弃物。"（《老子》第二十七章）这段似乎奇迷难解的话的意思是说：有行必有迹，顺自然而行不造不施，故物可至而无辙迹；有言必有失，顺物之性不别不析，故无瑕谪可得其门；用筹策计数必有不计之量，因物之数而不假形器，故无不计之量；有关必有开，有结必有解，因物自然不设不施，故不用关键、绳约而不可开解。王弼注云："此五者皆言不造不施，因物之性，不以形制物也。"（《老子注》第二十七章注）这就是老子所说的"道之尊，德之贵，莫之命而常自然"的意思（《老子》第五十一章）。

其二，指不私为，不为己而为。换句话说，"无为"之为不可有明显的为我之动机。老子说："道生之，德畜之，长久，育之，亭之，毒之，养之，覆之。生而不有，为而不恃，长而不宰，是谓玄德。"（《老子》第五十一章）"圣人处无为之事，行不言之教，万物作焉而不辞；生而不有，为而不恃，功成而弗居。夫唯不居，是以不去。"（《老子》第二章）依老子，道生万物而不为其主宰，德畜万物而不自居其功，此乃道之所以伟大，德之所以玄深。正因为圣人懂得"上德为之而无以为"，所以能令万物顺其性命之情而各有其所为。可见不私为也是一种善为。

其三,指不过度而为。任何事物都有一个界限,在此界限之内而为之,可有功而不劳,事半而功倍。超出这个界限而为之,或者劳而无功,或者虽有功而事倍之。所以,过度而为者,不善之为也;善为者,不过度而为之。老子对此深有所悟,故其言:"持而盈之,不如其已;揣而锐之,不可常保;金玉满堂,莫之能守;富贵而骄,自遗其咎。功成身退,天之道。"(《老子》第九章)"祸莫大于不知足,咎莫大于欲得。故知足之足,常足矣。"(《老子》第四十六章)在老子看来,人类一切烦恼皆由欲望无度而招之。在人的能力之内适当追求欲望满足是合乎人性的,其结果可以带来幸福;人一旦超越自身能力的极限而追求不切实际的目标,不仅不会为自己带来幸福,相反,会招致不幸和祸害。所以,世界上最快乐的人不是那些不断与自己命运赛跑的人,而是那些懂得适度而为的人,故老子说,知足之足,常足矣。老子由此告诫我们说,与其追求持盈握胜,不如见好就收。因为那些锋锐无比的东西,常常是最易损折的东西;那些金玉满堂的地方,是最容易引起大盗觊觎的地方;尊贵的人一旦忘乎所以,那便会给自己带来殃咎。所以,懂得功成身退、适度而为,才算洞明天道自然无为之要旨。

老子还讲到"无为"之妙用,即"无为而无不为"。老子讲"无为"从表面上看去似乎消极,但此种"无为"之"为"骨子里的真血脉却是十分的积极。老子认为,柔弱胜于刚强,有时隐退比竞进更重要,委屈比伸张更明智,大智若愚比小智更圆通,能够无为反而可以无不为。故其言:"天长地久。天地之所以能长且久者,以其不自生,故能长生。是以圣人后其身而身先,外其身而身存。非以其无私邪,故能成其私。"(《老子》第七章)"曲则全,枉则直,洼则盈,敝则新,少则得,多则惑。是以圣人抱一为天下式。不自见故明,不自是故彰,不自伐故有功,不自矜古长。夫唯不争,故天下莫能与之争。"(《老子》第二十二章)老子从万物变化中悟到了事物否定的辩证法。他看到,飘风不终朝,暴雨不终日,月盈则亏,物壮则老,刚强者死之徒,狂风可以吹折大树,而柳丝不断。由此他想到人事亦然,轻诺必寡信,多藏必厚亡。祸兮福所倚,福兮祸所伏。他将这一切概括为"反者道之动",或曰"天之道,损有余而补不足"(《老子》第七十七章)。在老子看来,事物越是急于肯定自己(居有),它越是会急剧地走向否定(得无),人们越是急于有所作为,那么其结局适得其反,越是可能一事无成。相反,人们一旦懂得否定的辩证法,明道用反,不再汲汲执着于有,反而会常保其有;自觉谦下地居于无,反而会不无。屈与全、枉与直、洼与盈、敝与新、少与得、多与惑、争与不争,有为与无为等矛盾,皆可在否定的辩证法面前迎刃而解。所以,老子说:"高者抑之,下者举之,有余者损之,不足者补之。……孰能有余以奉天下,唯有道者。"(《老子》第七十七章)老子看到,否定的辩证法虽然是天下万物普遍遵循的"道",但是,由于人们习惯于自私用智,喜"有"而厌"无",只看到肯定的一面,对否定的一面视而不见,结果陷入理智的迷执。他深刻地告诫世人说:"弱之胜强,柔之胜刚,天下莫不知,莫能行。是以圣人云:受国之垢,是谓社稷主;受国不祥,是为天下王。正言若反。"(《老子》第七十八章)人们一旦懂得从反面看问题,他便领略到无为之妙用。

如何来实施"无为而无不为"的无用之大用呢,这就要申述老子无为的方法。方法又叫道术,此种道术即圣人或王侯南面术的法宝。老子说:"道者,万物之奥。善人之宝,不善人之所保。"(《老子》第六十二章)老子认为"道"是万物最隐奥的根源,无论好人坏人都离不开它,它是天下至真、至善、至尊、至贵的珍宝。在天子莅位、设置三公的仪式上,奉献拱璧与驷马,远不如"坐进此道"更有意义。道与道所赋予万物的德性之所以尊贵,就在于这一切不是强制外加的,而是真实自然的。老子有"三宝"说,是体证或实践"自然"之"道"的三大法宝。老子说:

> 天下皆谓我道大,似不肖。夫唯大,故似不肖。若肖,久矣其细也夫!我有三宝,持而保之:一曰慈,二曰俭,三曰不敢为天下先。慈,故能勇;俭,故能广;不敢为天下先,故能成器长。今舍慈且勇,舍俭且广,舍后且先,死矣。(《老子》第六十七章)

这段著名的话从总体性申说大道无形与处世"三宝"的逻辑关联,可以分三层来理解。首先，指陈大道无形，不似一物。老子说："天下皆谓我道大，似不肖。"从文本语境看，这是老子引用天下人对老子说的话。"我"指老子。老子说，天下人都说我的"道"太大了，似乎什么都不像。殊不知，道之广大正在于它不能像任何东西。若是像的话，它早就被视为渺小了！《老子》第二十五章曾说"宇中有四大"而"道"居首位。何以说"道大"呢？"道"所以谓之"大"，可从五个层面来说：第一，"道"有无玄同，非有非无，不落言筌（《老子》第一章）；第二，"道"是创生万物的总根源（《老子》第四章、第六章）；第三，"道"具有超时空性或时空无限性，时间上永恒，空间上无限（《老子》第十四章）；第四，"道"为天、地、人所效法的普遍规律（《老子》第十六章）；第五，"道"是万物在其中周而复始，循环往复呈现生命的"自然场"（《老子》第二十五章）。以上诸义，均不像一种具体的存在，故云"似不肖"。老子用以形容"道"的"恍惚""混成""玄之又玄""无状之状""无象之象"等，均与"不肖"同义。

其次，"似不肖"一句，还可从另一个较为隐微的意思来解释，那就是"道"虽大，但却不彰显其高大，更不自居为大。众人不察此种微言奥义，以为老子说的"道"大而无当，有名无实，似乎不像或者没有那么高大，就像《逍遥游》中的惠施，以瓠瓜、大樗嘲笑庄子之道的大而无用。老子告诫说，大象无形，大音希声，大巧若拙，大辩若讷，大道低回，和光同尘，恬淡自然，如果在音容形态上处处显示自己的"大"，那么"久矣，其细也夫！"早就被视为渺小了。老子说"道大"而不肖大，正是"道"之高明博大。

最后，老子申明"三宝"之说，意趣还是在发明"不肖"之义。老子说，我有三个法宝，牢牢地持守保全着：一是慈柔，二是俭约，三是不敢自居于天下之先。慈柔，所以能够勇武；俭约，所以能够广大；正因为不敢自居于天下之先，所以能够统领生命世界，成全万物的生长。针对当时舍弃慈柔而取尚勇猛、舍弃俭约而取尚广大、舍弃退让而取尚争先的现实，老子痛切地告诫那些自居为圣帝明王的时君世主说，这是一条注定行不通的死路。下面具体诠释"三宝"要义。

五、"慈":对生命的悲悯

"一曰慈",先说老子的第一宝。"慈"作为一种本真自然的情感,有慈柔、慈战、慈政诸义。

首先,"慈"是对生命的悲悯。荼毒生灵莫过于战争。老子说:"天下有道,却走马以粪;天下无道,戎马生于郊。"(《老子》第四十六章)针对天下无道,穷兵黩武,兵荒马乱,不用说"走马",就连怀有小马的"牝马"也被征做战马上了战场的苦难现实,老子主张息兵偃武。老子说:"以道佐人主者,不以兵强天下。其事好还:师之所处,荆棘生焉。大军之后,必有凶年。善者果而已,不敢以取强。果而勿矜,果而勿伐,果而勿骄,果而不得已,果而勿强。物壮则老,是谓不道,不道早已。"(《老子》第三十章)何谓"善者果而已"?《尔雅·释诂》云:"果,胜也。'果而已',犹胜而止。"王弼注:"果犹济也。言善用师者,趣以济难而已矣,不以兵力取强于天下也。"①老子不主张主动用兵,强调在不得已的情势下用兵,取得相应的结果就要收兵。"果而勿矜"云云,强调的正是不可以穷兵黩武的意思。

老子是最早批评战争祸害生命的思想家。他说:"夫兵者,不祥之器,物或恶之,故有道者不处。君子居则贵左,用兵则贵右。兵者,不祥之器,非君子之器,不得已而用之,恬淡为上。胜而不美,而美之者,是乐杀人。夫乐杀人者,则不可以得志于天下矣。吉事尚左,凶事尚右。偏将军居左,上将军居右,言以丧礼处之。杀人之众,以哀悲泣之。战胜,以丧礼处之。"(《老子》第三十一章)重读这段话,无异于为战争或战死者而"殇"。春秋之际,战争频仍,有的为城池而战,有的为权位而战,有的为货利而战。在数不清的战争中,受害最深的是平民百姓。统治者为一己之利而轻用天下,那些战胜者洋洋得意,殊不知,"胜利果实"的背后是无数鲜活生命的生灵涂炭。老子告诫说,切不可"以胜为美","战胜,以丧礼处之"。对于战争的灾难,

---

① [魏]王弼:《老子道德经注》,楼宇烈校释:《王弼集校释》,中华书局1980年版,第17页。

老子殇辞中的"悲泣"二字深深体现了一种悲悯生命的"慈"的情愫。

老子主张慈战,亦即以"慈"用兵。老子说:"夫慈以战则胜,以守则固。天将救之,以慈卫之。"(《老子》第六十七章)"善为士者不武,善战者不怒,善胜敌者不与。"(《老子》第六十八章)"用兵有言:吾不敢为主而为客,不敢进寸而退尺。……祸莫大于轻敌,轻敌几丧吾宝。故抗兵相加,哀者胜矣。"(《老子》第六十九章)不逞强尚武,不轻易被激怒,不与对方强争,不主动进攻而处于守势,不敢进犯寸土而宁可退避一尺,均体现了"以慈卫之"的立场。老子认为,此种"慈以战"的道家兵法符合天道自然不争之德,是自古以来用兵的最高准则,因为势均力敌的两军作战,常是哀悲的一方获得胜利。何谓"轻敌几丧吾宝"?"轻敌"一指轻视敌人,动辄主动进攻;二指轻易与人为敌,动辄发起战争。老子认为,无论轻敌冒进,还是动辄发起战争,都背离了"三宝"中的"慈",故云"几丧吾宝"。

如何理解老子的"以奇用兵"? 老子说:"以正治国,以奇用兵,以无事取天下。"(《老子》第五十七章)何谓"正"? 老子说:"清静为天下正。"(《老子》第四十五章)"清静"是水的象征,也可以引申为一种自然无为的原则。老子认为清静无为的原则是治理天下的正道。与"正"相反的是"奇",指自然无为的反面,即运用心智谋虑计算。老子认为,要用清静无为的正道来治理国家,而"兵"属于不祥之器,兵器所以"不祥",不在于"器",而在于用兵之"术"。兵家被称为"诡道",就在于"以奇用兵"。以奇诡之术用兵,不仅破坏生产,荼毒生命,而且败坏人的心灵。所以老子并不积极主张"以奇用兵",他把"以奇用兵"放在"以正治国"的对立面,本身就有消极否定的意思。即使"不得已"而用之取得胜利,老子也主张"以丧礼处之",骨子里还是"慈"。

其次,"慈"是对百姓的宽宥。老子说:"以无事取天下。吾何以知其然哉? 以此:天下多忌讳,而民弥贫;民多利器,国家滋昏;人多伎巧,奇物滋起;法令滋彰,盗贼多有。故圣人云:我无为而民自化,我好静而民自正,我无事而民自富,我无欲而民自朴。"(《老子》第五十七章)文中第一人称的"我"所指代的"圣人",不是儒家设想的积极有为的圣人,而是道家清静无为的圣人。儒、道两家圣人有诸多不同,譬如儒家圣人主张仁爱,老子却说:"圣人不仁,以百姓为刍狗。"(《老子》第五章)"刍狗"用后则焚烧掉,道家圣人为百姓做事因任自然,为而无心,过而不留;儒家圣人主张"礼",老子却说:"夫礼者,忠信之薄而乱之首。"(《老子》第三十八章)认为"礼"是道德废毁、仁义缺失的结果,且为造成混乱的根源。儒、道圣人最根本的不同在于,前者以拯救人类为己任,后者主张"以无事取天下"。在老子看来,无论礼治,还是法治,都是把强者的意志硬加给百姓,结果事与愿违,天下禁忌越多,百姓越是贫困;民间利器越多,越会滋生昏乱;人们技巧越多,奇怪的事情就越是滋长;法令越是森严完备,盗贼反而越是增多。所以,最大的慈爱莫如清静无为,宽宥天下,让百姓自然化育,自然富足,自然归正,自然淳朴。

老子曾对统治者为政的等级品位做过区分,他评价说:"太上,下知有之。其次,亲而誉之。其次,畏之。其次,侮之。故信不足焉,有不信。悠兮,其贵言。功成事遂,百姓皆谓我自然。"(《老子》第十七章)是说,最好的政治,人民只是感觉到统治者的存在;其次,人民亲近他而赞美之;再次,人民畏惧他;最后,人民轻蔑他。在老子看来,人民之所以不相信那些统治者,是由于他们诚信不足。最好的治理不是动辄发号施令,而是不轻易说话。事情成功随顺了,百姓都说我们本来就是这样子。"贵言"不是一般意义上的"不说话"或"少说话",更不是不让百姓说话,而是希望当政者行"不言之教"(《老子》第四十三章),用真实自然的慈爱赢得百姓的信赖。

慈政又体现为"以百姓心为心"。老子说:"圣人常无心,以百姓心为心。善者吾善之,不善者吾亦善之,德善。信者吾信之,不信者吾亦信之,德信。圣人在天下,歙歙为天下浑其心。百姓皆注其耳目,圣人皆孩之。"(《老子》第四十九章)"圣人常无心"一句,王弼本作"圣人无常心"。老子说:"知常曰明,不知常,妄作凶。"(《老子》第十六章)圣人心与道冥,有"常道",自然应该有"常心"。"常心"也就是体道之心。帛书本作"恒无心",严灵峰、陈鼓应本改作"常无心",今从之。"无心"也就是"无私心"。何以对百姓的"注其耳目"圣人要"皆孩之"呢?"注其耳目"是说百姓心思跟随耳目向外驰逐，这意味着自私用智，背离"自然"原则。对此，老子并不主张硬性干预限制，而是以百姓之心为心，像对待小孩子那样善待之，百姓善良也好，不善良也好，守信也好，不守信也好，一概以童真之心看待之，善待之，任其自然，许其自发，容其自化，久之，百姓就会归于纯朴，归于善，归于信。"歙歙为天下浑其心"正是"慈"的力量。

最后，"慈"是对统治者苛政的批判。老子说："民之饥，以其上食税之多，是以饥。民之难治，以其上之有为，是以难治。民之轻死，以其上求生之厚，是以轻死。夫唯无以生为者，是贤于贵生。"（《老子》第七十五章）老子是说，人民饥饿，是由于统治者吞食的赋税太多；人民难以管理，是因为统治者胡作非为；人民轻于犯死，是因为统治者过于贪求享乐。"无以生为"与"贵生"属于两种不同的生命观，前者是无我的、自然主义的，后者是自私的、反自然主义的。老子批评统治者奉养奢侈，贪求长生，结果把百姓逼得没有活路。面对统治者奢侈浮华的生活，老子愤怒地批判说："大道甚夷，而人好径。朝甚除，田甚芜，仓甚虚；服文彩，带利剑，厌饮食，财货有余。是谓盗夸，非道也哉！"（《老子》第五十三章）关于"大道甚夷，而人好径"，王弼本"人"作"民"。王弼注："言大道荡然正平，而民犹尚舍之而不由；好从邪径，况复施为以塞大道之中乎！"①是说百姓喜不由正道而喜欢走邪路。联系下文的"朝甚除"云云，似乎与百姓无关，说的都是宫廷或国君的行事，这就有些不通脱。陈鼓应注引奚侗说："'人'指'人主'言。各本皆误作'民'，与下文谊不相属。盖古籍往往'人'与'民'互用，以其可两通。此'人'字属君言，自不能借'民'为之，此改正。"②老子的意思是说，大道本来十分平坦，而人君偏偏喜欢不走正路。宫室十分华丽，田野十分荒芜，仓廪十分空虚，穿着锦绣的衣服，佩戴锋利的宝剑，厌足了美味佳肴，搜刮了用不尽的财货。这简直可以称作盗贼头子（盗夸），多么无道阿！在老子看来，强暴的统治是有极限的，这个极限就是人们"畏死"。老子说："民不畏死，

---

① ［魏］王弼：《老子道德经注》，楼宇烈校释：《王弼集校释》，中华书局 1980 年版，第 141 页。
② 陈鼓应：《老子注译及评介》，中华书局 2009 年版，第 263 页。

奈何以死惧之?"(《老子》第七十四章)一旦天下人没有了活下去的希望,强暴的统治也就到了尽头。

六、"俭":淳朴自然的生活及治理

"俭"说的是老子道术的第二宝。"俭"有淳朴、俭啬、简约诸义。首先,"俭"是指一种纯朴自然的生活方式。老子说:"五色令人目盲,五音令人耳聋,五味令人口爽。驰骋畋猎,令人心发狂;难得之货,令人行妨。是以圣人为腹不为目,故去彼取此。"(《老子》第十二章)本章体现了道家关爱生命方式的独特性。"五色",指青、赤、黄、白、黑;"五音",指宫、商、角、徵、羽;"五味"指酸、甜、苦、辣、咸。爽,差失也;妨,害也。王弼注:"夫耳目口心皆顺其性也,不以顺性命,反以伤自然,故曰盲、聋、爽、狂也。难得之货塞人正路,故令人行妨也。为腹者,以物养己,为目者,以物役己,故圣人不为目也。"①老子认为,生命和畅在心灵的清静自然,而不在声色、美味、游乐、货利等感性欲望的满足;要保持生命和畅,就应当拒绝感性诱惑,追求内心的满足。所以"圣人之治,虚其心,实其腹,弱其志,强其骨"(《老子》第三章)。这里的"其",指代"百姓"而不是"圣人",与"圣人为腹不为目"义同。老子曾任史官,对百姓生活及其生活愿望还是了解的。在物质财富十分匮乏的古代,下层百姓最关心的还是温饱问题,只要吃饱肚皮,百姓就不会犯上作乱。所以,老子说"圣人"治天下,最要紧的是解决好天下百姓"腹"的问题,而不是在百姓面前炫耀声色货利,那样会搅乱百姓纯朴自然的心性,诱惑他们追逐物欲。儒家也看到了这一点,如孟子面见梁惠王时所说:"上下交争利则国危矣!"(《孟子·梁惠王上》)老子有"三去"之说,即"圣人去甚,去奢,去泰"(《老子》第二十九章)。依何上公注,"甚"谓贪淫声音,"奢"谓服饰饮食,"泰"谓宫室台榭。"甚""奢""泰"属于三种不自然或反自然的生活方式,老子主张杜绝之。在老子看来,"天下"是神圣不可亵渎

---

① ［魏］王弼:《老子道德经注》,楼宇烈校释:《王弼集校释》,中华书局1980年版,第6页。

的大业，对于志在"取天下"的王者来说，最要紧的是从物质生活到精神生活处处做到简朴自然、谦下不争、知足知止，像水一样利物不争，像婴儿一样无知无欲，如此方能安人心，宁天下。反之，如果当政者一味贪求声色之甚、饮食服饰之奢和宫室台榭之泰，那就注定会走向"妄作凶"（《老子》第十六章）的可悲局面。

其次，"俭"又是指一种简约的治理方式。老子说："治人事天，莫若啬。夫唯啬，是谓早服。早服谓之重积德，重积德则无不克，无不克则莫知其极。莫知其极，可以有国。有国之母，可以长久。是谓深根固柢、长生久视之道。"（《老子》五十九章）"治人"指管理人事；"事天"指对待自然，联系下文"长生久视"的语境，也可解释为摄养自然所赋予人的生命。"啬"即俭啬，有爱惜、保养、蓄藏等意思。前面说的"去甚，去奢，去泰"（《老子》第二十九章），也就是"啬"。啬以治人，则百姓自化；啬以事天，则万物和生。所以，老子谓之"深根固柢、长生久视之道"。"早服"，郭店简本作"早备"，"服"与"备"古语可以通用。老子认为，无论"治人"还是"事天"，懂得珍惜物力、蓄藏精神、简啬从事，就如同事事早作准备，不断蓄积，这是固本培元涵养葆任生命本原的方法。

老子说："是以圣人处无为之事，行不言之教，万物作焉而不辞。"（《老子》第二章）"无为"与"为"相对，指不对事物施加主宰和控制，让事物自然而然地生成变化。"不言之教"与"无为之事"同功。"为"离不开"言"。要使众人相信自己的目的是大家普遍的目的，这就需要"大言"或"美言"。于是言说得多了，众人也就学会了"言"和"美言"，最终会形成一个"言""美言"甚或"谎言"的世界。老子主张"不言""贵言""希言自然"，不是要设定一个聋哑世界，而是要人们在"音声相和"的世界中用自然真实的语言来表达自然真实的情感；"不言之教"的关键，是让生命世界自然而然地展演呈现而不施加大言、美言之类的干涉搅扰。

此外，老子说"圣人抱一为天下式"（《老子》第二十二章），"取天下常以无事，及其有事，不足以取天下"（《老子》第四十八章），"我无事而民自富"（《老子》第五十七章），"治大国若烹小鲜"（《老子》第六十章），均有不多事扰民、清静简约、无为而治的意思。

最后，"俭"又是老子的社会理想。老子的理想国便是一个天下安于简朴的世界，老子说："小国寡民，使有什伯之器而不用，使民重死而不远徙。虽有舟舆，无所乘之；虽有甲兵，无所陈之。使民复结绳而用之。甘其食，美其服，安其居，乐其俗。邻国相望，鸡犬之声相闻，民至老死不相往来。"（《老子》第八十章）所谓"甘其食，美其服，安其居，乐其俗"，不可以理解为吃的甘美，穿的华丽，住着安宅，生活在一片欢乐的风俗中。老子本意是回归自然纯朴的生活，衣食住行以恬淡、淳朴、安静、自然为甘、美、安、乐。相反，如果生活违背自然，虽有锦衣玉食、雕楼画栋，沉湎在骄奢淫逸的感性快乐中，那不是甘、美、安、乐，而是人性的异化、扭曲、堕落！老子不免把人类上古时代的生活方式理想化，他所憧憬的"乌托邦"虽然很难说是真正的理想世界，却可以警示、防止人性的异化、堕落和腐败！理想世界只能在一系列"不理想"的克服、超越、扬弃中实现，这个克服、超越、扬弃的过程或许才是更完整的"道"。

七、"不敢为天下先"

再说老子的第三宝："不敢为天下先"。"先"有抢先、逞强、张扬诸义。北方人有个约定俗成的方言，假如一个人遇事爱争风头，占便宜，耍心眼，刻薄尖酸，大家背后就会送他一个绰号——"先儿"。"不敢为天下先"非"不能为天下先"，这一点很关键。"不敢为天下先"具体表现为如下几个方面：

其一，戒盈。老子说"不敢为"天下先，不同于"不能为"天下先。老子说："勇于敢则杀，勇于不敢则活，此两者或利或害。"（《老子》第七十三章）不能为天下先意味着平庸，能为天下先而"不敢为"则是一种深奥的智慧与德行。老子说："古之善为士者，微妙玄通，深不可识。夫唯不可识，故强为之容：豫兮若冬涉川，犹兮若畏四邻，俨兮其若客，涣兮若冰之将释，敦兮其若朴，旷兮其若谷，浑兮其若浊。孰能浊以静之徐清？孰能安以久动之徐生？保此道者不欲盈。夫唯不盈，故能蔽不新成。"（《老子》第十五章）

"士"指修道之人，"微妙玄通"形容其含蓄内敛的智慧与性格。众人逞强好胜，骄傲满盈，修道之人明通有无相生、高下相倾、祸福相依的玄机，所以谨慎小心，如履薄冰；犹豫不决，若畏四邻；懂得退让，俨然似客；脆弱得像正在消解的冰块，朴实得像未经雕饰的木头；虚怀若谷，浑如浊水。虽然混浊，却能静静地清澈起来；看似不动，却能徐徐生动起来。老子说"保此道者不欲盈"，因为不执意追求"盈余"，所以总是留有发展的潜能和余地，这充分体现了大道低回的微妙与深刻。老子"不欲盈"的原则，《易传》继之泛化为天、地、人、鬼神诸方面的普遍价值。《易·谦·象》云："天道亏盈而益谦，地道变盈而流谦，鬼神害盈而福谦，人道恶盈而好谦。谦尊而光，卑而不可逾，君子之终也。"老子说"少则得，多则惑"（《老子》第二十二章），与《易传》所持满招损、谦受益的人生哲理是相互融通的。

其二，不争。前面已说，老子对"水"有着特殊的兴趣，他说："上善若水。水善利万物而不争，处众人之所恶，故几于道。"（《老子》第八章）水最显著的特性或作用有三：一是柔弱，二是往低处流，三是滋润万物。老子以"水"喻"玄德"和"上善"，认为"水"的性质与作用最接近"道"，故曰"几于道"，接着所说的被称为"水之七善"，苏辙《道德真经注》解云："避高趋下，未尝有所逆，善地也；空虚静默，深不可穷，善渊也；利泽万物，施而不求报，善仁也；圆必旋，方必折，塞必止，决必流，善信也；洗涤群识，平准高下，善治也；遇物赋形，而不留于一，善能也；冬凝春泮，涸溢不失节，善时也。有善而不免于人非者，以其争也。夫唯不争，故能兼七善而无尤。"老子的哲学确像"水"一般清静、淡泊、慈柔而又深刻。

其三，用反。老子说："玄德深矣远矣，与物反矣，乃至于大顺。"（《老子》第六十五章）"知其雄，守其雌，为天下溪。为天下溪，常德不离，复归于婴儿。知其白，守其辱，为天下谷。为天下谷，常德乃足，复归于朴。"（《老子》第二十八章）"众人熙熙，如享太牢，如春登台。我独泊兮，其未兆，如婴儿之未孩。累累兮，若无所归。众人皆有余，而我独若遗。我愚人之心也哉，沌沌兮！俗人昭昭，我独昏昏。俗人察察，我独闷闷。澹兮其若海，飂兮若无止。众人皆有以，而我独顽似鄙。我独异于人，而贵食母。"（《老子》第二十章)体道者种种与众不同的心态与性格,可以归结为一句话,那就是明道"用反"的精神。如果人人都懂得用反向思维处理问题,知雄守雌,相忍相让,知白守辱,不慕虚荣,不斤斤计较,不拥挤争抢,放弃庸俗的利己主义,敬畏并颐养生命的大道,天下将变得十分和顺。

其四,居下。在处理国与国关系的问题上,老子提出"大者宜为下"的原则。老子说:"大国者下流,天下之交,天下之牝。牝常以静胜牡,以静为下。故大国不过欲兼畜人,小国不过欲入事人,夫两者各得其所欲。大者宜为下。"(《老子》第六十一章)在老子看来,天下交相归往的,总是天下雌柔的地方。雌柔常以虚静胜过雄刚,这是谦下虚静的缘故。所以,大国对小国谦下,就可以聚拢小国;小国对大国谦下,就可以见容于大国。大国尤其应该谦下。老子的话虽然是针对春秋时代诸侯之间的纷争而言的,但对解决当今世界的国际矛盾和利益冲突也具有现实意义。当今世界,人类是否能够和平相处,关键要看某些大国的态度。个别经济技术和军事实力强大的超级大国,动辄以世界霸主或国际警察自居,以大凌小,以强欺弱,把自己的国家利益和价值观强加于人,这是造成当今世界国际关系中各种矛盾冲突的根本原因。只有克服各种形式的大国霸凌主义,国与国之间相互尊重,把"居下"作为处理国际关系的基本原则,世界才能保持长期稳定与和谐发展。在这个方面,大国只有率先垂范,才算尽到了一个大国的责任。否则,如不能谦下睦邻,即使经济、技术、国防多么强大,也称不上一个值得尊重的大国,因为缺少一种谦下包容的强大的内心。在老子看来,大国尚且如此,小国就更应该谦下待人,友好睦邻。有些讽刺意味的是,个别国土狭小、资源贫乏的国家偏喜欢在国家、民族称谓上冠以"大"字,这与大国称霸一样,不符合老子倡导的"宜为下"的精神。

其五,知足。老子说:"祸莫大于不知足,咎莫大于欲得。故知足之足,常足矣。"(《老子》第四十六章)"知足"是一种智慧。世间没有受不了的苦,却有享不住的福。一个敬畏生命、珍爱生活的人,会把苦难当作一种阅历,看作一笔财富。相反,过多的幸福会热昏头脑。老子说:"福兮,祸之所伏。"(《老子》第五十八章)福可以顺受,不可以贪求;可以浅尝,不可以大用。

谁想把人世间的荣华富贵享尽，到头来，他将变得一无所有。现代人不妨偷闲读一读洪应明的《菜根谭》，背一背李密庵的《半半歌》，它会使寥落者增加自信，使幸运者更加惜福。要相信，苦与乐永远是人生天平的两头，它的绝对值是相等的。受多少苦就会有多少乐，享多少乐就要受多少苦。因为"损有余以奉不足"是"天道"之必然。只有"知足"的生活，在动与静、进与退、苦与乐、得与失之间保持动态的平衡，才能守住属于自己的那一份幸福。

老子"三宝"说蕴含着丰富的人生智慧。老子说："慈，故能勇；俭，故能广；不敢为天下先，故能成器长。"放眼当今世界，科学技术快速发展，网络技术铺天盖地，商业气息无所不在；喧嚣、奢侈、狂躁的现代人为了抢占时间，争夺空间，失去了纯朴，遮蔽了本真，远离了自然；和平与战争、慈善与野蛮、贫穷与奢侈极不协调地编织出一个光怪陆离的世界；地区冲突、局部战争不断，恐怖组织、极端势力猖獗，制裁与反制裁争论不休，国际风云变幻多端。一句话，现代社会、现代文明、现代化的生活方式似乎越来越远离了和谐共生的宇宙大生命世界本有的或应有的那一份自然、宁静、和谐。这是现代人生活中"被迫性困境"的一个缩影。在老子看来，世界的失序、人类的苦难、生命的困顿，表面看是由于"物"的诱惑，其实是由于"心"背离大道，没能抵制住物质世界声、色、货、利的诱惑。此种心灵迷失古已有之，而于今为烈。重温老子以慈取勇、以俭取广、以不敢争先引领世界的"三宝"之学，仍有深刻的现实意义。

八、结语：唤醒老学的"后现代"性

工业化、城市化、技术化，已成为现代"生活世界"的基本图景。于此相关联的是现代世界的生存困境：

其一，"单向度"的经济实用主义。导致大气污染、雾霾、水资源紧张、水污染、土地浪费、沙漠化、森林减少、酸雨、臭氧洞、温室效应、气候异常等环境问题和生态危机；空气、土地、山川、草原、湖泊、湿地、河流、海洋等地理多样性被单一的"资源化"所忽略，生物多样性的"自然权利"被人类日新月异的技术和不断膨胀的经济利益所剥夺,等等;人口拥挤、交通堵塞、城市内涝、畸形消费、焦躁抑郁、生育力衰退、各种奇怪的疾病等"现代都市病"接踵而至。

其二,技术对人的控制。西方马克思主义哲学家、未来学家,法兰克福学派的代表人物——马尔库塞的《单向度的人》提出一个新概念叫"技术的合理性",认为发达工业社会中"理性观念"最近已经蜕化为"技术合理性的极权主义"。技术所代表的工具理性日益膨胀为价值理性,人们的日常生活、继而社会意识形态乃至整个社会的制度架构都被技术所控制,人作为理性的存在物失去了自由选择和批判的能力,成为工具理性或技术的附属品,人的"理性"丧失多向度选择的自由,成为一味服从技术统治的"单向度的人"。马尔库塞看到一个不可否认的事实,那就是"现代性"难以克服的"技术异化"对人性的压抑。在如今"互联网+"及"物联网"的信息时代,马尔库塞的预言并没有过时。我们不断且越来越深地被"技术化",被"数字化",被"工具化"。

其三,冷战思维与经济技术霸凌主义泛滥。回顾历史,20世纪两次灭绝人寰的世界大战及法西斯主义政治阴霾刚刚消退,随即转化为两种体系、两大阵营的"冷战"与"冷战思维";社会主义阵营解体后,国际政治氛围并未好转,"冷战思维"导致的冲突、对抗、较量、角逐,从未消停;亨廷顿所谓"文明的冲突"背后依旧是"冷战思维"所寄生的国际强权霸凌主义,世界"经济一体化"与"单边主义"矛盾撕裂中的"地球村"并不太平。人类几乎"被捆绑"且难以摆脱的核工业、核技术、核武器一旦失控,地球将会毁灭,没有赢家!

其四,20世纪中叶,法国现代思想家、社会活动家阿尔贝特·施韦泽提出"敬畏生命"的伦理学,认为:"善是保存和促进生命,恶是阻碍和毁灭生命。如果我们摆脱自己的偏见,抛弃我们对其他生命的疏远性,与我们周围的生命休戚与共,那么我们就是道德的。"①"敬畏生命"的伦理不允许个人

---

① [法]阿尔贝特·施韦泽:《敬畏生命——五十年来的基本论述》,陈泽环译,上海社会科学院出版社2003年版,第19页。

放弃对自然万物和生命世界的关怀,始终促使个人同其他周围的所有生命交往,并感受到对它们负有责任。对于其发展能由我们施以影响的生命,我们与它们的交往及对它们的责任,就不能限于保存和促进它们的生存本身,而是要在任何方面努力实现它们的最高价值。

如此种种,无不在唤醒老子"道宁天下"的建设性的后现代意义。

第4章　民本主义:孟子的王道理想

　　孟子,名轲,战国邹人,是继孔子之后的又一位大儒,世称"亚圣"。后世将儒家学说称为"孔孟之道",可见其在儒家学派中的地位。

　　孟子的生卒年月,没有确切的说法,《孟子·尽心下》记载:"由孔子而来至于今百有余岁,去圣人之世若此其未远也,近圣人之居若此其甚也,然而无有乎尔,则亦无有乎尔。"《史记·孟子荀卿列传》也记载,孟子"受业子思之门人",按照两种记载的推算,孟子出生时距孔子去世大约一百年左右,在多种有关孟子生卒年月的说法中,公元前372年—公元前289年前后比较可信。这里,探究孟子的生卒年,是要说明他生活的时代的环境状况。孟子生活在战国中期,当时各诸侯国之间还在不断的征战,天下水火一片。他指责当时的统治者是最不仁的,如《孟子·离娄上》中记述孟子的言论:"争地以战,杀人盈野;争城以战,杀人盈城:此所谓率土地而食人肉,罪不容于死。故善战者服上刑。连诸侯者次之。辟草莱、任土地者次之。"孟子说:"春秋无义战。"(《孟子·尽心下》)其实战国时期与春秋并无二致。由此可以看出,孟子对当时的社会持一种批判态度。面对现实,孟子像孔子一样,周游了不少"国家",其中有齐、宋、滕、魏、鲁等国。他曾一度担任齐宣王客卿,那么,孟子游历这些国家的目的是什么? 他又对各诸侯国君说了些什么? 这就必须首先说明他从孔子的思想中主要继承了什么营养。从《孟子》一书的内容看,孟子继承的主要是孔子的"仁",后来形成了他的"仁政"的主张,刘鄂培先生认为:"如果没有孔子就不可能有'仁'的学说,如果没有孟子也就不可能有流传至今的博大精深的'仁'的学说体系。"①这种评价是比较精准的。

孟子主张"仁政",主张给民以"恒产"、"省刑罚,薄税敛",救济鳏寡孤独,使民有"五亩之宅,树之以桑,五十者可以衣帛矣。鸡豚狗彘之畜,无失其时,七十者可以食肉矣。百亩之田,勿夺其时,数口之家可以无饥矣"(《孟子·梁惠王上》)。希望百姓能够安居乐业,希望能够有执政者采纳他的"仁政"主张,希望出现"老吾老,以及人之老;幼吾幼,以及人之幼"(《孟子·梁惠王上》)的局面。"有不忍人之心,斯有不忍人之政矣;以不忍人之心,行不忍人之政,治天下可运之掌上。"(《孟子·公孙丑上》)他认为行"仁政"治理天下就能够易如反掌。有关如何行仁政,孟子的论说还有很多,但当时"天下一片水火"的客观环境没有为他提供行"仁政"的平台,不过,孟子仍然像孔子一样"明知不可为而为之",为传播其"治道"理论不懈努力。

一、王霸之辨:两种治国路径

(一)王道

《尚书·洪范》篇记载:"无偏无陂,遵王之义。无有作好,遵王之道。无有作恶,遵王之路。无偏无党,王道荡荡。无党无偏,王道平平。无反无侧,王道正直。会其有极,归其有极。"据说这是中国古代典籍中有关王道的最早记载。意为,统治者应该去掉自己的偏好,不折不扣地遵循像尧、舜、文、武、周公等历代圣王的经国治民之术,即先王的治国之道。《说文解字》记载:"王,天下所归往也。"蒋庆先生认为,"所谓王道政治,是指依王者之道所从事的政治,故王道是指古圣王之道;具体说来,是指禹、汤、文、武、周公、孔子一脉相承的治国平天下之道"②。这基本指的是韩愈所说的"道

---

① 刘鄂培:《孟子大传》,清华大学出版社 1998 年版,第 134 页。
② 蒋庆:《政治儒学:当代儒学的转向、特质与发展》(修订本),福建教育出版社 2014 年版,第 154 页。

统"的传承脉络,即"尧以是传之舜,舜以是传之禹,禹以是传之汤,汤以是传之文武周公,文武周公传之孔子,孔子传之孟轲,轲之死,不得其传焉。"(《韩昌黎文集·原道》)对比而言,几乎一致。

在"道统"中,孔子传之孟轲,那么,孟子把这种先王之道接力地传下去,责无旁贷。美国学者狄百瑞认为:"孟子也像与他同时的大多数思想家一样,认为根本的问题乃是怎样围绕着一个真正的中心来重建人类社会。"①在战乱纷争的战国时期,如何重建人类社会?孟子的主张很明确,法先王,创建王道社会。

《孟子》中多采用对话体,王道社会的基本概况在许多地方都有表述,但比较集中的是孟子和他的弟子公孙丑说的一段话,如下:

> 孟子曰:"尊贤使能,俊杰在位,则天下之士皆悦,而愿立于其朝矣;市,廛而不征,法而不廛,则天下之商皆悦,而愿藏于其市矣;关,讥而不征,则天下之旅皆悦,而愿出于其路矣;耕者,助而不税,则天下之农皆悦,而愿耕于其野矣;廛,无夫里之布,则天下之民皆悦,而愿为之氓矣。信能行此五者,则邻国之民仰之若父母矣。率其子弟,攻其父母,自有生民以来未有能济者也。如此,则无敌于天下。无敌于天下者,天吏也。然而不王者,未之有也。"(《孟子·公孙丑上》)

孟子从做官、经商、旅行、农耕、居住等各方面描绘了一幅王道的社会蓝图。实现这种社会蓝图的前提是统治者应该制定与此相应的政策措施,使士人愿意立于朝,商人愿意留于市,行人愿意旅于途,农人愿意耕于田,百姓愿意居于此。

孟子强调,王道社会的开端是这样的:

---

① [美]狄百瑞:《东亚文明:五个阶段的对话》,何兆武、何冰译,江苏人民出版社2012年版,第8页。

不违农时,谷不可胜食也;数罟不入洿池,鱼鳖不可胜食也;斧斤以时入山林,材木不可胜用也。谷与鱼鳖不可胜食,材木不可胜用,是使民养生丧死无憾也。养生丧死无憾,王道之始也。(《孟子·梁惠王上》)

不妨碍耕作收获的农时,那么,粮食就吃不完;如果不把细密的渔网撒向湖泊,鱼鳖等水产品就吃不完;砍伐山上的木材依时令进行,木材便可用之不竭。粮食与鱼鳖吃不完,木材用不完,这样,百姓生有保障,死亡后安葬没有怨恨。这才是实行王道的开端。①

孟子强调,"养生丧死无憾"是王道的开端。并顺势而发展,最终向理想的蓝图挺进,这幅蓝图应该是,"老吾老,以及人之老;幼吾幼,以及人之幼"②。要实现这一目的,就要实行仁政。

(二)霸道

在战乱频仍的战国时期,孟子为了更好地说明"王道"的内涵,将"王道"与"霸道"进行了比较,如下:

以力假仁者霸,霸必有大国;以德行仁者王,王不待大,汤以七十里,文王以百里。以力服人者,非心服也,力不赡也;以德服人者,中心悦而诚服也,如七十子之服孔子也。诗云:"自东自西,自南自北,无思不服。"此之谓也。(《孟子·公孙丑上》)

①　也有学者认为,"养生丧死无憾,王道之始也"(《孟子·梁惠王上》)中的"王道之始"意思是王道的基础,此为一说,可以展开有益的学术争鸣。

②　对于王道究竟是一种什么样的政治? 有学者认为,孟子并没有对此作出非常详细具体的描述和论述,因为:"作为一种最好的政治,十全十美的政治,它在某种程度上是一种理想。在现实中,尤其是在动荡战乱的战国找不到它的现实存在。否则,孟子就不必孜孜以求地奔走于诸侯之间,苦口婆心地劝说他们实行王道了。"(张奇伟:《亚圣精蕴——孟子哲学真谛》,人民出版社 1997 年版,第 168 页)此为一种说法,供读者参阅。

"以德行仁者王""以力假仁者霸"是孟子对王、霸的基本看法,"霸者之一切措施均系假装为民"①。

孟子还把"王道之民"与"霸道之民"进行了对比:"霸者之民,欢虞如也。王者之民,皥皥如也,杀之而不怨,利之而不庸,民日迁善而不知为之者。夫君子所过者化,所存者神,上下与天地同流,岂曰小补之哉?"(《孟子·尽心上》)即"霸者"治理之下的民众固然欢乐、喜悦、快活,却总不如"王者"治理之下的民众心情舒畅,怡然自乐。字里行间流露着孟子对"霸者"的贬抑和对"王者"的褒扬。

"'王道'与'霸道'是两条根本不同的政治路线。圣王之道在于靠道德感化力使天下归服;而霸主之道则在于依靠大国的强力将天下压服。孟子尊王道而贬抑霸道。孟子也不否认霸道的威力,但认为,霸道虽然可以恃强力使天下暂时统一,但这种霸权主义终不能使天下长治久安。王道则不然,以道德感化力使天下人归服,则是发自内心自觉自愿的归顺,如七十子归附孔子那样的心悦诚服。"②刘泽华先生同样认为:"在中国历史上,最先把王与霸作为不同的政治路线概念而使用的是孟子","所谓王道,也就是他的仁政理论与政策,要点在于'保民'、行德和服民心。""所谓霸道,就是'以力服人'。霸道也讲仁义,不过那是为了作招牌和旗帜以骗人。"③这是对孟子"以德行仁者王","以力假仁者霸"的总体诠释。孟子的政治立场是"尊王贱霸"。把"王道"作为一种理想化的追求其基本认识是,"'王道'的概念表达的是战国时期人们对夏商周三代圣王政治的追忆,明显带有理想化色彩,其基本内涵是用道德精神感化天下,使天下人心悦诚服"④。

孟子之前,"王道"和"霸道"都是被认可的,没有什么意识形态的分野。"霸者,伯也。行方伯之职,会诸侯,朝天子,不失人臣之义。"(《白虎通·号·三皇五帝三王五伯》)从孟子开始出现了"王霸"的争论。他认为"五霸

---

① 金耀基:《中国民本思想史》,法律出版社 2008 年版,第 73 页。
② 李振纲:《中国古代哲学史论》,中国社会科学出版社 2004 年版,第 72 页。
③ 刘泽华:《中国政治思想史集》第一卷,人民出版社 2008 年版,第 271 页。
④ 徐克谦:《荀子:治世的理想》,上海古籍出版社 2009 年版,第 148 页。

者,三王之罪人也。"(《孟子·告子下》)"五霸者,搂诸侯以伐诸侯者也。"(《孟子·告子下》)春秋末期出现的"霸王",是实力决定权力的产物,"僭而称王也。"(《史记索隐》)无视周天子的存在。孟子主张"尊王抑霸",是他"治道"理论的根基,其他方面对执政者的建言都是以此为前提展开的。

二、制民之产:王道之基

(一)制民之产的内容

金耀基先生把制民之产称为孟子的"经济论",认为"养民"之说实为孟子政治哲学中之第一义,"孟子之民本思想殆亦必于其经济措划中落实,始有真正意义"[1]。

"制民之产"就是给民以固定的产业,《孟子》一书中三次表达了相同的观点:

> 五亩之宅,树之以桑,五十者可以衣帛矣。鸡豚狗彘之畜,无失其时,七十者可以食肉矣。百亩之田,勿夺其时,数口之家可以无饥矣。(《孟子·梁惠王上》)
>
> 五亩之宅,树之以桑,五十者可以衣帛矣。鸡豚狗彘之畜,无失其时,七十者可以食肉矣。百亩之田,勿夺其时,八口之家可以无饥矣。(《孟子·梁惠王上》)
>
> 五亩之宅,树墙下以桑,匹妇蚕之,则老者足以衣帛矣。五母鸡,二母彘,无失其时,老者足以无失肉矣。百亩之田,匹夫耕之,八口之家足以无饥矣。(《孟子·尽心上》)

孟子不厌其烦地说明田宅、桑蚕的重要性,触及了关乎民生的重要问

---

[1]　金耀基:《中国民本思想史》,法律出版社 2008 年版,第 74 页。

题:衣、食、住。孟子认为,他生活的战国时期,民"仰不足以事父母,俯不足以蓄妻子;乐岁终身苦,凶年不免于死亡。"(《孟子·梁惠王上》)所以,解决百姓的衣、食、住问题是仁政的首要问题。孟子在上边三段话中,有两处最具有闪光点的地方,一是"七十者可以食肉矣","老者足以无失肉矣"。这显示了孟子特别尊重老人的情怀,他曾说:"天下有达尊三:爵一,齿一,德一。朝廷莫如爵,乡党莫如齿,辅世长民莫如德。"(《孟子·公孙丑下》)天下尊贵的东西有三样,即爵位、年龄、德。在朝堂上莫若爵位尊贵,在乡间最尊贵的莫如长者,匡时济世,率领民众莫若德行。孟子把老人放在最尊贵的位置之一,使他的仁政理论越发显得可贵。① 二是"百亩之田,勿夺其时,数口之家可以无饥矣"。"勿夺其时",是孟子规劝统治者要"不违农时",因为在统治者随心所欲役使民力的年代,百姓的田间劳作,随时都可能被统治者的滥征徭役而打断。孟子怀人道之心,能够从季节时令出发,希望统治者"勿夺其时",保证农业生产的正常进行,展示了仁政情怀。他"勿夺其时"的思想,是儒家一贯坚持的主张,与孔子"使民以时"(《论语·学而》)一致,从这一视角也反映了儒家思想的传承性。

孟子认为有恒产是有恒心的前提。

> 无恒产而有恒心者,惟士为能。若民,则无恒产,因无恒心,放辟邪侈,无不为已。及陷于罪,然后从而刑之,是罔民也。焉有仁人在位罔民而可为也? 是故明君制民之产,必使仰足以事父母,俯足以蓄妻子,乐岁终身饱,凶年免于死亡;然后驱而之善,故民之从之也轻。(《孟子·梁惠王上》)

---

① 之所以说孟子尊敬老人的思想可贵,是因为,不论就世界范围还是就中国而言,古代都有遗弃老人的风俗。"古代朝鲜有一种流传广泛的习俗,凡是丧失劳动能力的老人,都被遗弃在山上,任其死亡。"在古代中国,"在湖北武当山地区,人一到60岁,就被年轻人送到野外的一只土坑里,这只土坑通常80厘米高,50厘米宽,200厘米长,正好可容一个人躺着或者坐着。老人住进坑里,家里人会送饭3天,然后就冻饿而死。此后,子孙后代再将老人遗体弄出来安葬。"(参见摩罗:《国王的起源:关于社会组织与政治权力的人类学思考》,中华书局2014年版,第37页)这些让现代人听起来非常残忍的陋习,不论是在孟子之前流行的,还是在孟子时代出现的,在孟子这里都给予了彻底的否定,这是孟子的难能可贵之处。

这是孟子与齐宣王的对话,孟子强调了拥有固定的产业是民安分守己的前提,希望治国者能够保证民"仰足以事父母,俯足以蓄妻子"。

在滕文公问孟子如何治国时,孟子同样回答:

> 民之为道也,有恒产者有恒心,无恒产者无恒心。苟无恒心,放辟邪侈,无不为已。及陷乎罪,然后从而刑之,是罔民也。焉有仁人在位罔民而可为也?是故贤君必恭俭礼下,取于民有制。(《孟子·滕文公上》)

制民之产,使民老有所养、老有所依,说到底,孟子谈的是社会保障问题。有固定的田宅,温饱无虞,国家"取于民有制",百姓才能够认同现有的政治统治,所以说孟子也是在言"治"。①

(二)仁政与井田制

制民之产是仁政的重要内容,仁政是以性善为前提的,孟子主张性善,"有不忍人之心,斯有不忍人之政矣。以不忍人之心,行不忍人之政,治天下可运之掌上"(《孟子·公孙丑上》)。

孟子十分强调井田制对实行仁政的重要性。我们在周公一节已经对井田制进行过阐述和分析,这里,我们紧扣孟子"治道"理论这一主题,看看孟子对井田制是如何描述的。

> 方里而井,井九百亩,其中为公田。八家皆私百亩,同养公田;公事毕,然后敢治私事,所以别野人也。(《孟子·滕文公上》)

---

① 费正清在谈到孟子时认为,孟子提出,假如有个统治者自己是个完全守道德的人,那么,天下就必然会尽归其手。这就是真正的"王道"。有道德的国王统治以对人民仁爱为特点,尤其注意人民的经济生活。(参见[美]费正清、[美]赖肖尔主编:《中国:传统与变革》,陈仲丹等译,江苏人民出版社2012年版,第48页)费正清这里的仁爱就是仁政思想的反映,而经济生活集中反映于制民之产。

把九百亩土地定为一里,划成井字形的方格,中间的为公田,四周为八家的私田,八家一起把公田的活干完了,再各自干自己私田的活。土地是维持百姓生计的最基本的生产资料,是百姓的恒产,均分土地于百姓自然也是仁政的重要体现,有了井田,孟子希望达到的目的是:"死徙无出乡,乡田同井,出入相友,守望相助,疾病相扶持,则百姓亲睦。"(《孟子·滕文公上》)同一井田的人们相互关照、相互扶持,和睦团结,其乐融融。这就是仁政所希望达到的状态。①

由于孟子主张井田制,并且把井田制与现实政治联系起来,糅合到他的仁政思想体系中。从理论探讨来看,孟子的井田制之说是有一定吸引力的,当时有的国君也跃跃欲试,想把井田制落到实处,滕文公就是其中的一个。滕文公派毕战问孟子井田制的问题,孟子回答:

> 子之君将行仁政,选择而使子,子必勉之! 夫仁政,必自经界始。经界不正,井地不均,谷禄不平,是故暴君污吏必慢其经界。经界既正,分田制禄可坐而定也。(《孟子·滕文公上》)

其意为,你的君王将施行仁政,特意选择你来,你一定要好好干。仁政嘛,一定要从划定田界开始。田界划得不公正,井田分得不均匀,作为俸禄的地租也不会征得公平,所以残暴的君王一定会胡乱划定田界。田界划得正确,把田分配于民,官禄就很好确定了。孟子的言论涉及田界、俸禄与百姓的关系。也说明"经界正"是行仁政的重要环节。宋代大儒朱熹将此问题交代得更加清楚,"此法不修(田之经界),则田无定分,而豪强得以兼并。故井田不均,赋无定法,而贪暴得以多取,故谷禄有不平。此欲行仁政者之所以必从此始,而暴君污吏则必欲慢而废之也。"(《四书

---

① 有关井田制中的征税问题,孟子没有明确说明,但有一段话,可以作为井田制征税办法的补充,即"耕者,助而不税,则天下之农皆悦,而愿耕于其野矣"(《孟子·公孙丑上》)。什么叫"耕者,助而不税"?"就是借助农民的劳力来种公田,公田收入的农产品,作为赋税上交官府,农民就不再交税了,所以叫'助而不税'。"(谢祥皓编:《孟子思想研究》,山东大学出版社1986年版,第96页)

集注·孟子集注》卷五)

从表象看,井田制似有比较大的吸引力。但在当时社会变革非常剧烈的环境中,各个诸侯国都在变法,以求强大,在土地问题方面,如商鞅在秦变法中,"为田开阡陌封疆"(《史记·商君列传》),使土地所属关系发生革命性的变化,提高了生产力。那么,主张井田制,就表现出比较浓厚的保守色彩,理想大于现实。儒家大多主张"法先王",亦即用古代圣王的典章制度来治理国家,亦所谓"托古改制",孟子是"法先王"的坚定拥护者,但孟子又有解决现实问题的强烈愿望,希望能在"救世"的大潮中一显身手。所以,在没有更加可具操作的解决现实问题的方略的前提下,孟子只能搬出古人的做法,也许这对于孟子本人来说也是比较纠结的。

三、与民同乐:王道之情

(一)君民利益共享

利益能不能君民共享,是是否行"王道"的重要问题。孟子在回答齐宣王"王政"的含义时,举周文王的例子加以说明:

> 昔者文王之治岐也,耕者九一,仕者世禄,关市讥而不征,泽梁无禁,罪人不孥。老而无妻曰鳏,老而无夫曰寡,老而无子曰独,幼而无父曰孤。此四者,天下之穷民而无告者。文王发政施仁,必先斯四者。(《孟子·梁惠王下》)

从前文王治理西岐,对耕者进行九分之一的收税,对官员给予世袭的俸禄,在关卡和集市只进行必要的稽查但不收税,对到河湖捕鱼、山林打猎的人不予禁止,犯罪之人不牵连他的妻子儿女,即"罪人不孥"。鳏、寡、独、孤这四种情况,是天下最贫困而又没有依靠的,周文王施行仁政,首先必定要安置好这四种人。

齐宣王说,这话说得真好。孟子问,你觉得这话对,为什么不照着去做呢?齐宣王说:"寡人有疾,寡人好货。""寡人有疾,寡人好色。"孟子回答:"王如好货,与百姓同之,于王何有?""王如好色,与百姓同之,于王何有?"(《孟子·梁惠王下》)齐宣王的意思是,我有两个毛病,一是我喜欢财富,二是我喜欢女色。孟子回答,王如果喜欢财富,和百姓一起喜欢,实行王道仁政又有什么困难呢?王如果喜欢美色,和百姓一起喜欢,要实行王道仁政还困难吗?

孟子认为:

> 乐民之乐者,民亦乐其乐;忧民之忧者,民亦忧其忧。乐以天下,忧以天下,然而不王者,未之有也。(《孟子·梁惠王下》)

在孟子看来,"与民同乐,与民同忧"是得天下的重要凭借,做到"乐以天下,忧以天下",就能够称王天下。

孟子列举了周文王的例子,给齐宣王讲道理。

> 齐宣王问曰:"文王之囿方七十里,有诸?"
> 孟子对曰:"于传有之。"
> 曰:"若是其大乎?"
> 曰:"民犹以为小也。"
> 曰:"寡人之囿方四十里,民犹以为大,何也?"
> 曰:"文王之囿方七十里,刍荛者往焉,雉兔者往焉,与民同之。民以为小,不亦宜乎?臣始至于境,问国之大禁,然后敢入。臣闻郊关之内有囿方四十里,杀其麋鹿者如杀人之罪,则是方四十里为阱于国中。民以为大,不亦宜乎?"(《孟子·梁惠王下》)

齐宣王问孟子说,周文王有一个七十里见方的捕猎场,是真的吗?孟子回答说史书上是这样记载的。齐宣王又说,周文王的猎场七十里民都嫌小,怎么我的四十里,民就嫌大了？孟子给他讲,文王的猎场,百姓可以随便到里边割草砍柴、捕禽猎兽,是与百姓共享的猎场,百姓嫌它小,不是很正常吗？而你的猎场,百姓如果踏入杀死里边的麋鹿,就与杀死人一样治罪,那么,百姓觉得你四十里的猎场很大,不也很合乎情理吗？

在此,孟子强调统治者应该与民同乐,不要尽占天下之利,而应该与百姓共享。

（二）与民所欲

如何做到"与民同乐,与民同忧"？孟子的建议是：

> 得天下有道：得其民,斯得天下矣；得其民有道：得其心,斯得民矣；得其心有道：所欲与之聚之,所恶勿施,尔也。（《孟子·离娄上》）

孟子阐述了渐进的逻辑关系,即得天下要赢得民,赢得民关键是赢得民心,赢得民心的办法是满足民的正常欲望,民的欲望无他,"养生丧死无憾"而已。

> 桀纣之失天下也,失其民也；失其民者,失其心也。（《孟子·离娄上》）

桀、纣是因为失掉了民心才失掉了天下。孟子不仅追述远古,更面向当今,用他生活时代的实例加以印证,《孟子》中记载：

> 邹与鲁閧。穆公问曰："吾有司死者三十三人,而民莫之死也。诛之,则不可胜诛；不诛,则疾视其长上之死而不救,如之何则可也？"
>
> 孟子对曰："凶年饥岁,君之民老弱转乎沟壑,壮者散而之四方者,几千人矣；而君之仓廪实,府库充,有司莫以告,是上慢而残下也。曾子曰：'戒之戒之！出乎尔者,反乎尔者也。'夫民今而后得反之也。君无

尤焉！君行仁政,斯民亲其上,死其长矣。"(《孟子·梁惠王下》)

孟子在此说明了这样一个道理,国君手下的官员平时欺上瞒下,残害百姓,不能够和百姓分享财富,不管百姓的死活,那么,当他们有难时,百姓也不会伸手助一臂之力。你不能责怪百姓,要赢得百姓,就要施行仁政,百姓才会拥护,才会在他们的长官有难时以命赴死。

孟子就民心与维护统治二者关系的认识是极其深刻的。"天时不如地利,地利不如人和","得道者多助,失道者寡助。寡助之至,亲戚畔之;多助之至,天下顺之"(《孟子·公孙丑下》)。一旦失去民心,统治必将土崩瓦解。

孟子的"与民同乐、与民同忧"主张,与孔子的"己欲立而立人,己欲达而达人"(《论语·雍也》)"己所不欲,勿施于人"(《论语·颜渊》)一脉相承。孟子秉承孔子的这一思想,并进一步升华,希望建立"君民同之"的社会,"今王与百姓同乐,则王矣"(《孟子·梁惠王下》)。这种思想,无疑是古代社会"治道"理论具有重要价值的部分。

民意是国之基,孟子认为治国者要倾听民众的意见和建议。

国君进贤,如不得已,将使卑逾尊,疏逾戚,可不慎与？左右皆曰贤,未可也;诸大夫皆曰贤,未可也;国人皆曰贤,然后察之;见贤焉,然后用之。左右皆曰不可,勿听;诸大夫皆曰不可,勿听;国人皆曰不可,然后察之;见不可焉,然后去之。左右皆曰可杀,勿听;诸大夫皆曰可杀,勿听;国人皆曰可杀,然后察之。见可杀焉,然后杀之。故曰,国人杀之也。如此,然后可以为民父母。(《孟子·梁惠王下》)

在这段文字中,孟子表达了国君要在"用人""去人""杀人"时,听取"国人"意见的观点,只有这样,才能赢得民众的支持和拥护。"善政,民畏之;善教,民爱之。善政得民财,善教得民心。"(《孟子·尽心上》)

可见,孟子对执政者建言是多么的苦口婆心。

从孟子的某些对话中还可以看出,孟子认为君主对"民"是有义务的。

　　孟子谓齐宣王曰:"王之臣有托其妻子于其友而之楚游者。比其反也,则冻馁其妻子,则如之何?"王曰:"弃之。"曰:"士师不能治士,则如之何?"王曰:"已之。"曰:"四境之内不治,则如之何?"王顾左右而言他。(《孟子》·梁惠王下)

　　当孟子问到一个国家的政治如果搞不好该如何处置时,齐宣王顾左右而言他,把话题岔开了。这段对话充分说明了君主对民的义务,也反映了儒家政治哲学以"义务"为本位的特色。

四、以民为本:王道之意

　　"以人为本的中国文化是中华民族对人类的一项重要贡献。"①综观孟子的思想,他对"以民为本"的中国文化传统的贡献功不可没,金耀基先生曾言,"中国(或儒家)的民本思想,胎息于《尚书》,孕育于孔子,而孟子建立之,遂成为一代宗师"②。在《孟子》一书中,"民"字共出现近两百次,民的重要性凸显无疑。

(一)民贵君轻

　　在制民之产、省刑罚、薄税敛、与民同忧、与民同乐等这些仁政措施中,最核心的价值体现于以民为本。"诸侯之宝三,土地、人民、政事。"(《孟子·尽心下》)把土地、人民、政事及君等进行比较,孟子认为:"民为贵,社稷次之,君为轻。是故得乎丘民而为天子,得乎天子为诸侯,得乎诸侯为大夫。"(《孟子·尽心下》)这一观点代表了孟子时代"民贵君轻"思想的高峰。

　　孟子法先王,在对"民"的认识方面,其思想继承了周公的衣钵,我们在周公一章已经述及,周公从商取代夏、周取代商的更替中得出"天命不常"

---

① 楼宇烈:《中国文化的根本精神》,中华书局 2016 年版,第 46 页。
② 金耀基:《中国民本思想史》,法律出版社 2008 年版,第 3 页。

的结论,提出"敬天保民"的思想,而后有仁德治政措施的推行。孟子与周公不同的是,周公曾是国家的最高统治者,他把自己的一套治国理论,凭借政权的力量贯彻到实际政治生活之中,而孟子仅仅是个思想家,即他是思想的生产者而不是运用者,他生产的"治道"理论是"应然"问题。执政者如何运用仅是思想家的孟子的学说,是孟子不能左右的,遇到能够认识到"保民而王"的统治者,以民为本,便会推行仁政。如果遇到残暴的君王,这一切都无从谈起。但孟子并没有止步于统治者是否会用该思想作为深度思考的前提,而是凭借一种"大丈夫"的担当与情怀,论述了民的重要性。第一,处理好君民关系:民贵君轻。"在孟子王道主义学说中,人民居于首要的地位,社稷(土谷之神)次之,君为轻。"①一个个的个人是组成国家的基本要素,个人就是"民"。没有民,国家就失去了凭借,故孟子说:"天下之本在国,国之本在家,家之本在身。"(《孟子·离娄上》)另外,君作为国家的管理者,之所以能治民,在于君身正而后正人,"君正,莫不正。一正君而国定矣"(《孟子·离娄上》)。如果君不正,民可杀之,即所谓君不君,民亦可不民矣。孟子在回答齐宣王夏桀被流放、商纣被讨伐时说道:"贼仁者谓之'贼',贼义者谓之'残'。残贼之人谓之'一夫'。闻诛一夫纣矣,未闻弑君也。"(《孟子·梁惠王下》)孟子认为,夏桀、商纣自己已经否定了自身的国君身份,所以杀死他们不是弑君,而是杀贼。"这是儒家承认人民对暴君的合法的'叛乱权',亦是正当的'革命权'。"②第二,处理好君臣关系。从广义上的"民"来理解,臣子相对于君而言也是"民",国君善待臣子,也是仁政的具体体现。推行仁政治理国家,需要君臣的共同努力,君是仁君,臣也需要是贤臣。孟子认为,君臣关系是相对关系,"君之视臣如手足,臣则视君如腹心;君之视臣如犬马,则臣视君如国人;君之视臣如土芥,则臣视君如寇雠"(《孟子·离娄下》)。在孟子的认识中,君如何对待臣,臣就可以用相同的方法对待君。国君要成就大业,就必须将臣子当作手足,孟子的这种论

---

① 李振纲:《孟子的智慧》,河北人民出版社 1997 年版,第 153 页。
② 金耀基:《中国民本思想史》,法律出版社 2008 年版,第 12 页。

述,有限制君主权力的意味。鉴于此,美国学者狄百瑞认为,"没有人比孟子更尖锐地指出大臣们必须维持自己的自尊和对统治者的独立性了,否则他们就变成被'豢养'的纯粹雇佣,一点都不比自己主人的姬妾或玩物更好"①。杨泽波对孟子"民贵君轻"思想的总体评价是,"君是统治者,民是被统治者,君贵而民轻,这是传统,这是常理。但孟子视天意为民意,视民心为天心,把民抬到天的高度,一反旧说,提出了一个惊世骇俗的口号:民贵而君轻。这的确是一个革命性的口号,堪称孟子王道主义的核心"②。

(二)圣人为师与"君权民授"

孟子认为:"圣人,百世之师也。"(《孟子·尽心下》)国君在圣人面前也要讲求师道,拜圣人为师,"故将大有为之君,必有所不召之臣。欲有谋焉,则就之。其尊德乐道,不如是不足与有为也。故汤之于伊尹,学焉而后臣之,故不劳而王;桓公之于管仲,学焉而后臣之,故不劳而霸"(《孟子·公孙丑下》)。这几句话强调的重点是"学焉而后臣之",首先向他们学习然后才把他们当作臣子看待。这是孟子给执政者提出的一个要求,也是孟子思想中的一个闪光点,即道德与权力的关系问题。在国家的权力系统中,国君具有至高无上的权力,所有臣子须服从君主。但在道德学识系统中,具有渊博学识和良好道德修养的圣人,是天下所有人的老师,每个人都应该向圣人学习,国君也是如此。以我们现代人的眼光观之,孟子似乎有在权力和道德间建立某种制约机制的愿望。果真如此的话,那么,孟子的思想是相当超前的,隐约能够看到道德与权力制衡的思想影子。③

通观《孟子》,还可以挖掘到一种很少被人提及的观点,即"君权民授"。

---

①　[美]狄百瑞:《东亚文明:五个阶段的对话》,何兆武、何冰译,江苏人民出版社 2012 年版,第 8 页。

②　杨泽波:《孟子与中国文化》,贵州人民出版社 2000 年版,第 67 页。

③　也有学者认为,孟子关于商汤先向伊尹学习、齐桓公先向管仲学习后,再把他们当作臣子看待,"表现了自己以君主师自居的心态"。(李桂民:《荀子思想与战国时期的礼学思潮》,中国社会科学出版社 2012 年版,第 61 页)这样也正可以说明,孟子希望通过影响君主这样一个途径,把自己的王道理想贯彻到实践中的愿望。

"君权神授"或"君权天授"是常被人提起的理论观点,也很好理解,那么,"君权民授"是什么? 在此,运用《孟子》中的一段对话说明之。

> 万章曰:"尧以天下与舜,有诸?"
>
> 孟子曰:"否。天子不能以天下与人。"
>
> "然则舜有天下也,孰与之?"
>
> 曰:"天与之。"
>
> "天与之者,谆谆然命之乎?"
>
> 曰:"否。天不言,以行与事示之而已矣。"
>
> 曰:"以行与事示之者,如之何?"
>
> 曰:"天子能荐人于天,不能使天与之天下……昔者,尧荐舜于天而天受之,暴之于民而民受之。故曰:天不言,以行与事示之而已矣。"
>
> 曰:"敢问荐之于天而天受之,暴之于民而民受之,如何?"
>
> 曰:"使之主祭,而百神享之,是天受之;使之主事,而事治,百姓安之,是民受之也。天与之,人与之,故曰:天子不能以天下与人。……《太誓》曰:'天视自我民视,天听自我民听。'此之谓也。"(《孟子·万章上》)

上述对话,关键在于搞清楚"天"与"民"的关系。"使之主祭,而百神享之,是天受之"。"百神"是什么? 这是个很虚幻的精神存在,"使之主事,而事治,百姓安之,是民受之也"。其中的"民"是客观存在的。儒家始祖孔子"不语怪力乱神"(《论语·述而》),孟子吸收孔子的思想,对百神重视,但绝不会夸大神的作用,故孟子思想的重心完全在"民"一边,"天视自我民视,天听自我民听",为此做了基本的结论,君权如何得来? 得自于天,而天所视反映了民所视,天所听也符合民所听,最终把"民"作为了根本的力量,从另一个方面对"民本"予以佐证。

我国古代,很早就产生了民重于神的观点,如"民,神之主也,是以圣王先成民而后致力于神"(《左传》桓公六年),"国将兴,听于民。国将亡,听于神"(《左传》庄公三十二年)。孟子的民本思想,大大地扩充了这种思想内涵,为促使人们对"人""神"关系的认识有重要启示。

　　孟子"民为贵,社稷次之,君为轻"奠定了孟子民本思想杰出代表的地位,由于对民如何认识以及如何待民,涉及国家的治乱兴衰,孟子此说,引起了思想家及执政者的普遍关注。孟子稍后的荀子直截了当地表述了民对君(古代君国一体,民对君也就是民对国)的利害关系,提出,"君者,舟也;庶人者,水也。水则载舟,水则覆舟"(《荀子·哀公》)。《吕氏春秋·务本》篇认为:"宗庙之本在于民。"贾谊:"闻之于政也,民无不为本也。"(《新书·大政上》)"自古至于今,与民为仇者,有迟有速,而民必胜之。"(《新书·大政上》)明显是继承了荀子"君舟民水"的思想,但也不乏孟子"民贵君轻"思想的影响。董仲舒认为:"王者,民之所往。君者,不失其群者也。故能使万民往之,而得天下之群者,无敌于天下。"(《春秋繁露·灭国上》)东汉思想家王符认为:"凡人君之治,莫大于和阴阳。阴阳者,以天为本。天心顺则阴阳和,天心逆则阴阳乖。天以民为心,民安乐则天心顺,民愁苦则天心逆。"(《潜夫论·本政》)天以民为心,所以"国以民为基"(《潜夫论·边议》)。唐太宗李世民认为:"为君之道,必须先存百姓。"(《贞观政要·君道》)"刻民以奉君,犹割肉以充腹,腹饱而身毙,君富而国亡。"(《资治通鉴》卷一九二)贞观初年,唐太宗引用《尚书·大禹谟》中"可爱非君,可畏非民"的观点说道:"可爱非君,可畏非民。天子者,有道则人推而为主,无道则人弃而不用,诚可畏也。"(《贞观政要·政体》)把民看作是"可畏"的政治力量。《贞观政要·君臣鉴戒》中提到,大臣魏征在给唐太宗的上疏中有言:"荀卿子曰:君,舟也。人,水也,水所以载舟,亦所以覆舟。故孔子曰:鱼失水则死,水失鱼犹为水也。"唐太宗君臣作为统治集团的中枢,非常重视荀子关于"君""民"如舟水的观点,把其作为执政理念的指导,他们对民重要性的强调,显示了作为开明政治家的远见卓识。把这种认识运用于政治实践,出现了所谓的"贞观之治"。在"民本"这点上,即使是暴君也能认识到民的重要性,隋炀帝曾昭告天下:"非天下以奉一人,乃一人以主天下也。

民惟国本,本固邦宁,百姓足,孰与不足!"(《隋书·炀帝纪》)但隋炀帝没有把思想落实于行动,断送了统治前程,使隋成为又一个中国历史上统一的短命王朝。隋炀帝的反面教材作用其实也正说明了民本"落地"的重要性。

朱熹在解释"民贵"时说:"盖国以民为本,社稷亦为民而立,而君之尊,有系于二者之存亡,故其轻重如此。"(《孟子集注·尽心下》)陆九渊认为:"民为邦本,得乎丘民为天子,此大义正义也。"(《与赵子直书》)把"民为邦本"看成非常重要的"大义正义"。已经受到西方思想影响的近代著名人士谭嗣同认为:"因民而后有君,君末也,民本也。"(《仁学》)近代人士对孟子民本思想的推崇,是予以把孟子思想作为他们变革的理论工具,可见,代表不同利益诉求的人士都从孟子的民本思想中汲取了营养。① 金耀基先生认为,"中国之民本思想,实澈上澈下,流贯中国五千年之政治者,它确是源远流长,声势浩阔的"②。同时,金先生认为,民本思想不必一定需字面指出始可称为民本思想,范仲淹的"先天下之忧而忧,后天下之乐而乐",张载的"为天地立心,为生民立命,为往圣继绝学,为万世开太平",黄宗羲的"天下为主,君为客",顾亭林的"天下兴亡,匹夫有责"等思想,虽不曾提及"民本"之语,但这些均属于"地道的民本思想"③。

民本思想的出现,在于人们看到了在社会政治生活中,民、国家和君主三者之间的相互关系,认识到了民是国家的根本。在封建时代,有此认识,为统治者如何处理民、国家、君主三者之间的关系提供了思想前提,逐渐丰富起来的民本思想成为统治者行仁政的基本价值认知,也成为落实统治政策的基本价值取向。所以,我们完全可以从另外一个角度认为"民贵君轻"是中国古代的一种统治思想,具有维护君权的基本特征。

另外,前文提到"民本"时,我们阐明了"君权民授"的观点,这种观点放在今天,其实是在说政权合法性与正当性问题,"被统治者的首肯是合法性

---

① 参见胥仕元:《先秦儒道墨理想社会思想研究》,人民出版社 2018 年版,第 100—101 页。

② 金耀基:《中国民本思想史》,法律出版社 2008 年版,第 5 页。

③ 金耀基:《中国民本思想史》,法律出版社 2008 年版,第 6 页。

的第一个要求"①,执政者能够以民为本,就能够得到民众的支持和拥护,就达到了执政合法的基本要求。

　　孟子的"民本"思想,可以作为"治道"的主要抓手。② 由于孟子有强烈的民本思想,故可能联想孟子是不是反对君主制的问题,有学者的回答具有一定的借鉴意义,"孟子并不是从根本上反对君主制,也不是反对君主专制制度本身,而是在道德上对专制君主提出了严要求。""孟子要明君、圣君,而不是昏君、暴君。""而圣君并不是不专制,而是开明的专制,是对老百姓讲仁义的专制,一切还是由圣君说了算,而不是老百姓说了算。由此看来,王道政治并不是民主,而是开明专制。"据说认为孟子主张开明专制的说法与朱元璋有关,因为孟子主张"民为贵,社稷次之,君为轻。"朱元璋很生气,命老学究刘三吾删订《孟子》,删掉 158 处藐视或冒犯君威的言论,定名为《孟子节文》,把孟子的牌位也从孔庙中踢了出去,但有一个不怕死的叫钱唐的儒官犯言直谏,陈述厉害,使朱元璋不但恢复孟子配享孔庙,而且提高了孟子的地位。后人普遍认为,钱唐给朱元璋陈述的就是孟子的开明专制思想,这种思想不但对统治无害,反而有利。③ 这种说法是有一定道理的,它其实是把"民本"最后归咎于"君本","重民"的结果对君主是有利的,是孟子在公开的给君主讲"大课",规劝君主把"重民"作为"治道"的重要内容。

　　孟子主张王道,王道需要德政、仁政,德政、仁政就必须"以民为

---

　　① ［法］让・马克・夸克:《合法性与政治》,佟心平等译,中央编译出版社 2002 年版,序言第 2 页。

　　② 张分田先生认为,民本思想完全可以与专制王权同生共存,"甚至由统治者最先提出"。"作为一种政治常识,民本思想理应与公共权力相伴而生。一般来说,有了人对人的统治,也就有了朴素的民本理念。人力资源和内部协调是早期国家立国之本,无论履行社会赋予的公共权力,还是保护自己的社会基础,无论会聚人力资源,还是调节政治关系,都需要一个国家的统治者有'以民为本'的政治观念。从世界各地的情况看,早期国家普遍存在这类政治观念,许多早期统治者宣称自己有义务为人民办事。"(张分田:《中国古代统治思想研究》,人民出版社 2013 年版,第 41—42 页)

　　③ 参见袁刚:《孟子的政治思想与开明专制》,载北京大学首都发展研究院组编:《诸子源流》,北京大学出版社 2013 年版,第 51—52 页。

本", 只有具备了民本思想, 才能把德政落实到实际政治当中。孟子的王道、德政、民本, 形成了非常自然的逻辑链条, 也成为"治道"理论的重要内容。

第5章 隆礼重法:荀子的王霸与强国论

荀子(约公元前313—前238年),名况,是继孔孟之后先秦儒家的又一个重要代表。荀子的基本情况,司马迁写道:"荀卿,赵人。年五十始来游学于齐。""齐襄王时,而荀卿最为老师。齐尚修列大夫之缺,而荀卿三为祭酒焉。齐人或谗荀卿,荀卿乃适楚,而春申君以为兰陵令。春申君死而荀卿废,因家兰陵。李斯尝为弟子,已而相秦。""推儒、墨、道德之行事兴坏,序列著数万言而卒。因葬兰陵。"(《史记·孟子荀卿列传》)由此记载可知,荀子是赵国人,曾游于稷下学宫,是稷下学宫最有学问的人,曾经三为祭酒,稷下学宫是群贤毕至之地,稷下先生们在此"不治而议论",济世安邦的思想和理论在稷下学宫中交锋碰撞,荀子的思想由此而愈加驳杂,也因此更加贴近实际。荀子在楚国做过兰陵令,李斯、韩非曾跟随其学习,他写过数万言的书,死后葬于兰陵。

后世学者从各个角度对荀子的思想进行研究,成果颇多。这里,我们围绕本论的主旨"治道"作一探究,期望能够对荀子思想的总体研究有所裨益。

一、性恶论的政治哲学意涵

荀子之前,人们对人性的争论主要集中在人性是善的还是恶的? 人性指的是自然属性还是社会属性? 人性是否可以改造? "在一个以聪明才智著称的时代,荀子是思想最敏锐的人物之一。他在政治方面比孟子具备更多的实践经验,认识问题更为冷峻。"①荀子对人性问题的认识就是如此。

(一)性恶及表现

荀子主张人性"恶",他认为:"生之所以然者谓之性。"(《荀子·正名》)意思是生来就是这个样子,叫作"性"。"不事而自然谓之性。"(《荀子·正名》)不经过人为的加工、改造而如此的,就是"性"。荀子以孟子的"性善"为参照,对"人的本性"与"后天的作为"进行了比较和区分。他认为:"凡性者,天之就也,不可学,不可事;礼义者,圣人之所生也,人之所学而能,所事而成者也。不可学,不可事,而在人者,谓之性。可学而能,可事而成之在人者,谓之伪,是性伪之分也。"(《荀子·性恶》)荀子讲的是,一般来说本性是自然生成的,既不能学到,也不能通过做去得到;礼义,是圣人制定的,人们可以通过学习获得而能够做到,通过人为而积极做成的。不能通过学习得到做到的,而是自然生成的,就叫作本性。可以通过学习做到做成的,即属于人的努力,叫作后天的作为,这就是本性与人为的区别。"性者,本始材朴也;伪者,文理隆盛也。"(《荀子·礼论》)

与此有关,荀子探讨了"情"和"欲"。"情者,性之质也。""性之好恶、喜怒、哀乐,谓之情。"(《荀子·正名》)"欲者,情之应也。"(《荀子·正名》)徐复观先生认为:"在先秦,情与性,是同质而常常可以互用的两个名词。在当时一般的说法,性与情,好像一株树生长的部位。根的地方是性,由根伸长上去的枝干是情;部位不同,而本质则一。所以先秦诸子谈到性与情时,都是同质的东西。"②荀子的性、情、欲,反映了人的天然属性和天赋本能,这种天赋的本能任其发展,便会使人性滑向"恶"。所以,荀子对人性进行了这样的表述:

人之性恶,其善者伪也。(《荀子·性恶》)

① 〔美〕顾立雅:《申不害:公元前四世纪中国的政治哲学家》,马腾译,江苏人民出版社2019年版,第170页。
② 徐复观:《中国人性论史·先秦篇》,九州出版社2014年版,第211页。

这是荀子在稷下学宫第三次任祭酒时为"稷下先生""稷下学士"们讲学的开场白。

> 今人之性，生而有好利焉，顺是，故争夺生而辞让亡焉；生而有疾恶焉，顺是，故残贼生而忠信亡焉；生而有耳目之欲，有好声色焉，顺是，故淫乱生而礼义文理亡焉。然则从人之性，顺人之情，必出于争夺，合于犯分乱理而归于暴。故必将有师法之化，礼义之道，然后出于辞让，合于文理，而归于治。用此观之，人之性恶明矣，其善者伪也。（《荀子·性恶》）

必须明确，荀子用了几个"顺是"，也就是说，我们认识荀子的人性恶，必须从荀子的逻辑思考中深入挖掘所表达的意思，即如果任由人性中的情感和欲望放纵，就会造成不良后果，就此而言，人性是恶的，"善"是人们后天的作为。易中天先生对荀子的人性论作如是解说，"我们不能因为荀子说了'人之性恶'这句话，就认为荀子主张'人性本恶'。实际情况是：在荀子那里，性，并不等于我们今天说的'人性'。它充其量只是人性的一部分，而且是人性当中低级的那一部分，即人的自然性或者动物性。高级的部分，荀子叫作'伪'。那才是严格意义上和真正意义上的'人性'"①。

荀子认为，人性之恶从这样几方面表现出来。一是感官欲望，"目好色，耳好声，口好味，心好利，骨体肤理好愉佚，是皆生于人之情性者也。"（《荀子·性恶》）"今人之性，饥而欲饱，寒而欲暖，劳而欲休，此人之情性也。"（《荀子·性恶》）等等，人的感官欲望始终没有止境。二是权势欲望，"夫贵为天子，富有天下，名为圣王，兼制人，人莫得而制也，是人情之所同欲也。"（《荀子·王霸》）荀子拿天子来说明人们对权势的看重，即取得天子那样尊贵的地位，富裕的拥有天下，取得圣王那样的名声，制服所有的人，而不被任何人所制服，这是人们感情上所共有的欲望。换句话说，人们都有权

---

① 易中天：《先秦诸子》，上海文艺出版社 2018 年版，第 218 页。

势欲望。"然则从人之欲,则势不能容,物不能赡也。"(《荀子·荣辱》)但是顺从人们的欲望是客观形势不能容许的,物质上也不能满足。人们为了感官欲望、权势欲望,会不断地争斗,但是"欲恶同物,欲多而物寡,寡则必争矣""争则乱,乱则穷矣"(《荀子·富国》)。人们想要得到同样的东西,但欲多而物寡,引起纷争,必然造成混乱,破坏社会秩序和财产关系的稳定,以及道德沦丧,这些都是由于人性之恶造成的。所以,社会政治生活的根本任务就是遏制人的恶的本性,手段和途径就是礼和法。我们有必要说明,人性恶与礼法之间不是完全对应的因果关系,但礼法是遏制人性恶的重要手段是不言而喻的。①

(二)化性起伪

任由人性恶肆意发展,必然出现不良的后果,如何遏制这种结果的发生,荀子提出了"化性起伪"说,何谓"化性起伪"呢?"改造了性,镇压了恶,人就变善了。这个工作,这个过程,就叫'化性而起伪'。化,就是改造。化性,就是改造天性。起,就是兴起。起伪,就是兴起善心。这个工作,一般人做不了,只有圣人才能做。"②所以荀子说:"今人之性恶,必将待圣王之治、礼义之化,然后皆出于治、合于善也。"(《荀子·性恶》)

那么,"化性起伪"的主体就是荀子所说的"圣人""君师"。

> 故必将有师法之化,礼义之道,然后出于辞让,合于文理,而归于治。(《荀子·性恶》)

必须有君师法制的教化,礼义的引导,然后才会出现谦让与礼义秩序的吻合,最终达到社会安定。

荀子认为:"今人之性恶,必将待师法然后正,得礼义然后治。"(《荀

---

① 参见胥仕元:《先秦儒道墨理想社会思想研究》,人民出版社 2018 年版,第 107—109 页。

② 易中天:《先秦诸子》,上海文艺出版社 2018 年版,第 220 页。

子·性恶》)现在人们没有君师与法制的教化,就偏斜而不端正,"无礼义,则悖乱而不治"(《荀子·性恶》)。他认为,古代圣明的君王正是因为人的本性是恶的,人们偏斜不端正,违背秩序而得不到治理,所以提倡礼义,创立法度,用来矫正人们的性情,使人们的性情端正。

　　　圣人化性而起伪,伪起于性而生礼义,礼义生而制法度。然则礼义法度者,是圣人之所生也。(《荀子·性恶》)

　　圣人变化了本性而有了后天的作为,后天的作为有了而礼义就产生了,礼义产生了就制定法度,既如此,礼义法度就是圣人所创立的。

　　那么,圣人与众人有什么"异同"? 荀子认为:"故圣人之所以同于众其不异于众者,性也;所以异而过众者,伪也。"(《荀子·性恶》)圣人之所以与众人相同无别的,是本性;之所以与众人相异而超过众人的,是后天的作为。

　　人们后天的作为要趋于"善",在荀子看来,正是因为性恶。"凡人之欲为善者,为性恶也。"(《荀子·性恶》)

　　荀子进一步用孟子做参照,认为,孟子认为人性本善是不对的。"凡古今天下之所谓善者,正理平治也,所谓恶者,偏险悖乱也,是善恶之分也已。"天下古今所说的"善",就是符合礼义法度,遵守社会秩序,所说的"恶",就是偏邪险恶、违背礼义,这就是善和恶的区别。

　　那么,现在真的认为人的本性就是符合礼义法度、遵守社会秩序的吗?换句话说,是"善"的吗? 其实现在的情况并不是这样,荀子再次强调"今不然,人之性恶"(《荀子·性恶》)。面对人性恶,荀子说道:"故古者圣人以人之性恶,以为偏险而不正,悖乱而不治,故为之立君上之执以临之,明礼义以化之,起法正以治之,重刑罚以禁之,使天下皆出于治,合于善也。"在这里,荀子认为,四种方法可以矫正人性之恶,即君王的权威、礼义的教化、法度的治理以及加重刑罚,通过这些办法,使天下都达到安定,都符合"善"的要求。这就是古代圣王的治理和礼义的教化。荀子联系了他生活的时代,提出,倘使现在试着取消了君主的权威,没有礼义的教化,去掉法度的治理,不再有刑罚的禁令,再去看天下人的交往,就会出现强欺弱、众暴寡,直至出现天下大乱,人们相继灭亡同归于尽也就是顷刻间的事情了。显而易见,荀子是想通过"立君上之执以临之,明礼义以化之,起法正以治之,重刑罚以禁之",从而矫正人"恶"的本性。"今人之性恶,必将待圣王之治,礼义之化"(《荀子·性恶》),先王通过礼义教化、礼义之分,"使有贵贱之等,长幼之差,知贤愚、能不能之分。皆使人载其事而各得其宜,然后使悫禄多少厚薄之称,是夫群居和一之道也"(《荀子·荣辱》)。

荀子强调了"伪"的重要性。

> 凡人之性者,尧、禹之与桀、跖,其性一也;君子之与小人,其性一也。今将以礼义积伪为人之性邪?然则有曷贵尧、禹,曷贵君子矣哉!凡所贵尧、禹、君子者,能化性,能起伪,伪起而生礼义。然则圣人之于礼义积伪也,亦犹陶埏而为之也。用此观之,然则礼义积伪者,岂人之性也哉?所贱于桀、跖、小人者,从其性,顺其情,安恣睢,以出乎贪利争夺。故人之性恶明矣,其善者伪也。(《荀子·性恶》)

凡是人的本性,尧、禹和桀、跖,都是一样的。君子和小人的本性也是一样的。现在要把积累人的后天行为达到礼义当成人的本性吗?如是,又为何尊重尧、禹,为何尊重君子呢!凡是尊重尧、禹、君子,是因为他们能改变人的本性,能倡导兴起人的后天作为,后天的作为兴起后,礼义就产生了。荀子认为,后天的作为而产生礼义,不是人的本性,人们之所以鄙视桀、跖、小人,是因为他们放纵自己的本性,顺着情性,任意妄为,贪图利益,互相争夺。所以,人的本性明显是恶的,"善"是后天的作为。

荀子提出了"涂之人可以为禹"(《荀子·性恶》)的观点。荀子表达的意思是:"涂之人可以为禹,则然;涂之人能为禹,则未必然也。"普通人可以称为禹,那是一定的,如果说一定能成为禹,那就不一定了。就好像有些事可以做,但未必一定能做到。要让"涂之人者,皆内可以知父子之义,外可以知君臣之正"(《荀子·性恶》),就需要他们懂得礼义法度,"今使涂之人者,以其可以知之质,可以能之具,本夫仁义之可知之理,可能之具,然则其可以为禹明矣"(《荀子·性恶》)。荀子强调教化,即强调后天的努力和教育的重要性,是他的性恶说的积极意义所在,也为国家的治理者理政"治民"提供了理论前提。"涂之人可以为禹"的观点与孟子"人皆可以为尧、舜"(《孟子·告子下》)是一致的,这一点也可以说明,不论是孟子的人性善,还是荀子的人性恶,其实最后都是希望趋向于善,是殊途同归的。

有学者认为,"荀子人性学说中最有价值的观点是他的'化性起伪'的人性改造论"①。这一认识很有见地。

易中天先生将孔子、孟子、荀子的人性论进行了比较,认为荀子比孔子和孟子要高明、深刻。他说:"孔子以人性中的善(仁爱)为理论基础,却又拒绝公开讨论人性。结果是基础不牢、地动山摇,差一点被诸家批倒。孟子单方面谈人性,既反对告子的'生之谓性',又主张仁义礼智是'我固有之'。结果在他那里,'善的可能'就成为一种来历不明的东西,无法自圆其说。荀子却把这个来历说清楚了:善是'恶的改造'。(人之性恶,其善者伪也)为什么要改造? 因为人有动物性,这就是恶。为什么要改造? 因为人有社会性,这就是'伪',也就是善。靠什么来改造? 礼乐。改造的结果是什么? 普通也能变成圣人,叫'涂之人可以为禹'。"②

二、隆礼重法、王霸兼容的治国方略

荀子认为:"隆礼至法则国有常。"(《荀子·君道》)"治之经,礼与刑,君子以修百姓宁。明德慎罚,国家既治,四海平。"(《荀子·成相》)"君人者,隆礼尊贤而王,重法爱民而霸"(《荀子·大略》),"人君者,隆礼尊贤而王,重法爱民而霸"(《荀子·强国》),"君人者,隆礼尊贤而王,重法爱民而霸"(《荀子·天论》)。从所引可以看出,荀子对"礼""法"是多么的重视。

① 廖名春:《〈荀子〉新探》,中国人民大学出版社 2014 年版,第 86 页。
② 易中天:《先秦诸子》,上海文艺出版社 2018 年版,第 219 页。

杨荣国先生把荀子说得更直接,认为荀子,"言'法'即是言'礼',两者是一个东西,是一个东西的两种说法"①。那么,我们看看荀子对礼法是如何具体探讨的。

(一)隆礼重法

礼法是中国古代社会治理国家的重要手段,大多思想家探讨"治道"时都会在"礼""法"的范畴内做文章。荀子是第一位将"法"引入儒家思想体系中的思想家,"荀子将鲁儒的'礼'和晋法家的'法'有机地结合起来,成为'隆礼重法'、儒法合流、礼法统一的先行者"②。当然,其作为"大儒",仍然是把儒家的"礼"放在最重要的位置的,"治民不以礼,动斯陷矣"(《荀子·大略》)。那我们就从荀子的"礼"说起。

1. 隆礼

在《荀子》一书中,"礼"字出现的次数相当多,共 309 次,比《论语》还多,这一点,也可以说明荀子对"礼"的重视程度。

"隆礼"是荀子思想的一大特色,这是学界的共识,"君人者,隆礼尊贤而王"(《荀子·天论》),"虽王公士大夫之子孙,不能属于礼义,则归之庶人"(《荀子·王制》),"礼有三本:天地者,生之本也;先祖者,类之本也;君师者,治之本也"(《荀子·礼论》)。侯外庐先生认为:"荀子的思想中最突出的是'礼'。"③陆建华认为:"三代实行礼治,礼是夏、商、周治理天下的政治制度。荀子借助于人们崇拜先王、崇拜古史的心理,通过证明礼是先王之道而证明礼的价值。他认为先王之道的内容无非是'等贵贱,分亲疏,序长幼'等,其实质就是礼。"④在孔子一章中我们提到,"复礼"的重要目的是建立秩序和规范,那么,当荀子面对更加不堪的"礼崩乐坏"局面时,强调"隆礼",目的也是恢复或重建社会秩序。可以这样说,重建社会秩序,是战国

---

① 杨荣国:《中国古代思想史》,人民出版社 1973 年版,第 393 页。
② 武树臣、李力:《法家思想与法家精神》,中国广播电视出版社 1998 年版,第 26 页。
③ 侯外庐、赵纪彬、杜国庠:《中国思想通史》第一卷,人民出版社 1957 年版,第 574 页。
④ 陆建华:《先秦诸子礼学研究》,人民出版社 2008 年版,第 107 页。

时代诸多思想家一致的认识。

荀子继承了孔子"礼"的基本内涵，又进行了拓展。葛兆光认为，关于礼，荀子与孔子的不同在于："第一，孔子的'礼'建立在血缘亲的亲疏、远近、贵贱上，是不改变旧有的社会结构，使等级秩序维持下来，这种礼的核心还是原始的氏族血缘纽带。而荀子的'礼'却是反对血缘世袭性结构的，他认为应当按人的贤愚，而不是按人的出身来安排等级。""第二，孔子的'礼'多偏向于社会规范，约束力很弱，主要靠内在的道德意识和外在的舆论监督来维护它的施行，而荀子的'礼'则带有很浓重的法的意味，比礼要严厉，他常常将礼、法并提，德、刑兼举。"①葛兆光的论述，说明了荀子礼学思想的与时俱进及实践意义。

第一，礼的产生是用来止乱养民的。他认为：

> 礼起于何也？曰：人生而有欲，欲而不得，则不能无求；求而无度量分界，则不能不争；争则乱，乱则穷。先王恶其乱也，故制礼义以分之。以养人之欲，给人之求，使欲必不穷乎物，物必不屈于欲，两者相持而长，是礼之所起也。（《荀子·礼论》）
>
> 故，礼者，养也。（《荀子·礼论》）
>
> 人之生，不能无群，群而无分则争，争则乱，乱则穷矣。（《荀子·富国》）
>
> 故，人生不能无群，群而无分则争，争则乱，乱则离，离则弱，弱则不能胜物，故宫室不可得而居也。不可少顷舍礼义之谓也。（《荀子·王制》）

荀子认为，礼是用来止乱、养人的，人应该过群体生活，也就是说，他是从礼的目的的视角说明了礼产生的理由。"争则乱"，先王厌恶纷乱的状况，于是制定礼义划分等级，调节人们的需求，"以养人之欲"供给人们的需

---

① 葛兆光：《中国经典十种》，中华书局 2008 年版，第 52 页。

求,使人们的欲望必定不会因为物资的不足而得不到满足,使物资必定不会被人们的欲望耗尽,两方面互相扶持而都有所增长,这就是礼的起源。另外荀子认为,人们生活不能不组织在一起,但组织在一起而没有名分等级就会发生争夺,争夺就会出现混乱,混乱就无法生存下去。这就是说,人应该过"群"的生活,并用严格的"礼"来区分名分。① 李泽厚先生认为,在荀子看来,"'礼'起源于人群之间的分享(首要当然是食物的分享),只有这样才能免于无秩序的争夺。可见,第一,人必须生存在群体之中。第二,既然如此,如果没有一定的规矩尺度来确定各种等差制度,这个群体也就无法维持,而这就是'礼'"②。惠吉星先生持同样观点:"荀子认为,人能超越自然并主宰自然万物,是因为人能合群即组成社会,而人能结成社群,是因为人能分别等差。分别等差必须遵循一定的原则,这原则就是礼义。"③徐克谦先生从这样几个方面给予了说明。"第一,礼其实是人们争夺混乱到最后没有办法的时候相互妥协的结果;第二,少数聪明人(先王、圣人)在礼的创立过程中起了关键作用;第三,礼在满足人们欲望的同时,对人的行为有所约束和限制,而这种约束和限制,是符合人群的整体和长远利益的。""'礼'其实也可以看作是一种原始的、不自觉的社会公约,其文化功能是在人群中确立一种社会秩序,一方面对个人的欲求加上了一定的约束和限制,避免了无约束的欲求和争夺可能导致的混乱,另一方面也为个人欲求的满足提供了一个正当的合理的平台,因此它对整个人群是有好处的。"④这种分析有一定道理。因为"荀学"对后世的影响更大,那么,荀子对礼的产生的探讨就更具有现实意义。我们从荀子的言论中可知,儒家主张的"礼",初衷是用来止争、养人的,"故礼者,养也",看不出有什么后世所谓的"以礼杀人"或"以理杀人"的味道,所以,荀子主张的"隆礼"有其积极意义。

《荀子》一书,不论什么篇目,都离不开礼的因素,因为他认为礼的作用

---

① "群"就是人们组成的社会共同体。所以,有人把荀子称为我国古代社会学之先驱。
② 李泽厚:《中国古代思想史论》,天津社会科学院出版社 2003 年版,第 101 页。
③ 惠吉星:《荀子与中国文化》,贵州人民出版社 1996 年版,第 51 页。
④ 徐克谦:《荀子:治世的理想》,上海古籍出版社 2009 年版,第 100—101 页。

体现在社会生活的方方面面。

在荀子的论述中,可能有对同一问题的不同说法,比如就"礼"是怎么来的,似乎又有一种自古就有的观念。

> 凡礼,事生,饰欢也;送死,饰哀也;祭祀,饰敬也;师旅,饰威也。是百王之所同,古今之所一也,未有知其所由来者也。(《荀子·礼论》)

凡是礼,事奉生者,是为了让生者欢乐;事奉死者,是要表达哀伤;祭祀祖先,是为了表达对祖先的尊敬;军队的礼仪,是为了展示军队的威风。这一点是历代君王都相同的,古今一样,没有人知道它的由来。

"君臣不得不尊,父子不得不亲,兄弟不得不顺,夫妇不得不驩。少者以长,老者以养。故天地生之,圣人成之。"(《荀子·大略》)前边几句话说的是君臣、父子、兄弟、夫妇把礼作为准则,才能互相尊重、互相亲近、彼此和顺、互相欢悦,年幼的靠它成长,年老的靠他赡养。最后一句意思是,礼是由天地产生,由圣人完成的。"礼义法度者,是圣人之所生也。"(《荀子·性恶》)礼义法度是圣人所创立的。"礼者,众人法而不知,圣人法而知之。"(《荀子·法行》)

第二,礼是用来"别贵贱、明尊卑"的,即确定等级制度。

> 君子既得其养,又好其别。曷谓别?曰:贵贱有等,长幼有差,贫富轻重皆有称者也。(《荀子·礼论》)

君子懂得了礼的"调养",还要注意礼的区别,何为区别?回答是:贵贱有等级,长幼有差别,贫富贵贱都很相称。就拿祭祀而言,荀子说道,郊祭只有天子能够举行,社祭只有诸侯能够举行,祭祀路神可以延伸到士大夫。这是用来区别:地位尊贵的祭祀尊贵的,地位卑贱的祭祀卑贱的,适宜做大事的就做大事,适宜做小事的就做小事。所以,拥有天下的天子祭祀七代祖先,拥有一个国家的诸侯祭祀五代祖先,拥有五十里见方封地的大夫祭祀三代祖先,拥有三十里封地的士祭祀两代祖先,依靠双手劳动糊口的百姓不能设立宗庙。这是用来区别功绩大小的,功绩大的流传的恩德就广大,功绩小的流传的恩德就狭小。这也可以从一个侧面说明"国之大事,在祀与戎"(《左传》成公十三年)。

"天子外屏,诸侯内屏,礼也。"(《荀子·大略》)天子的屏壁在门外,诸侯的屏壁在门内,这就是礼。"诸侯召其臣,臣不俟驾,颠倒衣裳而走,礼也。"(《荀子·大略》)诸侯召见他的臣下,臣子等不及驾车,来不及整理衣裳就赶快去了,这就是礼。"天子召诸侯,诸侯辇舆就马,礼也。"(《荀子·大略》)天子召见诸侯,诸侯叫人驾车套马,这就是礼。"天子山冕,诸侯玄冠,大夫裨冕,士韦弁,礼也。"(《荀子·大略》)天子身穿绣有山形图案的礼服,诸侯身穿黑色的礼服,大夫穿裨衣,士穿熟皮制的衣服,这是一种礼制。"天子御珽,诸侯御荼,大夫服笏,礼也。"(《荀子·大略》)天子用珽,诸侯用荼,大夫用笏,这是一种礼制。"天子雕弓,诸侯彤弓,大夫黑弓,礼也。"(《荀子·大略》)天子用雕有花纹的弓,诸侯用红色的弓,大夫用黑色的弓,这是一种礼制。总之,从"屏壁"的建构、召唤出行的急缓、衣冠穿戴、弓的颜色等,可以看出,荀子都给出了天子—诸侯—大夫—士贵族阶层不同的行事、行为方式,并强调这就是礼。从这个角度讲,礼起到了"别贵贱,名尊卑"的作用。

"礼也者,贵者敬焉,老者孝焉,长者弟焉,幼者慈焉,贱者惠焉。"(《荀子·大略》)礼,就是对尊贵的人尊敬,对年老的人要孝顺,对年长的人要敬爱,对年幼的人要慈爱,对卑贱的人要布施恩惠。

> 君于大夫,三问其疾,三临其丧;于士,一问一临。诸侯,非问疾吊丧,不之臣之家。(《荀子·大略》)

君主对于大夫,在他生病时要问候三次,在他死后要祭奠三次。对士,可以问候一次病情,祭奠一次。诸侯,如果不是问候病情、悼念死者,不能到臣下家里去。

"寝不逾庙，设衣不逾祭服，礼也。"（《荀子·大略》）住宅的规模不能超过宗庙，饮宴时穿的衣服不能超过祭服，这是一种礼。

"礼者，以财物为用，以贵贱为文，以多少为异。"（《荀子·大略》）礼是把钱财物品作为工具，是以贵贱为依据来制定制度条文的，是以车马衣物的多少来区分上下尊卑的。"无分者人之大害也，有分者天下之本利也。"（《荀子·富国》）"分莫大于礼。"（《荀子·非相》）

> 男女之合，夫妇之分，婚姻娉内送逆无礼，如是，则人有失合之忧，而有争色之祸矣。故知者为之分也。（《荀子·富国》）

男女的结合，夫妇的名分，婚姻聘纳嫁娶，如果不遵守礼节，人们就有失去婚配的忧患，就会有争夺美色的灾祸。所以，智者给人们制定了名分等级。

第三，"礼"是为政的大节，是治理国家的根本。

荀子对礼的作用的总体概括是，礼可以使"天地以合，日月以明，四时以序，星辰以行，江河以流，万物以昌，好恶以节，喜怒以当。以为下则顺，以为上则明，万物变而不乱。贰之则丧也。礼岂不至矣哉！"（《荀子·礼论》）"隆礼贵义者，其国治；简礼贱义者，其国乱。"（《荀子·议兵》）"礼者，表也。非礼，昏世也。"（《荀子·天论》）"礼之大凡：事生，饰欢也；送死，饰哀也；军旅，饰威也。"（《荀子·大略》）礼的概要是：侍奉生者，为了表达欢乐；葬送死者，为了表达哀伤；军队中的礼，为了表达威风。"礼者，人之所履也，失所履，必颠蹶陷溺。所失微而其为乱大者，礼也。"（《荀子·大略》）礼是人们行动的依据，失去了这个行动依据，一定会陷入错误之中。礼，只要稍微错一点，造成的祸乱就极大。

在具体为政方面，荀子认为：

> 礼者，政之挽也。为政不以礼，政不行矣。（《荀子·大略》）
>
> 礼之于正国家也，如权衡之于轻重也，如绳墨之于曲直也。故人无

礼不生,事无礼不成,国家无礼不宁。(《荀子·大略》)

由礼则治通,不由礼则勃乱提僈;食饮、衣服、居处、动静,由礼则和节,不由礼则触陷生疾;容貌、态度、进退、趋行,由礼则雅,不由礼则夷固、僻违,庸众而野。故人无礼则不生,事无礼则不成,国家无礼则不宁。(《荀子·修身》)

礼者,治辨之极也,强国之本也,威行之道也,功名之总也。王公由之,所以得天下也;不由,所以陨社稷也。故坚甲利兵不足以为胜,高城深池不足以为固,严令繁刑不足以为威,由其道则行,不由其道则废。(《荀子·议兵》)

彼国者,亦有砥厉,礼义节奏是也。故人之命在天,国之命在礼。人君者,隆礼尊贤而王,重法爱民而霸。(《荀子·强国》)

国无礼则不正。礼之所以正国也,譬之犹衡之于轻重也,犹绳墨之于曲直也,犹规矩之于方圆也,既错之而人莫之能诬也。(《荀子·王霸》)

礼者,贵贱有等,长幼有差,贫富轻重皆有称者也。(《荀子·富国》)

就荀子看来,国家离开礼,就不能很好地治理,就不得安宁,就不会富强。礼是国家命运的根本,是维护社会秩序的基本手段。在儒家那里,他们所主张的社会秩序就是"君君、臣臣、父父、子子",就是等差有别,如果社会中的各个等级各就其位,各尽其责,就是他们所理想的一个状态。"礼者,贵贱有等,长幼有差,贫富轻重皆有称者也。"(《荀子·富国》)礼就是要达到这样一个状态。为了维持这样的等级秩序,荀子延续了儒家"上行下效"的思路,主张君主及统治集团成员应该首先"隆礼义"。他认为:"大国之主也,不隆本行,不敬旧法,而好诈故,若是,则夫朝廷群臣亦从而成俗于不隆礼义而好倾覆也。朝廷群臣之俗若是,则夫众庶百姓亦从而成俗于不隆礼义而好贪利矣。"(《荀子·王霸》)

荀子举例说明了以礼治国的重要性:

以国齐义,一日而白,汤、武是也。汤以亳,武王以鄗,皆百里之地也,天下为一,诸侯为臣,通达之属,莫不从服。无它故焉,以济义矣。是所谓义立而王也。(《荀子·王霸》)

一个国家实行礼义,这个国家的名声很快就会显赫,商汤、周武王就是这样的。商汤凭借亳邑,周武王凭借鄗京,都不过是百里见方的领土,但却统一了天下,使诸侯成为臣下。车、马、人迹所到之处,无不归顺依从。这没有其他的缘故,就是实行了礼义。这就是我们所说的礼义施行了就能称王天下。"上莫不致爱其下,而制之以礼。"(《荀子·王霸》)"凡为天下之要,义为本"(《荀子·强国》),凡处理天下大事,礼义就是根本。"古者,禹、汤本义务信而天下治,桀、纣弃义背信而天下乱,故为人上者,必将慎礼义、务忠信,然后可。此君人者之大本也。"(《荀子·强国》)古代禹汤以礼义为根本,务求信用,而天下安定,桀纣抛弃礼义,违背信用而天下混乱,所以作为执政者的一定要谨慎地对待礼义、务求忠信,然后才可以平治天下,这是作为执政者的最大根本,统治百姓的最高原则。

"水行者表深,使人无陷;治民者表乱,使人无失。礼者,其表也,先王以礼表天下之乱。"(《荀子·大略》)涉水的人要标明水的深度,使人不至于陷入深水之中;治理百姓的要用标准来表明治乱,使人不至于发生失误。礼,就是标志,先王用礼来标志出天下治乱的界限。

"杀大蚤,朝大晚,非礼也。治民不以礼,动斯陷矣。"(《荀子·大略》)获取禽兽太早,上朝太晚,都不符合礼。治理百姓不以礼为依据,举措就会失误。同时,荀子强调:"礼以顺人心为本。故,亡于《礼经》而顺人心者,皆礼也。"(《荀子·大略》)礼以顺应人心为根本。所以,虽然不见于《礼经》,但只要是顺应人心的,都属于礼的范畴。显而易见,荀子认为,"以礼治国"就是顺应人心之治。"以礼表天下"(《荀子·大略》)要大力宣传礼义,向全社会成员灌输。

第四,礼是个人道德修养的基本内容。

荀子认为个人的道德修养与国家的发展、强弱关系极大,那么,用什么来辨别道德修养的好坏呢？荀子选择了礼仪。上文所引"人无礼则不生，事无礼则不成，国家无礼则不宁"就是最好的说明。"礼者，所以正身也。"（《荀子·修身》）礼是用来端正身心的。"故学也者，礼法也。"（《荀子·修身》）掌握了礼义不能只停留在口头上，还应该付诸实践。"礼者，人之所履也，失所履，必颠蹶陷溺。"（《荀子·大略》）即必须把"礼"贯彻于实践，不然，必陷于危难之境。"君子行不贵苟难，说不贵苟察，名不贵苟传，唯其当之为贵。"（《荀子·不苟》）即君子行事不因事情难办为贵，言论不因明白清晰为贵，名声不因广泛流传为贵，只有它们符合礼义时才是可贵的。

> "礼者，表也。非礼，昏世也；昏世，大乱也。"（《荀子·天论》）
>
> 礼者，以财物为用，以贵贱为文，以多少为异，以隆杀为要。文理繁，情用省，是礼之隆也；文理省，情用繁，是礼之杀也；文理、情用，相为内外、表、里，并行而杂，是礼之中流也。故，君子上致其隆，下尽其杀，而中处其中。步骤、驰骋厉骛，不外是矣；是君子之坛宇、宫廷也。人有是，士君子也；外是，民也。于是其中焉，方皇、周挟，曲得其次序，是圣人也。
>
> 故，厚者，礼之积也；大者，礼之广也；高者，礼之隆也；明者，礼之尽也。（《荀子·礼论》）

这是荀子强调的圣王之制的主要特征，其实质就是礼治。执政者具体如何做呢？荀子言道：

> 请问为人君？曰：以礼分施，均遍而不偏。……古者先王审礼以方皇周浃于天下，动无不当也。（《荀子·君道》）

荀子认为，君主要按照礼义去施舍，公平而不偏私。古代的圣王弄明白了礼义而普遍施行于天下，行动没有不恰当的。这种提示和强调，在历史上起到过相当重要的作用，使执政者不得不时时注意自己的言行仪表和治事态度。

同时,荀子认为,保养生命和安定均和"礼"有关。

> 人莫贵乎生,莫乐乎安,所以养生安乐者,莫大乎礼义。人知贵生乐安而弃礼义,辟之是犹欲寿而殇颈也,愚莫大焉。(《荀子·强国》)

人无不珍惜生命,无不喜欢安定,而用来保养生命和安定的途径,没有比遵行礼义更重要的了。如果人们只知道珍重生命、喜欢安定而抛弃了礼义,就好像是想长寿的人割断脖子一样愚蠢。

第五,礼是衡量人的行为道德的最高标准。

> 君子行不贵苟难,说不贵苟察,名不贵苟传,唯其当之为贵。故怀负石而赴河,是行之难为者也,而申徒狄能之;然而君子不贵者,非礼义之中也。山渊平,天地比,齐、秦袭,入乎耳,出乎口,钩有须,卵有毛,是说之难持者也,而惠施、邓析能之;然而君子不贵者,非礼义之中也。盗跖吟口,名声若日月,与舜、禹俱传而不息;然而君子不贵者,非礼义之中也。故曰:君子行不贵苟难,说不贵苟察,名不贵苟传,唯其当之为贵。(《荀子·不苟》)

君子行事不因事情难办为贵,言论不因明白清晰为贵,名声不因广泛流传为贵,只有它们符合礼义时才是可贵的。所以,抱着石头跳河,是行事中难以办到的,申徒狄办到了,但君子并不认为这种行为可贵,因为它不符合礼义。高山和深渊一样平,天和地一样高,齐秦合并,语言从耳朵进,从嘴巴说出,老妇人有胡须,卵有羽毛,这些都是难以把握的辩说,而惠施和邓析却加以辩论,然而,君子不认为他们的学说可贵,因为它们不符合礼义的标准。盗跖被人们广泛传颂,名声就像日月一样,和舜、禹一起流传千古,然而君子并不认为他的名声可贵,因为他不符合礼义的标准。所以说:君子做事不以苟且难能为可贵,辩说不以苟且明察为可贵,名声不以苟且流传为可贵,只以符合礼义为可贵。

"故君子者,治礼义者也,非治非礼义者也。"(《荀子·不苟》)"虽王公士大夫之子孙,不能属于礼义,则归之庶人,虽庶人之子孙也,积文学,正身行,能属于礼义,则归之卿相士大夫。"(《荀子·王制》)礼是用来区分贵贱等级的,是否符合礼义在荀子看来,能够转换一个人的身份,在古代社会,身份地位很重要,由此也能看出"礼"的重要性。

荀子认为,人们片刻也不能丢弃礼义。"能以事亲谓之孝,能以事兄谓之弟,能以事上谓之顺,能以使下谓之君。"(《荀子·王制》)能够以礼侍奉父母的叫作"孝",能够用礼侍奉兄长的叫作"悌",能够用礼侍奉长辈的叫作"顺",能够用礼驱使百姓的叫作"君"。"由士以上则必以礼乐节之。"(《荀子·富国》)荀子认为,使天下人心悦诚服的办法和礼义有关。

> 遇君则修臣下之义,遇乡则修长幼之义,遇长则修子弟之义,遇友则修礼节辞让之义,遇贱而少者则修告导宽容之义。无不爱也,无不敬也,无与人争也,恢然如天地之苞万物。(《荀子·非十二子》)

面对君王就要行臣下的礼义,面对乡亲就要讲究长幼的辈分,面对长者就要行子弟的礼义,面对朋友就要讲究礼节谦让,遇到身份卑贱、辈分低小的就行劝导宽容的礼义。对人无所不爱,无所不敬,不与人争斗,心胸宽阔得像天地包容万物一样。

第六,"礼"是人与动物区别的主要标志。

孔子曾言:"鸟兽不可与同群"(《论语·微子》),"今之孝者,是谓能养。至于犬马,皆能有养;不敬,何以别乎?"(《论语·为政》)敬是礼的主旨之一。荀子从多个方面阐述了人与动物的区别,其中最主要的一条就是人有礼义,而动物则没有。"在他看来,礼义是社会的普遍规范,是国家的根本制度,任何一个社会和国家必须建立在礼义之上。"①《荀子·非相》中说

---

① 惠吉星:《荀子与中国文化》,贵州人民出版社 1996 年版,第 51 页。

道:"然则人之所以为人者,非特以二足而无毛也,以其有辨也。今夫狌狌
形笑亦二足而毛也,然而君子啜其羹,食其胾。故人之所以为人者,非特以
其二足而无毛也,以其有辨也。夫禽兽有父子而无父子之亲,有牝牡而无男
女之别,故人道莫不有辨。"其中的"辨"就是"别",别是礼的重要标志。荀
子还说道:"水火有气而无生,草木有生而无知,禽兽有知而无义。人有气、
有生、有知亦且有义,故最为天下贵也。力不若牛,走不若马,而牛马为用。
何也? 曰:人能群,彼不能群也。人何以能群? 曰:分。分何以能行? 曰:以
义。"(《荀子·王制》)这里的"义"就是"礼"。对"礼"的学习,"为之,人
也;舍之,禽兽也"(《荀子·劝学》)。刘泽华先生认为:"把礼作为人与动
物区分的标志,是儒家论证礼的价值最称意的一说。"①

第七,"礼"是软实力,某种条件下比硬实力更强。

> 礼者,治辨之极也,强国之本也,威行之道也,功名之总也。王公由
> 之,所以得天下也;不由,所以陨社稷也。故坚甲利兵不足以为胜,高城
> 深池不足以为固,严令繁刑不足以为威。由其道则行,不由其道则废。
> (《荀子·议兵》)

礼是治理国家的最高准则,是强盛稳固国家的根本,是威力得以扩张的
有效办法,是功业名声得以成就的要领。天子诸侯遵循了它,所以能取得天
下;一旦不遵循它,便会毁灭了国家。因此,坚固的铠甲,锋利的兵器,不足
以取得胜利;高高的城墙,深深的护城河,不足以用来固守;严格的命令、繁
多的刑罚不足以形成威力。遵循礼义之道才能成功,不遵循礼义之道就会
失败。

荀子不仅仅有理论说明,还举例印证。如楚国人,用鲨鱼皮、犀兕皮做
成铠甲,坚硬的就像金属、石头一样,用宛地出产的刚硬的铁做矛,狠毒的就

① 刘泽华:《中国传统政治思想反思》,生活·读书·新知三联书店 1987 年版,第
79 页。

像蜂、蝎的毒刺一样;士兵行动轻快敏捷,迅速的就像旋风一样;但是兵败垂沙①,唐蔑②阵亡,庄蹻起兵造反,楚国便四分五裂了。这难道是因为没有坚固的铠甲、锋利的兵器吗? 这是因为他们统治自己的国家没有遵循礼的途径的缘故。楚国以汝水、颍水作为天险,以长江、汉水作为护城河,把邓地一带的山林作为它的边界屏障,方城山环绕着,但是秦军一到,鄢、郢就被攻取了,像摧枯拉朽一样。这难道是因为没有要塞吗? 是由于他们统治自己的国家没有遵循礼的途径的缘故。

商纣王将比干剖腹挖心,囚禁了箕子,设置了炮烙之刑,任意杀戮,臣下都战战兢兢,没有谁能肯定自己可以寿终正寝,但是周军一到,商纣王的命令就不能在下边施行,就不能使用他的民众了。这难道是法令不严酷、刑罚不繁多的缘故吗? 是因为他统治自己的国家不遵循礼的途径的缘故。

荀子认为,奸人出现,也与君主不崇尚礼义有关,"凡奸人之所以起者,以上之不贵义、不敬义也"(《荀子·强国》),这里的"义"就是"礼","夫义者,所以限禁人之为恶与奸者也"(《荀子·强国》)。

第八,礼的作用发挥于社会政治、生活的方方面面。

> 凡礼,始乎棁,成乎文,终乎悦校。故至备,情文俱尽;其次,情文代胜;其下,复情以归大一也。天地以合,日月以明,四时以序,星辰以行,江河以流,万物以昌,好恶以节,喜怒以当,以为下则顺,以为上则明,万物变而不乱,贰之则丧也。礼岂不至矣哉! 立隆以为极,而天下莫之能损益也。本末相顺,终始相应,至文以有别,至察以有说。天下从之者治,不从者乱;从之者安,不从者危;从之者存,不从者亡。(《荀子·礼论》)

凡是礼,总是从简略开始,逐渐形成仪式,最终达到满意。所以,最完备

---

① 垂沙:古地名,在今河南唐河县境。

② 唐蔑:或作"唐昧",战国时楚将。楚怀王二十八年(前 301 年),秦齐韩魏联合攻楚,唐蔑率军抵御,在垂沙大败被杀。

的礼是情感和礼的仪式完全地体现出来；其次，情感和仪式互有胜负；最后，使情感归于太古时代的质朴。天地靠礼和谐，日月靠着礼光明，四时靠着礼循序而进。礼使星辰运行，江河奔流，万物昌盛，好恶适中，喜怒得当。用礼来治理下民，下民就顺从，用礼来规范君主，君主就圣明，万物千变万化也不会混乱。背叛了礼就丧失了一切。天下顺从礼就得到太平，不顺从礼就混乱；顺从礼就安全，不顺从礼就危险；顺从礼的就存在，不顺从的就灭亡。

在荀子理想社会设计的《王制》篇中，"礼"的作用无处不在。

在《王制》中首先强调了王者之人，"饰动以礼义"，就是王者要以礼义来约束自己的行为。这是对王者的基本要求，而儒家又特别强调王者的示范作用，那么，王者在这方面就必须做得更好。陈修武先生认为，"荀子这里所用的这个'王'字，实系'圣王'二字的简称。'王制'即'圣王的制度'"①。把"饰动以礼义"作为首要义务，突出了礼对王者的重要性。

礼是一种维护秩序和规范的东西，儒家强调，大到治国安邦，小到衣食住行，都要纳入礼的规制当中。荀子在《王制》中描述得也很详尽。"衣服有制，宫室有度，人徒有数，丧祭械用，皆有等宜。声则凡非雅声者，举废；色则凡非旧文者，举息；械用则凡非旧器者，举毁。"这些都是已经积淀的为人们生活中恪守的陈规，荀子加以强调，既反映了他思想中相对陈旧的一面，又反映了他对礼的重视与坚守，"通过服装、车马、邸宅、器物等事物的等级来彰显身份之差，强烈显示出维护社会秩序的性质"②。"按照礼的规定，贵族的衣服、车马、邸宅、器物等所有用品都要装饰华美，庶民则使用没有装饰性的东西，朴素地生活。如此才能彰显身份的差别，防止超越身份之差的、蛮不讲理的言行，维持社会秩序。"③荀子有时甚至把礼的作用夸大到无以复加的程度，礼者，"治辨之极也，强国之本也，威行之道也，功名之总也。"（《荀子·议兵》）

第九，"正名"就是"尊礼"。

---

① 陈修武：《人性的批判：荀子》，中国友谊出版公司2013年版，第232页。
② ［日］浅野裕一：《古代中国的文明观》，高莹莹译，新星出版社2019年版，第55页。
③ ［日］浅野裕一：《古代中国的文明观》，高莹莹译，新星出版社2019年版，第61页。

荀子也非常重视正名,正名其实就是"尊礼",正名就是"正礼"①。在继承孔子"名不正则言不顺"正名思想的基础上,荀子对如何正名进行了一些适应时代的思考,并专列"正名"一节展开论述。

> 实不喻,然后命;命不喻,然后期;期不喻,然后说;说不喻,然后辨。故,期、命、辨、说也者,用之大文也,而王业之始也。(《荀子·正名》)

"不喻"就是说不清楚,那么,就给它命个名;有了名还说不清,就下个判断,用一句话去表达;下判断还说不清,就要加以解说、推理;如果解说、推理还说不清,就要进行辩论。荀子认为,期、命、辨、说四种思维活动,是"王业之始"。

> 名也者,所以期累实也。(《荀子·正名》)

这是荀子给"名"下的一个定义。廖名春先生认为,荀子的这一定义,有两点值得注意:"第一,荀子肯定了名是对实的反映,坚持了实在名先的原则,这是对名的客观基础的唯物主义阐述。第二,'累实'实际上是指一类事物,而不是单指一个事物分子。因此荀子实际是说,概念的实质是类。这个见解是独到的,也是深刻的。"②

> 名无固宜,约之以命,约定俗成谓之宜,异于约则谓之不宜。名无固实,约之以命实,约定俗成谓之实名。(《荀子·正名》)

"名无固宜"意思是"名"没有自然生成就相宜的,都是人们共同约定命名的。"名无固实"是说"名"没有固定所指的实物。名的产生,只是"约定

---

① 童书业:《先秦七子思想研究》,上海人民出版社 2019 年版,第 193 页。
② 廖名春:《〈荀子〉新探》,中国人民大学出版社 2014 年版,第 157 页。

俗成"而已，也就称之为某种实物的名称。既然是"约定俗成"的名称，就不能随意改变，大家须遵守名的规定，不能紊乱，名紊乱了，整个秩序就会乱，制造紊乱就是大罪。

荀子描绘了"后王"命名的状况。

> 后王之成名：刑名从商，爵名从周，文名从《礼》，散名之加于万物者，则从诸夏之成俗曲期，远方异俗之乡，则因之而为通。(《荀子·正名》)

这是强调，当代君王确定的名称：刑罚的名称仿照商朝，爵位的名称依照周朝，各种礼仪的名称依据《礼经》，一般事物的各种名称遵从诸夏各国已有的风俗习惯共同约定，边远地区不同习俗的地方，也根据这些共同约定的名称相互来往交流。荀子与孔子正名不同之处在于，孔子主要是正旧名，把正名看作是"复礼"的手段，而荀子则主张"适合时势，制造新名，拿新名来补充旧名"①。

> 故，王者之制名，名定而实辨，道行而志通，则慎率民而一焉。(《荀子·正名》)

所以，君主制定各种事物的名称，名称一经制定，各种事物的实质就可以分辨清楚，指定名称的基本原则一经实施，思想就可以交流，意愿就可以沟通，于是百姓就一致遵循这些名称行事了。

> 今，圣王没，名守慢，奇辞起，名实乱，是非之形不明，则虽守法之吏、诵数之儒，亦皆乱也。若有王者起，必将有循于旧名，有作于新名。然则所为有名，与所缘有同异，与制名之枢要，不可不察也。(《荀子·正名》)

---

① 童书业：《先秦七子思想研究》，上海人民出版社 2019 年版，第 194 页。

荀子认为,他生活的时代,圣王消失,遵守统一名称的事就怠慢了,怪论泛起,名与实一片混乱,是非标准不明,即使是遵守法律的官吏、学术研究的儒士,也都完全混乱了。如果有圣王出现,必将沿用一些旧的名称,也要制定一些新的名称,那么,对于之所以要有名称,以及制定名称有异同的缘故,制定名称的基本原则等,是不能不考察明白的。"后王之成名,不可不察也。"(《荀子·正名》)当代的君王确定名称,对"名""实"关系要认真地加以考察。

荀子认为:

> 明主谲德而序位,所以为不乱也;忠臣诚能,然后敢受职,所以为不穷也。分不乱于上,能不穷于下,治辩之极也。(《荀子·儒效》)

大意是:贤明的君主评定德行来安排官位,这样就不会产生混乱;忠诚的臣子确实有能力然后才敢接受官位,就是为了防止陷入困境。君主安排名分上不混乱,在下能力得到发挥,这是治国的最高境界了。

名分等级确定了,才不至于出现混乱。"治国者,分已定,则主相、臣下、百吏各谨其所闻……各谨其所见……所闻所见,诚以齐矣,则虽幽闲隐辟,百姓莫敢不敬分安制以化其上,是治国之征也。"(《荀子·王霸》)名分划定,君主、相和官吏们各自谨慎地对待自己所听到的、所看到的,听到看到的事情,和自己的名分齐同了,那么即使是偏远的地方,百姓也不会不安分守己,这就是安定的国家的象征。"有夫分义,则容天下而治;无分义,则一妻一妾而乱。"(《荀子·大略》)有等级名分,整个天下都能治理好,没有等级名分,那么,就是只有一妻一妾也会混乱。

为什么需要"命名"?"欲恶同物,欲多而物寡,寡则必争矣。"(《荀子·富国》)是荀子一贯的观点。他又认为:"故百技所成,所以养一人也。而能不能兼技,人不能兼官。离居不相待则穷,群而无分则争。穷者,患也;争者,祸也。救患除祸,则莫若明分使群矣。"(《荀子·富国》)各行各业生产的物品,是来满足人们所需的,但一个人的才能不能同时兼通各种技艺,一个人不能同时从事各种职业。所以，人如果离群索居而不相互依靠就会陷入困境，如果群居而没有名分规定，就会发生争夺。陷于困境，是一种祸患；争夺，是一种灾难。要消除祸患和灾难，最好的办法莫过于明确名分等级把人们组织起来。"农分田而耕，贾分货而贩，百工分事而劝，士大夫分职而听，建国诸侯之君分土而守，三公总方而议，则天子共已而止矣。"（《荀子·王霸》）

荀子作为大儒，其正名思想受孔子正名思想影响是确定无疑的，但由于荀子有稷下学宫的经历，很可能受到了慎到思想的影响，慎到也曾在稷下学宫游学。慎到认为："一兔走街，百人追之，贪人俱存，人莫之非者，以兔为未定分也；积兔满市，过而不顾，非不欲兔也，分定之后，虽鄙不争。"（《慎子·逸文》）慎到认为，百人逐兔，是因为兔子的名分未定，一旦名分定了，兔子有了归属，则大家就不会争抢。顺着这一思路思考，那么，定名分就是建立一种秩序，秩序定，则彼此相安，从理论上而言，最终又回到了儒家的礼治所希望达到的目的。

所以可以说，荀子的隆礼，与孔子强调礼治是一致的，特别强调"礼"对社会秩序的规范作用，其礼学思想对以后的执政者和思想家产生了重要的影响。徐复观先生认为，荀子对礼有三大贡献，"一是总结了传统的礼、乐精神，赋予礼、乐以理论的根据，并以礼为《诗》、《书》的总持。此即《礼论》、《乐论》之所以作。二是把礼的起源推到经济生活的合理分配之上，使礼与经济发生密切联系。三为把礼的'定分'推广到政治、社会上，使其成为'各尽所能'、'各取所值'的组织原则，这种组织原则，他称为'统类'"①。"礼之三本"之一就是"尊先祖而隆君师"（《荀子·礼论》）。所以，萧公权先生说："吾人如谓荀子集先秦礼论之大成，似无重大之错误。"②

2. 重法

在先秦儒家中，荀子思想别具一格，给儒家思想中加入了很多非儒家的

①　徐复观：《徐复观论经学史二种》，上海世纪出版集团、上海书店出版社 2006 年版，第36—37 页。

②　萧公权：《中国政治思想史》，新星出版社 2010 年版，第 70 页。

因素,究其原因,一是荀子在齐稷下学宫所学知识比较广博,接触各形各色的人。稷下学士们不仅有学术的辩论,"不任职而论国事"(《盐铁论·论儒》),更有学术的融合,"诸子之学皆出于救时之弊"(《淮南子·要略》)。那么,在自己的学派领地内吸收一些其他的思想和意识就很正常。二是荀子出生的赵国,在他生活的时代发生了赵武灵王"吾将胡服骑射以教百姓"的大事。这种不拘俗套、面对现实进行的改革,对当时人们的思想产生重大影响,而对于时刻关注"政治"的荀子来说,影响更甚,什么样的治国方式更加实际、有效,应该是他一直思考的问题。坚守儒家的礼,同时赋予法的现实工具性价值,不仅具有现实针对性,也盘活了儒家思想发展的趋势。也为此,"荀子是先秦儒家中一个异端思想家",是"儒家中的'杂家'"①。

荀子重视法,认为"法令行,风俗美"(《荀子·王霸》)。"一般说来,荀子的礼的思想,源于儒家的孔子,然而他的天道观和所处的时代不同于孔子,因而他的礼论,也就变成了由礼到法的桥梁。"②李泽厚先生也认为:"孔孟以'仁义'释'礼',不重'刑政',荀则大讲'刑政',并称'礼'、'法',成为荀学区别于孔孟的基本特色。"③从《荀子》一书中可以大致了解,荀子的法有两种含义,一是历史传统,如"千岁之法"(《荀子·王霸》),"三王之法"(《荀子·大略》),"百王之法"(《荀子·儒效》)。二是为当时社会设计的一系列制度和规范,如"王者之法"(《荀子·王制》),荀子强调,执法要坚持公义,"以公义胜私欲","怒不过夺,喜不过予,是法胜私也"。(《荀子·修身》)

主张礼法并用是荀子思想的一大特色,从他的弟子韩非、李斯都成为法家的著名人物也能说明一定的问题。但在礼、法二者当中孰轻孰重,荀子有自己的认识。他认为,法与礼并不是同等重要的,"礼义者,治之始也"(《荀子·王制》),"法者,治之端也"(《荀子·君道》)。这两句话表述了礼义是

---

① 童书业:《先秦七子思想研究》,上海人民出版社 2019 年版,第 188 页。
② 侯外庐、赵纪彬、杜国庠:《中国思想通史》第一卷,人民出版社 1957 年版,第 575 页。
③ 李泽厚:《中国古代思想史论》,天津社会科学院出版社 2003 年版,第 99 页。

治理国家的开始,法是治理国家的关键。在《劝学》篇中,他对两者的关系给予了更明确的回答,"《礼》者,法之大分,类之纲纪也。"(《荀子·劝学》)也就是说,礼是治国的根本,是起指导作用的一般原则、纲领,而法是为了实现礼的原则而运用的手段和操作程序。"故非礼,是无法也。"(《荀子·修身》)违反了礼,就是违反了法。"礼义生而制法度。"(《荀子·性恶》)法度制定的根据是礼义。"就礼法观来说,荀子认为礼中有法,在政治层面礼法并重,在理论层面礼尊法卑。"①"礼不下庶人,刑不上大夫。"(《礼记·曲礼上》)礼主要是管社会上层的,法主要用于对庶民的管理。

就以上分析可知,荀子的礼治思想其实是主张礼法并用。这在以单纯的道德说教已经不能完全起作用的战国时代,具有重要的现实意义。"人无法,则伥伥然;有法而无志其义,则渠渠然;依乎法而又深其类,然后温温然。"(《荀子·修身》)人无法度就会不知所措,无所适从;有法度而不懂得它的意义,就会窘迫不安;遵循法度并能依法类推,掌握各类事物,就能轻松自如,得心应手。

荀子的"重法"思想,我们以荀子在《王制》篇中的一些表述来进一步解读。

> 王者之制:道不过三代,法不贰后王。道过三代谓之荡;法贰后王谓之不雅。

这就是对历史传统的继承。三代就是夏商周三代,荀子认为,王者的制度、治国的原则,不能突破三代,突破三代就是放荡荒谬。具体制度不能违背后世的君王,违背后世的君王就是不正。

> 田野什一,关市几而不征,山林泽梁,以时禁发而不税,相地而衰政,理道之远近而致贡,通流财物粟米,无有滞留,使相归移也,四海之内若一家。

---

① 陆建华:《先秦诸子礼学研究》,人民出版社 2008 年版,第 93 页。

政府收什一税,对市场只进行必要的稽查和管理而不收税,山川河流梁泽,以时令开放、关闭,让百姓谋取食物,也不征税,根据土地的肥沃贫瘠程度而收税,依据道路的远近征收贡赋等等。很明显,这是荀子理想社会中的财税经济政策,属于制度的范畴。

在用人方面,荀子认为:

> 王者之论:无德不贵,无能不官,无功不赏,无罪不罚。

这是荀子论述的用人原则和赏罚制度,在如何选官方面,它显然是制度设计,“无能不官”,“外不避仇,内不阿亲”(《荀子·成相》)。从中可知,他主张任人唯贤、唯能,更加具体化的表述还有,“虽王公士大夫之子孙,不能属于礼义,则归于庶人。虽庶人之子孙也,积文学,正身行,能属于礼义,则归之于卿相大夫。”(《荀子·王制》)赏罚更是有其重要意义,“刑当罪则威,不当罪则侮;爵当贤则贵,不当贤则贱。”(《荀子·君子》)

荀子的治世观,是既需要道德高尚的人的引导,又需要礼乐制度的规范,同时还需要刑罚作为处置社会中不遵教化之人的最后手段,也即,“听政之大分,以善至者待之以礼,以不善至者待之以刑。两者分别,则贤不肖不杂,是非不乱。”(《荀子·王制》)故有学者联系荀子生活的时代,说道:“荀子生活于战国后期,阶级斗争和思想斗争的发展,使他看到只讲‘礼义’,不讲‘法度’;只重‘教化’,不重‘刑罚’,是不足以维护统治的。因此,为了‘奸邪不生,盗贼不起’,他改造了孔孟儒家重德轻刑的思想,吸取了法家‘刑赏’主张,‘礼义’、‘法度’并举,‘教化’、‘刑罚’兼施,为地主阶级提供了一套维护其专制主义统治的理论,成为封建地主阶级‘德刑并举’统治方法的思想先驱。”[①]

荀子所提倡的刑罚,是实实在在的一种处罚措施,刑的作用是“禁暴恶恶”。他反对世人所谓的“治古无肉刑,而有象刑”(《荀子·正论》)的观

---

① 李宗桂:《中国文化概论》,中山大学出版社 1988 年版,第 79 页。

点。"象刑"就是象征性的刑罚，如用墨在脸上画字代替黥刑，系上草编的帽带代替劓刑，割去衣服的前襟或蔽膝象征宫刑，穿上麻编的鞋子象征刖刑，穿无领的赤红色衣服代替杀头，等等。荀子认为，如果是这样，那么就会造成杀人的不处死，伤人的不受罚，罪行极重而刑罚极轻，一般人就不知道什么是罪恶了，没有比这更混乱的了。荀子认为，古代的太平盛世不是这样的。"杀人者死，伤人者刑，是百王之所同也，未有知其所由来者也。刑称罪则治，不称罪则乱。"（《荀子·正论》）杀人者处死，伤人者受罚，是历代君王相同的法令，没有人知道它是从什么时候开始的，也就是说，肉刑的历史相当久远，其来源没人知道。处罚与罪行相称国家就太平，不相称国家就混乱。"故象刑殆非生于治古，并起于乱今也。"（《荀子·正论》）象刑这种说法并不是产生于古代天下安定的时代，而是产生于当今混乱的时代。所以，不能废除肉刑。实实在在的刑罚是"治国之法"，"夫征暴诛悍，治之盛也"（《荀子·正论》）。如果"杀人者不死，而伤人者不刑，是谓惠暴而宽贼也，非恶恶也"（《荀子·正论》）。

荀子在提倡"实刑"的同时，也强调慎刑、慎罚。"刑法有等"（《荀子·礼论》）。《王制》中说道：

> 元恶不待教而诛，中庸民不待政而化。……故奸言、奸说、奸事、奸能、遁逃反侧之民，职而教之，须而待之，勉之以庆赏，惩之以刑罚，安职则畜，不安职则弃。……才行反时者死无赦。

意为：罪魁祸首不经过教育就可以诛杀，一般人不需要刑赏就可以教化。对那些胡说八道、干坏事、有邪才、四处流窜、反复无常的人，要给他们安排事情并教化他们，使他们改过自新。用奖赏勉励他们，用刑罚惩戒他们，安分者就留下，不安分者就流放。而对那些恃才傲物反对现行制度的人，要坚决杀掉，绝不赦免。

荀子还强调法的严肃性，断于一律。

政令制度,所以接下之人百姓,有不理者如豪末,则虽孤独鳏寡必不加焉。(《荀子·王霸》)

实施政令不可有不合理的地方,即使是对待鳏寡孤独也应该断于一律,不得感情用事。

另外,荀子反对株连。株连是古代法家尤其是商鞅常用的制度性的治国手段。"秦用商鞅连坐之法,造三夷之族。"(《汉书·刑法志》)罪及无辜,使百姓战战兢兢。荀子对这种做法坚决反对,他认为:"一人有罪而三族皆夷……是以族论罪也。"(《荀子·君子》)这与孟子的"罪人不孥"是一致的,应予以充分肯定。荀子还从历史上激起民变的史实中总结教训,认为应该"慎罚",不得滥刑。这是对周公"明德慎罚"思想的继承。

如果我们用大时代的眼光看问题,荀子重法并不单单是为了矫正人性之恶,还在于当时天下治理的需要。"治之经,礼与刑,君子以修百姓宁。明德慎罚,国家既治四海平。"(《荀子·成相》)当时,结束割据的条件已经基本具备,天下渐趋统一,需要新的治理方略为执政者提供治国的指导,礼法并重是能够适应当时社会现实的治国思想。所以在当时,荀子是最具大视野和格局的思想家,他在"辨别异说过程中,不仅融汇百家之长,亦对儒家的传统'礼治'进行了改进,而且修正了法家的'法治',将本来对立的礼与法融为一体,最终构建起以'礼'为主、礼法结合的'隆礼重法'体系。这种自成一家的'礼法结合'之学,后人称之为'荀学'"①。故谭嗣同说,"两千年来之学,荀学也",尽管这种说法带有贬义,但反映了实际情况。彭新武先生认为,荀子礼法兼用,把荀子对即将来临的中央集权的政治结构在理论上归纳为三方面:其一,强调"权出于一"(《荀子·议兵》),在中央国家机构权力的分配上,可以保留公侯、大夫、士等职位,但他们自主自治的实际权力同以往的封国时期相比要大大削弱;其二,就君臣关系而言,君主有制衡群臣的权力,但不必事必躬亲;其三,实行政府官员政绩考核制度,提出采

---

① 郭东旭:《燕赵法文化研究》(古代版),河北大学出版社 2009 年版,第 30 页。

取分级、分职的定期考核制度，并根据考核结果实施赏罚奖惩。① 这些构想，有很强的可操作性，对后世制度的构建产生了重要影响。

荀子特别强调，"众庶百姓，则必以法数制之。"（《荀子·富国》）这很有点刑专对百姓而不上大夫的味道。当然，这是儒家一贯的主张，"刑"原则上的适用范围是社会下层百姓。

同时，必须认识到，荀子只认为"法"具有较高的工具价值，"有治人，无治法……故法不能独立，类不能自行；得其人则存，失其人则亡。"（《荀子·君道》）强调了"人"的重要性，突出了人的主体地位。那么，只有君子释法、执法，"法"才能起到良好的作用，"故有良法而乱者有之矣，有君子而乱者，自古及今未尝闻也"（《荀子·致士》），"有良法而乱者有之矣；有君子而乱者，自古及今，未尝闻也"（《荀子·王制》）。故此，荀子上述观点为君主审慎择人创设"法治"提供了理论论证。

从学术角度讲，荀子的援法入礼，为战国时期一味主张"仁政"的儒家注入了新鲜的血液，使其能够适应时代的需要，避免了走入死胡同。

一切国家都不可能仅凭"礼"来治理，还需要更加能够"兜底"的治理措施，"起法正以治之，重刑罚以禁之"（《荀子·性恶》）。但"矛盾"的是，荀子同时又认为，法只不过是"道之一隅"（《荀子·解蔽》），远不如儒家原则重要。

在法的理论方面，荀子首先提出了"法义"、"法数"和"类"三个概念。"法义""相当于今天所说的法学原理，或法哲学"。② "法数"即具体法律，"类"即律例，"把法义、法数、法类区分开来，是荀子在法律思想史上的一个重要贡献"③。"不知法之义，而正法之数者，虽博，临事必乱。"（《荀子·君道》）不知道法的本意却要确定法的条文，条文虽多，但遇事必定出现混乱。

---

① 参见彭新武：《中国古代治国要略》，人民出版社 2018 年版，第 68 页。
② 刘泽华：《中国政治思想史集》第一卷，人民出版社 2008 年版，第 280—281 页。
③ 刘泽华：《中国政治思想史集》第一卷，人民出版社 2008 年版，第 281 页。

（二）王霸兼容

儒家追求"王道"，体现的是"礼义之治"；法家追求"霸道"，体现的是"刑赏之治"；兼具礼法思想的荀子主张"治道"应该王霸兼容。

> 故用国者，义立而王，信立而霸，权谋立而亡。三者，明主之所谨择也，仁人之所务白也。（《荀子·王霸》）

治理国家的人，把道义确立了就能称王天下，把信用确立了就能称霸诸侯，把权术谋略搞起来了就会灭亡。这三种情况，是英明的君主要谨慎选择的，是仁德之人一定要弄明白的。在《王霸》中，荀子详细地进行了阐述。

> 挈国以呼礼义而无以害之，行一不义、杀一无罪而得天下，仁者不为也，拵然扶持心国，且若是其固也！之所与为之者，之人则举义士也；之所以为布陈于国家刑法者，则举义法也；主之所极然帅群臣而首乡之者，则举义志也。如是，则下仰上以义矣，是綦定也。綦定而国定，国定而天下定。（《荀子·王霸》）

这是荀子论述的用"道义"安定天下的道理。在他看来，汤、武就是这样王天下的。

> 以国齐义，一日而白，汤、武是也。汤以亳，武王以鄗，皆百里之地也，天下为一，诸侯为臣，通达之属，莫不从服，无它故焉，以济义矣。是所谓义立而王也。（《荀子·王霸》）

汤、武使国家统一于道义，一日就能名声显赫。商汤凭借亳邑，周武王凭借鄗京，都不过百里见方，而天下却被他们统一了，诸侯成为了他们的臣属，凡交通可达之地，没有不服从的，这没有其他的缘故，只是因为他们完全遵行了道义，这就是道义确立了就能称王的缘故。这其实就是荀子所说的"王道"。荀子多次提到文王、武王百里之地掌控天下的事，如"文王载，百里地而天下一；桀、纣舍之，厚于有天下之势而不得以匹夫老。故善用之，则百里之国足以独立矣"(《荀子·仲尼》)。

> 德虽未至也，义虽未济也，然而天下之理略奏矣，刑赏已诺信乎天下矣，臣下晓然皆知其可要也。政令已陈，虽睹利败，不欺其民；约结已定，虽睹利败，不欺其与。如是，则兵劲城固，敌国畏之；国一綦明，与国信之；虽在僻陋之国，威动天下，五伯是也。非本政教也，非致隆高也，非綦文理也，非服人之心也，乡方略，审劳佚，谨畜积，修战备，齺然上下相信，而天下莫之敢当。故齐桓、晋文、楚庄、吴阖间、越勾践，是皆僻陋之国也，威动天下，强殆中国，无它故焉，略信也。是所谓信立而霸也。(《荀子·王霸》)

这里，荀子列举了齐桓、晋文、楚庄、吴阖间、越勾践等人，认为这些人都处在偏僻落后的国家，他们的威势却震动天下，他们的强盛危及中原各国，这没有别的缘故，就是因为他们取得了信用，信用确立了就能称霸诸侯。

> 絜国以呼功利，不务张其义，齐其信，唯利之求，内则不惮诈其民而求小利焉；外则不惮诈其与而求大利焉，内不修正其所以有，然常欲人之有。如是，则臣下百姓莫不以诈心待其上矣。上诈其下，下诈其上，则是上下析也。如是，则敌国轻之，与国疑之，权谋日行，而国不免危削，綦之而亡，齐闵、薛公是也。(《荀子·王霸》)

荀子认为，只引导人民提倡功利，不致力于伸张道义、信用，唯利是图，对内欺诈民众，对外欺骗盟友以获利，就会形成君主欺诈臣民，臣民欺诈君主的状况，造成上下离心离德。像这样，敌国就会轻视，盟国就会怀疑，这种天天搞权术谋略的,国家就会削弱,到了最后,国家就灭亡了。齐闵王、孟尝君就是如此。

> 三者,明主之所谨择也,而仁人之所以务白也。善择者制人,不善择者人制之。(《荀子·王霸》)

这三种情况,是英明的君主要谨慎选择的,也是讲究仁德的人一定要弄明白的。善于选择的,就能制服别人,不善于选择的,别人就会制服他。

"王道"是以"仁眇天下,义眇天下,威眇天下"(《荀子·王制》),"使天下之人亲近尊贵我,使敌人畏惧我,达到不战而臣服天下的目的"[①]。而"霸道"则是"辟田野,实仓廪,便备用,案谨募选阅材伎之士,然后渐庆赏以先之,严刑罚以纠之。存亡继绝,卫弱禁暴,而无兼并之心,则诸侯亲之矣;修友敌之道以敬接诸侯,则诸侯说之矣"(《荀子·王制》)。霸道的君主,开垦田野,充实粮仓,改进设备器用,严格谨慎地招募、选择、接纳有才能技艺的士人,然后加重奖赏来引导他们,加重刑罚来督责他们。对外,霸道的君主能使灭亡的国家存在下去,延续后嗣,并保护弱小的国家,禁止残暴的国家,但并没有吞并他们的野心,对各国诸侯以友相待,那么各诸侯就会亲近他、喜欢他。所以"王道"和"霸道"的区别是,王者臣诸侯,霸者友诸侯。"王夺之人,霸夺之与"(《荀子·王制》)。

"在荀子看来,推行礼治,实施王道,固然是儒家理想的治道。但是,如果纯粹的王道无法在现实中推行,那么退一步实行以法治强国的霸术也是可以的。"这也可能与荀子晚年所见秦国"威强乎汤、武,广大乎舜、禹"(《荀子·强国》)有关,"王道与霸术二者之间不是绝对对立的,就像礼与法不是根本对立的一样,其实,礼是法的根本依据,法是礼的具体落实"[②]。"隆礼尊贤而王,重法爱民而霸。"(《荀子·强国》)荀子又言:"凡为天下之要,义

---

① 惠吉星:《荀子与中国文化》,贵州人民出版社 1996 年版,第 136 页。
② 李振纲:《中国古代哲学史论》,中国社会科学出版社 2004 年版,第 97 页。

为本,而信次之。""为人上者,必将慎礼义、务忠信然后可。此君人者之大本也。"(《荀子·强国》)"王道和霸道有优劣等差,但没有鸿沟相隔,两者密切联系,各有其价值。"①"故用国者,义立而王,信立而霸,权谋立而亡。"(《荀子·王霸》)王霸兼容不失为"治道"之上佳选择。

荀子的观点对后来儒家的思想家就"王、霸"问题的认识起到了抛砖引玉的作用,董仲舒认为:"《春秋》之道,大得之则以王,小得之则以霸。故曾子、子石盛美齐侯,安诸侯,尊天子。霸王之道,皆本于仁。"(《春秋繁露·俞序》)"外儒内法""王霸兼用"成为历代执政者治国的必用手段。

三、重本节用的富强之策

(一)强本节用

中国古代重"本"就是重视"农"。荀子首先从理论上给予说明,提出,农业是财富的源泉,故曰:"将辟田野,实仓廪,便备用,上下一心,三军同力。"(《荀子·富国》)仁人当权,将开辟田野,充实粮仓,改进农具,上下团结一心共同努力。"轻田野之税,平关市之征,省商贾之数,罕兴力役,无夺农时,如是则国富矣。"(《荀子·富国》)减轻税收,整治赋税,减少商人数量,少兴劳役,不耽误农时,国家就会富裕。"故田野县鄙者,财之本也;垣窌仓廪者,财之末也。"(《荀子·富国》)理财征赋只是财富在国与民之间的转移,只有重本才能增加社会财富,才是致富的根本。"强本而节用,则天不能贫",如果荒废了本业而从事末枝奢侈行业,"则天不能使之富"(《荀子·天论》)。

> 足国之道:节用裕民,而善臧其余。节用以礼,裕民以政。彼裕民,故多余;裕民,则民富。民富,则田肥以易;田肥以易,则出实百倍。上以法取焉,而下以礼节用之。余若丘山,不时焚烧,无所臧之。夫君子

---

① 惠吉星:《荀子与中国文化》,贵州人民出版社 1996 年版,第 136 页。

奚患乎无余？故知节用裕民，则必有仁义圣良之名，而且有富厚丘山之积矣。此无它故焉，生于节用裕民也。不知节用裕民，则民贫；民贫，则田瘠以秽；田瘠以秽，则出实不半。上虽好取侵夺，犹将寡获也；而或以无礼节用之，则必有贪利纠譑之名，而且有空虚穷乏之实矣。此无它故焉，不知节用裕民也。（《荀子·富国》）

荀子认为，使国家富足的途径，就是节约费用，使民众富裕，并妥善贮藏那些多余的粮食财物。

在实践中如何重视"本"，荀子认为，要"省工贾，众农夫"（《荀子·君道》），就是增加农业劳动力，减少非从农人口。再有，把"无夺农时"的精神落到实处，"春耕、夏耘、秋收、冬藏，四者不失时，故五谷不绝，百姓有余食也。"（《荀子·王制》）荀子的这一思想，和孔子、孟子的主张是一致的，孔子讲"节用而爱人，使民以时"（《论语·学而》）。孟子讲"不违农时，谷不可胜食也"，"百亩之田，勿夺其时，数口之家可以无饥矣。"（《孟子·梁惠王上》）可见，这是儒家固本的一致看法。

（二）生态农业观及行政管理的保障

荀子的富强之策，从宏观的角度看，还表现在主张遵循自然规律，适度的开发和利用自然资源，体现了初步的生态保护观念。"养山林薮泽草木鱼鳖百索，以时禁发，使国家足用而财物不屈。"（《荀子·王制》）"山林泽梁，以时禁发而不税。"（《荀子·王制》）"圣王之制也，草木荣华滋硕之时，则斧斤不入山林，不夭其生，不绝其长也……污池渊沼川泽，谨其时禁，故鱼鳖优多而百姓有余用也；斩伐养长不失其时，故山林不童而百姓有余材也。"（《荀子·王制》）这种观念的出现，与时代有关，也与思想家的敏锐洞察力有关。

日本学者浅野裕一在说到春秋战国时期中国生态变化时用了这样几句话，在春秋战国的乱世，"各国想方设法增强国力和军备。这更加促进了对森林的砍伐，原野也被逐个开发成生产粮食谷物的耕地。野生动物得以生息的环境自然也迅速消失。巨大城市文明的发展使自然因开发而受到破坏,黄河流域变成了一个黄土裸露、尘土飞扬的干燥地带。""最早面对并亲自体验了古代文明急速发展与自然完全遭到破坏这一问题的春秋、战国时期的思想家们,自然从各种角度积累了对这一问题的思索"①。荀子就是对这一问题思考的先行者。

荀子在《王制》篇罗列官职时,提到了许多官员,其中就有掌管农事的"农管",掌管水利的"司空",掌管环境生态的"虞师"。掌管农事的官员要观察地势的高低,识别土地的肥沃和贫瘠,合理地安排各种庄稼的种植季节,检查农事,认真储备,根据时势去整治,使农民专注耕作而不求兼有其他技能。掌管水利的官员"司空"的职责是,修理堤坝桥梁,疏通沟渠,排除积水,修固水库,根据时势防水蓄水,即使是饥荒歉收、旱涝灾害不断的凶年,也使民众能够播种收获。虞师要制定焚烧山泽的法令,养护山林、湖泊中的草木、鱼鳖,对于人们的各种需求,根据时令禁止与开放,使国家有足够的物质而不至于匮乏。由此可见,荀子希望重本节用,应该从管理机构及官僚安排方面精准施策。

总之,荀子的富强之策就是发展生产,节约开支,"故明主必谨养其和,节其流,开其源,而时斟酌焉。潢然使天下必有余,而上不忧不足。如是,则上下俱富,交无所藏之,是知国计之极也。"(《荀子·富国》)

四、法先王与法后王

先秦时期,有关"法先王"还是"法后王",是个争论不休的问题。即使在儒家内部也没有达成共识。儒家大多推崇远古圣君,主张"法先王"居多,但远古圣君的治国之道多为传说,真实性待考,且过于理想化,对现实政治的指导作用也有待考证。

荀子主张法先王与法后王的统一,这也是荀子援法入儒的体现。荀子

---

① 　[日]浅野裕一:《古代中国的文明观》,高莹莹译,新星出版社 2019 年版,第 5 页。

所说的先王,指儒家理想化的尧舜三代之圣王。"先王之道,则尧、舜已。"(《荀子·大略》)他所说的后王,历来说法不一。杨倞注为"后世之王",清人刘台拱首创此说,王念孙明确认定是周文王和周武王,冯友兰先生在《中国哲学史新编》中也取此说,认为"后王"指三代之王中最后的王,郭沫若也认同此说。也有学者认为,"后王"指的是春秋战国时的时君世主。① 综合学界诸多说法,我们认为,冯友兰先生的说法比较可取,荀子既法先王,也法后王。就历史本身说,先王、后王之间也有历史的继承性。"百王之道,后王是也。"(《荀子·不苟》)这是荀子讲的"法后王"的话,历代君王治国的办法,就是当今君王治国的办法。又云:"法不贰后王","法贰后王谓之不雅"(《荀子·王制》)。"后王之成名:刑名从商,爵名从周,文明从《礼》……后王之成名,不可不察也。"(《荀子·正名》)荀子在《非相》中,用一段文字说明了"法后王"的理由:

> 故曰:欲观圣王之迹,则于其粲然者矣,后王是也。彼后王者,天下之君也,舍后王而道上古,譬之是犹舍己之君而事人之君也。故曰:欲观千岁,则数今日;欲知亿万,则审一二;欲知上世,则审周道;欲知周道,则审其人所贵君子。(《荀子·非相》)

要想观察圣明帝王的事迹,就要观察清楚明白的人物,后代的帝王便是。所谓后代的帝王就是现在统治天下的君王。舍弃了后代的君王而去称道上古的帝王,就好像是舍弃了自己的君王而去侍奉别国的君主。所以说,要想观察千年的往事,就要仔细审察现在,要想知道成千上万的事物,就要弄清一两件事;要想知道上古的情况,就要审察现在周王朝的治国之道;要想知道周王朝的治国之道,就要审察他们所尊敬的君子。

---

① 童书业先生认为,荀子的所谓"后王",是真正的后王,就是当世的王。他引用《荀子·非相》中的话说道:"'彼后王者,天下之君也;舍后王而道上古,譬之是犹舍己之君而事人之君也。'这明明白白在说:'后王'就是当世之王。"(童书业:《先秦七子思想研究》,上海人民出版社 2019 年版,第 208 页)

荀子提到"后王"的地方还有

> 是散名之在人者也，是后王之成名也。(《荀子·正名》)
> 百家之说，不及后王，则不听也。(《荀子·儒效》)

诸子百家的学说，如果不涉及当代君王，就不必去听它。

> 至治之极复后王。慎、墨、季、惠，百家之说，诚不详。(《荀子·成相》)

国家大治的准则，在于效法后王。慎到、墨翟、季梁、惠施，百家的学说实在不吉祥。

嵇文甫先生对此解释说，从古至今，许许多多"圣王"，究竟应该法哪个呢？只能法那时代较近，人们知道的"粲然"明白的"后王"。因为任何事物，时间久了就要失传。古先圣王的事迹年代久了，已经考究不清楚了。[1]荀子也曾说过，"五帝之外无传人，非无贤人了，久故也；五帝之中无传政，非无善政也，久故也；禹、汤有传政，而不若周之察也，非无善政也，久故也。"(《荀子·非相》)五帝之外并非没有贤人，五帝之中并不是没有善政，而是因为时间太久，没有流传下来，禹、汤有流传下来的好的治政措施，但没有周的清楚；或者不如这样说，并不是禹汤没有好的治政措施，而是因为时间太久了。"传者久则论略，近则论详。"(《荀子·非相》)文、武就是荀子所说的后王，这与孔子"郁郁乎文哉，吾从周"(《论语·八佾》)基本一致。

荀子也讲过"法先王"的话，"不闻先王之遗言，不知学问之大也。"(《荀子·劝学》)"凡言不合先王，不顺礼义，谓之奸言。虽辩，君子不听。"(《荀子·非相》)"先王之道，仁之隆也，比中而行之。"(《荀子·儒效》)"儒者，法先王，隆礼义，谨乎臣子而致贵其上者也。"(《荀子·儒效》)"法

---

[1]　嵇文甫：《春秋战国思想史话》，北京出版社 2014 年版，第 73 页。

先王,统礼义,一制度"(《荀子·儒效》)。另外,"衣服有制,宫室有度,人徒有数,丧祭械用,皆有等宜。声,则凡非雅声者举废;色,则凡非旧文者举息;械用,则凡非旧器者举毁。夫是之谓复古,是王者之制也。"(《荀子·王制》)这里谈的更多的是"复古",那么,就是法先王了。所以,有学者认为,"荀子言必称尧舜,语必法先王,实借尧、舜、禹、汤、文、武的名义,申说自己的'隆礼、重法'的主张"①。

"荀子不仅不排斥先王之道,相反却十分尊重它。"②"故,尚贤使能,等贵贱,分亲疏,序长幼,此先王之道也。"(《荀子·君子》)尚贤使能,贵贱有等,亲疏有别,按长有老少排列次序,这是先王的治国之道。可见,荀子对先王之道是赞誉的。同时,对不法先王之人给予了批评,比如在《非十二子》中,荀子认为惠施、邓析"不法先王,不是礼义,而好治怪说,玩琦辞",他们的言论雄辩动听却不切实际,立论有根有据,解说论点有条有理,足以蒙蔽愚昧的百姓,但却不能作为治国的纲领。荀子还援引《诗经》中"殷不用旧……大命以倾"(《诗经·大雅·荡》)来说明殷王抛弃先王之道,使国家政权遭到倾覆。荀子在理论上主张调和先王之道与后王之制的关系,他的做法是道承三代,法从后王,也就是说,在治国的原则上取法三代圣王之道,在治国的具体制度上取法后王之制,这就叫"道不过三代,法不贰后王"(《荀子·儒效》)。这样,先王之道与后王之法便有机地结合起来。"文、武之道同伏戏"(《荀子·成相》),即文王、武王之道与伏羲一样。

彭新武先生认为,"在荀子看来,'法后王'与'法先王'其实是一致的,无论是先王时代或是后王时代,欲得天下之治,必先贯彻礼制,既然周代曾存在治世,而文武周公又尚礼治,则效法周代之治也就是'法后王'"③。"法先王"与"法后王"其本质一致。

古代执政者对史上贤君治国理政经验的效法,是"治道"的重要内容,能否很好地借鉴、吸收,关乎治理国家的成效和国祚的长短,因此荀子对此

---

① 郭志坤:《旷世大儒——荀况》,河北人民出版社 2001 年版,第 29 页。
② 李振纲:《中国古代哲学史论》,中国社会科学出版社 2004 年版,第 99 页。
③ 彭新武:《中国古代治国要略》,人民出版社 2018 年版,第 116—117 页。

问题的观点,对治国者是非常有益的。

在战国时代的诸子中,"荀子是最有功于时代的思想家","是中国历史上一位与时俱进的思想家"。他所隆之礼,"是礼法结合之礼,所重之法,是礼法结合之法。由此形成春秋战国社会转型时期最成功的'治道'模式"①。

---

①　郭东旭:《燕赵法文化研究》(古代版),河北大学出版社2009年版,第45页。

第6章 明法重势:韩非子"法势术"的治道理论

韩非(约公元前 280 年—约前 233 年)"是法家哲学派中最后亦为最伟大的一位"①。也是先秦诸子中最后一位思想家。《韩非子》中,"用'法'字 436 个,用'术'字 163 个,用'势'字 178 个"②"以今所存法家之精义,多在此书也(指《韩非子》)。"③所以说,法势术思想韩非集于一身并不为过。《史记·老子韩非列传》记载:"韩非者,韩之诸公子也。喜刑名法术之学,而其归本于黄老。非为人口吃,不能道说,而善著书。"司马迁在韩非传开始从韩非的出身——韩国公子,学术倾向——刑名法术,缺陷与特长——口吃但善著书等方面予以说明。接着说明韩非与李斯同学于荀子门下,"斯自以为不如非",这一交代为韩非以后的悲剧埋下了伏笔。韩非眼见韩国日趋衰落,"数以书谏韩王,韩王不能用。"故作《孤愤》《五蠹》《说难》等十余万言。"人或传其书至秦。秦王见《孤愤》、《五蠹》之书,曰:'嗟乎,寡人得见此人与之游,死不恨矣!'"可见,秦王是多么的欣赏书的作者,急切地想与他交流。已经在秦王身边做事的李斯告知秦王,"此韩非之所著书也。""秦因急攻韩。韩王始不用非,及急,乃遣非使秦。秦王悦之,未信用。"(《史记·老子韩非列传》)这是李斯给秦王献计使韩非不得不入秦国,也是李斯的嫉妒把韩非送上了不归路。李斯对秦王说,韩非"辩说属辞,饰

---

① 林语堂:《吾国与吾民》,江苏文艺出版社 2010 年版,第 204 页。
② 杨义:《韩非子还原》,中华书局 2011 年版,第 69 页。
③ 吕思勉:《先秦学术概论》,岳麓书社 2010 年版,第 89 页。

非诈谋,以钓利于秦,而以韩利窥陛下"(《韩非子·存韩》)。《史记·老子韩非列传》载:李斯、姚贾害之,毁之曰:"韩非,韩之诸公子也。今王欲并诸侯,非终为韩不为秦,此人之情也。今王不用,久留而归之,此自遗患也,不如以过法诛之。"秦王以为然,下吏治非。最后韩非被"行饮食"而死。

关于《韩非子》一书,有人认为非韩非所作,我们在此不去过多纠结"著作权"的问题,笔者认为,《韩非子》是集中反映韩非思想的著述。并且"《韩非子》中的核心是政治哲学,是他奠定了中国政治哲学的基础"①。郭沫若先生认为,韩非之学是"有秦一代的官学,行世虽然并不很久,但它对于中国文化所波及的影响是十分深刻的"②。施觉怀先生在他的《韩非评传》中对《韩非子》其书其人是这样评价的,"《韩非子》一书不仅仅是集法家之大成,也是对先秦时代各种学派的总结,不论后人是否赞同他的观点,韩非的总结是否正确,其对后世的影响是深远的。在社会中依然存在黑暗面,独裁制度被彻底否定之前,韩非对君主的潜在影响甚至大于孔子"③。这一评价似乎稍显夸大,但对于人们重新认识韩非及其思想有启示作用。相较于孔子,韩非被称为"后圣"。

一、法治:"一断于法"与严刑峻法

(一)法之内涵

依照法的字源语义来看,《说文解字》写道:

"灋,刑也。平之如水,从水。廌,所以触不直者,去之,从廌去。"
"式,法也。""范,法也。""模,法也。""型,铸器之法也。"

---

① 王斐弘:《治术与权谋——韩非子典正》,厦门大学出版社 2013 年版,"自序"第 1 页。
② 郭沫若:《十批判书》,科学出版社 1956 年版,第 384 页。
③ 施觉怀:《韩非评传》,南京大学出版社 2011 年版,第 46 页。

"廌"是古代神话中的一种神兽,头上长有独角,它能辨别是非曲直,用角将不直者驱逐。又,法就是"范式""模具""原型"。后来,人们逐渐把"法"引申为"原则"或"规则""规范"。当然,也有把"法"解释为"洪水猛兽"的。

用"法"治理国家、社会,是先秦法家的不二选择,"一断于法"是法家的基本价值观念。韩非对法有独特的理解。

> 法者,编著之图籍,设之于官府,而布之于百姓者也。……故法莫如显……则境内卑贱莫不闻知也。(《韩非子·难三》)

法是编写进图籍中,设置在官府里,公布到民众中的东西。法要公开,英明的君主谈起法来,那么,国内就是那些地位卑贱的人也没有听不到的。韩非在此强调了法的公开性,这是韩非对"法的形式所下的定义"[1]。

韩非又说:

> 法者,宪令著于官府,刑罚必于民心,赏存乎慎法,而罚加乎奸令者也。(《韩非子·定法》)

法,就是法令明确地著录在官府中,刑罚制度一定要贯彻到民众的思想中去,奖赏只给予谨守法令的人,而刑罚施加于触犯禁令的人,这么一整套政策和制度。这是韩非对法的实质所下的定义。[2]

> 法者,事最适者也。(《韩非子·问辩》)

国家的法律,是政事中最要遵循的准则。所谓"事最适者","就是适合

---

① 施觉怀:《韩非评传》,南京大学出版社 2011 年版,285 页。
② 参见施觉怀:《韩非评传》,南京大学出版社 2011 年版,第 284 页。

时代,符合事理,利于君主之用"①。

韩非"法"的定义,特别强调"公开",官吏在"法"公开的前提下秉公执法,民众在"法"公开的前提下奉公守法,一切"依法办事",遇事处理起来就简单多了。

> 国无常强,无常弱。奉法者强,则国强;奉法者弱,则国弱。(《韩非子·有度》)
>
> 法者,王之本也。(《韩非子·心度》)

总之,韩非认为,法制是帝王的根本,治国奉法者强。

(二)严刑:特殊的爱民逻辑

韩非认为:

> 夫严刑者,民之所畏也;重罚者,民之所恶也。故圣人陈其所畏以禁其邪,设其所恶以防其奸,是以国安而暴乱不起。吾以是明仁义爱惠之不足用,而严刑重罚之可以治国也。(《韩非子·奸劫弑臣》)

意为:严刑,是民众所害怕的东西;重罚,是民众所厌恶的东西。所以圣人设置了民众害怕的严刑来制止他们的邪恶,创设了他们厌恶的重罚以防其奸,因此国家安定,暴虐的事情也不会发生。我因此明白了仁义惠爱不值得采用,而严刑重罚则可以治国。

韩非常以讲故事的方式来说明治理的道理。他曾讲,一个董姓官员做了赵国上郡的郡守。有一次巡视来到了石邑的山中,那山涧有七百多尺深,两边的山壁十分峻峭,于是,他便问住在山涧附近的人有没有曾经掉进山涧里的,回答是从来没有;他又问小孩和那些身体有残障的人有没有掉进去

---

① 刘泽华:《中国政治思想史集》第一卷,人民出版社 2008 年版,第 201 页。

的,回答也是没有;他继续问,牛马猪狗有没有掉进去的,山民回答没有,董姓官员感叹道,我能治理百姓了,假如我对犯法的人坚决惩处而不予赦免,使他们像掉进这山涧一样一定会死亡,那么,人们就没有谁再敢违反法令了。① 法律就是要像悬崖峭壁一样严峻,一旦触碰就"必死无疑"。

韩非是法家的集大成者,他吸收了商鞅的法的思想,但认为商鞅制定的法令,把轻罪当作重罪来惩处。重罪,是人们不容易犯的;而小错误,是人们不难去掉的。使人们去掉容易去掉的小错误,不要触犯他们不容易犯的重罪,这是治理民众的原则。小错误如果不发生,那么重大的罪行也就不会出现了,这样,人们就不会犯罪,祸乱就不会发生。② 这就是法家所主张的"轻罪重罚""以刑去刑"。

韩非如此这般主张重刑、峻法,有时肯定给人一种过于严苛的感觉,但韩非认为:"圣人之治民,度于本,不从其欲,期于利民而已。故其与之刑,非所以恶民,爱之本也。"(《韩非子·心度》)韩非的意思是,主张严刑峻法,并不是将百姓放在对立面,而是为百姓谋利的,是爱百姓的。这是韩非"爱民"的特殊逻辑。

韩非认为,立法者是君王,"法"是君的政治工具,君主在法之上,当然,韩非也呼吁君主"以道为常,以法为本"(《韩非子·饰邪》),希望君主实行"王道"。但不论怎样,韩非的出发点和归宿都是在为君主着想。

韩非还主张人们的行为和思想都要归之于法的轨道上来。他认为:"明主言法,则境内卑贱莫不闻知也。"(《韩非子·难三》)也就是,执政者不仅要制定法令、颁布法令,还要宣传法令,使全国上下妇孺皆知。所有人的思想方式和生活方式的出发点和归属,都必须"以法为本"。用法来规矩人们的行动规范,从法律的视角看,是没有问题的,也符合现代人的认识理念,但把法作为人们的思想规范,则是消极的和不可取的。

---

① 见《韩非子·内储说上》。
② 见《韩非子·内储说上》。

与此同时,韩非还主张"以吏为师"(《韩非子·五蠹》)。官吏是法令的执行者,为了把人们遵守法令与学习结合起来,韩非提出"无先王之语,以吏为师"。先秦时期,儒、墨等学派基本上均倡导以圣为师,以贤为师。韩非一反儒墨陈说,主张"以吏为师",使教育为政治服务的功能大大加强了。

二、势治:自然之势与人设之势

"势"就是权势、权力。先秦法家普遍认为,从事政治活动的前提是拥有权力,否则就是空谈。如慎到曾言:

> 腾蛇游雾,飞龙乘云,云罢雾霁,与蚯蚓同,则失其所乘也。故贤而屈于不肖者,权轻也;不肖而服于贤者,位尊也。尧为匹夫,不能使其邻家,至南面而王,则令行禁止。由此观之,贤不足以服不肖,而势位足以屈贤矣。(《慎子·威德》)

慎到用形象的比喻说明"腾蛇"和"飞龙"能够在空中翱翔,是凭借云雾的力量,一旦云雾消失,它们和蚯蚓没有什么区别。那么,作为人,要从事政治活动需要什么呢?一言以蔽之,需要权势,如果没有权势,即使尧这样的贤人,也使唤不动别人,相反,有权就可以使贤者屈从。

韩非在"难势"篇中,借用慎到的观点,来说明"势"的重要。

> 《慎子》曰:"飞龙乘云,腾蛇游雾,云罢雾霁,而龙、蛇与蚓、蚁同矣,则失其所乘也。贤人而诎于不肖者,则权轻位卑也;不肖而能服于贤者,则权重位尊也。尧为匹夫,不能治三人;而桀为天子,能乱天下。吾以此知势位之足恃,而贤智之不足慕也。"(《韩非子·难势》)

韩非不愧是集大成者，借鉴慎到的话，由"飞龙"及蛇与蚓、蚁推导至尧与桀，得出"吾以此知势位之足恃，而贤智之不足慕也。"的结论。"势"不仅能治，还能乱。"势者，便治而利乱者也。"（《韩非子·难势》）亦即，势，既有利于治理好天下，也有利于搞乱天下。韩非关于"势"的重要性说法众多，诸如：

> 势者，胜众之资也。（《韩非子·八经》）
> 势者，君之马也。（《韩非子·外储说右上》）
> 权势不可以借人。（《韩非子·内储说下六微》）
> 主失势而臣得国。（《韩非子·孤愤》）
> 凡明主之治国也，任其势。（《韩非子·难三》）
> 夫马之所以能任重引车致远道者，以筋力也。万乘之主，千乘之君，所以制天下而征诸侯者，以其威势也。威势者，人主之筋力也。（《韩非子·人主》）

和其他法家代表人物不同的是，韩非把"势"区分为"自然之势"和"人设之势"。

所谓"自然之势"，《韩非子·难势》说道：

> 夫尧、舜生而在上位，虽有十桀、纣不能乱者，则势治也；桀、纣亦生而在上位，虽有十尧、舜而亦不能治者，则势乱也。故曰："势治者则不可乱，而势乱者则不可治也。"此自然之势也，非人之所得设也。

意思是：如果尧、舜生来就处在君主的位置上，那么即使有十个桀、纣也不能扰乱天下，那就是势所必治；如果桀、纣也是生来就处在君主的位置上，那么即使有十个尧、舜也不能把国家治理好，那就是势所必乱。所以说：势所必治的就不可能被扰乱，而势所必乱的就不可能被治理好，这是一种客观的趋势，非人力所能建立的。故，刘泽华先生把"自然之势"概括为："客观既成条件下掌权和对权力的运用。"①

　　所谓"人设之势"，刘泽华先生认为，"人设之势是指可能条件下能动地运用权力"。那么，对于君主而言，"自然之势"与"人设之势"哪个更重要呢？刘泽华认为，"自然之势不是主要的，因它是既成的事实。真正的势应是人为之势"②。这种认识是非常精准的，从韩非的言论中我们能够明显感到这一点。韩非言道：

　　　　势必于自然，则无为言于势矣。吾所为言势者，言人之所设也。（《韩非子·难势》）

　　我所要议论的势，说的是人为设定的权势。"言人之所设也"，也就是法律制度等人为的创设。韩非之所以特别强调"人设之势"，是主张执政者要充分发挥主观能动性，因为韩非认为大多君主都是"中人之才"，要很好地统治，就必须充分运用"势"。韩非对"人为之势"又进一步细分为"聪明之势"和"威严之势"。

　　"聪明之势"就是君主要通过利用权术，使所有臣民都为君主服务。

　　　　明主者，使天下不得不为己视，使天下不得不为己听。故身在深宫之中，而明照四海之内。（《韩非子·奸劫弑臣》）

　　达到变天下之聪明为君主之聪明，天下人之耳目为君主之耳目的目的。君主不出宫阙，尽知天下事。

　　关于"威严之势"，韩非说道：

　　　　夫严家无悍虏，而慈母有败子，吾以此知威势之可以禁暴，而厚德

---

① 刘泽华：《中国政治思想史集》第一卷，人民出版社 2008 年版，第 200 页。

② 刘泽华：《中国政治思想史集》第一卷，人民出版社 2008 年版，第 200 页。

之不足以止乱也。(《韩非子·显学》)

"威势可以禁暴","厚德不足以止乱",深度强调了君主权势的重要性,这一思路应该是对慎到强调君主权势的继承,说明拥有权势是从事政治活动的前提,但韩非进一步对权势重要性的论述和剖析,则更精辟、更透彻。

"势"的内容是什么? 韩非认为是二柄,即德和刑。

> 明主之所导制其臣者,二柄而已矣。二柄者,刑、德也。何谓刑德? 曰:杀戮之谓刑,庆赏之谓德。为人臣者,畏诛罚而利庆赏,故人主自用其刑、德,则群臣畏其威而归其利矣。(《韩非子·二柄》)

韩非劝导君主必须掌握此二柄,不能使二柄落到臣子手里,如果"一栖两雄""一家二贵""夫妻持政"(《韩非子·扬权》),后果将不堪设想,正是基于此,韩非提出了"术"治。

三、术治:"阳术"与"阴术"

"术"是什么? "'术'是专门研究君臣关系的理论。"[1]韩非"术"的内容非常广泛,总体归纳,大致有两方面,一是"阳术",二是"阴术"。

阳术就是"可见光"的一套驭臣措施,韩非作如下表述:

> 术者,因任而授官,循名而责实,操生杀之柄,课群臣之能者也,此人主之所执也。(《韩非子·定法》)

以此观之,韩非认为术是根据人的能力选拔官员,根据官员职位进行考绩,并握有生杀大权的,这样的人是君主。由此也看不出阴谋诡计或阴险毒

---

[1]　刘泽华:《中国政治思想史集》第一卷,人民出版社 2008 年版,第 203 页。

辣的成分。但他强调了"术"是由人主"所执也"，就已经说明"术"主要是为君主服务，是君主用来驾驭臣子的。

还有，提醒君主要"听其言必责其用，观其行必求其功"（《韩非子·六反》），重点在于要求臣子言行一致。再有，"观听不参则诚不闻，听有门户则臣壅塞。"（《韩非子·内储说上》）即在强调要听无门户。这些对君主的说辞无疑都是"可见光"的。

除了这些择官、考绩、纳谏的措施外，韩非更多的术是为君主防范百官而提出的，我们姑且把它称为"阴术"。概而言之如下：

> 术者，藏之于胸中，以偶众端，而潜御群臣者也。（《韩非子·难三》）

相较于"法"而言，"术"是"藏之于胸中"的，用来"御臣"。

为什么君主治国要把臣子作为重点整饬的对象，韩非认为：

> 闻有吏虽乱而有独善之民，不闻有乱民而有独治之吏，故明主治吏不治民。（《韩非子·外储说右下》）

有悍吏乱政但仍然有能够独善其身的百姓，但没听说过天下大乱还有善治的官吏。"明主治吏不治民"成为流传百世的观点，振聋发聩。基于这一基本认识，韩非为君主提出了一系列具体的驭臣之术。

第一，不能信任臣下和左右。

> 人主之患在于信人，信人则制于人。（《韩非子·备内》）

君主如果相信人就会受制于人。

第二，君主在决断前不能表明自己的态度，要深藏不露。

　　君无见其所欲,君见其所欲,臣自将雕琢;君无见其意,君见其意,臣将自表异。故曰:去好去恶,臣乃见素;去旧去智,臣乃自备。(《韩非子·主道》)

　　大意是,君主不要表现出自己的好恶,君主一旦表现出好恶,臣子就要钻空子。君主不要让臣子知道底细,臣子就会谨小慎微、乖乖地为君主办事。

　　道在不可见,用在不可知。虚静无事,以阍见疵。见而不见,闻而不闻,知而不知。(《韩非子·主道》)

　　这是韩非受道家影响,君主要"不见""不闻""不知",暗中观察臣下以便驾驭。

　　第三,通过诡诈的办法察验臣子是否忠诚。从韩非的驭臣"七术"中可摘取几点。

　　一是"疑诏诡使"(《韩非子·内储说上》)。就是利用使臣下猜疑的命令和诡诈的差遣来促使臣下尽职尽责。

　　二是"挟知而问"(《韩非子·内储说上》)。就是拿自己已经知道的事情去询问臣下,来考察臣下是否忠臣。

　　三是"倒言反事"(《韩非子·内储说上》)。"倒言以尝所疑,论反以得阴奸。"(《韩非子·八经》)就是说与本意相反的话,做与本意相反的事来检验臣下是否忠臣。

　　第四,追究臣下的言行责任。

　　主道者,使人臣有必言之责,又有不言之责。言无端末、辩无所验者,此言之责也;以不言避责、持重位者,此不言之责也。(《韩非子·南面》)

显而易见，不论臣子说话还是不说话都要追究责任。在韩非的言行责任理论追究下，做臣子很难。

第五，暗杀。"生害事，死伤名，则行饮食。"（《韩非子·八经》）对那些君主不待见的大臣、人士，让他们活着影响君主的政事，公开的杀掉他们又会伤了君主的名声，那么就用毒药毒酒将他们解决掉。

韩非为了君主能够绝对地控制大臣，可谓煞费苦心，想出了那么多奇招怪术。君主可以用"任能而授官""必罚明威""信赏尽能""众端参观、听无门户"的手段来提拔或奖惩臣子，考察臣子。更可以用"深藏不露""挟知而问""倒言反事""疑诏诡使""设置暗探""暗杀"等手段来驾驭臣子。总之，不论"阳术"还是"阴术"都是由君主掌握，为稳固君主宝座而提出的。"解读韩非子的思想，可以帮助我们揭开专制主义思维方式和官文化的秘密，懂得何谓政治家的冷峻、权术和果敢。"[1]

所以韩非说："治不足而日有余，上之任势使然也。"（《韩非子·有度》）必须有很好的驭臣之术，才能确保君主的权威不被撼动。

文艺复兴时期意大利思想家马基雅维里认为，君主必须集狮子与狐狸于一身，君主"应当同时效法狐狸与狮子。由于狮子不能够防止自己落入陷阱，而狐狸则不能够抵御豺狼。因此，君主必须是一头狐狸以便认识陷阱，同时又必须是一头狮子，以便使豺狼惊骇"[2]。狮子象征着权势，狐狸则代表识别和驾驭臣子的"术"，马基雅维里的论述与韩非有异曲同工之妙。

四、强兵：明君务力与信赏勇士

国家没有强大的军事实力，就存在着潜在的危险，尤其在战国时代，没有一个国家能够保证不面临战争。面对当时韩国的情况，韩非曾言，"韩事

---

①　李振纲：《中国古代哲学史论》，中国社会科学出版社 2004 年版，第 5 页。
②　[意]尼科洛·马基雅维里：《君主论》，潘汉典译，商务印书馆 1985 年版，第 83—84 页。

秦三十余年""与郡县无异也"(《韩非子·存韩》),可见,韩国的情况是多么的糟糕。这也应该是韩非萌生强兵思想的重要现实基础。

(一)明君务力

法家人士主张在变法或主持变法的过程中,都把强兵作为重点,吴起在楚国变法"要在强兵"(《史记·吴起列传》),以"争利于天下"(《说苑·指武》),"禁游客之民,精耕战之士"(《史记·蔡泽列传》)。商鞅认为,"民勇者,战胜;民不勇者,战败。能壹民于战者,民勇;不能壹民于战者,民不勇。圣王见王之致于兵也,故举国而责之于兵。"(《商君书·画策》)圣明的君王看到称王天下的大业只能从战争中取得,所以发动并要求全国人民都当兵。把国家这架机器发动起来,用利来引导民众,"民之欲利者,非耕不得,避害者,非战不免。"(《商君书·慎法》)民众必然尽力于战,"名出于战,则民致死。"(《商君书·算地》)

韩非秉持法家一贯主张,认为,"故国力多,而天下莫之能侵也"(《韩非子·饬令》),"故敌国之君王,虽说吾义,吾弗入贡而臣;关内之侯,虽非吾行,吾必使执禽而朝。是故力多则人朝,力寡则朝于人,故明君务力。"(《韩非子·显学》)"明君务力"非常重要的方面就是"强兵"。

在冷兵器时代,韩非"强兵"的内涵非常直白,即士卒的数量多,勇敢不怕死。他提出了"距敌恃卒"(《韩非子·五蠹》)的口号,战斗中勇敢与否是检验兵强兵弱的主要标志,"逐敌危而不却"则兵强,"战士怠于行陈者,则兵弱也。"(《韩非子·外储说左上》)"陈"即"阵"之意。无疑,韩非认为必须壮大国家的实力。

当然,除了战,法家还强调耕,韩非相较商鞅虽然说得少些,但"耕战"关乎国力的论述并不少见,如"能越力于地者富,能起力于敌者强,强不塞王者"(《韩非子·心度》)。意为,能在农耕方面发挥出力量的国家就富裕,而能在战争上调动起力量的国家就强大,强大到没有什么力量可以阻挡的国家就可以称王天下。故韩非对非农战之人,即他所谓的"五蠹"进行强烈的鞭挞,并建议通过国家强力的途径对"五蠹"进行打击。

（二）"信赏"勇士

韩非认为，君主要让从事耕种的人富起来，让勇战的人获得尊贵的地位，就能实现"无事则国富，有事则兵强"（《韩非子·五蠹》）。"战士怠于行陈者则国弱也"，"兵弱于敌，国贫于内而不亡者，未之有也。"（《韩非子·外储说左上》）要鼓励战士勇敢上阵杀敌，怠于行阵国家必然削弱。让战士勇于上阵，就应该有赏罚的手段，商鞅曾对此有过精彩的论说，他认为："民勇，则赏之以其所欲；民怯，则杀之以其所恶。故怯民使之以刑则勇，勇民使之以赏则死。怯民勇，勇民死，国无敌者，必王。"（《商君书·说民》）在整个国内，形成"民之见战也，如饿狼之见肉也"（《商君书·画策》）的氛围。韩非受商鞅影响颇多，继承商鞅这一思想是很有可能的。所以，韩非认为对勇士"信赏"非常必要，"明于治之数，则国虽小，富；赏罚敬信，民虽寡，强。"（《韩非子·饰邪》）韩非在《初见秦》中，指出了六国衰败的原因，"言赏则不与，言罚则不行，赏罚不信，故士民不死也"。韩非强调的是，作为君主，赏罚一定要兑现，才能使勇士勇于在战场上拼命和牺牲，也才能确保君主的权威和公信力。从而形成"勇"与"信"的良性互动。

"对法家来说，统治者所企望的就是对的。"①那么，法家人士所提供的思想"营养"，统治者吸收起来肯定津津有味，作为集大成者的韩非所提供的"营养"更加丰富。当然，韩非提供的这些"营养"，有些可以拿到阳光下直接"餐饮"，有些则需要统治者躲进"黑屋"独自细品，付诸他们的政治实践。所以，后世对韩非的评价毁誉参半也就不足为奇了，郭沫若先生甚至直接称韩非的理论"完全是一种法西斯式的理论"②。这个说法固然略显极端，但不可否认的是，对于古代封建国家而言，法家的思想无疑为如何加强帝王的威权提供了理论支撑。

---

①　［美］费正清、［美］赖肖尔主编：《中国：传统与变革》，陈仲丹等译，江苏人民出版社2012年版，第49页。

②　郭沫若：《十批判书》，科学出版社1956年版，第470页。

实　践　篇

第7章 秦始皇治道之制度创设
与国家治理

秦始皇是中国帝制的创立者,夏曾佑先生认为,"中国之政,得秦皇而后行"①。他统治时期,奠定了中国古代诸多制度建立的基础,建立了中国历史上第一个统一的集权国家,"从此统一的格局成了历史的主流"②。秦始皇既是一代英主,也是一位暴君,"千秋功过凭谁说",每遇秦始皇的话题,争论就会多起来,有学者可能就不愿再说,正如黄仁宇先生所言:"传统的中国历史家一向在褒贬品评人物,在临到秦始皇头上时则觉得题材太大,牵涉之多,不容易随便处置。"③但谈"治道",秦始皇是绕不过去的。所以,我们紧扣本论的主题,从制度建设和国家治理的视角给予阐述。之所以选择这样的视角,是因为从"治道"的内涵来看,制度的设计必不可少,而秦的制度,不能说是最好的,但在中国古代国家治理方面,确实是比较管用且影响深远的。因此,揭示其历史意义和理论价值非常必要。

秦始皇在成为秦王前的情况,太史公写道:

> 秦始皇帝者,秦庄襄王子也。庄襄王为秦质子于赵,见吕不韦姬,悦而取之,生始皇。以秦昭王四十八年正月生于邯郸。及生,名为政,姓赵氏。年十三岁,庄襄王死,政代立为秦王。(《史记·秦始皇本纪》)

---

① 夏曾佑:《中国古代史》,东方出版社 2012 年版,第 225 页。
② 费孝通:《中国文化的重建》,华东师范大学出版社 2014 年版,第 9 页。
③ 黄仁宇:《中国大历史》,生活·读书·新知三联书店 2007 年版,第 39 页。

太史公的记载言简意赅,故我们不再做重复性的解读,直接切入我们所关注的话题。

一、百代多行秦政制:废分封设郡县

"秦制"对中国古代社会的影响是不言而喻的,能够有"秦制",离不开秦始皇的设想与推动。

(一)建构实质上的"郡县制"

分封制自创设之后,尤其在西周,在拱卫天子的权威地位方面起到了非常重要的作用,但随着时间的推移,诸侯王的离心离德倾向日趋严重,最终使分封制走向了其初衷的反面,成了分化瓦解中央集权的主要推手,也成为秦统一后必须首先解决的"政权体制"问题。

秦统一后,"地东至海暨朝鲜,西至临洮、羌中,南至北乡户,北据河为塞,并阴山至辽东。"(《史记·秦始皇本纪》)如此大的"帝国"如何管理,是必须认真对待的问题。在当时的情况下,借鉴前人似乎没有太多的选项,摆在面前的也就是"分封制"和"郡县制"。"分封制"和"郡县制"放在一起备选,就产生了激烈的争论,"廷议"时必是一场唇枪舌剑。秦王朝初年,"廷议"制度还是比较正常的①,"议政"时朝臣可以畅所欲言,相左的观点在朝堂上可以直接辩论,这在专制体制下,对政策调整、修正失误有一定作用。丞相王绾主张分封制,他从现实中找根据,分析了分封制的必要性,认为:"诸侯初破,燕、齐、荆地远,不为置王,毋以填之。请立诸子,唯上幸许。"诸侯刚刚被打破,燕、齐、楚地处偏远,不给它们设王,就无法镇抚那里,请封各位皇子为王,希望皇上恩准。"始皇下其议于群臣,群臣皆以为便。"(《史记·秦始皇本纪》)此时,始皇表现的是一种开放的心态,把这个议题交给

---

① 秦始皇统治晚期,"廷议"很少进行,政治走向封闭,君臣疏远,身为丞相的李斯也很难与皇帝见面。

了群臣,群臣都觉得可行。但廷尉李斯主张废除分封制,建立郡县制。在"群臣皆以为便"的情况下,他认为,"周文武所封子弟同姓甚众,然后属疏远,相攻击如仇雠,诸侯更相诛伐,周天子弗能禁止。今海内赖陛下神灵一统,皆为郡县,诸子功臣以公赋税重赏赐之,甚足易制。天下无异意,则安宁之术也。置诸侯不便。"李斯分析了周代分封同姓子弟,血缘关系日渐疏远,最后产生互相攻伐的弊端,周天子也无力制止。话锋一转,回到秦朝,天下赖始皇神灵得到统一,设置郡县,建议始皇对功臣皇子多多进行赏赐,就很容易控制他们,天下人没有异心。他明确提出,设置诸侯没有什么好处。始皇非常赞赏李斯的建议,言道:"天下共苦战斗不休,以有王侯。赖宗庙,天下初定,又复立国,是树兵也,而求其宁息,岂不难哉!廷尉议是。"始皇的意思已经很明白了,以前天下连年苦战,就是因为有诸侯王,现在天下一统,再封王,就是在制造战争,一方面制造战争,一方面想求得安宁,不是太难了吗?所以,廷尉李斯说的对。尽管李斯是少数,但他的建议得到了始皇的首肯。"分天下以为三十六郡,郡置守、尉、监。"(《史记·秦始皇本纪》)后来增加到四十多郡,郡县制最终被确立为秦朝的"政体"。钱穆先生认为,"秦始皇帝灭六国,一天下,其政治措施之重要者,当首推废封建而行郡县"①。"今试平心衡论,始皇李斯在当时,能毅然推行郡县新制,不复封建旧规,此自一时之卓识。"②这一评价是比较中肯的。另外,我们需要提一句李斯,他由一个吕不韦门下的"客卿"逐步升迁为秦始皇倚重的膀臂,能够充分证明其有政治才干,他确实也为秦朝各项制度的确立付出了不凡的政治智慧,为形成不可逆转的大一统局面立下了汗马功劳。在有些专门探讨秦初治国思想的论著中,把秦始皇和李斯放在一起,归纳为"秦始皇李斯的治国思想",这种归纳是能够产生共鸣的。正如有学者所言,"李斯在统一六国前,地位并不太重要。统一六国后,李斯就成了始皇帝的第一谋臣"③。我们下边探讨的问题,很多都与李斯有关。

---

① 钱穆:《秦汉史》,生活·读书·新知三联书店 2004 年版,第 15 页。
② 钱穆:《秦汉史》,生活·读书·新知三联书店 2004 年版,第 23 页。
③ 杨生民:《战国秦汉治国思想新考》,金城出版社 2011 年版,第 28 页。

　　秦始皇主张"郡县制"也有其历史渊源。关于"县"的设置最早记载于《史记·秦本纪》，武公"十年，伐邦、冀戎，初县之。十一年，初县杜、郑。"意为，武公十年，秦国攻打邦、冀两地的戎族，并开始在这些地方设县，十一年，开始把杜、郑两地设为县。所以，林剑鸣先生认为，"县，本来是秦国原来就存在的一级行政组织机构。不过，在以前它只设置于个别地区。商鞅在变法时，将县制普遍在全国推广，于是，那些奴隶制的邑、聚等组织都合并为县。开始共设县三十余个，以后随着土地的扩展逐步增加，成为封建地方政权的基本组织形式"①。邢义田先生也认为，"秦始皇决定行郡县于天下，不过是旧制的延续和扩大。""在地方上，秦是最早置县的国家之一。秦之有县，早在春秋之世。这些县的性质，虽然还并不完全清楚，但是商鞅变法时，集小都乡邑为县，县置令丞，这些县毫无疑问已经是秦中央集权机器的一部分。"②可见，秦朝置县有其渊源，当然更为重要的是郡县制有利于中央集权。杨光斌认为："在商鞅变法中，政治上县的建制削弱了秦国世袭地主的权力并加强了中央集权。"③

　　"郡县制"与"分封制"的最大区别在于，"分封制"是"天下共享"，天子、诸侯、大夫等，各有自己的领地和特权，"天子之田方千里，公侯田方百里，伯七十里，子男五十里。"(《礼记·王制》)最低一级的贵族"士"也可以"有道则现，无道则隐"，游走于诸侯之间。甚至在"分封制"下，被分封的诸侯王会肆意扩张自己的势力和地盘，造成抗衡天子之势，地缘政治的色彩越来越浓。"郡县制"则不同，"郡县制"是"一人独断"，全国的政令、法令、军令都一统起来，皇帝掌握绝对的权力，中央和地方所有重要官员皆由皇帝任免调动，定期加以考核，从而铲除了地方割据的可能性。这样，天下官员及黎民百姓都完全听命于皇帝，皇帝掌握生杀予夺大权。故有观点认为，"秦国不进行分封，权力集中于国君手中，可以积聚更多的力量；不进行分封，国

　　① 林剑鸣：《秦史稿》，中国人民大学出版社 2009 年版，第 152 页。
　　② 邢义田：《天下一家：皇帝、官僚和社会》，中华书局 2011 年版，第 8 页。
　　③ 杨光斌：《制度变迁与国家治理——中国政治发展研究》，人民出版社 2006 年版，第 17 页。

君的权力由间接变为直接,从而具有集权的特点"①。

对于一个高高在上的统治者来说,选择分封还是郡县,已经是不必谈论的问题了。所以,秦始皇采纳了李斯的建议,开辟了全国范围的"郡县制"时代。

(二)后始皇时代对郡县制的评说

我们循着时代的发展来看"郡县制"与"分封制",就会看到古代社会二者的优劣问题。汉代郡县与分封并行,"有叛国而无叛郡",影响君主集权的主要是分封的诸侯国。唐代"有叛将而无叛州"(《柳河东集·封建论》),影响中央集权的主要是地方节度使,考察汉唐时期的天下局势,反叛中央的不是诸侯国就是节度使,而州郡则是拥护中央的基本力量。所以要强化中央集权,就必须最终铲除"分封制"的残余和地方割据势力。英年早逝的贾谊主张"众建诸侯而少其力"(《新书·藩强》),其思想很可能对武帝产生了影响并采纳,采取措施,减少分封,把大的诸侯国化整为零,使诸侯国自然消亡。不再分封的朝代,采取削弱地方军事长官的权力等措施,进而把"郡县制"确定为行政区划的基本定制;反过来,"郡县制"的进一步巩固,又强化了中央集权。②

---

① 田延峰:《中华帝制的精神源头:秦思想的发展历程》,人民出版社 2011 年版,第 76 页。

② 有学者从另一个角度探讨了分封与近代资本主义发展的问题,认为,"从世界范围考察,绝大多数国家把分封制延续了下来,近代资本主义恰恰是与分封的封建制接轨,而不是与大一统的皇权专制接轨的。分封的封建制所积累起来的地方自治意识与自主意识,乃资本主义之基础。资本主义很难与大一统皇权制度接轨,因为在那种制度中的自由的空隙太小了,不足以酝酿出积累资本的意识与冲动。可见,封建制比大一统皇权专制离现代社会制度更近。资本主义的萌芽就诞生于封建城邦之中。"(王文元:《权力潜规则——中国历史中的权力斗争》,中国市场出版社 2004 年版,第 107 页)"寻常史家认为秦始皇施行郡县制是一种历史进步,实际上,仅从政治体制角度看,郡县制是一种不折不扣的历史倒退,是从封建制蜕变为大一统皇权专制。"(王文元:《权力潜规则——中国历史中的权力斗争》,中国市场出版社 2004 年版,第 182 页)"大一统皇权专制比封建制离资本主义更远,因为在大一统皇权专制中很少产生资本主义萌芽。"(王文元:《权力潜规则——中国历史中的权力斗争》,中国市场出版社 2004 年版,第 183 页)笔者认为,这种观点有一定道理,但社会发展形态的变化,起最终作用的是其经济基础,中国古代自给自足的自然经济是资本主义萌芽滞缓的主要原因。

柳宗元的《封建论》围绕"势"对分封进行了阐释,认为各时代封建的存在是时势使然,而不是出于圣人的意志,即"非圣人意也,势也"(《柳河东集·封建论》)。他对周、秦、汉、唐的分封和郡县进行了对比考察,得出了郡县优越于分封的结论。苏东坡对柳宗元的观点给予很高评价,说:"昔之论封建者甚众,宗元之论出,而诸子之论废矣,虽圣人复起,不能易也。"(《东坡志林》)从此,结束了汉魏以来关于分封、郡县的政体之争。

到明末,天下大乱、内忧外患,士大夫们又兴起了分封和郡县的争论,顾炎武、王夫之、黄宗羲等人都有阐述,他们都承认"封建制与郡县制都有弊端。顾、黄二人主张折中封建制郡县制,在郡县制下实行有限的封建制。……王夫之认为封建制的弊端多于郡县制,故主张郡县制,反对回归封建制"①。可见,分封和郡县的争论在中国古代社会一直存在。就连国外学者对秦实行"郡县制"而不实行"分封制"造成的后果也发表过看法,如崔瑞德、鲁惟一认为,"秦帝国组成了称之为郡并受中央控制的行政单位,而不对皇帝的亲属进行分封,这可能是公元前 210 年的危机中力量虚弱的一个根源"②。这种看法我们可以把它作为一个看待问题的视角,毕竟柳宗元"秦之失在于政而不在于制"(《柳河东集·封建论》)已经成为一种共识。

因此,我们认为,秦始皇的"郡县制"的制度建构是顺应潮流的,应该予以肯定。王子今先生在他的《细说秦始皇》中言道,"秦王朝的统治者确定了'置郡县'的地方行政管理制度,确实是英明的政治决策。"③钱穆先生也有评价认为,"秦以前为封建的一统,秦以后为郡县的一统。"④"盖自秦人一统,中国历史已走入一新局,为往古所未有,而一时昧者不之知。故群情怀古,仍不免恋恋于封建之旧统。"⑤作为一个封建帝王,能够为后世留下或

---

① 张永忠:《黄宗羲政治哲学思想研究》,人民出版社 2009 年版,第 178 页。

② [英]崔瑞德、鲁惟一:《剑桥中国秦汉史》(公元前 221 至公元 220 年),杨品泉等译,中国社会科学出版社 1992 年版,第 106 页。

③ 王子今:《细说秦始皇》,上海人民出版社 2014 年版,第 128 页

④ 钱穆:《中国历史精神》,贵州人民出版社 2019 年版,第 24 页。

⑤ 钱穆:《秦汉史》,生活·读书·新知三联书店 2004 年版,第 36 页。

稳固一项"原创性"的制度或方略,已经很了不起,而始皇为后人留下的不仅于此。

二、维护"大一统"的制度保障

维护"大一统",就要有制度保障,始皇作为秦帝国的开创者,进行了一系列的制度设计,为中国封建时代的制度创设奠定了基础。

(一)"皇帝"称号的确立与"谥号"的废除

"一统天下"的嬴政,对给自己冠以什么称呼的问题十分在意,把这件事拿到朝堂上让群臣各抒己见,此次廷议,嬴政首先自述了自己的盖世之功,然后说道"今名号不更,无以称成功,传后世。其议帝号。"(《史记·秦始皇本纪》)接下来,臣子们确实也没有让嬴政失望。

> 丞相绾、御史大夫劫、廷尉斯等皆曰:"……今陛下兴义兵,诛残贼,平定天下,海内为郡县,法令由一统,自上古以来未尝有,五帝所不及,臣等谨与博士议曰:'古有天皇,有地皇,有泰皇,泰皇最贵。'臣等昧死上尊号,王为'泰皇'。命为'制',令为'诏',天子自称曰'朕'。"王曰:"去'泰',著'皇',采上古'帝'位号,号曰'皇帝'。他如议。"制曰:"可。"追尊庄襄王为太上皇。制曰:"朕闻太古有号毋谥,中古有号,死而以行为谥。如此,则子议父,臣议君也,甚无谓,朕弗取焉。自今已来,除谥法。朕为始皇帝。后世以计数,二世三世至于万世,传之无穷。"

古有三皇,即"天皇""地皇"和"泰皇","泰皇"最为尊贵,群臣建议用"泰皇"称号,但秦始皇不循旧规要超越三皇五帝之称号,将三皇五帝之尊号合二为一,称为"皇帝",开了中国天子称为"皇帝"之滥觞。从掌控天下的角度看,这不仅仅是一个称谓的改变,而是帝王观念的确立,是秦始皇强化君主集权与专制的集中表现,是要把"秦""从事实上的帝国变成法理上的帝国。如不称帝,嬴政又怎么能给自己的帝国加冕?""秦发动的这场'革命',并不只是要换个'朝代',而是要用一种新的制度(帝国制度)取代旧的制度(邦国制度)。秦始皇完全意识到了这一点,因此他才自称'始皇帝',即'新制度的第一人'。"①"主独制于天下而无所制也"(《史记·李斯列传》),这种改变确认了皇帝就是天下的主宰,国家的最高权力只有皇帝才能行使,全国臣民只能无条件地服从皇帝的意志。《泰山刻石》中有如下记载:

> 皇帝临位,作制明法,臣下修饬。
> 皇帝躬圣,既平天下,不懈于治。夙兴夜寐,建设长利,专隆教诲。训经宣达,远近毕理,咸承圣志。

这些明确摆在世人面前的文字就是皇帝的命令,所有人必须遵守,把皇权至上推向极致。

这种以皇帝独尊、皇帝为元首的制度,深刻影响了二千年中国古代社会。皇帝的称号一直延续,如朱熹所言:"秦之法,尽是尊君卑臣之事,所以后世不肯变。且如三皇称'皇',五帝称'帝',三王称'王',秦则兼'皇帝'之号。只此一事,后世如何肯变!"(《朱子语类》卷一三四)

确立皇帝称号的同时,秦始皇废除了"谥号",理由是"子议父,臣议君也,甚无谓"(《史记·秦始皇本纪》)。

"谥号"是古代对已故的帝王、后妃、重臣等追加的一种称号,根据帝王、后妃、重臣生前所为而对其进行的褒奖或贬斥,值得赞美的称为美谥,比较客观概括的称为平谥,为后人所不齿的会得到恶谥,基本属于盖棺定论——"谥者行之迹也,累积平生所行事善恶而定其名也。"(《太平御览·谥》)据说从西周初年就开始有谥法,有的相传周公创谥法。到秦始皇时

---

① 易中天:《帝国的终结:中国古代政治制度批判》,复旦大学出版社 2018 年版,第 60—61 页。

期,已经经历了很长时间,成为一种习惯。但始皇自知自己不会得到美谥,甚至不会得到平谥,所以,"一刀切"去掉谥号。"自今已来,除谥法"。秦始皇的一道制命,废除了"谥法",故秦始皇和秦二世都没有"谥号"。但谥号的消失,只是历史长河中短暂的一瞬,西汉建立后,谥号即刻恢复,一直在古代政治生活中发挥作用。

(二)统一"货币"与"度量衡"

货币的统一是一个国家经济发展的重要条件,货币不统一,某种程度上就意味着经济不统一,经济不统一会影响到政治上的集权。集权力于一身的始皇帝是不会容许这种情况存在的。秦统一前各国的货币颇不一致,形状、大小、轻重各不相同,主要有布钱、刀货、圆钱和郢圆。布钱,流通于韩、赵、魏;刀货,流通于齐、燕、赵等国;圆钱,流通于秦、东周、西周和魏、赵等国沿黄河地区;郢圆,流通于楚国。这样杂乱的货币使用,与"统一"是不符的,所以,始皇命令对货币从名称、形状、计算单位等方面进行统一,以秦国的方孔圆钱为基础统一货币,推向全国。《史记》载:

> 及至秦,中一国之币为二等,黄金以溢名,为上币;铜钱识曰半两,重如其文,为下币。而珠玉、龟贝、银锡之属为器饰宝藏,不为币。(《史记·平准书》)

大意是,直到秦朝,全国货币统一成两种:黄金以溢为单位,为上币;还有一种为铜钱,上面刻着"半两",重量与所刻文字相同,为下币。而珠玉、龟贝、银锡等只是作为器物、装饰、收藏,不作为货币使用流通。

秦统一货币,便利了各地商品交换和流通,有利于经济发展,也有利于稳定统一的"帝国"大局。

度量衡的统一是经济统一的又一重要措施,秦统一前,各国均有自己的度量衡,各国自己使用是没有问题的,但全国统一后,这种割裂的度量衡现状就成为经济发展的障碍,最明显的就是经济沟通、贸易往来交换的不便。

如以长度方面比较，洛阳金村古墓出土的战国东周铜尺长 23.1 厘米，番禺叶氏藏东周牙尺长 23 厘米。安徽寿县楚铜尺长 22.5 厘米，而长沙的两件楚国铜尺分别为 22.7 厘米和 22.3 厘米。仅从这几件出土的铜尺，就可知道：每尺长短之间最多相差 0.8 厘米。

量制方面更为混乱，秦国以升、斗、桶（斛）为单位，一般是十进位，齐国则以升、豆、区、釜、钟为单位。……魏国以斗为单位。赵国有斗、升、分、益等计量单位。不仅计量的单位不同，就是名称相同的单位，各国之间实际大小也不一样。如魏国的一斗，当今 7140 毫升，而从洛阳金村出土之九件铜钫壶实测，得知西周之一斗约为 1997.5 毫升，相差悬殊。

在衡制方面，有的地区以孚……为单位，有的地方以镒、釿为单位，有的则以铢、两、斤、钧、石为单位，换算也很不方便。①

所以，始皇在灭六国之后就宣布"一法度衡石丈尺"（《史记·秦始皇本纪》），即统一法令和度量衡标准。统一前的秦国，在商鞅变法时，就对度量衡作过统一的规定，主要是两方面，一是把升、斗、权、衡、丈、尺作统一规定，二是制造统一的度量衡器，推行全国。因此，秦国内度量衡是一致的，一统天下后，秦始皇即以秦国原有制度为基础，统一度量衡。

> 二十六年，皇帝尽并兼天下诸侯，黔首大安。立号为"皇帝"，乃诏丞相状、绾法度量，则不壹。歉疑者，皆明壹之。

这是始皇二十六年颁发的诏书，这一诏书铭刻在了官府制作的度量衡标准具器——"权"上，诏书大意是：二十六年，皇帝彻底建立统一大业，使民众生活安定。于是，立尊号为"皇帝"，诏令丞相隗状和王绾主持制定度量衡的法定标准，不统一的要统一起来。

---

① 林剑鸣：《秦史稿》，中国人民大学出版社 2009 年版，第 300 页。

考古材料表明:秦代统一度量衡的法令,取得显著成效,1949 年前后在陕西的西安、咸阳、礼泉、宝鸡,甘肃的泰安,山东的邹县、诸城,江苏的盱眙,山西的左云、右玉,辽宁的赤峰,吉林的奈曼旗等地,都出土了秦代标准的量器和衡器。秦王朝确实在全国范围内统一了度量衡。①

从现有考古出土实物看,秦始皇统一度量衡真实可信,对后世的"有益"影响实实在在。

（三）"车同轨"与"书同文字"

"车同轨,书同文"的记载,在《礼记·中庸》中就出现了,表达的是孔子的意思。孔子认为,如果不是天子,就不要议定礼仪,不要创立法度,不要考核文字。现在天下车辙统一,文字笔画一致,伦理道德一样。虽有天子的地位,如果没有天子的德行,就不要制定礼乐制度;虽有天子的德行,如果没有天子的地位,也不要制定礼乐制度。依照这个意思分析,孔子其实说的是,有德无位和有位无德要实现"车同轨,书同文"是不可能的。

那么,我们看看秦朝的"车同轨"和"书同文字"究竟是如何做的。

"车同轨"就是修建连接全国各重要地区的通道。战国时期,各诸侯国为了自身的利益,兼并割据并修了许多关塞壁垒,各国的道路也宽窄不一,这对大一统国家的发展是十分不利的,故秦始皇下令拆除关塞壁垒,并下令修筑以咸阳为中心的驰道,把原来各诸侯国的道路均纳入"帝国"的交通网络之中。

"驰道本为天子道,最早出现于庞大的宫殿群中。"②也称为"甬道",《史记·秦始皇本纪》载:"自极庙道通郦山,作甘泉前殿,筑甬道,自咸阳属

---

① 　林剑鸣:《秦史稿》,中国人民大学出版社 2009 年版,第 303 页。
② 　林剑鸣、余华青、周天游、黄留珠:《秦汉社会文明》,西北大学出版社 1985 年版,第 242 页。

之。""史记正义"应劭云:"谓于驰道外筑墙,天子于中行,外人不见。"①可见,驰道在早期是皇帝在宫中和京城中的专用道路。

驰道的规制,今人多用贾山的记载,西汉的贾山,著有《至言》,颖川人,"故魏王时博士弟子也。"(《汉书·贾邹枚路传》)魏指的是六国时的魏国。在《至言》中有涉及秦"驰道"的描述。

> 为驰道于天下,东穷燕齐,南极吴楚,江湖之上,濒海之观毕至。道广五十步,三丈而树,厚筑其外,隐以金椎,树以青松。为驰道之丽至于此,使其后世曾不得邪径而讬足焉。

"为驰道于天下,东穷燕齐,南极吴楚,江湖之上,濒海之观毕至。"说明驰道已经遍通全国,成为全国交通网的主体,秦始皇封禅和多次出巡之地都修筑驰道。"道广五十步"是说驰道宽达到五十步。"三丈而树",即驰道中间三丈之路为皇帝专用,其他人不得妄入。"厚筑其外,隐以金椎"是指用金属工具夯击,在路基两侧形成宽缓的路坡,之外的旁道,是百姓可以来往的通道。"树以青松"是指路旁所植树木以松树为主,驰道修建的如此富丽规范,是为了使后世的人们不至于走邪道。"驰道的建立,无疑为黄淮流域人民的经济和文化生活带来巨大的影响,同时把作为政治中心的关中与经济、文化比较发达的关东联系起来,也为巩固统一,繁荣社会,发挥了重要的作用。"②

另一条能够说明驰道状况的资料出自李斯之口,李斯被秦二世和赵高联手拿下,以谋反罪论处,李斯在狱中陈述自己三十余年担任丞相治国治民的功绩,其中就有"治驰道"(《史记·李斯列传》《史记·秦始皇本纪》)一说。可见,"治驰道"是秦中央政府的集体决策。

秦朝的驰道在汉代基本被保留下来,一直是最重要的陆上大道。汉武

---

① 参见《史记》,中华书局1959年版,第242页。
② 林剑鸣、余华青、周天游、黄留珠:《秦汉社会文明》,西北大学出版社1985年版,第243页。

帝时期还开辟了一条向西的驰道,《汉书》载,武帝"数出幸安定、北地,过扶风,宫馆驰道修治,供张办武帝嘉之。"(《王䜣传》)对抗击匈奴、经略西北有重要意义。

秦始皇三十五年(公元前 212 年),又修了一条直向北伸的"直道",这条直道,从咸阳北的云阳出发,"经过今陕西淳化县北梁武帝村秦林光宫遗址北行,至子午岭上,循主脉北行,直到定边县南,再由此东北行,进入鄂尔多斯草原,过乌审旗北,经东胜县西南,在昭君墓附近渡黄河,到达包头市西南秦九原郡治所。"①全长 900 公里,由于该道直通北境,故称"直道",修路的目的是便于调动军队和军用物资,防御北方匈奴的侵扰,具有重要的军事战略意义。始皇时期,修路是一项重大的工程计划,道路名称多样,计有"驰道""直道""五尺道""新道"等,构筑了以咸阳为中心的四通八达的交通网。"车同轨"和"舆六尺"(《史记·秦始皇本纪》)大大地便利了交通往来。

中国的文字起源很早,到战国时期已经有了很大的发展,但由于当时的诸侯国割据自封,这种发展是各自进行的,文字的演变也是如此,造成各地文字异形,同一个字有多种不同的写法。那么,秦统一后,面临的问题之一就是统一文字。

一般来说,封建国家的统一应该有共同的语言文字。对于一个民族来说失去了共同的语言,几近于失去了本民族的根。因为语言中凝聚了一个民族的自我意识和价值观。所以,秦始皇统一六国后,对此事非常重视,《史记》中多有记载,"书同文字"、"同书文字"(《秦始皇本纪》)、"同天下书"(《六国年表》)、"同文书"(《李斯列传》),始皇下令对原六国的文字进行整理,"丞相李斯乃奏同之,罢其不与秦文合者。"(许慎《说文解字叙》)丞相李斯奏请统一文字,凡是与秦国的文字不一致的统统废掉。

秦时的文字共有四种,一是大篆,即秦篆所本;二是古文,字体与大篆不同;三是小篆,多本大篆,略有省改;四是隶书。对这些文字如何取舍,以现

---

① 　林剑鸣:《秦史稿》,中国人民大学出版社 2009 年版,第 305 页。

在的眼光回看,既有顶层的设计,也有民间的智慧。

"秦始皇令李斯、赵高、胡毋敬分别用小篆写体编写了《仓颉篇》、《爰历篇》、《博学篇》,作为标准的文字范本。"①这属于顶层设计,之后又出现了隶书,据说隶书是民间创造的,体现了民间智慧,隶书比小篆更为书写便捷,这样,小篆和隶书就成为主要通行的文字,官府重要的文件用小篆,其余基本都用隶书。此后,古代社会尽管有战乱纷飞和不同势力的"割据"状态,但使用的都是统一的文字,所以,秦统一文字,使用同一种语言族群的这种亲切感,为维护国家的统一是有积极意义的。费孝通先生认为,书同文"是把信息系统统一了起来,在多元语言上罩上了一种统一的共同文字。这个信息工具至今还具有生命力"②。也有一种观点把"书同文"与"焚书"联系起来,认为,秦统一文字后,以小篆和隶书取代六国文字,一些儒家古文典籍因失去现实意义而被焚烧。③ 这种推论,应该是有一定的逻辑关系,值得借鉴。

随后汉的察举到隋唐的科举考试进一步把"书同文"落到了实处,士人为了前程,不分地域的南北东西都用统一的文字参加科考,凝固了对同一文字的认同感。政治生活和人们的社会生活中统一的文字已经成为沟通交流的工具。除了文字,语言的表达也是如此,以北方方言和北京地区语言结合而形成的普通话,就是在中央集权的清政府的推动下逐渐形成的,我们应该给予客观的说明。

显而易见,对一个幅员辽阔的帝国来说,"书同文字"对加强中央集权,维护国家的统一和政令畅通同样具有积极意义。

美国学者陆威仪认为,"统一字体、文法、度量衡、币制、法律在今天看来是最正常不过的,但在公元前 3 世纪,需要在想象和现实之间完成一个变革的跨越"④。

---

① 林剑鸣:《秦史稿》,中国人民大学出版社 2009 年版,第 303 页。
② 费孝通:《中国文化的重建》,华东师范大学出版社 2014 年,第 9 页。
③ 参见李勇强:《焚书坑儒的真相:秦朝儒学》,中州古籍出版社 2014 年版,第 96 页。
④ 〔美〕陆威仪:《哈佛中国史·早期中华帝国:秦与汉》,王兴亮译,中信出版社 2016 年版,第 55 页。

（四）"迁豪"削弱地方势力

一国之内不能有与中央政府抗衡的势力,否则就会出现动荡,所以,最高执政者会出台针对潜在势力的预防措施。从历代来看,"迁豪"就是其中一种。那么,秦朝"迁豪"的情况又如何呢。

秦一统天下后,于公元前 221 年(秦始皇二十六年),"徙天下豪富于咸阳十二万户。"(《史记·秦始皇本纪》)公元前 212 年(秦始皇三十五年),又"徙三万家丽邑,五万家云阳"(《史记·秦始皇本纪》)。这些记载能够看出"迁豪"的规模是比较大的。还有零散被重点迁移的对象,比如"赵王迁流于房陵"(《淮南子·泰族训》),就是指赵王迁被秦国俘虏后流放到房陵深山中。"秦破赵,迁卓氏。"(《史记·货殖列传》)秦国击败赵国时,迁徙卓氏。但据司马迁记载,卓氏这次迁徙,算是因祸得福,被迁到比较远的临邛,当地山里有铁矿,他靠冶铁致富,"富至僮千人。田池射猎之乐,拟于人君。"(《史记·货殖列传》)"秦伐魏,迁孔氏南阳。"(《史记·货殖列传》)秦破魏后,把魏国富豪迁至南阳。通过不断的"迁豪",一是打击他们的政治势力,"豪富"的存在不可能不对现实政治产生影响,所以,中央集权的政治体制,必然对"豪富"采取打压措施。二是剥夺他们的经济实力,"豪富"被迁徙,就是生活生产地点的改变,他们致富所依赖的土地、矿产、林地,不会随他们而移动,就像赵之卓氏迁徙"独夫妻推辇,行诣迁处"(《史记·货殖列传》),只有卓氏夫妻俩推着车子,去迁徙的地方。这样他们的财富,就尽归国家所有。三是促进被迁徙地的开发,有部分人被迁徙的地方,是需要开发或需进一步开发的地区,"豪富"人口的融入,会加快当地的经济发展,还拿赵之卓氏来说,"致之临邛,大喜,即铁山鼓铸,运筹策,倾滇蜀之民,富至僮千人。"(《史记·货殖列传》)还有被迁于南阳的孔氏,继续经营冶铁业,"大鼓铸,规陂池,连车骑,游诸侯,因通商贾之利……家致富数千金"(《史记·货殖列传》)。"豪富"致富比如冶铁的技术和经验,使"沉睡"的铁矿得到开发,自己致富了,同时也带动了当地经济发展,这对秦王朝是有利的,毕竟对国有的矿山进行开发,必须向国家纳税,国家收入显然会增加。所以,秦朝时对迁徙后的"豪富"再次致富并不限制,这对执政者来说,是一种比较高明和可取的治理措施。

当然,除了"迁豪",一部分普通民众也有被迁徙,迁徙的主要目的是戍边,如公元前211年(秦始皇三十六年),始皇将内地居民"迁北河榆中三万家。"(《史记·秦始皇本纪》)"榆中"这个地方,是秦北边与匈奴接壤的地区,把内地居民迁徙到此,其戍边与开疆拓土的意义不言而喻。司马迁写道,"拜爵一级"(《史记·秦始皇本纪》),就是对迁徙户每户授爵位一级,从中似乎隐约看出秦政中不那么冷酷的一面。

三、以法为教:法治及其极端化

(一)法治的确立与"焚书""坑儒"

法家注重实际,在先秦诸子中法家瞧不起儒墨的迂腐,主张富国强兵,霸道立威,商鞅与秦孝公讲"帝道""王道"都没有引起孝公的兴趣,直到谈"霸道",孝公则"不自知厀之前于席也。语数日不厌。"(《史记·商君列传》)到嬴政时期,"人或传其书至秦。秦王见《孤愤》《五蠹》之书,曰:'嗟乎,寡人得见此人与之游,死不恨矣!'"(《史记·老子韩非列传》)可见,嬴政是多么想与韩非结交。当时的秦国处于荒蛮之地,迫切希望尽快富国强兵,凝聚力量,使全国民众绝对服从于君主,为君主而战、为国运而战。而法家的理论正好迎合了秦国的政治需要,这是命运的注定,也是历史的必然。韩非死在了秦国,但他的思想却被秦王和李斯全盘接受,秦王和李斯用"法"紧紧地规矩着"秦"民众的言行,"事皆决于法"(《史记·秦始皇本纪》)。

秦统一后,在原来秦国法律的基础上,进一步完善,制定了统一的法律,颁行全国。刑罚方面,一切决断于法是始皇时期法律制度的特点,"专任狱吏"更是始皇兼并六国后治国治民的主要措施。研究秦的法律,主要可参考的是《秦律》,可惜《秦律》已散失,如今,重要的研究依据是《睡虎地秦墓竹简》。1975 年 12 月,在湖北云梦县睡虎地秦墓的发掘中,出土的竹简中有记载秦朝的部分法律,其中包括秦律、《法律答问》和《封诊式》。据考证,墓主死于秦始皇三十年(公元前 217 年),即秦王朝建立后的第五年,所以这些法律应是经过秦始皇首肯,当时执行于全国的法律。秦律主要有《田律》、《仓律》、《厩苑律》、《均工律》、《徭律》、《军爵律》等三十余种。《法律答问》是用问答的形式,对法的内容、法的适用、如何诉讼等问题的解答。《封诊式》是朝廷统一发放的审理案件程序的法律文书。① 这些秦简反映出秦统一后,秦法的一些基本情况,尽管不是很全面,但仍能看出秦朝"以法为治"总体治国方略。

朝廷治国方略的出台,自有其根据和目的,与民间舆情既有交织又有偏离,那么,引起民间的议论不可避免,再加之当时刚统一相对宽松的言论环境,就不免在社会中形成一个巨大的言说议政"场"。

作为执政集团成员的李斯洞悉这种舆论现实后,认为,社会上各学术派别的人士,尤其是儒学之士对朝廷的政策总是评头论足、指手画脚,这是朝廷推行政策的障碍,需采取果断措施加以制止。《史记·秦始皇本纪》载李斯言论如下:

今诸生不师今而学古,以非当世,惑乱黔首。丞相臣斯昧死言:古者天下散乱,莫之能一,是以诸侯并作,语皆道古以害今,饰虚言以乱实,人善其所私学,已非上之所建立。今皇帝并有天下,别黑白而定一尊,私学而相与非法教,人闻令下,则各以其学议之,入则心非,出则巷议,夸主以为名,异取以为高,率群下以造谤。如此弗禁,则主势降乎上,党与成乎下。禁之便。臣请史官非秦记皆烧之。非博士官所职,天下敢有藏《诗》、《书》、百家语者,悉诣守、尉杂烧之。有敢偶语诗书者弃市。以古非今者族。吏见知不举者与同罪。令下三十日不烧,黥为城旦。

① 参见张晋藩主编:《中国法制史》,中国政法大学出版社 2007 年版,第 32 页。

李斯的观点,主张对各学派尤其是儒家的贬斥和打击,便出现了"焚书""坑儒"的极端行为,可谓惊悚恐怖。

事物总有其两面,充满感情的色彩看待"焚书""坑儒",必然给出否定的评价。但在当时历史条件和复杂的文化背景下,对此事下个论断绝不是一件容易的事。明代思想家李贽在《史纲评要》卷四《后秦纪》中曾经这样评论李斯关于焚书的上书:"大是英雄之言,然下手太毒矣。当战国横议之后,势必至此。自是儒生千古一劫,埋怨不得李丞相、秦始皇也。"①钱穆先生认为,焚书并不是首要,"最要所禁制者,实为以古非今,其罪乃至于灭族。次则偶语诗书,罪亦弃市。""令下三十日不烧,仅得黥罪"②。"坑儒""其意则在使天下惩之不敢为妖言诽上。"③以此而思,李斯建议的宗旨是杜绝"以古非今""妖言诽上",那么这就完全回到为现实政治服务一途了。

如果站在国家治理的角度分析历史上长期以来都基本上被否定的重大事件则会有不同的结论。在阶级社会,统治集团为了自身存在与政权巩固,会对一切不利于政权巩固的言行施予压制和打击。政治的根本问题是国家政权,如果掌握国家政权的人或阶级受到其他因素的影响,会毫不手软地采取一切手段,禁止其他思想的传播,这就归咎为完全的政治(从这个角度思考,对"焚书""坑儒"的评价就应该剥去些许的感情色彩)。不论是中国还是国外,这种情况都时有发生:站在维护国家政权的角度,这种做法应该看作是维护政权的必要手段(当然,所维护政权的正义性则另当别论)。秦始皇焚书并没有烧"医药卜筮种树之书",可见,构不成威胁统一思想的,不在他焚毁范围之内。

一个政权的存在,需要一种维护其政权稳固的思想,一旦这种思想受到挑战,政权的拥有者动用国家机器维护统治思想的权威就会成为现实。也有学者从不同的角度看待,认为"秦始皇颁布法令的目的是改变民间随意

---

① 参见王子今:《细说秦始皇》,上海人民出版社 2014 年版,第 246 页。
② 钱穆:《秦汉史》,生活·读书·新知三联书店 2004 年版,第 24 页。
③ 钱穆:《秦汉史》,生活·读书·新知三联书店 2004 年版,第 26 页。

批评政府政策方针的风气,让尽可能多的人以正确的立场了解国家的政策方针,使人民学习国家的法令成为一种义务"①。

(二)以法为教、以吏为师

李斯提出"别黑白而定一尊",具体做法就是"以法为教","以吏为师"。"以法为教"、"以吏为师"语出《韩非子·五蠹》(韩非一章我们已经提到),李斯奉行"拿来主义",在给秦始皇上奏时说道:"若欲有学法令,以吏为师。"始皇制曰:"可。"(《史记·秦始皇本纪》)对秦始皇、李斯的这种做法,一直以来,人们认识不同、观点各异。但大多认为"法治"是治理国家的正常手段,韩非也提出了很多好的"法治"方法,如果始皇能够运用得当,那么应该出现一个社会和谐、国泰民安的境况,但现实却相反,搞得民怨沸腾。那这是为什么呢?

首先,秦法名目繁多。秦始皇时,李斯等人制定了烦琐的刑法条文。秦二世时,李斯写《行督责书》呈献二世,其中言道:"商君之法,刑弃灰于道者。夫弃灰,薄罪也,而被刑,重罚也。彼唯明主为能深督轻罪。夫罪轻且督深,而况有重罪乎?故民不敢犯也。"(《史记·李斯列传》)汉高祖刘邦入关中时"约法三章","余悉除去秦法",结果"秦人大喜,争持牛羊酒食献飨军士。"(《史记·高祖本纪》)反映了民众摆脱烦苛秦法的喜悦心情。

其次,秦法处罚手段极为残酷。如"族""弃市"等处罚措施,令人毛骨悚然。荆轲刺秦王失败后,典籍如此记载:"荆轲为燕太子丹刺秦王,后族轲九族,其后恚恨不已,复夷轲之一里,一里皆灭。"(《论衡·语增》),这说明,秦王为泄私愤,滥施刑罚,涂炭生灵。《汉书》用高度概括的语言评述秦始皇。

---

① [日]稻叶一郎:《秦始皇的思想专制》,载[日]佐竹靖彦主编:《殷周秦汉史学的基本问题》,中华书局 2008 年版,第 325 页。

　　兼吞战国,遂毁先王之法,灭礼谊之官,专任刑罚……而奸邪并生,赭衣塞路,囹圄成市,天下愁怨,溃而叛之。(《汉书·刑法志》)

　　民众就是在这样的环境中生活,"严密的法令,酷烈的刑罚,使秦王朝变成了一座恐怖的大监狱,因触犯刑律而受到惩罚的人达到空前的数量。在一个二千万左右人口的国家里,刑徒经常保持在一百万人左右,受刑者达人口总数的5%以上"①。这样的法治已成为人们苦难的渊薮。

　　先秦时期,儒墨等主张以"圣""贤"为师,在李斯看来,以"圣贤"为师的"私学"与法令形成了尖锐的对立,故向秦始皇提出了"以吏为师"建议。"吏"有两种含义:一种是指文吏,也称文法吏;一种是指官府的低级吏员,"以吏为师"的"吏"是指文法吏。"以吏为师首先是一种文吏的培养制度。要想成为文吏,必须具备几个必备的条件。一是'讽','讽'即'诵',也就是我们今天说的识字。……二是书,即能写各种书体。……三是明习法令制度。四是要遵守为吏之道。在考试考核中成绩优异者称为'文无害',是对文吏综合能力的衡量。"②让文法吏承担"思想文化教育"的重任,替代私塾时代的"师",秦始皇接受了该建议,这是思想文化教育领域的重大改变,"若欲有学法令,以吏为师。"那么,强调的就是百姓或读书人,学习的主要内容是法令制度。如若按照另一版本"若欲有学,以吏为师。"(《史记·秦始皇本纪》)③则更推进了一步,向吏学习的不仅仅是法令,还包括思想教育全方位的东西,"以吏治教"成为"治国"的一部分。有学者认为秦始皇推行了一种"政教合一的治理模式"④,这里的"政"指的是"政治","教"指的是"教育",教育从属于政治,确实体现了始皇的治理宗旨。

---

① 安作璋、孟祥才:《汉高帝大传》,中华书局2006年版,第40页。

② 田延峰:《中华帝制的精神源头:秦思想的发展历程》,人民出版社2011年版,第405页。

③ "集解,徐广曰:一无'法令'二字。"(司马迁:《史记》,中华书局1959年版,第256页)。

④ 李勇强:《焚书坑儒的真相:秦朝儒学》,中州古籍出版社2014年版,第55页。

（三）哀秦、惜秦皆有益

众所周知,秦始皇运用法家"霸道理论"完成了统一大业,法家思想也成为秦始皇治理国家的主要思想。从理想的状态分析,法家思想应成为后世治国的主导思想,一朝朝延续下去。但始皇当初设想的帝位传至二世、三世乃至万世的蓝图并没有成为现实,仅仅维持十五年时间,偌大的秦帝国就灰飞烟灭了。后人的《过秦论》、《阿房宫赋》等作品在感叹秦朝不可阻挡的雄起与悲歌式的衰落的时候,无不认为其用法家思想太过了,该守威定功、恩泽天下的时候没有及时拉回急速奔驰的战车,使严刑峻法、横征暴敛、无度徭役一发而不可收,最终使秦走上了不归路。

"法家思想"作为一种正常的思想,如果被执政者用得太过了,那么,这是执政者的悲哀,也是思想家的悲哀,对于执政者丢失的是统治的宝座,对于思想家来说,他们的思想可能会被后世作为反面的教材,法家思想由于秦亡的缘故,就成了这样一个反面的教材,后世的统治者无论怎么用法家的思想来服务于统治,都不会大张旗鼓地把法家思想摆到前台,"外儒内法"成为众多执政者的治国方略,这也可能是后世儒家思想表面上风风光光、大行其道的一个重要原因。

一般来说,一个朝代能给人们留下多少记忆,要看这个朝代所产生的后续影响。之所以有"说不完的秦朝"供人置喙和惋惜,重要的一点是其各项制度的创设,因为秦以后的王朝基本实行的都是始皇创立的制度:百代多行秦政制。

秦始皇是一位常说常新的帝王,是一个内涵丰富的"政治标签"。他创立了"大秦帝国",但这个帝国却是短命的,短命的让人缓不过神来;他创设了影响中国古代社会发展的诸多制度——秦政,但他的朝代却仅仅像制度的投放者,没来得及很好地享受制度之花盛开的果实,就永远地留在了人们的记忆里。"从他所树碑文看来,他除了重视域内长久的和平之外,也极端注重性道德,认为与全民的休戚有关。"[1]这一点在秦始皇多次外出巡游留

---

[1]　黄仁宇:《中国大历史》,生活·读书·新知三联书店 2007 年版,第 40 页。

下的刻石文字中能够得到佐证,如"皇帝之德,存定四级","群臣相与诵皇帝功德,刻于金石,以为表经。"(《琅琊刻石》)"皇帝明德""群臣嘉德"(《之罘刻石》)等等。日本学者稻叶一郎这样写道:"在所谓焚书坑儒以前,秦始皇的思想政策是相当宽容的,如在巡狩的过程中,他曾经征询儒者的意见,等等。巡狩沿途所立刻石记录了秦王朝的大政方针,并阐明秦始皇的政治理念。从刻石看,秦始皇的思想是以儒家的伦理思想为基调的。甚至可以说,在刻石中,秦始皇简直就是在宣扬家族伦理,对孔子学说相当敬重。"[1]秦朝的博士官队伍中,不乏儒者,甚至有学者认为,"闻名于史的秦朝博士大多可以确认为儒家学者"[2]。儒家在朝堂中也有一席之地。秦始皇的泰山"封禅",求得上天的授命,主要也是受到儒家思想的影响。故有学者认为,"嬴政实际上是一个杂家,思想上是兼容并蓄的"[3]。或者说始皇是一个比较偏爱法家的杂家。"秦未废儒"的观点一直有不少赞同者。此外,秦始皇非常勤勉,"上至以衡石量书,日夜有呈,不中呈不得休息。"(《史记·秦始皇本纪》)"衡"是当时计量重量的秤,"石"是一百二十斤的重量计量单位,"呈"是指工作定额,所以这几句话的意思就是,皇上甚至用秤来称量各种书写文件的竹简木简的重量,日夜都有定额,批阅达不到定额就不休息。如此勤勉,自然就会有人说他贪权,"天下之事无小大皆决于上"(《史记·秦始皇本纪》),这似乎可以用一枚硬币的正反面来比喻,自然也会造成了人们对秦始皇差异性的评价。秦始皇勤勉勤政的记载在刻石中也多有反映,"皇帝之功,勤劳本事""忧恤黔首,朝夕不懈"(《琅琊刻石》),勤勉如此也暴戾有加,集中在一个人身上,折射出秦始皇的多面形象。生活在他那个时代的民众,悲矣喜矣! 苦矣劳矣! 俱往矣! 而给我们现代人"可以鉴之"的则是制度的参照和正常的治理借鉴。

---

① [日]稻叶一郎:《秦始皇的思想专制》,载[日]佐竹靖彦主编:《殷周秦汉史学的基本问题》,中华书局2008年版,第320页。

② 张分田:《中国古代统治思想研究》,人民出版社2013年版,第81页。

③ 李勇强:《焚书坑儒的真相:秦朝儒学》,中州古籍出版社2014年版,第25页。

第8章　汉武帝儒法兼容的治国方策

《史记·孝武本纪》载:"孝武皇帝者,孝景中子也。母曰王太后。孝景四年,以皇子为胶东王。孝景七年,栗太子废为临江王,以胶东王为太子。孝景十六年崩,太子即位,为孝武皇帝。"自古帝王家中多有流血之事,有的在流血事件中丧失了性命或失去权位,有的则收获的盆满钵溢,汉武帝刘彻是宫中斗争的受益者,最终成了君临天下之人。在其统治期间,"治道"实践可圈可点。

一、集权:稳固君位

集权是古代君主的普遍作为,但如何做,又各有不同。我们认为,雄才大略的汉武帝主要从以下几个方面采取了措施。

(一)削弱诸侯王势力

"推恩令"是汉武帝削弱诸侯王势力的主要措施。汉初,由于客观形势的需要,"分封"和"郡县"并存,在汉中央的周围实行"郡县制",由中央派员直接管理,比较偏远的地方分封给了功臣及刘姓兄弟和子侄。汉高祖刘邦生前共封异姓王七国九王,所封异姓王都是和刘邦一起打江山的,是名副其实的一方诸侯,刘邦对他们进行分封,实际上是对既成事实的官方认可。刘邦的分封在促进统一、稳定统一、维护统一过程中起到了非常重要的作用。后来异姓诸侯王逐渐被剪除,遂大封刘姓子弟为王,"功臣侯者百有馀邑,尊王子弟,大启九国。"(《汉书·诸侯王表》)并杀白马为誓:"非刘氏而王者,天下共击之"(《汉书·王陵传》)。整个帝国真正成了刘氏的天下,本来应该皆大欢喜,但权力的诱惑远远不是亲情能够抵挡得住的。"同姓诸王,转为治安之梗焉。"①文帝时期的贾谊已经看出了诸侯不服中央节制的苗头,故给文帝提出了"欲天下之治安,莫若众建诸侯而少其力。"(《汉书·贾谊传》)说到底,就是"削藩"。文帝由于各种原因"不用其议"(《史记·屈原贾生列传》)。朝廷与封国的关系愈发紧张,汉景帝时期发生了"七国之乱",汉中央付出了沉重的代价平定了"叛乱",景帝随后诏令:"令诸侯王不得复治国,天子为置吏。"(《汉书·百官公卿表》)由中央直接任命官吏到诸侯国治民,同时,这些官吏负有监督诸侯王之职责。由此,诸侯王的势力受到严重削弱,治国权、置吏权、财政权被取消,为汉武帝解决诸侯王问题创造了条件。

汉武帝非常清楚,只要诸侯王手中有权力,就会对中央集权构成威胁。从诸侯王一方来看,情况如何呢?司马光有言:"汉兴,至于孝平,诸侯王以百数,率多骄淫失道。"(《资治通鉴》卷十八)诸侯王沉溺于放荡恣肆的享乐之中,败坏了社会风气,故削弱诸侯王实力势在必行。但明摆着的前车之鉴是,如果逼得太急,可能又会造成国家的动荡。主父偃揣度了汉武帝的心思,又比较客观地分析了形势,对汉武帝进言道:古时候,诸侯的封地不能超过百里,强弱对比明显,中央容易控制局面。如今的诸侯竟有城邑数十座,土地千里。这样一来,没事的时候,他们骄奢淫逸、胡乱行事,危机的时候,就会联合起来对抗朝廷,当今如果用强力削弱他们,他们就可能反叛,从前晁错的悲剧就是这样发生的。现今诸侯家的子弟多达数十个,但只有嫡长子能够世代继立,其余的虽然是亲骨肉,却没有寸尺的封地,这不能体现陛下的仁义孝道,希望陛下能够诏令诸侯们给所有的子弟分配土地,让他们成为"侯",这样一来,诸侯子弟得到土地会很高兴。皇上施以恩德,实际上是分割了诸侯的封国,不用削夺封地而诸侯就会逐渐削弱了。"于是上从

---

① 吕思勉:《秦汉史》,译林出版社 2016 年版,第 61 页。

其计。"汉武帝接纳了主父偃的建议并付诸实施,下诏令说:"诸侯王或欲推私恩分子弟邑者,令各条上,朕且另定其名号。"(《资治通鉴》卷十八)这就是"推恩令","于是藩国始分,而子弟毕侯矣。"(《资治通鉴》卷十八)"推恩令"的高明之处就是用釜底抽薪的方法把原来实力强大的诸侯国分裂为若干个小国。"据《汉书·王子侯表》统计,武帝时期先后分封王子侯国共 178个,其中在'推恩令'颁行之前受封者合计 13 个,其余 165 个均受封于'推恩令'颁行之后。"①这样化整为零,受封的王子侯国数量众多且不再隶属于母国,而是"别属汉郡"(《汉书·景十三王传》),汉武帝"推恩削藩"的办法,使得王国的辖区和权力实际上与郡无别,侯国大体上相当于县。这样的实力根本不可能与中央对抗,这对维护中央集权、"强干弱枝"是非常有效的。

除"推恩"之外,汉武帝还从人事、经济方面削弱诸侯王国的势力。《汉书·诸侯王表第二》载,"武有衡山、淮南之谋,作左官之律,设附益之法,诸侯惟得衣食税租,不与政事。"意即武帝在衡山王刘赐与淮南王刘安的谋反败露后,下令实行《左官律》和《附益法》,视王国官为"左官",并限制士人与诸侯王交往。从此以后,诸侯王只能衣食租税,不得参与治民等政事。《左官律》把王国的官视为"左官",汉代以"右"为尊,就是指出仕为诸侯官属者,地位低于朝廷同级官吏。如果舍弃朝廷官职而仕于诸侯,依据《左官律》,将处以死刑。《附益法》就是限制士人依附于诸侯,驱使士人为朝廷服务,最后达到诸侯只食租税,"分土而不治民"的理想状态。

削弱诸侯的势力,还应该提到"酎金不法罪"。文帝时定酎金律,酎,一种醇酒。依汉制,皇帝每年八月在宗庙举行饮酎大祭,诸侯王须献金助祭,称为酎金。② 元鼎五年,汉武帝以列侯们贡献的祭祀宗庙的"酎金"分量、成色都不足为由,"上皆令劾以不足,夺爵者百六人。"(《资治通鉴》卷二十)"列侯坐献黄金酎祭宗庙不如法夺爵者百六人。"(《汉书·武帝纪》)削夺

---

① 唐燮军、翁公羽:《从分治到集权:西汉的王国问题及其解决》,浙江大学出版社 2012年版,第 219 页。

② 参见张晋藩主编:《中国法制史》,中国政法大学出版社 2007 年版,第 70 页。

了一百零六人的侯爵,这是对诸侯势力的又一记重拳。汉朝廷和地方诸侯的势力此长彼消,中央集权大大加强。

汉武帝还采取了盐铁官营和统一货币等措施,剥夺诸侯王的财政权,控制货币铸造及发行权,削弱了诸侯王国的经济基础。

(二)压制相权

汉武帝虽然没有像以后的朱元璋那样把宰相废掉,但压制相权也是值得特别说明的。当然,压制相权的目的最终是强化皇权。余英时先生认为,"相权如仅指宰相(无论为独相或并相)所拥有的权力而言,则它既直接出于君授,自不足以成为君权之限制。但宰相为'百官之长'、'群僚之首',在这个意义上,它是整个官僚系统的领袖,因此当官僚制度对任意挥洒的君权发生一定程度的抗拒力时,相权往往首当其冲"[①]。

从汉初到汉武帝时期的历任丞相的出身看,一是具有功勋的人士,如萧何、曹参、王陵、周勃、陈平等,二是有裙带关系的"外戚",如田蚡等。就这两部分人而言,功勋世家对汉朝的建立有功,对朝廷的决策乃至整个国家的发展均有发言权,甚至能够左右朝廷政局,如铲除吕后势力之后,由谁当皇帝,就是这帮老臣合计的结果,他们既不想未来的皇帝自身太强,如齐哀王刘襄,也不希望未来皇帝背后的势力太强,如淮南王刘长。最后选择了"代王"刘恒,也就是汉文帝。司马迁在《史记》中给出的理由是,"代王方今高帝见子,最长,仁孝宽厚。太后家薄氏谨良。且立长故顺,以仁孝闻于天下,便。"(《史记·吕太后本纪》)这些理由足够冠冕堂皇,"最长"、"仁孝宽厚"、"薄氏谨良"等,其实真正的原因是刘恒在朝中没有根基,便于控制,能够登上大宝,"完全是功臣集团出于维护自身权益的产物"[②]。文帝自己也曾说继承大统是"误居正位,常战战栗栗,恐事之不终。"(《史记·律书》)这也是汉文帝为什么在决策中不得不时常和这帮老臣妥协的原因,比如外

---

① 余英时:《中国思想传统的现代诠释》,江苏人民出版社2003年版,第81页。
② 唐燮军、翁公羽:《从分治到集权:西汉的王国问题及其解决》,浙江大学出版社2012年版,第133页。

放贾谊。以丞相为首的功勋集团是个庞大的利益集团,其强大的势力决定了汉初丞相必须从这一集团产生,并与刘氏共享夺取天下的成果。

从外戚中选拔丞相,更多的是"关系"使然,田蚡对国家没什么贡献,只因为他是汉武帝的舅舅,就成了丞相,但像这样的人通常更加跋扈,在他眼里,武帝只是个孩子,所以在朝中做事肆无忌惮,总想一手遮天。"丞相入奏事,坐语移日,所言皆听。荐人或起家至二千石,权移主上。"(《史记·魏其武安侯列传》、《资治通鉴》卷十七)意为田蚡来朝廷奏事,一说就是大半天,所说的话皇帝都听,他举荐的人,有的从平民一下提拔到二千石级别,丞相的权力超过了皇帝。田蚡的这番做派,已经犯了封建社会君臣关系之大忌,逐渐成熟起来的武帝当然不会任其摆布。①

汉武帝要改变功勋左右政局、外戚左右朝堂的局面,一是启用布衣为相,二是削弱丞相的权力。

汉武帝时期,布衣为相的典型代表是公孙弘。公孙弘一介寒儒,"家贫,牧豕海上。"(《史记·平津侯主父列传》)四十岁仍然穷困潦倒,"乃学《春秋》杂说"(《汉书·公孙弘传》),六十岁"以贤良征为博士"(《汉书·公孙弘传》),以后不断升迁,由一介布衣终成宰相,成为流传后世的励志佳话,"天下之学士靡然乡风矣。"(《史记·儒林列传》)且"封平津侯。丞相封侯自弘始。"(《资治通鉴》卷十九)其实,世间对公孙弘的评价并不高,司马迁就认为"公孙弘治《春秋》不如董仲舒"(《史记·儒林列传》)。元光五年,在参加选拔的一百多位儒生中"弘第居下",即公孙弘的水平属于下等,"策奏,天子擢弘对为第一"(《史记·平津侯主父列传》),"拜为博士"(《资治通鉴》卷十八),最终,是汉武帝把他提拔为第一的。从"下等"到"第一",其实就能看出武帝的用心!就是有意要用这位布衣人士,为已经固化的官僚系统输入新鲜血液特别是忠于皇权的新鲜血液,启用一位惟命是从

---

①　安作璋、熊铁基两位先生对丞相的权力作如是概括:"严格来说,真正的丞相制,是实行于秦和西汉前期。"丞相的具体职权包括:(一)丞相有选用官吏之权;(二)丞相有劾案百官与执行诛罚之权;(三)丞相有主管郡国上计与考课之权;(四)丞相有总领百官朝议与奏事之权;(五)丞相有封驳和谏诤之权。(参见安作璋、熊铁基:《秦汉官制史稿》,齐鲁书社1984年版,第29—33页)

的人做丞相,对于强化皇权当然是有益的。的确,公孙弘在履职时,"开陈其端,使人主自择,不肯面折廷争。"就是说公孙弘每次早朝会拜皇帝时,开口陈述事情的大概,就结束了,让皇上自己选择,不愿当面被斥责,也不愿当庭争辩。"有不可,不廷辨。""至上前,皆倍其约以顺上旨。"(《资治通鉴》卷十八)公孙弘已经和公卿约定好共同上奏的建议,一到皇上面前就全部违反约定,只顺应皇上的意旨。"上以难弘,弘诎服焉。"(《资治通鉴》卷十九)皇上责备公孙弘,公孙弘马上屈服认错,这样的臣子是甚合皇上之意的,"左右幸臣每毁弘,上益厚遇之。"(《资治通鉴》卷十八)

汉武帝时期,继公孙弘为相的有六人,分别是李蔡、庄青翟、赵周、石庆、公孙贺、刘屈氂。这六人的情况如何呢?《汉书》载,公孙弘八十岁时在相位上寿终正寝。"其后李蔡、严青翟①、赵周、石庆、公孙贺、刘屈氂继踵为丞相。自蔡至庆,丞相府客馆丘虚而已,至贺、屈氂时坏以为马厩车库奴婢室矣。"(《汉书·公孙弘卜式儿宽传》)这里着重强调了一个词"客馆",相府的"客馆"由人才济济到变为废墟再到成为马厩、车库和奴婢的居室。"相府客馆的废弃,表征着相权向皇权缴械的'诚意'。"②

丞相成为必须顺从皇帝旨意办差的官员,完全没有了"国家副元首"的尊严。而一旦政策或政策执行的结果出现问题,丞相又是第一责任人,被杀者有之,如公孙贺、刘屈氂;自杀者有之,如李蔡、庄青翟、赵周,最后出现谁做丞相就像上刑场一样。如公孙贺当时被授相时坚辞不受,"不受印绶,顿首涕泣不肯起。"(《资治通鉴》卷二十一)磕头泣哭,"臣本边鄙,以鞍马骑射为官,材诚不任宰相。"(《汉书·公孙刘田王杨蔡陈郑传》)武帝根本就不听他的辩解,丞相就得你公孙贺来干,公孙贺感叹:"我从是殆矣!"(《资治通鉴》卷二十一)意思是,我这下危险了,果然,最后没得善终。丞相完全被汉武帝玩弄于股掌之上,武帝可以随意使用他们,也可以随时处置他们。丞相权力的削弱意味着皇权的进一步加强。

---

① 严青翟即庄青翟,《汉书》避汉明帝刘庄讳,把"庄"改为"严"。
② 姜鹏:《汉武帝和他的时代》,学林出版社 2020 年版,第 77 页。

（三）打击民间侠义势力

韩非曾说"侠以武犯境"（《韩非子·五蠹》）。"侠"是民间势力，"是一种公开的地下社会，置统治集团所支持并从中获得既得利益的社会秩序于不顾，自己行使权威。"①"他们不忠于任何凌驾于自己之上的外来权威，是游离于皇权政治之外而独立存在的异己势力。"②民间游侠势力太过强盛，必然引起封建时代朝廷的注意，并在必要的时候采取措施。

汉武帝时期，处理民间势力比较典型的是"郭解之案"。

《史记》用比较大的篇幅记载了郭解其人。"郭解，轵人也，字翁伯，善相人者许负外孙也。"（《史记·游侠列传》）郭解的父亲因为行侠，在汉文帝时被杀。郭解个子矮小、精明强悍、心狠手辣，杀人很多，为朋友行侠仗义不惜生命，干了许多违法的事，但总能够化险为夷，或遇大赦免于治罪。年纪大了以后，郭解行为有很大改变，开始以德报怨、施舍别人，但行侠的思想越来越强烈。《史记》载，郭解姐姐的孩子被人杀了，郭解却把凶手放了，原因是郭解姐姐的孩子和别人喝酒，对方酒量小他却强行灌酒，惹怒对方拔刀动武，郭解了解实情后认为罪不在对方而在外甥，故放了凶手。人们听到这一消息，都称赞郭解的道义行为，对他越加依附。

洛阳人有相互结仇的，城中有数十贤人豪杰从中调解，均无果。而外来的郭解调解后，使仇家达成和解，连夜离开洛阳不让人知道，并且说："且无用，待我去，令洛阳豪居其间，乃听之。"（《史记·游侠列传》）意思是，暂时先不要听我的调解，待我离开后，让洛阳豪杰从中调解，你们就听他们的劝解。这件事，一方面说明了郭解确实有能力，声名远扬；另一方面也突出了郭解的行事低调。

郭解的影响越来越大，"之旁郡国，为人请求事，事可出，出之；不可

---

① 刘绪贻英文原著，叶巍、王进译，刘绪贻校：《中国的儒学统治：既得利益抵制社会变革的典型事例》，中国人民大学出版社 2014 年版，第 20 页。

② 唐燮军、翁公羽：《从分治到集权：西汉的王国问题及其解决》，浙江大学出版社 2012 年版，第 224 页。

者,各厌其意,然后乃敢尝酒食。"(《史记·游侠列传》)替他人到旁的郡国办事,能办成的,一定办成;办不成的,也一定要使各方满意。因此,大家都非常尊重他,争着为他效力,半夜上门来拜访他的常常有十多辆车子。

汉武帝元朔二年,主父偃向皇上进言:"茂陵初立,天下豪杰,并兼之家,乱众之民,皆可徙茂陵;内实京师,外销奸猾,此所谓不诛而害除。"就是要把天下豪杰、富家大户以及煽动民众叛乱的人,都迁到茂陵。目的是内充实京师,外消除奸猾之人。武帝接受了主父偃的意见,"徙郡国豪杰及訾三百万以上于茂陵。"(《资治通鉴》卷十八)迁移的家资标准是三百万,郭解没达到这个标准,但也在迁移名单之内,"吏恐,不敢不徙。"当时卫青将军向皇上求情说:"郭解家贫,不中徙。"即向武帝求情说郭解家里贫寒,不符合迁移的标准。武帝的答复是,"布衣权至使将军为言,此其家不贫。"郭解于是被迁徙到茂陵。"诸公送者出千余万。"(《史记·游侠列传》)

郭解被迁徙到关中后,关中豪杰争相与郭解结交,"争交欢解"。后来,提名让郭解迁徙茂陵的杨县掾的父亲杨季主被人杀了,杨季主的家人上书告状,有人又把告状的在宫门口给杀了。皇上闻知此事,下令捕捉郭解,郭解逃跑,过了很久才捕到郭解,并彻查他的罪行,有的官吏还在皇上面前说郭解无罪,但武帝接受了御史大夫公孙弘的建议,"解,布衣,为任侠行权,以睚眦杀人……当大逆无道。"(《资治通鉴》卷十八)遂诛杀了郭解家族。

《史记》、《资治通鉴》中对郭解的诸事有详细记载,上述文字是我们进行的粗线条的概括,从中分析:第一,郭解姐姐的儿子被人杀了,这是刑事案件,理应由国家法度来裁断,但郭解却凭"狭义"把杀人者放了,这是在挑战国法的权威;郭解还赢得了百姓的依附,这是在"与君争民"。第二,"跨境"到洛阳调解纠纷,并且人到事成,说明已经名声远扬,在民众心目中有一定的地位,似乎已经成了"民间领袖"。第三,影响越来越大,以至于夜半仍然有众多"社会名流"来访,放在官场这就是"结党",民间而言就是形成民间权力中心,行使着"只有皇帝才该有的权威"①,成为扰乱社会稳定的不轨势力,这是为皇权所忌惮的。第四,一个民间人士,居然能够让卫青这样的大将军为其求情,这不能不引起武帝的揣度,其身后有什么政治背景,故武帝直接就把卫青的请求驳回。第五,郭解迁茂陵,"诸公送者出千余万。"到关中后,关中豪杰"争交欢解",动静实在是太大了,一位所谓的"侠士",走到这一步,想从朝廷的视线中逃离那是不可能的。第六,郭解和他的门客杀人如麻,造成了极大的负面影响,所以,拿他开刀,就是"为民除害"。综合上述六点分析,武帝按照那个时代的惩治措施,灭掉郭解家族是必然的。

但我们要注意到,荡涤社会"邪恶"势力,是从表面看说得过去的理由,更为重要的是武帝集权的需要。自古以来,君王们对社会势力的兴起都持一种打压的态度,尤其是对所谓"行侠仗义"的侠客,更是警觉有加。因为"侠客"是根据自己的认知和价值观判断是非并付诸行动,但这并不一定符合当时的法律和规范,有时甚至逆法律而行,这样的行为,在封建时代就是对皇权的威胁,而皇权具有排他性,"侠客"解决了只能由皇权或国家法律才能解决的问题,那将皇权置于何地?因此,武帝时期对郭解家族的惩治,就是集权的需要,通过这一案件,对汉初大批像郭解这样的游侠势力不啻是当头一棒。

如,河内郡地面不太平。汉武帝派酷吏王温舒前往治理,史载:

> 捕郡中豪猾,郡中豪猾相连坐千余家。上书请,大者至族,小者乃死,家尽没入偿臧。奏行不过二三日,得可事。论报,至流血十余里。(《史记·酷吏列传》、另见《资治通鉴》卷十九)

王温舒用连坐、诛族等残酷的手段,对一千多家郡中豪猾进行了打击,竟至流血十余里。类似对游侠打击的事例还有很多,经过汉武帝时期的强

---

① 刘绪贻英文原著,叶巍、王进译,刘绪贻校:《中国的儒学统治:既得利益抵制社会变革的典型事例》,中国人民大学出版社 2014 年版,第 21 页。

力打压,游侠在中国社会中长期处于沉寂状态,偶有出现,也不会掀起大的风浪。

司马光在《资治通鉴》中引用了荀悦的说法,"世有三游,德之贼也:一曰游侠,二曰游说,三曰游行。"对"游侠"的解释是"立气势,作威福,结私交以立强于世者,谓之游侠"(《资治通鉴》卷十八)。成立一种威严、权势,作威作福,接纳私人友谊,在社会中建立强大的组织,就是游侠。荀悦认为,游侠是造成混乱的原因之一,会"伤德害道,败法惑世。"

另外,从郭解案件看,作恶的不仅是他自己,还有他的门客和追随者,如果挖掘一下中国历史上的养士和养门客的情况,汉武帝时期在逐渐减少,这也是皇权强化的体现。

太始元年(公元前 96 年),"徙郡国豪杰于茂陵"。这种迁徙富豪集中到固定的区域的办法,也是古代皇权预防民间势力坐大的重要措施。

二、尊儒:政策转变与思想一统

(一)举贤良、倡孝道

如何选拔官员和人才,对一个政权的存在至关重要。汉初需要恢复和发展社会经济的大环境,催生了"与民休息"、"无为而治"的思潮,各级官员大多持重守成。刘邦、惠帝、文帝、景帝等帝王,萧何、曹参、王陵、陈平、周勃等丞相,加上窦太后等,这些国家政策的制定者和主要执行者,基本主张用"黄老思想"治国,主张"清静无为"。所以在任用官员时,也是以此为衡量标准。比如,景帝尽管授予了儒者董仲舒、胡毋生博士职位,但并没有实授他们其他官职。

武帝即位后,欲有所作为,那么仍然"无为而治"就伸展不开手脚,再出现类似"七国之乱"的局面也无法应付。为摆脱"无为"的静态治理模式,他采取了一些措施。

首先是举贤良。举贤良方正在文帝二年与十五年就进行过,那时的范围比较广，并不限于儒生。汉武帝即位后，从儒生中选拔人才，举贤良对策。建元元年(公元前 140 年)冬十月，"诏丞相、御史、列侯、中二千石、二千石、诸侯相举贤良方正直言极谏之士。"(《汉书·武帝纪》)"冬，十月，诏举贤良方正直言极谏之士，上亲策问以古今治道，对者百余人。"(《资治通鉴》卷十七)第二，将好儒术的人士安排在中央的要害部门，魏其侯窦婴为丞相，武安侯田蚡作太尉，"婴、蚡俱好儒"(《资治通鉴》卷十七)，儒生赵绾、王臧为御史大夫，古时所说的"三公"均为儒者所掌控。并隆重迎接儒学的著名人士，也是赵绾老师的申培公入朝，武帝欲以让申培公草拟巡狩、封禅、改历、服色、立明堂等项改革。史实告诉我们，刚刚坐上皇帝宝座的武帝"心有余而力不足"，没能够斗过喜好黄老之学的窦太后，窦太后"好黄、老言，不悦儒术。"而赵绾又"请毋奏事东宫。"东宫就是窦太后一方，窦太后大怒，暗中获得王臧、赵绾贪利的事，来责备皇上，"上因废明堂事，诸所兴为皆废，下绾、臧吏，皆自杀。"(《资治通鉴》卷十七)赵绾、王臧被迫自杀，武帝第一次兴起的"尊儒"被废止。六年后(公元前 135 年)，中国历史上最有权势的女人之一窦太后去世。第二年，皇上征召贤良文学之士公孙弘等人，这明显是尊儒的回潮。

汉武帝重用儒生，确实有改变统治思想的因素，这是毋庸置疑的。那么，还有没有其他原因呢？穷其汉武帝一生来看，一代"雄主"的霸气性格，亲政之后，肯定想着亲自决定国家大政方针。所以，武帝想以儒学取代黄老之学，也包含着通过推崇儒学而自己独断朝纲的尝试，即借力挺儒学之名掌控实权。

再从"孝道"的角度看，"孝"是儒家思想的重要概念和范畴，孔子把"孝"等同于"为政"。

或谓孔子曰："子奚不为政？"

　　子曰："《书》云:'孝乎惟孝，友于兄弟，施于有政。'是亦为政，奚其为为政？"(《论语·为政》)

《尚书》云,孝,就是孝敬父母、友爱兄弟,把这种风气推广到政治中去。也就是参与政治了,为什么非要做官才算参与政治呢?"汉人推尊孔子,多以《春秋》、《孝经》并称。"①

《孝经》虽然未被列到五经之列,但在汉代是非常重要的官方意识形态规定的必读书目,两千多字的《孝经》开篇就借孔子之口说道:"夫孝,德之本也",然后接着讲孝是"始于事亲,中于事君,终于立身",并提出移孝作忠的治国理念:"君子之事亲孝,故忠可移于君;事兄悌,故顺可移于长;居家理,故治可移于官。"人对父母孝敬移于对待皇上就会表现为忠,尊敬兄长移于社会就能够服从长辈,治理好家事就可移于为官之道。《孝经》的这些意思表达,很明显是在说"孝"就是"政"。有关天子之孝,《孝经》说:"爱亲者,不敢恶于人;敬亲者,不敢慢于人。爱敬尽于事亲,而德教加于百姓,刑于四海,盖天子之孝也。"

马克斯·韦伯认为,"家产制"以"孝顺为基本美德"②,可谓中肯,他对中国古代"孝"的理解是,"一个官员……会认为孝是所有其他德行的源头。孝是对履行官僚体制最重要的等级义务——无条件的纪律——的考验与保证"③。孟德斯鸠曾阐述了中国古代为什么要倡导"孝",他说:"中国的立法者们认为政府的主要目的是帝国的太平。在他们看来,服从是维持太平最适宜的方法。从这种思想出发,他们认为应该激励人们孝敬父母;他们并且集中一切力量,使人恪守孝道。他们制定了无数的礼节和仪式,使人对双亲在他们的生前和死后,都能克尽人子的孝道。"④汉代皇帝一直宣称"以孝治天下",皇帝的帝号前都有一个"孝"字,如孝惠帝、孝文帝、孝景帝、孝武帝、孝昭帝、孝宣帝等。

《汉书·惠帝纪》载,惠帝四年(前191年)春正月,"举民孝弟力田复其

① 皮锡瑞:《经学历史》,周予同注释,中华书局2011年版,第18页。
② [德]马克斯·韦伯:《儒教与道教》,洪天富译,江苏人民出版社2010年版,第165页。
③ [德]马克斯·韦伯:《儒教与道教》,洪天富译,江苏人民出版社2010年版,第167页。
④ [法]孟德斯鸠:《论法的精神》上册,张雁深译,商务印书馆1961年版,第315页。

身"。这里的"复其身",就是免除孝敬父母、敬爱兄长、力田者的徭役。这是对"孝"的一种激励措施。《汉书·高后纪》载高后元年(公元前 187 年)二月"初置孝弟力田二千石者一人",意为国家开始设置孝弟力田二千石的高官一人,以此带动民众行孝和从事农业生产。《汉书·文帝纪》载文帝十二年(公元前 168 年)三月,诏曰:"孝悌,天下之大顺也,……其遣谒者劳赐孝者帛人五匹",即赏赐孝者帛,人五匹。

汉武帝时期特别重视"孝道"。建元元年四月,诏曰:

> 古之立教,乡里以齿,朝廷以爵,扶世导民,莫善于德。然则于乡里先耆艾,奉高年,古之道也。今天下孝子顺孙愿自竭尽以承其亲,外迫公事,内乏资财,是以孝心阙焉。朕甚哀之。民年九十以上,已有受鬻法,为复子若孙,令得身帅妻妾遂其供养之事。(《汉书·武帝纪》)

古代立教,"乡里以齿","齿"即年龄,"奉年高,古之道也",侍奉老人,是古之大道。但当时社会和生活的压力,财力和精神的不济,使晚辈的孝心缺失,武帝对此深深哀叹。武帝的这一思想使我们想起了"亚圣"孟子,孟子曾说:"天下有达尊三:爵一,齿一,德一。朝廷莫如爵,乡党莫如齿,辅世长民莫如德。"(《孟子·公孙丑下》)孟子认为,天下尊贵的东西有三样,一是爵位,一是年龄,一是德。在朝堂上莫若爵位尊贵,在乡间最尊贵的莫如长者,匡时济世,率领民众莫若德行。

光元元年(公元前 134 年),"冬,十一月,初令郡国举孝廉各一人","五月,诏举贤良、文学,上亲策之。"(《资治通鉴》卷十七)

元朔元年(公元前 128 年),冬,十一月,诏曰:

> 朕深诏执事,兴廉举孝,庶几成风,绍休圣绪。夫十室之邑,必有忠信;三人并行,厥有我师。(《资治通鉴》卷十八)

武帝下诏,希望大臣们举孝廉能够蔚然成风,使先圣的美德发扬光大。

但当时的实际情况是,整个郡一个人都不推荐,难怪武帝讲"三人行,必有我师"这样浅显的道理。武帝认为,这是教化不能尽可能下达百姓,和积德累行的君子被小人所阻塞,而不能闻达于天子的原因。所以武帝提议:"二千石不举者罪!"有司上奏:"不举孝,不奉诏,当以不敬论;不察廉,不胜任也,当免。"(《资治通鉴》卷十八)不举孝廉,不用贤人就是大不敬,这是非常严厉的处罚;不察求廉士,就是不胜任,免官。武帝批准了这个奏报,可见武帝对举孝廉是多么的重视。

(二)独尊儒术

汉初的几位帝王对儒术及儒家人士都有自己的态度,刘邦起初不好儒,不怎么喜欢治经的儒生,"沛公不好儒,诸客冠儒冠来者,沛公辄解其冠,溲溺其中。与人言,常大骂。"(《史记·郦生陆贾列传》)但自从"汉家儒宗"(《史记·刘敬叔孙通列传》)叔孙通为其制定朝仪后,刘邦便自叹,"吾乃今日知为皇帝之贵也!"(《史记·刘敬叔孙通列传》)加之陆贾一篇篇的雄文,对刘邦君臣灌输可以马上得天下,不能在马上治天下的道理,应该"逆取而顺守",使刘邦逐渐改变对儒生的态度。到刘邦去世的前一年,"行自淮南还。过鲁,以大牢祠孔子。"(《汉书·高帝纪》)刘邦路经鲁地,并用太牢祭祀了孔子。太牢是牛、羊、豕三牲皆备,是规格最高的祭祀,此举开创了历代皇帝祭孔的先例。说明封建帝王开始认可儒学的政治功能。

文帝时期,新锐贾谊主张礼治,为文帝提供了儒家思想治国的方子。在黄老思想运用于政治的鼎盛时期呈现出一抹儒家的因素。

武帝时期,西汉已经发展了六十多年,社会经济的恢复和发展对政治指导思想必然产生影响,尊儒成为汉武帝"治道"的突出点。"上乡儒术"(《史记·孝武本纪》),意即皇上崇尚儒家的学说。"孝武初立,卓然罢黜百家,表章'六经'。"(《汉书·武帝纪》)"六经"是儒家最重要的六部著作,表章"六经",表明了武帝推崇儒家学说的态度。

建元五年(公元前 136 年),汉武帝"置五经博士"(《资治通鉴》卷十七)。《汉书·百官公卿表》载:"博士,秦官,掌通古今,秩比六百石,员多至数十人。"意思是说,博士是秦的官职,掌通古今,拿朝廷的俸禄,人数较多,"始皇置酒咸阳宫,博士七十人前为寿","博士虽七十人,特备员弗用。"(《史记·秦始皇本纪》)博士主要是为皇帝提供咨询服务,这样看来,研究学问并不是博士的主业,提供政治决策咨询才是他们的本职。那么,这些博士就不得不实时调整自己的思想,某种程度上迎合政治需要,以便立足于朝堂。秦博士包括儒家、名家、方士等诸子百家,汉武帝"置五经博士"之前,汉代的博士也包括诸子各家。汉武帝时罢诸子,在文帝《诗》、《书》两家博士和景帝《春秋》博士的基础上,加上了《礼》和《易》。"从此以后,博士始专向儒家和经学方面走去,把始皇时的博士之业《诗》、《书》和'百家之言'分开了。这是一个急剧的转变,使得此后博士的执掌不为'通古今'而为'作经师'。换句话说,学术的道路从此限定只有经学一条了。"[1]"因博士得以成立的文化背景,所以其人选多来自儒生。"[2]这样,儒家经典成为了国家教科书,更成了国家选拔官员的铁定标准,"武帝立'五经'博士,开弟子员,设科射策,劝以官禄"(《汉书·儒林传》),"经"对中国古代社会产生了久远的影响。皮锡瑞在《经学历史》中说道:

孔子出而有经之名。[3]

读孔子所作之经,当知孔子作"六经"之旨。孔子有帝王之德而无帝王之位,晚年知道不行,退而删定"六经",以教万世。其微言大义实可为万世之准则。后之为人君者,必遵孔子之教,乃足以治一国;所谓"循之则治,违之则乱"。后之为士大夫者,亦必遵孔子之教,乃足以治一身;所谓"君子修之吉,小人悖之凶"。此万世之公言,非一人之私论也。孔子之教何在?即在所作"六经"之内。故孔子为万世师表,"六经"即万世教科书。惟汉人知孔子维世立教之义,故谓孔子为汉定道,

---

① 顾颉刚:《秦汉的方士与儒生》,上海古籍出版社 2005 年版,第 47 页。

② 徐复观:《徐复观论经学史二种》,上海书店出版社 2006 年版,第 57 页。

③ 皮锡瑞:《经学历史》,周予同注释,中华书局 2011 年版,第 16 页。

为汉制作。……朝廷议礼、议政，无不引经；公卿大夫士吏，无不通一艺以上。①

冯友兰先生将中国学术思想的发展划分为两个时代，即子学时代和经学时代，"自孔子至淮南王为子学时代，自董仲舒至康有为为经学时代"②。有学者总结道："在汉代，尤其是从西汉中期到东汉中期，经学不仅是学术，而且首先是政治。统治者大力提倡经学，着眼点只在于其中能履行统治思想职能的一部分内容，而不是单纯从学术的角度关心如何对五经进行解说。"③儒家经义成为最高的理论权威。④

汉武帝作为国家的最高统治者，确立了治国理政的大方向，而理论的论证则需要学者来完成，大儒董仲舒承担了这一角色。董仲舒在对策中说了这样一段话：

> 《春秋》大一统者，天地之常经，古今之通谊也。今师异道，人异论，百家殊方，指意不同。是以上亡以持一统，法制数变，下不知所守。臣愚以为诸不在六艺之科、孔子之术者，皆绝其道，勿使并进。邪辟之说灭息，然后统纪可一，而法度可明，民知所从矣。(《汉书·董仲舒传》、《资治通鉴》卷十七)

董仲舒是"公羊学"大师，上述文字，第一句便是"《春秋》大一统者，天地之常经，古今之通谊也。"那么，究竟什么是"大一统"？《春秋·公羊传》开篇写道：

---

① 皮锡瑞：《经学历史》，周予同注释，中华书局 2011 年版，第 6—7 页。
② 冯友兰：《中国哲学史》(下)，华东师范大学出版社 2011 年版，第 3 页。
③ 张涛：《经学与汉代社会》，河北人民出版社 2001 年版，第 70 页。
④ 汉人以《乐经》亡，但立《诗》、《书》、《易》、《礼》、《春秋》五经博士，后增《论语》为六，又增《孝经》为七。唐分三《礼》、三《传》，合《易》、《书》、《诗》为九。宋又增《论语》、《孝经》、《孟子》、《尔雅》为十三经。(参见皮锡瑞：《经学历史》，周予同注释，中华书局 2011 年版，第 39 页)

元年春王正月。

元年者何？君之始年也。春者何？岁之始也。王者孰谓？谓文王也。曷为先言王而后言正月？王正月也。何言乎王正月？大一统也。①

意为：元年春王正月。元年是什么？是国君就位的第一年。春是什么？是一年的开始。王指的是谁？是指周文王。为什么先说王而后说正月？是周王的正月。说周王的正月是什么意思？就是尊重天下统一于周天子的意思。

《传》文作者基本上是以设问的方式对《经》文中的事件进行阐释的。以上的"王正月"表明鲁国记时仍然遵用周王正朔，表明传文作者认为历法应该整齐划一，悉遵周正，也表明作者以周为正统，并实现天下一统的政治主张。

董仲舒在此以"大一统"是"天地之常经，古今之通谊"来定调子，对维护君权是非常必要的，对他所提对策能为汉武帝接受也起到了助推的作用，的确，这些话对汉武帝"尊儒"政策的强化产生了重要影响。董仲舒认为，如果执政者没有统一的思想，那么就会"法制数变"，百姓就会无所适从，要做到"下知所守"，就需要统一思想，即把儒家思想定为全社会的统一思想，"诸不在六艺之科、孔子之术者，皆绝其道，勿使并进。"杜绝其他思想的蔓延，这样就"统纪可一""法度可明，民之所从"。这当然已经不是谈学术了，完全是在谈政治。通过学习儒家学说，使儒术渐渐渗透到百姓的头脑中，影响他们对事物的认识和分析能力，这是执政者希望达到的目的。

董仲舒跟随公羊氏学习《春秋》，对《春秋》中的大一统思想倍加推崇，所以认为"大一统"是"天地之常经，古今之通谊也。"他的"大一统"思想包括政治的大一统，也包括思想的大一统。政治的大一统就是一切权力都集中于君主，臣下要绝对服从，实行绝对的君主集权。思想的大一统就是把思

① 王维堤、唐书文：《春秋公羊传译注》，上海古籍出版社2004年版，第1页。

想统一到儒学上来,思想的大一统最终是为政治的大一统服务的。

学界一般都把董仲舒的"对策"概括为"独尊儒术"①,这里,为了表达的方便和便于读者理解,我们沿用这种表述,简要分析一下独尊儒术的影响。

第一,"独尊儒术"是执政者将学术为政治服务合法化的现实反应。汉初经过了六十多年的休养生息,为执政者政治上的有为奠定了比较坚实的物质基础,要想有所作为,就必须有一种新的理论来取代"清静无为"的黄老之学并指导政治实践。董仲舒的对策与武帝的想法一拍即合。儒家人士和思想终于被推向了历史的前台,并且是受到最高统治者的青睐而再次成为"显学"的。

"独尊儒术"是董仲舒为汉武帝提出的意识形态路径和所要达到的目的,更为重要的是它为以后统治者维护"大一统"提供了思维方式。政治上"大一统"没有思想的"大一统"是不可想象的,"独尊儒术"完成了理论构建,执政者接受了这一理论并付诸实践,思想"大一统"的局面逐渐形成。②

第二,儒术作为官方意识形态具有精神引领作用。"儒术"中有些内涵是人们应该遵循的规则,如"君君、臣臣、父父、子子";有些是做人的道理,如"仁"、"义"等等,这些东西在封建时代为人们所接受,按这些规范或训导去做事,觉得这样是应该的。有了这样的民众基础,一旦统治者将其上升到

---

① 有学者认为"罢黜百家、独尊儒术"是由当时的丞相田蚡代表朝廷先提出来的(前135 年),而后董仲舒在对策中响应了这一精神(前 134 年)。《史记·儒林外传》载:"及窦太后崩,武安侯田蚡为丞相,绌黄老、刑名百家之言,延文学儒者数百人,而公孙弘以春秋白衣为天子三公,封以平津侯。天下之学士靡然乡风矣。"董仲舒在对策中提出的"臣愚以为诸不在六艺之科,孔子之术者,皆绝其道,勿使并进。"与田蚡的"绌黄老、刑名百家之言"的精神完全一致。(参见杨生民:《战国秦汉治国思想新考》,金城出版社 2011 年版,第 103 页)我们认为,这一考据是有价值的。

② 有学者有不同的看法,认为"大"而"一统"自有它的好处,更有它的难处,难处何在?难就难在将黄河、长江、珠江三大流域各地理——经济相对独立自足的区域置于统一的中央集权管理之下。……中国辽阔版图内,由于南北、东西地形、地貌、土壤、气候、物产、历史传统的诸多差异,客观上可以造成若干经济——政治中心,在古代交通不便的历史条件下,这种形势正是各地方势力封疆割据的有利条件。(参见曹锦清:《如何研究中国》,上海人民出版社 2010 年版,第 187 页)

国家"意识形态"的高度,那么,就会成为一种国家精神,不论"儒术"的糟粕如何,自从处于"独尊"的地位后,对中国人精神方面两千多年的影响是客观存在的。尤其出现两种情况,其凝聚作用会大为显现:一是"外侮"。一个民族有凝聚力,能够长久不衰,文明延续,是因为在遇到"外侮"时有一种精神力量能够把国民凝聚在一起。二是"内患"。主要是指整个国家处于分裂状态,魏晋南北朝时期,五代十国时期等是重要的时间段,尽管政治上分分合合,但同一的民族精神一直把不同的执政者聚拢在"华夏"的旗帜下。这是以"儒术"为代表的中国文化功不可没的地方。今人李威熊先生在评价董仲舒"独尊儒术"时有这样一段话:

> 统一思想,归本儒家,便是要使全国人有一致的信仰,让大家在相同的目标下,致力于共同的利益,所以统一思想有其必要的。……它给我们带来一个安详而有层次的社会,使我们的国家二千多年来始终能维持大一统的局面,不像面积与中国等大的欧洲,一直四分五裂,国家居然有二、三十个之多,由这一点可以看出儒家文化的博大能容。它对国家的统一,民族的发展,有不可磨灭的贡献。因此,我们平心而论,董仲舒统一思想,尊崇儒术的呼吁,其功当多于过。①

这一评价认为"独尊儒术"功大于过。

自然,一种被强化为官方意识形态的理论体系,有维护当时占统治地位的阶级统治的作用,也就有其消极的影响。"独尊儒术"的消极作用也是显而易见的。比如某种程度上对人的个性的泯灭,个性是人的创造性的源泉,确立"儒术"的官方地位,就是确立了"儒术"对社会的全面控制,就是要求社会公众按照一个模式思考问题,那么,那些具有独立思想和意志的人士就不得不放弃"独立"思考之精神,随波逐流。

第三,统治者确立"儒术"的独尊地位,无形中有益于"中国社会超稳定

---

① 周桂钿:《秦汉思想史》,河北人民出版社 2000 年版,第 229 页。

结构"的形成。

儒术本身是守成之术,它所倡导的仁、义、礼、智、信、忠、孝、爱、和、中、温、良、恭、俭、让等等,是经过了相当长的时间积淀而形成的行事原则和行为规范,社会中的所有成员都照此安排生产和生活,使整个社会形成了超稳定的本质特征。这种特征给国家治理产生的影响是改革难以推进,任何风吹草动的改革都会遇到强大的阻力。而政府也可能为了维护稳定而不惜代价,哪怕积弊丛生也不会轻易触动。中国古代改朝换代的事情屡屡发生,但间或打乱的社会秩序会在新的朝代建立后很快恢复,这种快速的复建功能是世界上其他国家无法比拟的,原因何在,儒术的功效不可小觑。

儒学造就了超稳定的社会结构,超稳定的结构对官员产生了重要影响。因为稳定,统治集团把积极求变的官员看作另类人物,成熟稳重成为官员们的基本素质。这在中国古代造成的最终后果就是官场行事的按部就班和官员精神面貌的暮气沉沉。

第四,儒学的"精髓"——经学成为选拔官员的标准①。任何时候对官僚队伍的选拔都需要有一定的评价标准,这一决定权在统治者手中,经学就是两汉时期选拔官吏的标准和任用官吏的依据。汉代通过读经为士人做官开了先河,这一做法的延续是隋唐时期科举考试的确立和完善,科举考试为所有国民开启了一扇通往官场的大门,这一制度创设之所以能够延续千年之久并对西方的公务员制度产生影响,就在于其"公开考试、择优录用"的基本准则,从隋唐开始,经宋、元、明、清各朝代的发展完善,读经,已经成为知识分子的主要工作,以"经"选拔官员成为执政者的首选。

胡适先生认为:"汉代儒教运动最大的成就在教育领域,它在学习研究古代经籍文献的基础上建立起全国性的教育和考试制度。儒学的领头人物为未来的文官考试的民主制度的发展播下了种子。这种考试制度有可能使任何一个穷乡僻壤的男孩通过他自己的努力和良好的资质进入并上升到国

---

① 需要明确的是,读经入士,只是重点强调从儒家学派中选人才当官,并不杜绝当时的知识分子读其他各家之书,不能把罢黜百家理解为禁读各家之书。其实,汉武帝时期曾掀起过搜求书籍的高潮,对当时思想文化的发展起到了促进作用。

家的最高政治阶层。"①董仲舒提出"独尊儒术"后,将子学时代转轨到经学时代,汉代的察举制为以后的科举制起到了探路作用,"实际上,汉代的察举可视为广义的科举,是科举制的雏形。"②西汉的今文经学、西汉末到东汉盛行的古文经学,使无数读书人因经学成就而被举荐进入官僚队伍。

实事求是地说,董仲舒时期的儒学(儒术),与先秦时期的儒学已经有了很大的区别,它吸收了道、墨、法、阴阳等各家思想,形成新的儒学,故被人称为"汉儒",但无论如何,儒家思想的核心内容是没有改变的。科举考试以儒家经学为典籍,"遗子黄金满籝,不如一经"(《汉书·韦贤传》),充分说明读书人对经书的重视。

如何选拔官员,是任何国家或朝代的执政者十分重视的问题,它关系到国家机器是否能够正常运转,政权能否稳固的一系列重要问题。因此,选拔能够有效维护统治者意识形态的人进入官员队伍是国家稳定和政府有效运行的重要保障,反映了意识形态与制度建设密不可分。同时,由于读经而成为官僚队伍中的成员,在从事政务中会自觉不自觉地践行儒学,这就为儒学的进一步扩大影响提供了前提。美国学者在谈及汉代"儒学的胜利"时说道:"人们一般认为在他(汉武帝)统治时期儒学成为中国宫廷中占统治地位的哲学。……同时,遵从儒家传统的学者们进入起初是纯粹法家类型的政府。汉高祖尽管自己未受过教育,但他意识到需要在政府中任用受到教育的文人。汉高祖的继承者们甚至举行考试以选拔合格的文人进入政府任职,到汉武帝时,中央政府中已有相当强烈的儒家倾向……结果受过教育的人成为国家的支持者而不是反对者。更重要的是,通过一种新的教育制度和未来官员的选拔制度,一个有效率的官僚阶层开始发展起来。"③

汉武帝的尊儒,不论如何评价,但最终确实是使儒学和政权得以结合,这一事实是我们探究武帝"治道"的落脚点之一。

---

① 胡适:《胡适谈国学》,中国华侨出版社 2013 年版,第 50 页。
② 刘海峰、李兵:《中国科举史》,东方出版中心 2004 年版,第 39 页。
③ [美]费正清、赖肖尔主编:《中国:传统与变革》,陈仲丹等译,江苏人民出版社 2012 年版,第 62—64 页。

三、重法:定刑律、"霸王道杂之"

汉武帝崇儒,但司马光对汉武帝的评价是"虽好儒,好其名而不知其实,慕其华而废其质。"(《温国文正司马公文集》卷十二)也就是说武帝看重的是儒学的"文饰"功能,比如,元鼎六年,汉武帝要进行封禅,命令儒生们根据《尚书》、《周官》、《王制》的文辞内容,草具封禅的礼节,但好长时间也没有草拟好,"上乃自制仪,颇采儒术以文之。"(《资治通鉴》卷二十)皇上就自己制定封禅的礼仪,很多地方采用儒术作为文饰。概而言之,儒术是"面子","里子"是什么那要根据实际的需要而定。对于现实政治,则用的是"杂霸"政治术。我们如果比较《史记》、《汉书》和《资治通鉴》,可以明显感觉到司马迁、班固和司马光对汉武帝评价的不同,司马迁生活在汉武帝时期,且因为李陵事件下狱并受宫刑,所以,他对汉武帝的评价用词比较隐晦;班固出生时,汉武帝已经去世一百多年了,在班固眼里看到的更多的是汉武帝的丰功伟绩,故用词偏于赞赏;司马光生活于宋神宗时期,距汉武帝时代大约一千两百年,时代的沉淀以及司马光写史"鉴于往事,有资于治道"的目的,加之宋神宗时代的政治需要,那么,对汉武帝的评价就多有批评之词。这些先辈史家的评价不论褒贬,都会给我们提供一个认识的视角,使我们能够更加全面地理解汉武帝这位封建帝王。

我们认为,"略输文采"的汉武帝,尽管打着"独尊儒术"的大旗,但作为最高统治者,他不会拒绝任何一种有利于统治的思想和学说。据说他七岁时在太傅卫绾的教导下学习,就对《韩非子》爱不释手,实际统治中,儒法并用,外儒内法,"悉延百端之学"(《史记·龟策列传》)已经是一种客观事实。但必须厘清一个基本认识,"悉延百端之学"的前提是尊儒术、重法治,把各家有用的学说都拿来用以治国,故他的统治方略被称为"杂霸统治术",正是运用这种杂霸统治术成就了伟业。

（一）定刑律、严执法

西汉最早的立法,是刘邦称帝前的"约法三章"。公元前 206 年,刘邦进入咸阳,与百姓约法三章,"杀人者死,伤人及盗抵罪",使"兆民大说"(《汉书·刑法志》)。

汉朝建立后,"四夷未附,兵革未息,三章之法不足以御奸",公元前 202 年,汉高祖令"相国萧何攈摭秦法,取其宜于时者,作律九章"(《汉书·刑法志》)。《九章律》是汉代非常重要的一部法典。

除《九章律》外,汉高祖刘邦还在行政、军事、礼仪等诸多方面进行了立法活动,"天下既定,命萧何次律令,韩信申军法,张苍定章程,叔孙通制礼仪。"(《汉书·高帝纪》)

"当孝惠、高后时……萧、曹为相,填以无为,从民之欲,而不扰乱,是以衣食滋殖,刑罚用稀。"(《汉书·刑法志》)这并不是说,惠帝时律例方面什么都没留下,二是相对较少。代表性的有,叔孙通增补汉律没有涉及的礼仪,完成《傍章》十八篇。

文帝时,尽管有记载:"本好刑名之言"(《史记·儒林列传》)但文帝更侧重力勉农桑、减少租赋、疏阔法网、简明刑罚,"有刑错之风"(《汉书·刑法志》)。文帝元年(前 179 年)十二月,上曰:

> "法者,治之正也,所以禁暴而率善人也。今犯法已论,而使毋罪之父母妻子同产坐之,及为收帑,朕甚不取。其议之。"有司皆曰:"民不能自治,故为法以禁之。相坐坐收,所以累其心,使重犯法,所从来远矣。如故便。"上曰:"朕闻法正则民悫,罪当则民从。且夫牧民而导之善者,吏也。其既不能导,又以不正之法罪之,是反害於民为暴者也,何以禁之? 朕未见其便,其孰计之。"有司皆曰:"陛下加大惠,德甚盛,非臣等所及也。请奉诏书,除收帑诸相坐律令。"(《史记·孝文本纪》)

《汉书·文帝纪》记载得比较简略,只八个字,"除收帑诸相坐律令"。

文帝和臣僚对话的中心意思是是否废除一人犯罪全家连坐的事,"收帑诸相坐律令"就是罪人的父母、妻、子及兄弟都要被连累治罪,即没收为官奴,加上了一个"除"字,就是废除了这条律令,这条律令有关"民"的身份地位,是把罪人的家人从官奴中解放出来。

所以,汉文帝时期在对待刑罚方面,是倾向于减刑和轻刑,废除"不人道"的律令。从史书上看,文帝也是一个认真遵法的皇帝。比如,有一次有人惊了文帝的舆驾,文帝要重处惊驾之人,廷尉张释之说道:"法者,天子所与天下公共也。今法如是,更重之,是法不信于民也。且方其时,上使使诛之则已。今已下廷尉,廷尉,天下之平也。壹倾,天下用法皆为之轻重,民安所错其手足?唯陛下察之。"(《汉书·张冯汲郑传》)意为:法律是天子与天下人共同遵守的。如今法律是这样规定的却要加重处罚,这样法律就不能取信于民了。况且在当时,如果皇上把他杀了也就罢了,如今既然交给廷尉,而廷尉是天下公平的象征,一旦偏离公平,天下使用法律时都会任意或轻或重,百姓就会手足无措,望陛下明察。"上良久曰:'廷尉当是也'。"文帝认为廷尉做得对。

景帝时,景帝元年(公元前156年)下诏,"加笞与重罪无异,幸而不死,不可为人,其定律笞五百曰三百,笞三百曰二百。"景帝认为,笞刑与重刑并无二致,受笞者侥幸不死,也成了残疾人,希望制定法律,将笞五百减为三百,笞三百减为二百。至中元年(公元前144年)又下诏,笞三百减为二百,笞二百减为一百。景帝认为,"笞者,所以教之也,其定箠令。"

到武帝时期的情况如何呢,我们援引《汉书》的记载如下:

> 及至孝武即位,外事四夷之功,内盛耳目之好,征发烦数,百姓贫耗,穷民犯法,酷吏击断,奸轨不胜。于是招进张汤、赵禹之属,条定法令,作见知故纵、监临部主之法,缓深故之罪,急纵出之诛。其后奸猾巧法,转相比况,禁罔浸密。律、令凡三百五十九章,大辟四百九条,千八百八十二事,死罪决事比万三千四百七十二事。文书盈于几阁,典者不能遍睹。是以郡国承用者驳,或罪同而论异。奸吏因缘为市,所欲活则

傅生议,所欲陷则予死比,议者咸冤伤之。(《汉书·刑法志》)

这个记载,说明汉武帝时期,"外事四夷""内盛耳目之好""百姓贫耗",任用酷吏,令张汤、赵禹等整理制定法律,制定了见知故纵、监临部主之法,律令共三百五十九章,大辟四百零九条,一千八百八十二例,死罪决事比一万三千四百七十二例。由这些数字可知,惩罚措施方方面面可能都触及到了。案卷堆满了藏书的房子,掌管者都无法读完。可见案件多到了一定程度。

法令对官吏的要求也很严苛,"上以张汤为太中大夫,与赵禹共定诸律令,务在深文。拘守职之吏,作见知法①,吏传相监司。用法益刻自此始。"(《资治通鉴》卷十八)皇上任命张汤为太中大夫,和赵禹一同商定各种律令,务必要使法律条文严厉。为严格控制在职的官吏,设下见知法,所有官吏都互相监督,有罪就上奏。法令更加严苛,就是从这时候开始的。

"上以法制御下,好尊用酷吏"(《资治通鉴》卷二十一)。皇上用法制来统御人民,喜好重用严酷的官吏。顾立雅阐释道:"尽管汉武帝表面上推崇儒家思想,内心却是依赖商鞅与韩非子这样的传统法家。他任用的官员也秉承那些学说,从而汉武帝广泛地运用刑罚,并残酷施行。"②

汉武帝时期制定了一部关于匿藏盗贼者一定要处以斩刑的法律,即《沉命法》,亦作《沈命法》,"沈,没也",沈命即"敢蔽匿盗贼者没其命也"。《沈命法》规定,"群盗起,不发觉,发觉而捕弗满品者,二千石以下至小吏,主者皆死。"(《资治通鉴》卷二十一)当群贼兴起的时候,没有发觉,或者虽然发觉了,而不去捕捉,捕获了却超过了期限,或没达到相当成绩的,从二千石的官员以下,一直到小吏,所有的承办人员,都得处以死刑。这种要求是非常严厉的,严厉的结果是走向了初衷的反面。为了活命,从县到府各级官

---

①　见知法,即看见人犯罪,知而不报,就是故纵,要和犯人同罪。上级长官对所辖主管官吏的违法行为,应及时纠举,否则要连坐承担刑事处罚。

②　[美]顾立雅:《申不害:公元前四世纪中国的政治哲学家》,马腾译,江苏人民出版社2019年版,第131页。

员"虽有盗弗敢发,恐不能得,坐课累府,府亦使其不言。故盗贼浸多,上下相为匿,以文辞避法焉。"(《资治通鉴》卷二十一)造成盗贼越来越多,官吏为避祸而不敢报的局面。

汉武帝时期还有些残酷的刑罚措施,比如"腹诽"。腹诽的例子从大农令颜异的案子开始,有人因事控告颜异,武帝把案子交给张汤审理,张汤和颜异有过节,那么结果就可想而知了。张汤判案的依据是,颜异和客人谈话时,谈到天子初颁的诏令中有不便利的地方,颜异没说话,只是微微反唇,表示讥诽。张汤向皇上奏报判决的内容:"异,九卿,见令不便,不入言而腹诽,论死。"(《资治通鉴》卷二十)颜异身为九卿,看到诏令有不便利的地方,不入宫进言,而是在内心讥讽,论罪当死。由此而开汉朝"腹诽"论罪之先河,"自是之后有腹诽之法比,而公卿大夫多谄谀取容矣。"

作为汉武帝的"打手",酷吏张汤最后"有罪自杀",和其他历代宠臣、酷吏不同的是,张汤并没有聚敛钱财,"汤既死,家产直不过五百金。"(《资治通鉴》卷二十)家产总值不过五百金。这至少说明张汤并不贪财,这就很有意思了,张汤是出于什么目的全身心地以"酷"审理犯人、打击异己,难道仅是表示对武帝的忠诚吗? 如果从心理学的角度分析,是否也能有一番发现呢?!

汉武帝任用酷吏办了许多大案、也包括不少的冤案,比如巫蛊案,这种严法治理国家造成的后果如何评价是非常值得认真思考的。

当然,武帝自己在处理涉及亲情的案子时,也能够严格执法、不徇私情。《资治通鉴》载,"帝聪明能断,善用人,行法无所假贷。"武帝善于用人,执法严格,毫不宽恕。隆虑公主的儿子昭平君娶皇帝的女儿夷安公主,隆虑公主后来因为有病,就拿了千金黄金和一千万钱要预先为昭平君预赎死罪,希望他以后要是真犯了法,能免掉一死,皇上答应了。隆虑公主死后,"昭平君日骄,醉杀主傅,系狱"。昭平君日渐骄恣,有次醉酒后杀死了公主的女仆,被拘囚,廷尉因为昭平君是隆虑公主的儿子,便请皇上来定罪,左右臣子都为昭平君求情,认为,以前昭平君已经预先赎过罪,皇上也答应了。武帝也非常感慨,以前答应过隆虑公主,但又认为,"法令者,先帝所造也,用弟故而诬先帝之法,吾何面目入高庙乎! 又下负万民。"(《资治通鉴》卷二十二)于是就准许了廷尉的上奏,依律处置,并没有因为亲情而枉法。司马光的《资治通鉴》一般都会在记述了某个时间段的事情后,最后讲述个重要的事件结束,在记述汉武帝的最后记载了这个事件,说明司马光非常欣赏武帝的这一做法。有学者甚至认为汉武帝时期,"申商韩非之言,倒成了政治的指导思想。"①先秦法家的"一断于法"在此得到了体现。

(二)杂霸之道

"王道"、"霸道"的关系与区分,我们在孟子部分已经进行了阐释。从理论上讲,国家的统治者可以选择一种来治理国家,但实际上,在政治实践中,聪明的统治者都不是单一的选择,而是综合地运用。

汉宣帝曾明确宣称,"汉家自有制度,本以霸王道杂之,奈何纯任德教,用周政乎?"(《汉书·元帝纪》)其实,"杂霸之道"在汉武帝时期就已明显呈现。

汉武帝雄才大略,他不是只用温情脉脉的儒家,也不会把意识形态的话语权完全交给儒家,正如余英时先生所言:"从政治史的观点看,我们却不能轻率地断定自汉武帝'独尊儒术'以后,中国已变成了一个'儒教国家'。儒教对汉代国家体制,尤其是中央政府的影响是比较表面的,当时的人已指出是'以经术润饰吏事'"②。儒学的重要功能就是润饰政治。当然汉武帝也不是只用严苛冷峻的法家,他是杂而用之。在主导思想上、对民众进行教化时"尊儒",在处理"庶事"、督责官吏时用法。有时则是儒法的结合,如董仲舒的《春秋决狱》,鉴于汉承秦制的汉代法律制度本身并不完善,那么,儒家经义正好可以起到补充作用,这样《春秋决狱》就自然产生了——《春秋决狱》就是把儒家五经之一的《春秋》作为断案的依据用。"据经师的说法,《春秋》中有褒贬、有予夺,这些褒贬予夺的标准和原则就是《春秋》的

---

① 金春峰:《汉代思想史》,中国社会科学出版社 2006 年版,第 13 页。
② 余英时:《士与中国文化》,上海人民出版社 1987 年版,第 141 页。

'义'。把这种标准和原则运用于实际案件的审判之中,就叫作'以《春秋决狱》'。以《春秋》决狱是《春秋》经传在汉代颇具特色的一项功能,其首倡者就是董仲舒。"①"董仲舒老病致仕,朝廷每有政议,数遣廷尉张汤亲至陋巷,问其得失。于是作春秋决狱二百三十二事,动以经对,言之详矣"(《后汉书·应劭传》)。我们都知道,《春秋》是儒家经典,鲁国的编年史,也是我国现存最早的一部编年体史书,"孔子成《春秋》而乱臣贼子惧。"(《孟子·滕文公下》)董仲舒是"春秋公羊学"大家,《春秋》的"大一统"和"尊尊亲亲"、维护君臣父子夫妇的纲常伦理等思想,符合当时国家认可的法律意识,因此成了断案依据,引礼入法,引经决狱,促成法律的儒学化,儒法合流,这是汉代司法的典型特征。汉武帝令董仲舒的弟子吕步舒"持节使决淮南狱,於诸侯擅专断,不报,以《春秋》之义正之,天子皆以为是"(《史记·儒林列传》)。

如今,无论是《公羊董仲舒决狱》还是《春秋决狱》,均已不传,我们无法了解"决狱"的全貌,但唐宋类书、政书中尚能找到一些零星的记载,有助于我们了解"决狱"的概情。

《通典》载:

> 东晋成帝咸和五年,散骑侍郎贺乔妻于氏上表云:"……董仲舒命代纯儒,汉朝每有疑议,未尝不遣使者访问,以片言而折中焉。时有疑狱曰:'甲无子,拾道旁弃儿乙养之以为子。及乙长,有罪杀人,以状语甲,甲藏匿乙,甲当何论?'仲舒断曰:'甲无子,振活养乙,虽非所生,谁与易之!《诗》云:螟蛉有子,蜾蠃负之。《春秋》之义,父为子隐。甲宜匿乙。'诏不当坐。"(《通典》卷六十九)

乙杀人,属于刑事案件,董仲舒引《春秋》"父为子隐"的原则决狱,判处藏匿犯法义子乙的行为为无罪。

---

① 赵伯雄:《春秋学史》,山东教育出版社 2004 年版,第 120 页。

《太平御览》曾引董仲舒春秋决狱案例：

> 甲父乙与丙争言相斗，丙以配刀刺乙，甲即以杖击丙，误伤乙，甲当
> 何论？或曰："殴父也，当枭首。"董仲舒议曰："臣愚以父子至亲也，闻
> 其斗，莫不有怵怅之心，扶杖而救之，非所以欲诟父也。《春秋》之义，
> 许止父病，进药于其父而卒，君子原心，赦而不诛。甲非律所谓殴父，不
> 当坐。"（《太平御览》卷六百四十）

《春秋决狱》的基本原则和精神是"原心定罪"，亦称"论心定罪"或"原
情定过"。"《春秋》之听狱也，必本其事而原其志；志邪者不待成，首恶者罪
特重，本直者其论轻。"（《春秋繁露·精华》）意即《春秋》审判案件，必定根
据事实而探究当事人的动机。动机邪恶的，不需要等到成为事实也要追究
责任，带头作恶的，判罪特重；如果犯罪者的动机和目的原本合乎儒家经义
及其倡导的道德规范，即主观上无恶念者，论罪就轻。特别强调了审判时应
重视行为人的主观动机；同时，要根据事实，分别首犯、从犯和既遂、未遂。
这种对犯罪的审判，集中体现了礼法的结合。回头我们再看《太平御览》所
记案例，甲误伤其父乙，但没有伤害父亲的主观动机，而是为了救父，属尽孝
之举，没有违逆"父为子纲"的伦理原则，尽管出现了"误伤乙"的客观结果，
但仍然"不当坐"。那么，这一判决是如何运用《春秋》的呢？上文所引后边
的文字给出了答案，"春秋之义，许止父病，进药于其父而卒，君子原心，赦
而不诛。"《公羊传》昭公十九年载："许世子止弑其君买。"就是说许国的太
子止杀了他的君父买。事情的原委是，春秋时许悼公生病，世子止进药的时
候导致其父亲死亡。经文写道："冬，葬许悼公。"凶手没有惩处，为什么写
安葬？《公羊传》认为"不成于弑也"，"是君子之赦止也。赦止者，免止之罪
辞也。"也就是说，世子止进药，许悼公死亡，不能称为杀君，所以安葬了许
悼公，但毕竟许悼公是进药时死的，所以君子加上了"弑"字，说"许世子止
弑其君买"，是君子处置了世子止的罪，说"安葬许悼公"，是君子赦了世子
止的罪。这样的记载，既不失事实的依据，也不枉春秋大义。有学者认为，

在当时治狱之吏"奸猾巧法,转相比况"(《汉书·刑法志》),致使断狱从重成习的情况下,董仲舒的"原心定罪",有一定的进步意义。① "'原心定罪'要求在考察犯罪事实的前提下追究行为者的动机和目的,这一审判方针显然是正确的。"②

在后来的盐铁会议上,文学明确提出:"《春秋》之治狱,论心定罪。志善而违于法者免,志恶而合于法者诛。"(《盐铁论·刑德》)

"经学的介入,使儒家思想开始成为封建法律的指导思想,并使引礼入法开始成为中华法系的重要特征,在中国法制史上意义重大。"③我们回头再看"礼与法"结合的治理方法,这种结合可以追溯到荀子的"援法入礼",荀子、董仲舒对儒法合流发挥了重要作用。汉代两者的结合,也引起了司法队伍结构的变化,汉武帝时的酷吏张汤特别器重儒士儿宽,并请博士弟子参与案件的审理,司法之吏也开始研习儒家经典并运用于司法实践,这种结果为治国者所需要。

当然,"原心定罪"这一原则的不足也非常明显,《春秋决狱》多有对经学观点断章取义、随意解说之嫌,因为表面上断狱依据的是《春秋》,但实际如何解释和执行由司法官吏操作,他们可以根据自己的善恶标准确定司法标准,这就给了司法官吏没有边界的"自由裁量权",造成同罪不同罚的结局,为滥用刑罚开了方便之门,对民众的侵害和法律尊严的损害是显而易见的。

除了"王道"与"霸道"的运用,汉武帝也运用"黄老思想"。在汉武帝统治的大部分时期,尊儒重法是主流,但到了其晚年,汉武帝对自己"政治的一生"进行了回顾和反思,检讨了自己由于不断发动对匈奴的战争和开疆拓土给民间造成的困苦和承重负担,决定改变政策,"与民休息"。那么,这一政策的转变便属于"急刹车"、"急掉头",是向黄老"清静无为"的回归,回归到其祖父文帝、祖母窦太后的治国要旨中。

---

① 参见张涛:《经学与汉代社会》,河北人民出版社 2001 年版,第 194 页。
② 张涛:《经学与汉代社会》,河北人民出版社 2001 年版,第 195 页。
③ 张涛:《经学与汉代社会》,河北人民出版社 2001 年版,第 203 页。

在任用官员方面也显示出汉武帝的"杂而用之",只要能够尊君尽职的人士都在被任用之列。

汉武帝任用儒家人士自不必说,这里,我们看看武帝任用的其他学派和不同行业的代表情况。

汲黯是学黄老之术起家的,"黯学黄老言,治官民,好清净,择丞史任之,责大指而已,不细苛。黯多病,卧阁内不出。岁余,东海大治,称之。上闻,召为主爵都尉,列于九卿。治务在无为而已,引大体,不拘文法。"(《汉书·汲黯传》)汲黯在东海郡只督责大事,把日常事务都交给郡丞和能干的书吏,使东海大治,皇上听说后召他为"主爵都尉",准照九卿待遇,他办事力求清静无为,注重大政方针,不拘泥于法令教条。在任东海太守之前,汲黯还出任过荥阳令、中大夫等职,均有政绩,武帝夸赞他"古有社稷之臣,至如汲黯,近之矣!"(《汉书·汲黯传》)

重用法家人士,主要代表除张汤、赵禹外,还有韩安国。韩安国"尝受《韩子》、杂说邹田生所"(《汉书·韩安国传》)。田生是邹县人,从记载可知,韩安国曾在邹县田生教书的地方学过韩非与杂家的学说。韩安国在武帝即位后,先后被任命为北地都尉、大司农、御使大夫、代丞相等职。

任用有纵横家学术底蕴的人士,如主父偃,主父偃"齐国临淄人也,学长短从横术,晚乃学易、春秋、百家之言。"(《汉书·主父偃传》)《汉书·艺文志》载纵横家书目中,"《主父偃》二十八篇",把主父偃划归到纵横家并有专著。主父偃在汉武帝时期,颇受重用,曾在一年内四次升官,建议修筑朔方城,以阻止匈奴的南侵。

武帝还重用桑弘羊等商人为国家理财,桑弘羊不负所望,在国家财政出现危机时,推出盐铁官营、均输、平准等财政措施,缓解了当时的财政困难。

对杂家比如东方朔也加以任用,东方朔自称自己"年十三学书,三冬文史足用,十五学击剑。十六学《诗》《书》,诵二十二万言。十九学孙吴兵法,战阵之具,钲鼓之教,亦诵二十二万言。"(《汉书·东方朔传》)可以看到,这里文书、记事、击剑、《诗》《书》、孙吴兵法等等,东方朔似乎都已融汇于心,确实是一个杂家。《汉书·艺文志》在"《东方朔》二十篇"。东方朔年轻时期就在汉武帝身边,先后作过常侍郎、太中大夫,多次向汉武帝进言。

至于汉武帝重用兵家就不必说了,卫青、霍去病等兵家或军事将领为武帝驱逐匈奴,守卫边疆做出了不可磨灭的贡献,家喻户晓。

当然,汉武帝"悉延百端之学",也包括任用方士,比如李少君、少翁、栾大等,这是汉武帝迷信神仙之说,求长生不老的结果。另外,"巫蛊"等比较原始的文化现象,也在汉武帝晚年多次发生,表面上看是"诅咒",实际上都与政治相关。

黄仁宇先生评价道,实际上,汉武帝和他的近臣将所谓的"儒术""扩展之后又延长,以至包括了有利于中央集权官僚政治所必需的种种理论与实践的步骤。"①这种评价,其实也就是在说汉武帝治国用的是"杂霸之术"。简单归纳就是,以儒家仁义之政为本,辅之以法家法治和黄老,形成儒法道结合的治理理念。

四、罪己诏:反思与谋求政策调整

(一)罪己诏是一种帝王的统治术

"罪己诏是帝王向上天和民众检讨治理不善,以求改过自新的诏书。"②罪己诏古已有之,皇帝通过诏书的形式检讨自己的过错,是需要勇气的。历史上不止一个皇帝下过罪己诏,有的皇帝在自我批评的同时,改弦更张,改变统治策略,尽量缓和社会矛盾,降低社会风险,延续了国运。汉文帝前元二年(公元前178年)十一月的日食诏开汉代罪己诏之先河,罪己诏成为汉代政治的一大特色。刘泽华先生认为,罪己诏是"帝王的一种统治术"③。我们也可以把它认为是统治者的"治道"实践。

罪己诏的出现有一些相关联的因素,首先汉儒畏天。"天"是什么? 不

---

① 黄仁宇:《中国大历史》,生活·读书·新知三联书店2007年版,第47—48页。

② 刘泽华:《中国政治思想史集》第二卷,人民出版社2008年版,第115页。

③ 刘泽华:《中国政治思想史集》第二卷,人民出版社2008年版,第115页。

同时期,不同的人有不同的界定,比如董仲舒认为有自然之天:天、地、阴、阳、金、木、水、火、土、人;有主宰之天:"天者,百神之大君也,王者之所最尊也。"(《春秋繁露·郊义》)有道义之天:"天,仁也。"(《春秋繁露·王道通三》)在董仲舒的思想体系中,显然"主宰之天"与"道义之天"占据主要地位,而主宰之天对"道义"即统治者所推行的治理方略是由规范和监督意义的,是要借天道给人道立法,故此,人道出现偏差,"天道"就会予以警示,也就是"天谴"。

(二)"轮台罪己"与政策调整

汉武帝时期,最著名的罪己诏是"轮台罪己诏"。

前有司奏,欲益民赋三十助边用,是重困老弱孤独也。而今又请遣卒田轮台。轮台西于车师千余里,前开陵侯击车师时,危须、尉犁、楼兰六国子弟在京师者皆先归,发畜食迎汉军,又自发兵,凡数万人,王各自将,共围车师,降其王。诸国兵便罢,力不能复至道上食汉军。汉军破城,食至多,然士自载不足以竟师,强者尽食畜产,羸者道死数千人。朕发酒泉驴、橐驼负食,出玉门迎军。吏卒起张掖,不甚远,然尚厮留甚众。

曩者,朕之不明,以军候弘上书言"匈奴缚马前后足,置城下,驰言:'秦人,我匄若马。'又汉使者久留不还,故兴遣贰师将军,欲以为使者威重也。古者卿大夫与谋,参以蓍龟,不吉不行。乃者以缚马书徧视丞相、御史、二千石、诸大夫、郎为文学者,乃至郡属国都尉成忠、赵破奴等,皆以'虏自缚其马,不祥甚哉',或以为'欲以见强,夫不足者视人有余'"。

《易》之,卦得《大过》,爻在九五,匈奴困败。公车方士、太史治星望气,及太卜龟蓍,皆以为吉,匈奴必破,时不可再得也。又曰:"北伐行将,于鬴山必克。"卦诸将,贰师最吉。故朕亲发贰师下鬴山,诏之必毋深入。今计谋卦兆皆反缪。重合侯得虏候者,言:"闻汉军当来,匈奴使巫埋羊牛所出诸道及水上以诅军。单于遗天子马裘,常使巫祝之。缚马者,诅军事也。"又卜"汉军一将不吉"。匈奴常言:"汉极大,然不能饥渴,失一狼,走千羊。"

　　乃者贰师败,军士死略离散,悲痛常在朕心。今请远田轮台,欲起亭隧,是扰劳天下,非所以忧民也,今朕不忍闻。大鸿胪等又议,欲募囚徒送匈奴使者,明封侯之赏以报忿,五伯所弗能为也。且匈奴得汉降者,常提掖搜索,问以所闻。今边塞未正,阑出不禁,障候长吏使卒猎兽,以皮肉为利,卒苦而烽火乏,失亦上集不得,后降者来,若捕生口虏,乃知之。当今务在禁苛暴,止擅赋,力本农,修马复令,以补缺,毋乏武备而已。郡国二千石各上进畜马方略补边状,与计对。(《汉书·西域传》第六十六下)

　　这是公元前 89 年,汉武帝的罪己诏,表示对自己的过失进行忏悔,决定停止对外用兵,重视百姓的生产和生活,使国祚延续下去。

　　武帝下"轮台罪己诏"的背景是,搜粟都尉桑弘羊和丞相、御史上奏说,在"轮台"这个地方的东方有能灌溉耕耘的农地,面积在五千顷以上,可以派会从事垦殖的士兵前往,设立三名校尉分别去监护该地的事务,种植五谷。张掖、酒泉派遣骑假司马去担任警戒。招募壮健敢于从边的民众到屯田的地方去开垦灌溉,并逐渐兴建一些亭障,一直连接到西边,来威迫西域各国,辅助乌孙。武帝于是颁下诏书:"深陈既往之悔",即深刻陈述以往作为的悔痛。

　　通观汉武帝罪己诏的内容,主要说明了这样几个方面:一是对攻打匈奴的反思。攻打匈奴,是为了解除匈奴对汉的威胁和骚扰,也有"雪耻"的因素,但给国家造成了巨大的财政负担,百姓苦不堪言。当时千里行军,粮食运输是个很大的问题,羸弱的士兵被饿死在道边。如果发动人力来运送粮食,对百姓会造成很大的骚扰,经过了这么多年后,汉武帝认为,这些都是很不好的事情。二是对劳师征远的反思。汉武帝时开疆拓土,从"王天下"的角度看,居功至伟,"中国之境,得汉武而后定。"[1]但人力物力消耗太大,国

---

① 　夏曾佑:《中国古代史》,东方出版社 2012 年版,第 225 页。

家和民间都不堪重负。针对桑弘羊等人的建议,武帝认为,当年打车师,虽然胜了,但人员伤亡、物力损失惨重,现在提出经营轮台,"轮台西于车师千余里",又需要多么大的投入!"曩者,朕之不明",汉武帝说,过去是我自己不能明察,那么,现在就不应该再这样做,所以,否决了屯驻轮台的建议。三是对以后治国要略的总体安排,"当今务在禁苛暴,止擅赋,力本农,修马复令,以补缺,毋乏武备而已。"现在最重要的事情是,严谨苛征暴敛,停止擅赋法,尽力农事,行马复令,来弥补军备上的缺陷,不使空泛而已。

上边所引罪己诏的文字是《汉书》的记载,而司马光在《资治通鉴》中,除基本抄录班固的这段文字外,还能找到这样几句话,"朕即位以来,所为狂悖,使天下愁苦,不可追悔。自今事有伤害百姓,糜费天下者,悉罢之。"(《资治通鉴》卷二十二)有了这段文字,才确实体现了罪己诏的真意。因为班固的记载中,有"古者卿大夫与谋,参以蓍龟,不吉不行。"意思是说,按照以往的传统,重大决策的形成都要与大臣商量并进行占卜,如果大臣们反对占卜又不吉利,决策是不可能形成的,汉武帝还举了很多例子进行说明。似乎汉武帝进行了自我批评,同时,又捎带上大臣让他们负连带责任。而有了司马光在《资治通鉴》中的"补充",意思就明确了。汉武帝自认为即位以来,所作所为荒谬狂悖,使天下百姓"愁苦",自己想起来追悔莫及。自此以后,所有劳民伤财的行为都要停止,即"悉罢之"。这就表明汉武帝自己承担了造成百姓"愁苦"的责任,也表明了作为帝王的担当。

汉武帝这一治国方略的转变,是他一生中执政理念的重大转变。张骞第一次出使西域是在建元三年(公元前 138 年),到轮台罪己诏这年,近五十年经营西域政策没变,从轮台罪己诏始,逐渐回归"与民休息",这是汉武帝"治道"实践的重大改变。我们拿出汉武帝的罪己诏重点强调,意在说明,在封建时代,"帝王造时势"是有道理的,帝王可以搞得民不聊生,也可以通过政策的实施和调整使国泰民安。汉武帝进行了比较深刻的反省,直面问题,袒露心声,扭转国家治理的政策方向,自然应该书写一笔。

另外,汉武帝是个非常信赖方士的人,在《史记》《汉书》《资治通鉴》中都有记载,尤其是司马迁,用大量笔墨描述了武帝求仙问药,寻求长生不老的事例。到汉武帝晚年对此有所醒悟,感叹"向时愚惑,为方士所欺。天下岂有仙人,尽妖妄耳!"(《资治通鉴》卷二十二)认为自己过去太愚蠢昏惑,被方士所欺骗,天下哪里会有什么神仙,全是些妖邪妄作而已。能够有这一认识上的重大转变,是汉武帝全面反思治政得失的可赞之处。

在《史记》、《汉书》、《资治通鉴》等重要典籍对汉武帝的评价中,司马光的评价是比较中肯的,在此,我们予以援引:

> 孝武穷奢极欲,繁刑重敛,内侈宫室,外事四夷。信惑神怪,巡游无度,使百姓疲敝,起为盗贼,其所以异于秦始皇者无几矣。然秦以之亡,汉以之兴者,孝武能尊先王之道,知所统守,受忠直之言。恶人欺蔽,好贤不倦,诛赏严明。晚而改过,顾托得人。此其所以有亡秦之失而免亡秦之祸乎?(《资治通鉴》卷二十二)

第9章　唐太宗爱民、纳谏、任贤的治道实践

唐太宗李世民(公元 599—649 年),李渊次子,隋朝末年,随父起兵反隋建立唐朝,武德九年(公元 626 年),发动玄武门之变,迫使李渊传位,成为唐王朝的第二位皇帝。在位期间,励精图治,发展生产,爱惜民力,改革制度,从谏如流,任人唯贤。为有唐一代政治、经济、文化等各方面的发展作出了重大贡献,史称"贞观之治"。

一、爱民:存百姓、行仁义

(一)百姓存则国存

《贞观政要》开篇记载,贞观初年,太宗对侍臣说:

> 为君之道,必须先存百姓,若损百姓奉其身,犹割股以啖腹,腹饱而身毙。若安天下,必须先正其身。未有身正而影曲,上理而下乱者。(《贞观政要》君道第一)

意为,当国君的法则,必须先保存百姓,如果损害百姓来奉养自己,就如同割下自己大腿的肉来填塞肚子,肚子虽然饱了,人却死了。如果想安定天下,必须使自身行为端正。没有身子正而影子弯曲,上边治理好了下边反而混乱的。

唐太宗对侍臣说,我经常想,假如过度爱好美味佳肴,沉溺于歌舞美女,那么所想得到的多了,所损害的也就大了。这既有害于国家的治理,又侵扰百姓。他自己每想到这些,就不敢放纵嗜欲追求享受。谏议大夫魏征回答说:"古代圣明的君王,大多是就近修养自己,所以能够远远地体察到其他事物。过去楚王聘用詹何,询问他治国的要领,詹何用注重自身品德修养的方法来回答。楚王又问这样治理国家效果怎样?"詹何说:"没有听说过自身品行端正而国家还会混乱的。"所以,魏征认为,"陛下所明,实同古义。"

《贞观政要·政体》记载唐太宗与侍臣的对话,太宗对侍臣说:

> 看古之帝王,有兴有衰,犹朝之有暮。皆为蔽其耳目,不知时政得失。忠正者不言,邪谄者日进,既不见过,所以至于灭亡。朕既在九重,不能尽见天下事,故布之卿等,以为朕之耳目。莫以天下无事,四海安宁,便不存意。《书》云:"可爱非君,可畏非民"。天子者,有道则人推而为主,无道则人弃而不用,诚可畏也。

魏征回答说,臣听闻:

> 古语云:"君,舟也;人,水也。水能载舟,亦能覆舟。"陛下以为可畏,诚如圣旨。

用舟和水的关系来定位君民关系的思想在中国古代并不少见,所不同的是,贞观君臣能够把这一思想运用于实践,是在真正践行"民本"思想。

唐太宗在教戒儿子李治(唐高宗)时也说到,"舟所以比人君,水所以比黎庶。水能载舟,亦能覆舟。"(《贞观政要》教戒太子诸王第十一)

从隋末农民战争和历史的经验中,李世民明白这样一个道理,"封建统治者及其统治政权的存在与否,决定于农民的意志和趋向"①。所以,他感

---

① 《漆侠全集》第一卷,河北大学出版社 2008 年版,第 104 页。

慨,"人言:'作天子则得自尊崇,无所畏惧。'朕则以为正合自守谦恭,常怀畏惧。……犹恐不称天心及百姓意也。"(《贞观政要》谦让第十九)

"崇饰宫宇,游赏池台,帝王之所欲,百姓之所不欲。帝王所欲者放逸,百姓所不欲者劳弊。……劳弊之事诚不可施于百姓。"(《贞观政要》俭约第十八)"故不敢轻用民力,惟令百姓安静,无有怨叛而已。"(《贞观政要》行幸第三十七)他认为,隋炀帝大兴土木、建造宫殿,"驱役生人……人所不堪……遂使天下怨叛,身死国灭"(《贞观政要》行幸第三十七)。隋炀帝驱策役使百姓,百姓不堪忍受劳役和摊派,奋起反抗,隋炀帝身死国灭。唐太宗还提到隋炀帝不顾惜百姓,"行幸无期",导致天怒人怨,"身戮国灭"。从这些唐太宗和群臣的言说中能感受到,他对"存民"和保有民力关乎国运的深刻认识。

以民为本,就要恢复和发展经济,唐太宗执政前期,正是社会经过战乱后的恢复时期,出台什么样的治国方略是有关国本的大事。唐太宗亲眼见识了隋炀帝没完没了的征敛索取、东征西讨、穷尽兵力,最终导致天怒人怨,走向灭亡。故太宗"夙夜孜孜,惟欲清净,使天下无事,遂得徭役不兴,年谷丰稔。百姓安乐。夫治国犹如栽树,本根不摇,则枝叶茂盛。君能清净,百姓何得不安乐乎?"(《贞观政要》政体第二)

> 末代亡国之主为恶多相类也。齐主深好奢侈,所有府库,用之略尽,乃至关市,无不税敛。朕常谓:此犹如馋人自食其肉,肉尽必死。人君赋敛不已,百姓既弊,其君亦亡,齐主即是也。(《贞观政要》辩兴亡第三十四)

在《贞观政要》中,不少记载是有关太宗自己的思考及臣子进谏、太宗纳谏的,在这一过程中包含了一些"存百姓"的思想。

贞观二年,太宗对侍臣们说:

> 凡事皆须务本。国以人为本,人以衣食为本,凡营衣食,以不失时

为本。夫不失时者,在人君简静乃可致耳。若兵戈屡动,土木不息,而欲不夺民时,其可得也?(《贞观政要》务农第三十)

凡事要致力于根本,国家以人民为根本,人民以衣食为根本,凡经营衣食,以不失时为根本。要做到不失时,只有人君不苛烦百姓才能达到,如果战争不断,营建工程不息,而又想不夺民时,怎能做得到?

为了不占农时,唐太宗可以推迟太子的"冠礼"仪式。主管官署认为在二月举行为吉利,太宗认为,"今东作方兴,恐妨农事,令改为十月。""农事甚要,不可暂时。"(《贞观政要》务农第三十)

贞观二年,太宗对黄门侍郎王珪说到隋文帝开皇十四年关中大旱的事,认为当时百姓饥饿困乏,但国家粮食仓库堆得满满的却不允许开仓救济,隋文帝不爱惜百姓却爱惜粮仓到这种地步。等到他的末年,国家积蓄的粮食,可以供给全国食用五六十年,隋炀帝依仗这样的家底,奢靡荒淫,结果导致灭亡。太宗认为,隋炀帝丧失国家,也有他父亲的一份责任,"凡理国者,务积于人,不在盈其仓库。"(《贞观政要》奢纵第二十五)凡治理国家的,务必积蓄于民,不在于装满朝廷的仓库。如果儿孙不肖,仓库中积蓄多,只能增加他的奢侈,也埋下了亡国的祸根。

贞观三年,魏征劝谏太宗不要"竭泽而渔"。当时,太宗不但要将关中十八岁以上的中男全部抽调入军,而且"中男以上,虽未十八,身形壮大,亦取。"魏征执意上奏阻止,认为不能这样做。说道:"臣闻竭泽取鱼,非不得鱼,明年无鱼;焚林而畋,非不获兽,明年无兽。若次男以上,尽点入军,租赋杂徭,将何取给?"次男以上都入军了,那么,田租赋税和各种徭役,从哪里获取,谁来承担?魏征是想通过劝谏唐太宗不能竭泽而渔、焚林而畋,使太宗推行对农民比较宽缓的政策,以维持长久的统治,太宗听取了魏征的建议,"乃停中男"(《贞观政要》纳谏第五)

唐太宗也尽其所能,降低对百姓的劳役,比如,对宗室宗亲封王事宜,太宗认为,"若一切封王,多给力役,乃至劳苦万姓,以养己之亲属。"(《贞观政要》封建第八)如果把所有的亲属都封王,就需要多给他们从事苦力的人数,就是加重了百姓的辛劳困苦。随后,宗室中过去已封为王而其中又没有功劳的,都降为县公。这在一定程度上降低了百姓的困苦。

贞观初年,唐太宗对侍臣说,隋朝末年,无休止地选取宫女,以至于皇帝临时居住的离宫别馆,甚至是皇帝驾临的处所,都聚有很多宫女,"此皆竭人财力,朕所不取。""今将出之,任求伉俪。非独以省费息人,亦各得遂其情性。"(《贞观政要》仁恻第二十)于是从后宫和掖庭,前后放出了三千多人。

在古代,遇到较大规模或范围较大的天灾人祸,有良知的君主都会进行深刻地检讨,以反思自己治政的过失。贞观二年,关中大旱,随之饥荒蔓延,太宗对侍臣说:"水旱不调,皆为人君失德。"首先把水旱不调的原因归咎于他本人失德,"朕德之不修,天当责朕,百姓何罪,而多造困穷!"即天应当责罚我德行不好,百姓无罪过却遭受困苦!"闻有鬻男女者,朕甚愍之焉。"(《贞观政要》仁恻第二十)于是派遣御使大夫杜淹去巡查,从皇家府库出钱赎回那些儿女,还给他们的父母。

贞观二年,"京师旱,蝗虫大起。"太宗到禁苑中去视察庄稼,看见蝗虫,双手捧起几个蝗虫祝告说:"人以谷为命,而尔食之,是害于百姓,百姓有过,在予一人,尔其有灵,但当食我心,无害百姓。"意为百姓有过错,责任在我一人。祝告完毕就要吞下蝗虫,左右随从急忙劝说:"恐成疾,不可。"太宗说:"所冀移灾朕躬,何疾之避!"就把蝗虫吞了,"自是蝗不复为灾。"(《贞观政要》务农第三十)

在重农政策的具体举措方面,可以概括为:推行均田、奖励垦荒,租佣调法与"轻徭薄赋",劝课农桑、不误农时,设置义仓、救贫备荒,增殖人口、发展生产,兴修水利、利国富民。采取这些政策后,唐初出现了封建时代的"太平盛世"。

漆侠先生在《唐太宗》一文中写道:"在所谓'贞观之治'中,以唐太宗为首的唐上层统治集团都一致认为相对减轻对农民的剥削,和缓对农民的剥削,乃是巩固唐封建统治、维护封建统治阶级长远利益的最好手段。"[1]这一

---

[1]　《漆侠全集》第一卷,河北大学出版社 2008 年版,第 105 页。

论断是十分中肯的。

(二)禁奢靡

禁奢靡方面,唐太宗从自身做起。贞观二年,公卿大臣上奏说,"依《礼》,季夏之月,可以居台榭。今夏暑未退,秋霖方始,宫中卑湿,请营一阁以居之。"公卿大臣的意思是,按照《礼记》,夏季最末一个月,可以居住高台上筑成的楼榭。现在夏热未退,秋季的连绵大雨才开始,皇宫低下潮湿,请陛下营建一座楼阁来居住。但唐太宗认为这样"靡费良多",再三不肯,并告诫群臣,"昔汉文将起露台,而惜十家之产。朕德不逮于汉帝,而所费过之,岂为人父母之道也?"(《贞观政要》俭约第十八)唐太宗用汉文帝爱惜民力、珍惜财务不建露台的事告诉群臣,我德行赶不上汉文帝,而耗费的财物却超过他,难道说是作为百姓父母的国君的德行吗? 太宗最终没有答应修建楼阁。

其实,在贞观初年,太宗就对群臣说过,"自古帝王凡有兴造,必须贵顺物情。""贵顺物情"就是重视顺应民心。告诫群臣,大禹开凿九山,浚通九江,耗费民力巨大,没有民怨,是因为百姓希望这样做。秦始皇营造宫室,人们常常指责批评,是因为始皇是为了满足私欲。"朕今欲造一殿,材木已具,远想始皇之事,遂不复作也。"太宗自己想造一宫殿,但想想秦始皇的事情就不再造了。通过这些对比表现出的民心所愿,太宗言道:"自王公已下,宅第、车服、婚娶、丧葬,准品秩不合服用者,一切禁断。"在婚丧嫁娶及居住乘车方面,凡是按照官位俸禄不该使用的,一律禁止。"由是二十年间,风俗简朴,衣无锦绣,财帛富饶,无饥寒之弊。"(《贞观政要》俭约第十八)

节制欲望,是说起来容易做起来很难的事情,修建宫殿屋宇,是"帝王之所欲,百姓之所不欲。"太宗以孔子"己所不欲,勿施于人"告诫群臣,"劳弊之事,诚不可施于百姓。"作为帝王,富有四海,处理事情都设身处地,才真正能够节制自己的欲望。"若百姓不欲,必能顺其情也。"(《贞观政要》俭约第十八)贞观十六年,太宗本想造一座宫殿,读了古书传记相关的记载后，"斯作遂止。"(《贞观政要》俭约第十八)就停止了这一工程。

贞观六年，渐趋出现了天下太平、五谷丰登的盛世景象，州府大吏等多次请求太宗封禅，称颂太宗的功德，太宗也似有此意，只有魏征表示反对。魏征反对的理由，并不是因为太宗功绩不高、德行不厚，也不是因为太宗没有把华夏治理好；相反，魏征认为太宗在这些方面都做得很好，真正的原因是觉得"封禅"耗费巨资、劳民伤财。对外族人"竭财以赏"，"加年给复，不偿百姓之劳。或遇水旱之灾，风雨之变，庸夫邪议，悔不可追。岂独臣之诚恳，亦有舆人之论。"(《贞观政要》纳谏第五)太宗称赞魏征说得好，于是停止封禅。

粮食欠收，百姓生活自然难过，如果粮食丰收，就可能出现奢侈浪费的现象。唐太宗对这个问题也有过深刻的思考。他说，"国以民为本，人以食为命，朕为亿兆人父母，若禾黍不登，则兆庶非国家所有。既属丰稔若斯，唯欲躬务俭约，必不辄为奢侈。"(《贞观政要》务农第三十)既然粮食丰收了，就要厉行节约，绝不可随意奢侈浪费。

唐太宗把是否奢靡与国家兴亡联系起来，比如，一直被唐太宗作为"靶子"的隋炀帝，太宗认为，"隋炀帝奢侈自贤，身死匹夫之手，亦为可笑。"(《贞观政要》贪鄙第二十六)贞观九年，他与魏征说到齐后主亡国的事，认为，"齐王深好奢侈，所有府库，用之略尽，乃至关市无不税敛。"太宗时常说这好比嘴馋的人自己吃自己的肉，肉吃完自己必定灭亡。"人君赋敛不已，百姓既弊，其君亦亡，齐主即是也。"(《贞观政要》奢纵第二十五)

(三)行仁义、施仁政

贞观元年，太宗曰："朕看古来帝王，以仁义为治者，国祚延长，任法御人者，虽救一时，败亡亦促。既见前王成事，足是元龟。今欲专以仁义诚信为治，望革近代之浇薄也。"(《贞观政要》仁义第十三)

太宗欲以仁义诚信为治，王珪对曰："天下凋丧日久，陛下承其余弊，弘道移风，万代之福。"意即天下德行仁义丧亡很久了，陛下现在改革弊端，发扬仁义道德,改变风气,这是万代的福分。

贞观初年,太宗和侍臣们说道,周武王平纣之乱,保有天下,国祚长久,秦皇因周之衰,吞并六国,但国祚短促,为何相差如此悬殊？尚书右仆射萧瑀进言说:"纣为无道,天下苦之,故八百诸侯,不期而会。周室虽微,六国无罪,秦氏专任智力,蚕食诸侯。平定虽同,人情则异。"太宗说:"不然,周既克殷,务弘仁义;秦既得志,专行诈力。非但取之有异,抑亦守之不同。祚之修短,意在兹乎?"(《贞观政要》辩兴亡第三十四)唐太宗认为萧瑀说的不对,周取代了殷以后,国祚长久,是因为努力扩大了仁义,秦则相反,专行欺诈暴力,故国祚短促。从国运长短的角度说明了施行仁义的重要性。

贞观二年,太宗对侍臣说:"为国之道,必须抚之以仁义"(《贞观政要》仁义第十三)。贞观四年,房玄龄奏言说,最近检查武器库,看见所藏兵器远比隋代充足。太宗说:

> 饬兵备寇虽是要事,然朕惟欲得卿等存心治道,务尽忠贞,使百姓安乐,便是朕之甲仗。隋炀帝岂无甲仗遂足以至灭亡,正由仁义不修,而群下怨叛故也。宜识此心,当以仁义相辅。(《贞观政要》仁义第十三)

太宗认为,修整兵器防备寇贼虽然是要紧事,但是,我只希望你们留心治理国家的策略,务必竭尽忠诚,使百姓安居乐业,那便是我的武器。隋炀帝难道没有兵器？导致他灭亡的,恰恰正是由于他不修仁义,百姓怨恨背叛的缘故。太宗告诫群臣,要理解我的这个心意,应当以德行仁义来辅助我。

唐太宗时常告诫群臣行仁义的重要,贞观十三年,太宗谓侍臣曰:

> 林深则鸟栖,水广则鱼游,仁义积则物自归之。人皆知畏避灾害,不知行仁义则灾害不生。夫仁义之道,当思之在心,常令相继,若斯须懈怠,去之已远。犹如饮食资身,恒令腹饱,乃可存其性命。(《贞观政要》仁义第十三)

王珪在旁叩头道,陛下能明白这些道理,天下百姓真是太幸运了。

能够体现太宗行仁义实际行动的重要事件,是太宗允许李建成、李元吉的旧部为这二位被杀的对手送葬,包括魏征、王珪等人在内,上表诚请为旧主送葬,表中言辞恳切,对太宗行仁义多有赞美,称太宗"明社稷之大义,申骨肉之深恩。"(《贞观政要》论忠义第十四)太宗感念他们有情义,同意了他们的请求,这样两位败亡王子的旧部下,都被允许送葬。《资治通鉴》记载,唐太宗也甚为悲切,"葬日,上哭之于宜秋门,甚哀。"此举,不能完全抛弃唐太宗有笼络人心的成分,但即使如此,古代帝王又有几个能做得到!

有仁义之心,推行于政治就是仁政。这方面的事例很多,比如赈灾减租,贞观元年,山东发生大旱灾,"诏所在赈恤,无出今年租赋。"(《资治通鉴·唐纪八》)

比如阻止兵戈,贞观初年,益州大都督窦轨奏称獠人叛乱,请求发兵征讨,太宗说:"獠依阻山林,时出鼠窃,乃其常俗;牧守苟能抚以恩信,自然帅服,安可轻动干戈,渔猎其民,比之禽兽,岂为民父母之意邪!"(《资治通鉴·唐纪八》)我们从中可看出,唐太宗认为轻率地对民动武,就如禽兽,这不是民众父母官所为,而应该"抚以恩信",不许出兵。

比如赎子民重返家园。隋朝末年,中国人很多逃到突厥,等到突厥投降,"上遣使以金帛赎之……凡得男女八万口。"(《资治通鉴·唐纪九》)

(四)慎刑罚

刑罚是治理国家的重要方法,每个朝代都会采用,但具体如何用,则显示了统治者的为政心态。

贞观元年,唐太宗就对侍臣说:"死者不可再生,用法须务存宽简。"即强调执法务必宽大简约。太宗又说:"古者断狱,必讯于三槐、九棘之官,今三公、九卿,即其职也。自今以后,大辟罪,皆令中书、门下四品已上及尚书九卿议之。如此,庶免冤滥。"(《贞观政要》刑法第三十一)判死罪的,要中书省、门下省四品以上官员以及尚书九卿等议论,希望这样做可以避免冤案和过度量刑。由于这样，到贞观四年，判死刑的，全国只有二十九人，几乎使刑法搁置不用。

同年，唐太宗命吏部尚书长孙无忌等与学士、法官重新商议制定法令，宽减绞刑五十条作斩断右趾，太宗还嫌其惨苦，说道："肉刑废已久，易有以易之。"（《资治通鉴·唐纪八》）蜀王法曹参军裴弘献请改做增加役作，流放三千里，在流徙处劳作三年，太宗下令采纳他的意见。由"斩断右趾"改为流放，避免了直接伤及人的身体，是当时比较人道的做法。西方学者对此这样评价，太宗即位不久就觉得他父亲制定的法律中有许多条文过苛，因此下令减轻对某些罪行所订的严刑，"朝廷经常就法和伦理问题、刑罚的哲学问题、严法和宽法孰优孰劣等问题开展讨论。看起来，太宗大体上赞同宽厚政策，废除了一些苛酷刑罚"①。

贞观初，唐太宗与群臣商议如何防止盗贼。有人请用重法来禁止，但唐太宗认为：百姓当盗贼的缘故，是由于服役繁重、官吏贪求、饥寒切身，因而无暇顾及廉耻。我们应当除去奢侈、节省费用、减轻徭役、减少赋敛，选用廉洁的官吏，使百姓衣食有余，则自然不做盗贼，还用什么重法呢！"自是数年之后，海内升平，路不拾遗，外户不闭，商旅野宿焉。"（《资治通鉴·唐纪八》）

贞观五年，唐太宗又下令"凡有死刑，虽令即决，皆须五覆五奏。"判处死刑，虽下令处决，都要五次回奏。这表现出太宗异常慎刑的态度。又说，遵守条文定罪，还恐怕有冤屈，"自今以后，门下省覆，有据法令合死而情可矜者，宜录奏闻。"门下省复审，又按照法令应该判死刑而情有可怜的，应该记录下来上奏。虽然规定了"五覆五奏"，但在京城的各执法官署"一日即了"，就是在一天内走完了复奏五次的程序，"都未暇审思"，太宗认为，这样的复奏没什么作用，纵然有追悔，也来不及了。所以下令，"自今在京诸司奏决死囚，宜三日中五覆奏，天下诸州三覆奏。"（《贞观政要》刑法第三十一）可见，当时办事走过场，拿人命当儿戏的官员大有人在，需要君主三令

① ［英］崔瑞德：《剑桥中国隋唐史》，中国社会科学院历史研究所西方汉学研究课题组译，中国社会科学出版社1990年版，第186页。

五申加以督促。

为了防止地方官隐匿当地的犯罪现象,唐太宗严令"诸州有犯十恶者,刺史不须从坐",即当时有犯十恶不赦大罪的,不得牵连州的长官,只需命令州长官认真查访、判刑,"庶可以肃清奸恶。"(《贞观政要》刑法第三十一)太宗曾对侍臣说,如果因为所管之地有人犯罪就被贬官降职,恐怕会一个接一个地把事情掩盖起来,真正的罪人就漏网了。太宗的这种认识,比较客观地全面考虑了地方官员处理犯罪案件所面临的后果和心情,给官员以"公心"理案提供了保障。

为了防止法官"利在杀人,危人自达,以钓声价",即法官以杀人为有利,危害他人以使自己显贵,用来沽名钓誉。唐太宗对大理寺卿孙伏伽说:"深宜禁止,务在宽平。"(《贞观政要》刑法第三十一)应大力禁止这种做法,用刑务必宽大公平。

唐太宗还强调不应该有重复相通的法律条文。"国家法令,惟须简约,不可一罪作数种条。"他认为,规格形式多了,官吏不能都记下来,就会发生欺诈违法的事,如想要开脱罪恶就引用刑轻的条文,如想构成罪行的就引用刑重的条文。多次改变法令,对治国没有什么好处。"宜令细审,毋使互文。"(《贞观政要》赦令第三十二)应该对法令仔细审定,不要有重复相通的条文。

二、纳谏:广开言路、居安思危

善于纳谏,是唐太宗"治道"的主要内容。他认为,国君必须得到辅佐、规谏的臣子,指出他的过失。"一日万机,一人听断,虽复忧劳,安能尽善?"(《贞观政要》求谏第四)"君臣本同治乱,共安危,若主纳忠谏,臣进直言,斯故君臣合契,古来所重。"(《贞观政要》君臣鉴戒第六)

(一)纳谏与治政

贞观二年,太宗问魏征何为明君何为暗君,魏征回答:"君之所以明者,兼听也;其所以暗者,偏信也。"(《贞观政要》君道第一)魏征举了一些古代的例子加以说明:古代尧、舜的时候,广开四方言路,招纳天下贤德之士;广开视听,了解情况,听取各方意见。所以,圣明的国君没有什么不知晓,因此,共工、鲧这类人,不能蒙蔽他,奸佞小人恭维的话也不能迷惑他。秦二世就不是这样,他住在深宫之中,隔离朝臣,疏远百姓,偏信赵高等人的话,直到天下分崩离析他都不知道。梁武帝偏信朱异的话,重用侯景,侯景率叛军攻打京城,梁武帝竟浑然不知。隋炀帝偏信虞世基的话,各路义军攻取城池、抢掠乡邑,他也不知道。所以,国君能广泛听取不同意见,采纳臣下的建议,那么权臣就不能堵塞下情、蒙蔽君主,而百姓的声音必能上达国君了。魏征通过尧、舜的兼听与秦二世、梁武帝、隋炀帝的偏信对比,劝导太宗要兼听,避免权臣堵塞下情,唐太宗对魏征的意见大加赞赏。

贞观二年,太宗欲聘绝代佳人,年方十六七的隋朝通事舍人郑仁基的女儿为嫔妃,封为充华。诏已发出,但册封的使者尚未出发。魏征听说此女已经许配给陆家,就急忙进宫劝谏太宗,认为太宗的这一做法"亏损圣德",并给太宗讲了一番"陛下为人父母,抚爱百姓,当忧其所忧,乐其所乐……以百姓心为心"的道理。"太宗闻之大惊,手诏答之,深自克责,遂停册使,乃令女还旧夫。"随后发出诏书说,"今闻郑氏之女,先已受人礼聘,前出文书之日,事不详审,此乃朕之不是,亦为有司之过。授充华者宜停。"(《贞观政要》纳谏第五)这包含了自我批评,也包含了对有司问责的诏书,说清了事情的原委,明告天下,当时没有人不称赞感叹的。这也是太宗在治国治民中能够赢得民心的重要举措。

君主和常人一样,也有不能克制情绪的时候。贞观八年,陕县丞皇甫德参上书奏事,触怒了唐太宗,唐太宗认为皇甫德参是在诽谤朝廷,诽谤朝廷那可是大罪,魏征进言劝谏说:"自古上书,率多激切,若不激切,则不能起人主之心。激切即似讪谤,惟陛下详其可否。"(《贞观政要》纳谏第五)魏征的意思是,自古上书奏事,通常多激烈而迫切的话,如果不迫切激烈,就不能打动人主的心,激烈迫切就相当于诽谤,希望陛下仔细详察说的对与不对。唐太宗对魏征说:"除你之外是没有人能够说出这番道理的。"于是赐给皇甫德参二十段帛。试想,如果真的严厉地处分了皇甫德参,那么,以后臣子们上书奏事就会心有余悸、瞻前顾后。唐太宗经魏征劝谏,不但没有治皇甫德参的罪,还给予赏赐,对臣子积极进言为朝廷办事,激励的作用极大。

长孙皇后在规谏方面值得一书。《贞观政要》载,太宗有一匹特别喜欢的骏马,常在宫中喂养,"无病而暴死,帝怒养马宫人,将杀之。"长孙皇后规劝太宗说,"昔齐景公以马杀死人,晏子请数其罪云:'尔养马而死,尔罪一也。使公以马杀人,百姓闻之,必怨吾君,尔罪二也。诸侯闻之,必轻吾国,尔罪三也。'公乃释罪。"皇后用齐景公的例子说明,齐景公因为马死了要杀人,晏子就请求列举养马人的罪过,共列了三条,齐景公于是赦免了养马人的罪。"陛下尝读书见此事,岂忘之耶?"陛下曾经读书看到过这件事,难道忘了吗? 太宗的怒气渐渐平息下来,对房玄龄说:"皇后庶事相启沃,极有利益尔。"(《贞观政要》纳谏第五)长孙皇后曾极力谏阻唐太宗任命长孙无忌做宰相,谏阻的理由是,"妾备位椒房,家之贵宠极矣,诚不愿兄弟复执国政。"长孙皇后说的是我位居后宫之主,家人极受贵宠,真的不愿兄弟再执掌国政。"吕、霍、上官,可为切骨之戒"(《资治通鉴·唐纪八》),汉代的吕、霍、上官,可做镂心刻骨的借鉴。长孙皇后以历史上外戚乱政的事例劝说太宗,句句发自肺腑,尽管唐太宗没听他的话,仍任命长孙无忌做宰相,但长孙皇后已经尽到了其进谏之责。

司马光在《资治通鉴》中记载,"长孙皇后性仁孝俭素,好读书,常与上从容商略古事,因而献替,裨益弘多。"长孙皇后去世后,太宗非常哀伤,对近臣说:"入宫不复见规谏之言,失一良佐"(《资治通鉴·唐纪九》)。而西方学者更通俗地把长孙皇后称为太宗的"妻子兼密友"[1]。

正是由于在朝廷上有魏征等一干良臣辅助,在"家"有长孙皇后等人的时刻提醒下,使太宗能够保证决断国之大事的失误减少,保持了整个社会的良性运行。

---

[1]　[英]崔瑞德:《剑桥中国隋唐史》,中国社会科学院历史研究所、西方汉学研究课题组译,中国社会科学出版社 1990 年版,第 213 页。

在《贞观政要》中,特别记载了充容徐氏①劝谏唐太宗的上疏,徐氏给太宗讲了很多道理,其中提到:"有道之君,以逸逸人;无道之君,以乐乐身。愿陛下使之以时,则力不竭矣;用而息之,则斯悦矣。"希望太宗不违农时,合理而适当地使用民力。并希望太宗"慎终如始","太宗甚善其言,特加优赐甚厚。"(《贞观政要》征伐第三十五)这说明,不论官阶、身份,只要真诚进谏,太宗都会认真倾听。

主动求谏,体现了唐太宗独特的行事风格。

贞观初年,太宗对公卿大臣们说:"人欲自照,必须明镜;主欲知过,必藉忠臣。主若自贤,臣不匡正,欲不危败,岂可得也?"(《贞观政要》求谏第四)一个人想要看到自己的容貌,必须要有一面镜子;一个国君想知道自己的过失,必须借助于忠臣。国君如果自以为贤能,臣子又不匡正,想不陷入危亡失败的境地,怎么可能呢?唐太宗以隋朝为例,由于隋炀帝残暴淫虐,臣下都闭口不敢说话,不能听到自己过失的话,结果国破身亡。太宗告诫群臣:"前事不远,公等每看事有不利于人,必须直言规谏。"(《贞观政要》求谏第四)

贞观三年,唐太宗对侍臣说:

> 中书、门下、机要之司,擢才而居,委任实重。诏敕如有不稳便,皆须执论。比来惟觉阿旨顺情,唯唯苟过,遂无一言谏诤者,岂是道理?若惟署诏敕、行文书而已,人谁不堪?何须简择,以相委付?自今诏敕疑有不稳便,须执言,无得妄有畏惧,知而寝默。(《贞观政要》政体第二)

太宗的意思很明确,中书省、门下省,都是掌管军国要事的关键部门。在这些部门任职的官员经办之事都非常重要,所以,皇帝颁发的命令如有不妥、不便施行的,都必须坚持己见直言议论。太宗觉察到,一段时间以来只

---

① 充容:唐宫女官名,九嫔之一。徐氏:太宗妃徐惠。

有阿谀奉承、顺从上情、唯唯诺诺地草率通过诏令文告,没有一句直言劝谏的话,太宗觉得很不正常,如果只是签署诏令、颁行文告,谁都可以担当,何必劳心伤神选择人才委以重任,所以,从今以后,都必须坚持自己的意见,不得妄自畏惧,不对的就要劝谏,不能保持沉默。唐太宗这种劝谏、求谏的态度在封建时代是比较独特的。

对臣下进谏的态度自然很重要,唐太宗"每思臣下有谠言直谏,可以施于政教者,当拭目以师友待之。"(《贞观政要》政体第二)这是作为君王的高明之处,太宗的开明,"从谏如流"(《贞观政要》政体第二)使臣下感同身受,谏议大夫王珪曾说,"愚臣处不讳之朝"(《贞观政要》求谏第四)处在没有忌讳的朝代,愿意不遗余力为朝廷做事。

太宗不仅自己接受规谏,还要求朝廷重臣接受别人的规谏,贞观五年,太宗对房玄龄说,我接受你们的规谏,"公等亦须受人谏语,岂能以人言不同己意,便即护短不纳? 若不能受谏,安能谏人?"(《贞观政要》求谏第四)朝廷重臣是协助皇帝治理国家的重要成员,太宗告诫重臣应该纳谏,是想在整个朝廷广开言路,形成风气,减少决策的失误,巩固统治。

(二)居安思危

历代帝王中,居安思危,常常夜不能寐的君王有之,唐太宗无疑是最具代表性的一位,经常以隋亡为戒,"前事不远,吾属之师也"(《资治通鉴·唐纪八》)。

> 朕所以不敢恃天下之安,每思危亡之事以自戒惧,用保其终。(《贞观政要》慎终第四十)

贞观十年,太宗给侍臣提出了一个很重大的理论问题,即"帝王之业,草创与守成孰难?"的问题。尚书左仆射房玄龄认为,"天地草昧,群雄竞起,攻破乃降,战胜乃克。由此而言,草创为难。"魏征认为,"帝王之起,必承衰乱,覆彼昏狡,百姓乐推,四海归命;天授人与,乃不为难。然既得之后,志趣骄逸。百姓欲静而徭役不休，百姓凋残而侈务不息；国之衰弊，恒由此起。以斯而言，守成则难。"(《贞观政要》君道第一）太宗针对二人的回答言道，玄龄过去跟随我平定天下，出生入死，饱尝艰辛，所以看到的是创业的艰难。魏征和我一起安定天下，担心出现骄奢淫逸，重蹈覆辙的危险，所以看的是保持已建立功业的艰难。现在创业的艰难已经过去，保住已建立的功业这一事难，一定要谨慎对待。太宗通过房玄龄和魏征的对答，最后进行梳理分析，认为"草创"难，"守成"更难。

贞观君臣多次就该问题进行交流，魏征也多次强调"守成"的重要和不易。他认为大多国君"有善始者实繁，能克终者盖寡。"开始时好的确实很多，能坚持到最后的很少。"岂取之易守之难乎？"难道不是取得天下容易而守住天下困难吗？"可畏惟人，载舟覆舟，所宜深慎"（《贞观政要》君道第一）。

贞观十五年，太宗谓侍臣曰："守天下难、易？"魏征回答："甚难！"太宗说："任贤能，受谏诤则可，何谓为难？"魏征回答：

> 观自古帝王，在于忧危之间，则任贤受谏。及至安乐，心怀宽怠，言事者惟令兢惧，日陵月替，以至危亡。圣人所以居安思危，正为此也。安而能惧，岂不为难？（《贞观政要》君道第一）。

魏征特别强调了，安居时能怀畏惧之心，难道不算难吗？

唐太宗也常怀畏惧之心，曾言："朕每出一言，行一事，必上畏皇天，下惧群臣。天高听卑，何得不畏？群公卿士，皆见瞻仰，何得不惧？以此思之，但知常谦常惧，犹恐不称天心及百姓意也。"（《贞观政要》谦让第十九）

唐太宗还把治国与治病相比，他认为，"治国与治病无异也。病人觉愈，弥须将护，若有触犯，必至殒命。治国亦然，天下稍安，尤须兢慎，若便骄逸，必至丧败。"病人自认为把病治好了就应该更加将息保护，倘若再触发病根而犯病，一定会导致死亡，治国亦如此，如果以为天下太平无事就骄奢淫逸，必定会导致灭亡。太宗告诫侍臣，"今天下安危，系之于朕，故日慎一日，虽休勿休。然耳目股肱，寄在卿辈，既义均一体，宜协力同心。事有不妥，可极言无隐。"（《贞观政要》政体第二）天下安危系于皇帝一身，所以太宗自己一天比一天谨慎，虽有享受的条件也不去追求享受，他认为，臣子是"耳目""股肱"，君臣是一个整体，就应该协力同心，事情有不妥的地方，应该极力规谏，毫无隐瞒。

贞观十四年，太宗平定了高昌国，设宴群臣时对房玄龄说："高昌若不失臣礼，岂至灭亡？朕平此一国，甚怀危惧，惟当戒骄逸以自防，纳忠謇以自正。黜邪佞，用贤良，不以小人之言而议君子。以此慎守，庶几于获安也。"（《贞观政要》君臣鉴戒第六）太宗在平定了高昌国以后，心中感到更加危惧，只有力戒骄奢淫逸来自己提防。这是将"彼"与"己"进行对照，提醒自己处在安泰的环境中决不能掉以轻心，要采纳中直之言来匡正自己，罢黜奸佞，选用贤良，或许能让国家获得安宁。

唐太宗深知自己居于深宫，"不能尽见天下事"，所以对侍臣说："故布之卿等，以为朕之耳目。莫以天下无事，四海安宁，便不存意。"（《贞观政要》政体第二）告诫臣子，作为君主的耳目，不要以为四海陈平、天下无事，而应该多加留意。

三、任贤：为政之要、惟在得人

任用贤才既是唐太宗"治道"的核心观念，也是贞观之治的重要内容。

贞观元年，唐太宗引用《尚书》的话告诫房玄龄等大臣，"任官惟贤才"，"官不必备，惟其人。"（《贞观政要》择官第七）即官员不一定要齐备，要紧的是在于任用有德的人。"惟有才行是任"（《贞观政要》公平第十六），贞观二年，太宗对侍臣说，"为政之要，惟在得人，用非其人，必难致理。今所任用，必须以德行、学识为本。"（《贞观政要》崇儒学第二十七）这基本划定了太宗时期用人的原则，用贤、重德行学识、唯其人。

"致安之本，惟在得人。""能安天下者，惟在用得贤才。"（《贞观政要》

择官第七)贞观期间人才济济为世人所称道,房玄龄、杜如晦、魏征、王珪、李靖、虞世南、李勣、马周等围绕在唐太宗周围,组成了一个高智商的统治集团。

(一)股肱之臣

太宗初见房玄龄,"便如旧识,署渭北道行军记室参军。玄龄既喜遇知己,遂罄竭心力。"两人一见如故,房玄龄被委以重任,甚喜,尽心竭力为太宗效力。当时,每平定一个地方,别人都争相寻求珍宝,而房玄龄"独先收人物,致之幕府","及有谋臣猛将,与之潜相申结,各致死力。"如遇到善于谋划的文臣和作战勇猛的武将,就暗中与他们再三致意,相互结约,各尽死力报效国家。房玄龄为太宗鞠躬尽瘁,任宰相十五年,多次向太宗呈递奏章,请求辞去宰相职务,太宗不同意。贞观十六年,"玄龄复以年老请致仕,太宗遣使谓曰:'国家久相任使,一朝忽无良相,如失双手。'"(《贞观政要》任贤第三)可见唐太宗对房玄龄是多么的倚重,希望他如果不是精力不济,就不要辞相。

房玄龄还为唐太宗推荐了大量人才,如上所言,"独先收人物,致之幕府"。"房谋杜断"中的杜如晦就是房玄龄推荐给太宗的。唐高祖武德四年,杜如晦在秦王府担任兵曹参军,不久,调陕州总管府任长史。当时秦王府调出去的人才很多,秦王很是忧虑。这时记室房玄龄说:"幕府去者虽多,盖不足惜。杜如晦聪明识达,王佐才也。若大王守藩端拱,无所用之;必欲经营四方,非此人莫可。"(《贞观政要》任贤第三)太宗从此更加敬重杜如晦,把他视为心腹,奏请高祖,调杜如晦为自己府中属官。贞观初年,房玄龄与杜如晦共同执掌朝政,"至于台阁规模,典章文物,皆二人所定,甚获当时之誉,时称'房杜'焉。"(《贞观政要》任贤第三)"上每与玄龄谋事,必曰:'非如晦不能决。'及如晦至,卒用玄龄之策。盖玄龄善谋,如晦能断故也。二人深相得,同心徇国,故唐世称贤相,推房、杜焉。"(《资治通鉴·唐纪九》)

经常"犯颜直谏"的魏征与唐太宗的关系,更体现了太宗对人才的爱惜。众所周知,魏征原来是为隐太子李建成服务的①,"见太宗与隐太子阴相倾夺,每劝建成早为之谋。"(《贞观政要》任贤第三)玄武门之变后,魏征才归到李世明麾下,魏征性格刚正不阿,颇具治国才能。太宗每次和他一起交谈,无不欣喜。魏征也很高兴遇上了知己的君主,竭尽全力效劳。魏征曾对太宗说:"臣以身许国,直道而行,必不敢有所欺负。但愿陛下使臣为良臣,勿使臣为忠臣。"太宗问他,忠臣和良臣有何区别? 魏征说:"良臣使身获美名,君受显号,子孙传世,福禄无疆。忠臣身受诛夷,陷君大恶,家国并丧,独有其名。以此而言,相去远矣。"太宗深有感慨地说:"君但莫违此言,我必不忘社稷之计。"(《贞观政要》卷二附:直谏)本着这一执念,魏征始终在作他的良臣。太宗对魏征进谏之事说道:"卿所谏前后二百余事,皆称朕意,非卿忠诚奉国,何能若是?"太宗在一次宴会上曾说:"魏征往者实我所仇,但其尽心所事,有足嘉者。朕能擢而用之,何惭古烈? 然徵犯颜切谏,每不许我为非,我所以重之也。"太宗说的是,魏征过去确实是我憎恨的人,但他尽心于自己所侍奉的人,也有值得称道的地方。我能选拔而且重用他,哪些地方有愧于古代英明的圣主? 然而魏征敢于冒犯我而直率地诤谏,常常不允许我做错事,所以我器重他。从这些文字中我们看出,唐太宗魏征君臣真知己也。魏征去世后,太宗后来对侍臣说:"夫以铜为镜,可以正衣冠;以古为镜,可以知兴替;以人为镜,可以知得失。朕常保此三镜,以防己过。今魏征殂逝,遂亡一镜矣!"(《贞观政要》任贤第三)因此事,太宗哭了很久。太宗多次把魏征比喻成明镜,如贞观十六年,太宗对房玄龄说:"常念魏征随事谏正,多中朕失,如明镜鉴形,美恶必见。"(《贞观政要》求谏第四)在统一战争和夺取皇位的过程中,房玄龄功劳最大,贞观以后,魏征功劳最大,所以,魏征之死,唐太宗说自己失去了一面镜子。崔德瑞说:"太宗的施政作风之所以被人推崇,不仅由于它的成就,而且由于它接近儒家的纳谏爱民为治国之本这一理想,另外还由于它表现了君臣之间水乳交融的关系。"②

---

① 《资治通鉴》载:诏追封故太子建成为息王,谥曰隐。(《资治通鉴·唐纪八》)
② [英]崔瑞德:《剑桥中国隋唐史》,中国社会科学院历史研究所西方汉学研究课题组译,中国社会科学出版社1990年版,第216页。

王珪,太原祁县人。唐高祖武德年间,他效力于隐太子李建成,太宗即位后,召任谏议大夫,多有梁谋进献。贞观二年,唐太宗问王珪说:"近代君臣理国,多劣于前古,何也?"王珪回答说,上古的帝王治国,志趣崇尚清静无为,为百姓着想。近代的君臣则只图损害百姓利益来满足自己的贪欲,"所以任用大臣,复非经术之士。"王珪接着举例说,汉朝的宰相,没有一个不精通一门经典的,朝廷如果有疑难问题,大家都能引用经书、史书做出决定,由于这样,人们多懂礼仪规范,国家的治理就达到了太平。近代重视武备而轻视儒术,或者参用刑律,儒家的道德规范已经遭到损害,"淳风大坏",太宗非常赞同王珪的话,"自此百官中有学业优长,兼识政体者,多进其阶品,累加迁擢焉。"(《贞观政要》政体第二)"学生能通经者,即擢以吏职。"(《贞观政要》崇儒学第二十七)这与王珪对太宗的进谏是分不开的。唐太宗对王珪非常信任,曾说:"卿若常居谏官,朕必永无过失。"(《贞观政要》任贤第三)贞观十一年,王珪兼任魏王李泰的师傅,太宗要求李泰"每对王珪,如见我面,宜加尊敬,不得懈怠。"(《贞观政要》尊敬师傅第十)

唐太宗时,北方的问题主要是突厥的侵扰,防御或反击突厥的侵扰必须要得力的将军率军征战、讨伐,在这方面,太宗选拔了李靖,"太宗嗣位,召拜刑部尚书。贞观二年,以本官检校中书令。三年,转兵部尚书,为代州道行军部管,进攻突厥定襄城,破之。"太宗夸赞李靖"威振北狄,实古今未有",因战功被封为代国公。后李靖又奉命率军征伐突厥,唐军杀了颉利可汗一万多人,俘虏了男女十余万人,开拓的疆土从阴山到大沙漠以北,"遂灭其国"。不久,太宗加封李靖为光禄大夫、尚书右仆射,接着又任李靖为西海道行军大总管,征讨吐谷浑,大破其国,改封为卫国公。李靖死后,太宗颁布诏令,允许李靖墓前修座高大的建筑,"筑阙像突厥内燕然山、吐谷浑内碛石二山,以旌殊勋。"(《贞观政要》任贤第三)这个建筑象征突厥境内的燕然和吐谷浑境内的碛石山,用它来表彰李靖的巨大功勋。

虞世南也是一个经常对太宗进行规谏和探讨如何治理国家的人。"初仕隋,历起居舍人。"(《贞观政要》孝友第十五)贞观初年,太宗召虞世南入朝,待为贵宾,因此而开设文学馆,虞世南被推为文学之宗。贞观七年,虞世南被多次提升任秘书监,太宗常常在闲暇时间召他来谈论事情或共同观看经史,虞世南每谈到古代帝王治国的成败时,一定在自己的言谈中寄寓规谏,这对太宗治国有许多补益。太宗曾对侍臣说:"朕因暇日,每与虞世南商榷古今,朕有一言之善,世南未尝不悦;一言之失,未尝不怅恨。其诚恳若此,朕用嘉焉。群臣皆若世南,天下何忧不理?"所有的大臣都像虞世南那样,天下还愁治理不好吗?虞世南死后,太宗亲自写了一道诏书说道,"虞世南于我,犹一体也。"(《贞观政要》任贤第三)同时命令将虞世南、房玄龄、长孙无忌、杜如晦、李靖等二十四人的像画在凌烟阁的壁上。

贞观时期,另一位使"突厥甚加畏惮"的人物是李勣,李勣本姓徐,名世勣,字懋功。李勣早年在李密属下做官,忠心耿耿,后归唐,赐姓李。李密叛唐被杀后,李勣亲自为李密发丧、穿丧服,全按君臣礼仪,同时上奏章,请求收葬李密,高祖就将李密的尸体交给李勣处理,李勣于是大制丧葬仪式,将李密葬在黎阳山,朝廷和民间都认为李勣遵守道义,唐高祖非常欣赏李勣的作为。贞观元年,李勣被任命为并州都督,"令行禁止,号为称职,突厥甚加畏惮。"太宗对侍臣说:"隋炀帝不解精选贤良,镇抚边境,惟远筑长城,广屯将士,以备突厥,而情识之惑,一至于此。朕今委任李勣镇并州,遂得突厥畏威远遁,塞垣安静,岂不胜数千里长城耶?"唐太宗是充分认识到了贤良人才的重要性,故有此感慨。李勣在并州镇守了十六年,维护了边境的安定。另外,和对其他臣子一样,太宗对李勣关心备至。如"勣时遇暴疾,验方云须灰可以疗之,太宗自剪须为其和药。"这是说,有次李勣突然生病,验方说胡须烧成的灰可以治病,太宗就亲自剪下他自己的胡须给李勣配药。李勣磕头出血,哭着谢恩。还有在太宗设宴款待大臣的席间,李勣喝得酩酊大醉,太宗"御服覆之",可见,太宗对李勣是多么的信赖。从贞观初年以来,李勣讨伐突厥的颉利可汗以及薛延陀、高丽等,都大胜。太宗曾赞誉:"李靖、李勣二人,古之韩、白、卫、霍岂能及也。"(《贞观政要》任贤第三)正是由于有李靖、李勣等对突厥的抵御和打击,加之唐太宗对归附突厥民众在边疆的安置,突厥人称太宗为"天可汗"。

不失时机地发现任用人才,是唐太宗的一大特点。马周,是贞观时期重要的臣僚之一,太宗曾说:"我于马周,暂时不见,便思之。"究竟是什么缘故使太宗暂时不见马周就想呢? 马周其人,在贞观五年到京城长安,客居在中郎将常何家里,向常何讲说了国家应办的事二十多条,适逢太宗命令文武百官上书谈论治国得失,常何将二十条建议的奏章呈上,"事皆合旨",常何向太宗说明二十条建议属马周所提,太宗就在当天召见马周,"与语甚悦。令直门下省,授监察御史,累除中书舍人。"马周很有机智巧辩的才能,"能敷奏,深识事端,故动无不中。太宗尝曰:'我于马周,暂时不见,便思之。'"马周处理事情平和公允,颇受时人赞许,后来官至代理吏部尚书。太宗曾对侍臣说:"马周见事敏速,性甚贞正,至于论量人物,直道而言。朕比任使之,多称朕意。既写忠诚,亲附于朕,实籍此人,共康时政。"(《贞观政要》任贤第三)这种评价是比较高的。

(二)选官与育官

太宗深深地认识到官员称职的重要性,思考这个问题常常夜不能寐,"设官分职,以为民也,当择贤才而用之"(《资治通鉴·唐纪八》),"惟恐都督、刺史堪养百姓以否。"(《贞观政要》择官第七)认为都督、刺史这些人决定着国家的安危,尤其需要他们这些人称职。"为朕养民者,唯在都督、刺史"(《资治通鉴·唐纪九》),如何才能知道他们是否称职,魏征对太宗说:"知人之事,自古为难。故考绩黜陟,察其善恶。今欲求人,必须审访其行。若知其善,然后用之,设令此人不能济事,只是才力不及,不为大害。误用恶人,假令强干,危害极多。但乱代惟求其才,不顾其行。太平之时,必须才行俱兼,始可任用。"(《贞观政要》择官第七)国家处于太平的时候,就一定要对人才进行考核,考察他们的德行,只有才能与德行具备,才可以任用或升迁。唐太宗接受了魏征的建议,派出朝廷大员到全国各地巡查,对德行俱佳的官吏加以升迁,对贪污失职德行不备的官吏给予惩处。

贞观十一年,侍御史马周向太宗上奏疏,强调了选好刺史、县令的重要性。奏疏中说道,治理天下的人要把百姓看作根本。想让百姓安居乐业,"在刺史、县令。"县令人数多,不可能都是贤良的,如果每个州能配备一个贤良的刺史,那整个州郡内都能得到复苏休息,天下所有的州刺史都能符合陛下的心意,那陛下可以端坐于朝堂之上,百姓也会没有忧虑安居乐业。马周还认为,"欲有迁擢为将相者,必抚试以临民,或以二千石入为丞相及司徒、太尉者。朝廷必不可独重内臣,外刺史、县令,遂轻其选。所以百姓未安,殆由于此。"(《贞观政要》择官第七)马周说到了一个古今相通的问题,即选拔高官,如古代的丞相、将军,一定要从地方官中选拔,被选拔的官员在地方历练过。朝廷一定不要只重用朝内的臣子,另眼看待刺史、县令,轻视刺史、县令的人选。百姓之所以不能安定,原因大概如此。太宗由此对侍臣说:"刺史朕当自简择,县令诏京官五品已上,各举一人。"(《贞观政要》择官第七)

对于有的官员不推荐人才,归咎于还没有发现有特殊才能的人,唐太宗认为,"前代明王,使人如器,不借才于异代,皆取士于当时。岂得待梦傅说①,逢吕尚,然后为政乎?且何代无贤,但患遗而不知耳!"(《贞观政要》择官第七)哪一个朝代没有贤能的人,只是担心我们遗漏不了解罢了。

太宗还鼓励群臣参照古人"内举不避亲,外举不避仇"(《贞观政要》公平第十六)的做法,推荐真正的贤人,即使自己的子弟以及有仇怨的人,也不能不推荐。

对于官员要进行教育。贞观十四年,魏征上疏中写道,"与之为忠,则可使同乎龙逢、比干矣;与之为孝,则可使同乎曾参、子骞矣;与之为信,则可使同乎尾生、展禽矣;与之为廉,则可使同乎伯夷、叔齐矣。"(《贞观政要》择官第七)通过"忠""孝""言""廉"的教育,使官员们成为龙逢、比干、曾参、子骞、尾生、展禽、伯夷、叔齐这样的人物。②

贞观二十一年,唐太宗欲授司农卿李纬为户部尚书,当听到房玄龄说

---

①　傅说,商王武丁的大臣,辅佐武丁治理国政。
②　龙逢:夏朝末年大臣,为官正派,刚直不阿,敢于犯颜直谏,是中国历史上第一谏臣,被誉为"死谏开先第一人"。比干:商代贵族,纣王的叔父,官少师,相传因屡次劝谏纣王,被剖心而死。曾参:春秋末鲁国人,孔子学生,以行孝见称。子骞:春秋末期鲁国人,他不求高官厚禄,孝顺父母,和睦兄弟,以德行著称。尾生:古代传说中坚守信约的人。展禽:即柳下惠,春秋时鲁国大夫,为官任劳任怨,不以职低而卑,以贤能著称。

"李纬大好髭须"时,就改授李纬"洛阳刺史"。只从房玄龄说李纬的一把大胡子生的好而别无他言,唐太宗已经了解到房玄龄对李纬的评价,所以不再委任李纬在朝中做官。

(三)厚待信任臣子

前述,群臣可以毫无顾忌地进谏,可以和太宗轻松地坐而论道,探讨治理国家的方略等,表现出贞观集团君臣关系的和谐,那么,从太宗的角度看,具体做了哪些让臣子暖心的事呢?

> 户部尚书戴胄卒,太宗以其居宅弊陋,祭享无所,令有司特为之造庙。(《贞观政要》俭约第十八)

命令有司特别给戴胄家建造家庙,以祭祀供奉。

> 温彦博为尚书右仆射,家贫无正寝,及薨,殡于旁室。太宗闻而嗟叹,遽命所司为造,当厚加赙赠。(《贞观政要》俭约第十八)

尚书右仆射温彦博家里贫穷没有正室,去世的时候,停枢在侧室。太宗听说后很感叹,立即命令有司给他家造正室,并优厚赠给财物资助办理丧事。

> 魏征宅内,先无正堂。及遇疾,太宗时欲造小殿,而辍其材为征营构,五日而就。(《贞观政要》俭约第十八)

魏征家没有正堂,太宗用自己准备修建小殿的材料为魏征修了正堂。

> 魏征为秘书监,有告征谋反者,太宗曰:"魏征,昔吾之仇,只以忠于所事,吾遂拔而用之,何乃妄生谗构?"竟不问征,遽斩所告者。(《贞

观政要》杜谗邪第二十三）

魏征原来服务于隐太子，也曾建议李建成解决掉李世民，所以，这里李世民说魏征过去是我的仇人，但为我所用后，忠于职守，所以就提拔重用他。怎么能随便诬陷。李世民没有追究魏征，立即杀掉了诬告的人。

为了表示对房玄龄、杜如晦等人的信任，太宗把诽谤、离间君臣关系的监察御史陈师合流放到了岭南。

"存民"、纳谏、任贤，是唐太宗"治道"的主要体现。除此而外，唐太宗作为最高统治者，不信虚妄之词，也非常值得一提。他批评秦始皇、汉武帝喜神仙之事，认为，"神仙事本是虚妄，空有其名。"秦始皇求神仙被方士所骗，汉武帝为求仙把女儿嫁给玩弄道术的人，为道术所骗。"据此二事，神仙不烦妄求也。""君天下者，惟须正身修德而已，此外虚事，不足在怀。"（《贞观政要》慎所好第二十一）诏命："民间不得妄立妖祠。自非卜筮正术，其余杂占，悉从禁绝。"（《资治通鉴·唐纪八》）这种认识贯穿于政治实践，会很好地引导社会风气的发展方向，使人们不致整日从事虚妄之事，有利于发展生产。

同时，唐太宗对所谓的"祥瑞"也持一种理性的态度。贞观六年，他对侍臣说："朕比见众议以祥瑞为美事，频有表贺庆，如朕本心，但使天下太平，家给人足，虽无祥瑞，亦可比德于尧、舜。若百姓不足，夷狄内侵，纵有芝草遍街衢，凤凰巢苑囿，亦何异于桀、纣？"只要百姓家给人足、天下太平，无祥瑞，也可比肩尧、舜。如果百姓不足，夷狄内侵，纵然灵芝仙草遍地，凤凰在苑囿中筑巢，又与桀、纣有什么不同？"昔尧、舜在上，百姓敬之如天地，爱之如父母。动作兴事，人皆乐之；发号施令，人皆悦之，此是大祥瑞也。自此后，诸州所有祥瑞，并不用申奏。"（《贞观政要》灾祥第三十九）

在历史上的诸多帝王中，有的随心所欲、信口开河，造成了决策的失误或人间悲剧。唐太宗认为，作为君临天下之人，言语一定要谨慎，"朕每日坐朝，欲出一言，即思此一言于百姓有利益否，所以不敢多言。""言语者，君子之枢机，谈何容易。凡在众庶，一言不善，则人记之，成其耻累。况是万乘之主，不可出言有所乖失。"(《贞观政要》慎言语第二十二)一般百姓说出一句话不好，就有人记住，成为耻辱。何况是一国之君，不能说话有所过失。一旦失误，在"君无戏言"的年代，后果不堪设想。

在贞观时期，尤其是唐太宗统治的前半期，在"存民"、纳谏、选拔官吏、发展生产、慎刑等诸多方面，均有值得称道的地方，这虽然是为了维护统治而进行的活动，但其实际影响已超出了这一范围，波及了全体百姓，百姓能够从这些政策措施的贯彻中，得到休养生息的机会，生产有一定的发展，生活得到改善，民心安定，达到了统治阶级和百姓基本利益的交融，这是我们应该客观对待的。

因为我们的立论在于借鉴古代的"治道"实践，所以展示的这一面多为积极的。客观来讲，贞观后期，唐太宗也有烦于纳谏和生活奢侈的一面，也有对高丽大举用兵造成民众伤亡和负担加重的一面，这些对整个国家产生了消极的影响，全面地认识唐太宗的"治道"，这些方面也绝对不能视而不见。

第 10 章　朱元璋集权与饬吏的治道探索

朱元璋(1328—1398),小名重八,字国瑞,大明王朝的开创者,公元1368 年至 1398 年在位,安徽凤阳人。出身寒微,年 17 岁因生计所迫投黄觉寺为僧。元末,天下大乱,群雄并起,为图自保投濠州郭子兴义军,后成为该义军的统帅,在此后的十余年里,南征北战,力挫群雄。公元 1368 年在南京称帝,建立明王朝。在中国封建社会,由底层登上皇帝宝座的只有两个人,一个是汉高祖刘邦,另一个就是朱元璋。朱元璋在位期间,励精图治,大胆革新,发展生产,惩治贪腐,整饬吏治,成就了一代帝王功业。

一、昭示天下:起兵的合理性与政权的合法性

我们在前边已经提到合法性问题,比如周公对政权合法性的论证。从新旧朝代的更替来看,合法性问题一直都是现实的问题,是需要统治者作出回答的问题。朱元璋由“一介草民”成为天子,自然他政权的合法性必须加以说明。

(一)讨元檄文展示合法性

元末起义的各支义军,都会阐述各自起事的理由,朱元璋的理由是借助儒家传统的华夷之别和天命观念,并进而阐述其政权建立的合理性和合法性。

朱元璋北伐之前,发出告北方官吏、人民的檄文,亦即《奉天讨元檄》,

全面说明了这一问题。

自古帝王临御天下,皆中国居内以制夷狄,夷狄居外以奉中国,未闻以夷狄居中国治天下者也。自宋祚倾移,元以北夷入主中国,四海内外,罔不臣服,此岂人力,实乃天授。彼时君明臣良,足以纲维天下,然达人志士,尚有冠履倒置之叹。

自是以后,元之臣子,不遵祖训,废坏纲常,有如大德废长立幼,泰定以臣弑君,天历以弟鸩兄,至于弟收兄妻,子烝父妾,上下相习,恬不为怪,其于父子君臣夫妇长幼之伦,渎乱甚矣。夫人君者斯民之宗主,朝廷者天下之根本,礼仪者御世之大防,其所为如彼,岂可为训于天下后世哉!

及其后嗣沈荒,失君臣之道,又加以宰相专权,宪台抱怨,有司毒虐,于是人心离叛,天下兵起,使我中国之民,死者肝脑涂地,生者骨肉不相保,虽因人事所致,实天厌其德而弃之之时也。古云:"胡虏无百年之运",验之今日,信乎不谬。

当此之时,天运循环,中原气盛,亿兆之中,当降生圣人,驱除胡虏,恢复中华,立纲陈纪,救济斯民。今一纪于兹,未闻有治世安民者,徒使尔等战战兢兢,处于朝秦暮楚之地,诚可矜悯。

方今河、洛、关、陕,虽有数雄,乃忘中国祖宗之姓,反就胡虏禽兽之名,以为美称,假元号以济私,恃有众以要君,凭陵跋扈,遥制朝权,此河洛之徒也;或众少力微,阻兵据险,贿诱名爵,志在养力,以俟衅隙,此关陕之人也。二者其始皆以捕妖人为名,乃得兵权。及妖人已灭,兵权已得,志骄气盈,无复尊主庇民之意,互相吞噬,反为生民之巨害,皆非华夏之主也。

予本淮右布衣,因天下大乱,为众所推,率师渡江,居金陵形势之地,得长江天堑之险,今十有三年。西抵巴蜀,东连沧海,南控闽越,湖、湘、汉、沔、两淮、徐、邳,皆入版图,奄及南方,尽为我有。民稍安,食稍足,兵稍精,控弦执矢,目视我中原之民,久无所主,深用疚心。予恭承天命,罔敢自安,方欲遣兵北逐胡虏,拯生民于涂炭,复汉官之威仪。虑民人未知,反为我仇,挈家北走,陷溺犹深,故先谕告:兵至,民人勿避。予号令严肃,无秋毫之犯,归我者永安于中华,背我者自窜于塞外。盖我中国之民,天必命我中国之人以安之,夷狄何得而治哉! 予恐中土久污膻腥,生民扰扰,故率群雄奋力廓清,志在逐胡虏,除暴乱,使民皆得其所,雪中国之耻,尔民其体之。

如蒙古、色目,虽非华夏族类,然同生天地之间,有能知礼义,愿为臣民者,与中夏之人抚养无异。故兹告谕,想宜知悉。(《明太祖实录》卷二一)

著名明史专家吴晗先生对这段文字进行了这样的解读,认为其中心思想有两点:"第一是民族革命,特别强调夷夏的分别,特别强调中国应由中国人自己来治理。过去不幸被外族侵入,冠履倒置,现在要'驱逐胡虏,恢复中华'了。……以此为号召,自然更能普遍地获得全民的拥护和支持,尤其是打动了儒生士大夫的心。第二是复兴道统,亦即旧有的文化的思想的系统之恢复。……如今北伐,目的在'立纲陈纪,救济斯民',重建旧模子,恢复这个世世相传的传统文化和生活习惯。……能广泛地获得那些苦于社会动荡的小民的拥护和支持,更能吸引儒生士大夫的深切同情。""骂元朝,说他破坏传统文化,说他政治贪污腐化,营私毒虐,是个坏政府,上天已经厌弃他了。"骂元朝将军,"扩廓用外族名字"是"以夷变夏",骂李思齐制造内乱,"不忠于国",认为这两批有实力的人"都要不得,不能做华夏之主。"那么,谁来治理中国呢? 当然是"淮右布衣"朱元璋。檄文中还骂"妖人","妖人当然是指韩林儿","妖人已灭",我并非妖人,"勾销了过去十七年来他是红军头目这一事实。"他要做的事情是,"拯生民于涂炭,复汉官之威仪",最后,为了缓和蒙古、色目人的反抗心理,声明"只要他们知礼义,加入中国系统,也就承认是中国公民,和中国人民一样对待。"①这基本遵循了先秦儒家

① 吴晗:《朱元璋传》,北方联合出版传媒(集团)股份有限公司万卷出版公司 2018 年版,第 98—99 页。

以是否守"礼义"作为辨别"夏夷"的原则。

在这一"檄文"中,朱元璋表明了其反元起事的合理性,对当时"团结一切可以团结的力量"反元,起到了重要作用。

一开始并没有想着能成为"人主"的朱元璋,随着形势的发展,看到前景已经比较明朗,那么,必须在合法性的进程中继续运用理论的武器,准备称帝。臣属李善长等一干人开始制定即位大典的各项程序。"三劝三让"后,朱元璋准备登上皇帝的宝座。这个时候,一个非常重要的合法性程序是需要上天的认可,所以,朱元璋在登基前又祭告上帝皇祇。

> 惟我中国人民之君,自宋运告终,帝命真人于沙漠,入中国为天下主,其君臣父子及孙百有余年,今运亦终。其天下土地人民,豪杰分争。惟帝赐英贤为臣之辅,遂勘定诸雄,息民于田野。今地周回二万里广,诸臣下皆曰生民无主,必欲推尊帝号。臣不敢辞,亦不敢不告上帝皇祇。是用明年正月四日于钟山之阳,设坛备仪,昭告帝祇。惟简在帝心。如臣可为生民主,告祭之日,帝祇来临,天朗气清。如臣不可,至日当烈风异景,使臣知之。(《明太祖实录》卷二四)

这是朱元璋希望得到上天的认可,自我陈述的一段文字,"君权天授"是自古的传统,君主可以用来证明自己的合法性,更可以拿来昭示民众,皇帝可以和天进行沟通的神圣能力。果然,在第二年正月初四,晴空万里,朱元璋来到南郊祭祀天地,登临皇帝宝座,昭告天下,"定有天下之号曰大明,建元洪武。遂诣太庙,追尊四代祖考"①。洪武皇帝朱元璋就此出现在历史上,书写在史书上。元朝皇帝诏书开头的"上天眷命"也改为了"奉天承运",表示朱明王朝奉行天命、继承大运。

上天认可某个政权的合法性,并不是可有可无的,就像我们前边说到的秦始皇"封禅"一样,他要告知上天,希望上天的庇佑。朱元璋"祭告上帝皇

---

① [清]谷应泰撰:《明史纪事本末》(一),中华书局 2018 年版,第 193 页。

祇"和"封禅"的意义是一样的,他的这种"祭告",是在"上帝"处备案、也是给自己"打气",更是给天下人宣誓权力,表明自己政权的合法创建。

(二)国号"明"赢得合法性

将"国号"称为"明",也有其合法性的考量。

其一,朱元璋称帝前是"小明王"韩林儿的部下,以"明"为国号,表明新政权继承的是明教、明王的事业,所有明教徒都是一家人,这样可以把明教徒凝聚在新政权的旗帜下,从这一点也可以看出,朱元璋和"明教"割不断理还乱的关系。其二,告诉那些存有二心之人,"明王"在此,不要滋生事端,这就杜绝了他们想再以"明教"作乱,妄称"明王"的可能。其三,"明教"在民间传播时,宣扬的是"明王出世,弥勒佛降生",人们就可以过上好日子,这种思想在民间影响极大。现在"大明"建立了,百姓可以本本分分地享受明王治下的生活了,换句话说,就是已经实现了百姓所追求的理想。其四,儒生的看法,"'明'是光亮的意思,是火,分开是日月,古礼有祀'大明'朝'日'夕'月'的说法,千百年来'大明'和日月都算是朝廷的正祀,无论是列作郊祭还是特祭,都为历代皇家所看重,儒生所乐于讨论的。……'朱明'一名词把国姓和国号联在一起,尤为巧合。因此,儒生这一系统也赞成用此国号"①。

如果说前边提到的"檄文"和"祭告上帝皇祇"是"仰望星空",那么,国号"明"的确立就是"脚踏大地"。朱元璋的部属中有大量的明教徒,有反元义军各部归降的成员,有朱元璋从各地搜罗来的儒生,更有广大希望天下太平的底层百姓。如果在国号问题上不能被某一部分人认同,就会出现不稳定因素,就会质疑新政权的合法性。因为,被统治者的认可是统治合法性的首要前提。朱元璋在这个问题上给出了合格的答卷,用一个"明"字求得了"明教徒"、普通百姓及儒生等各方势力的认同,可见其高明之处。用一句

---

① 吴晗:《朱元璋传》,北方联合出版传媒(集团)股份有限公司万卷出版公司2018年版,第111页。

话概括就是"旁观者不糊涂,当局者更清醒"。

二、维护君道:废相与集权

无疑,朱元璋在中国古代政治发展中留下了重要影响,其中,"最大的特色无乃极度的中央集权"[1],在集权的措施上,最引人注目的是废相。

(一)"君权"与"相权"的时代印记

在君臣关系中,最具代表性的就是"君权"和"相权",在前边汉武帝一章我们就探讨过"君权"与"相权"的关系。"君权"和"相权"如果拿到当今来看,类似于政治与行政的关系。政治是国家意志的表达,行政是国家意志的执行。自从产生了皇帝制度,家国一体,所以皇帝的意志就是国家的意志,丞相执行国家的意志就是在执行皇帝的意志。但"君权"和"相权"又是一对矛盾体,丞相一人之下万人之上,很多官员的升迁、生死不但皇帝可以决定,丞相也可以把这一权力运筹于掌上,这就意味着皇权被制约或削弱,任何一个皇帝都不会坐视不理。所以,君主要集权,首要的任务是限制相权。汉代高祖刘邦时期,可以和萧何等人坐而论道,萧何享受佩剑上殿的荣耀,但也可以找个理由瞬间把萧何投入监狱。汉武帝时期,由于其母舅田蚡为相时把持朝政,不把刘彻这个少年天子放在眼里,委任官吏没完没了,把汉武帝气的放出狠话方才罢手,这给汉武帝留下了心理阴影,对一人之下万人之上的丞相如鲠在喉。汉武帝朝先后有十二人为相,六任丞相都不得善终,说明这时的君相关系已经有了森严的界限。董仲舒的"君为臣纲"思想被汉武帝发挥得淋漓尽致,"君让臣死,臣不得不死"。所以,有学者认为:"在秦汉政治制度的发展上,一个常见的现象就是相权的被分削或剥夺。"[2]唐太宗时期,君臣关系融洽人人皆知,唐太宗手下的相"房谋杜断",堪称后

---

① 黄仁宇:《中国大历史》,生活·读书·新知三联书店 2007 年版,第 199 页。
② 邢义田:《天下一家:皇帝、官僚与社会》,中华书局 2011 年版,第 19 页。

世楷模,但这只是历史长河中君臣关系的一朵小小的浪花,转瞬即逝。武则天之后出现手令,就是为了绕过相权的牵制,使圣谕直接贯彻。宋代增设了许多衙门,出现了"冗官",其实质也是夺相权而归之于皇帝,到后期,门下省、尚书省已经不起什么作用,只剩中书一省掌权。元代,取消了门下省,尚书省的六部归并到中书省,形成中书一省独大的局面,这也势必产生与君权的激烈冲突,君主抑制相权成为政治中的重要问题之一。故有学者认为,"相权制约是中国古代专制政治史上的一个永恒话题,也是权力制约的一条主线"①。

(二)废相与"圣心独裁"

明朝建立初期,仍然在中央设立中书省,由左右丞相总理吏、户、礼、兵、刑、工六部事务,大部分权力掌握在丞相手中,朱元璋当然不满意,绝意对中书省和丞相下手成为必然。朱元璋是个希望"圣心独裁""大权独揽"的皇帝,他为了夺取天下的需要,可以把李善长、刘基等人安置在"礼贤馆"奉为上宾,也可以为了集权的需要,把作为丞相的胡惟庸抄家灭族,罢相改制;让触犯皇帝威严的官员廷杖毙命,更可以把李善长等人牵扯其中一并除掉,这就是皇权专制的必然性。

胡惟庸,在元朝至正十五年投奔朱元璋,由县主簿、县令、府通判到太常寺少卿、太常寺卿、参知政事,直到丞相。官场混迹多年,深谙权力运用之道和人际关系的重要,逐渐拉帮结派。尤其是当丞相之后,大权独揽,目无同僚,甚至"生杀黜陟,或不奏径行"(《明史·胡惟庸传》),或者对自己不利的奏章就搁置起来,不让皇帝知道。因为这种制度的设计是"丞相对一切庶务有专决的权力",统领百官,只对皇帝负责。吴晗先生说道:"这制度对一个平庸的,唯唯诺诺、阿附取容的'三旨相公'型的人物,或者对手是一个只顾嬉游逸乐不理国事的皇帝,也许不会引起严重的冲突。"②但胡惟庸有

---

① 孙季萍、冯勇:《中国传统官僚政治中的权力制约机制》,北京大学出版社 2010 年版,第 23 页。

② 吴晗:《朱元璋传》,北方联合出版传媒(集团)股份有限公司万卷出版公司 2018 年版,第 168 页。

能力、有野心;而朱元璋"圣心独裁"、俯瞰天下,这样的君臣放在一起,恰似龙虎斗,必然要有一方付出惨痛的代价。

胡惟庸也作了多年的准备,几乎要成功了,但也是这些准备,正好为他成为阶下囚提供了充足的证据。

一是结党。胡惟庸经过多年的经营,通过拉拢恐吓手段,以他为主形成了一个帮派团体。韩非说过:"大臣之门,惟恐多人。"(《韩非子·扬权》)君主最忌讳的是大臣结党,所以,胡惟庸犯了大忌。

二是招兵买马。在封建时代,军队只能是君主的,任何人有组建军队的举动,都是大罪。

三是勾结倭寇。洪武十二年,胡惟庸派人到日本,向日本政府借了四百名精兵,扮成日本使者的随从,准备觐见朱元璋时进行刺杀。但不巧的是,这些人在洪武十三年到达京师时,胡惟庸已经事败被杀,朱元璋将这些日本人一并拿下,发配云南戍边去了。

四是向北元称臣。暗派元朝旧臣向北元皇帝呈称臣表书,请求北元发兵,里应外合搞掉朱元璋。这一点已经突破了作为臣子的底线。

以上四条,摊上任何一条都是重罪直至死罪。胡惟庸当然在劫难逃,被杀那是一点都不冤枉。其实,朱元璋提醒过他,在洪武十一年,"禁奏事关白中书省"①。即命令臣下直接向皇帝奏事,不必通过中书省,中书省就成了一个有名无实的空架子,意思已经很明确,不知悔改的胡惟庸一意孤行,终于走上了不归路。在株连大行其道的年代,因为胡惟庸案遭牵连被杀、被流放者达数万众,持续十余年,直到淮西集团主要人物李善长死亡才算终结。朱元璋处置了胡惟庸案后,一并取消了中书省,把皇权和相权合二为一,并于洪武二十八年(1395 年)发布上谕:

> 自古三公论道,六卿分职,自始皇置丞相,不旋踵而亡。汉唐宋
> 因之,虽有贤相,然其间所用者多有小人,专权乱政。我朝罢相,设五

----

① [清]谷应泰撰:《明史纪事本末》(一),中华书局 2018 年版,第 214 页。

府、六部、都察院、通政司、大理寺等衙门,分理天下庶务,彼此颉颃,不敢相压,事皆朝廷总之,所以稳当。以后嗣君并不许立丞相,臣下敢有奏请设立者,文武群臣即时劾奏,处以重刑。(《明太祖实录》卷二三九)

上谕所说的"事皆朝廷总之"的朝廷,就指的是朱元璋自己。吴晗先生认为,"胡惟庸被杀在政治制度史上的意义,是治权的变质,也就是从官僚和皇家共治的阶段,转变为官僚成奴才,皇帝独裁的阶段"①。

朱元璋借胡惟庸案废除了丞相制,六部直接对皇帝负责,又借此案铲除了李善长等曾经和他一起打天下的旧宿,三万多人受到牵连被杀,使臣子人人自危。把森严的君臣关系大大推进了一步,强化了集权。有学者认为,"中书省和丞相制的废除,是我国封建社会政治制度史上的重要事件,这使皇帝拥有更多的权力,成了真正的独裁者"②。明末清初最具社会批判气魄的思想家黄宗羲认为,朱元璋废除丞相制是独夫思想的表现,"今也天下之人怨其君,视之如寇仇,名之为独夫,固其所也。"(《明夷待访录·原君》)甚至认为"有明之无善治,自高皇帝罢丞相始也。"(《明夷待访录·置相》)在官僚士大夫心目中的"明君贤相"治理格局破灭了,剩下的唯有高高在上的皇帝。金耀基先生认为,"明太祖废相,权收一身,是中国君主独裁之开始"③。

三、恩威并重:"恤民"与吏治

一代帝王,能够产生"恤民"思想的原因是多方面的,但其亲身的经历是重要因素。

---

① 吴晗:《朱元璋传》,北方联合出版传媒(集团)股份有限公司万卷出版公司 2018 年版,第 169 页。
② 南炳文、汤纲:《明史》(上),上海人民出版社 2014 年版,第 80 页。
③ 金耀基:《中国民本思想史》,法律出版社 2008 年版,第 3 页脚注⑦。

（一）与民休息及赈济灾荒

朱元璋少年时适逢元顺帝①统治时期，这一时期，天灾不断，黄河泛滥，连年灾荒，有的地方竟出现"人相食"，连富庶的江南也是如此，朱元璋的老家淮西钟离（今安徽凤阳）更是如此，灾荒叠加瘟疫，朱元璋的父亲、母亲、大哥，二十天中相继病亡。当时，朱元璋连安葬父、母、大哥的地方及购置棺材的钱都没有，是一个好心人舍了朱元璋一块地才使得他能够把亡者安葬，棺材自然是没有的，朱元璋无奈找了几件破衣裳包裹住三人遗体下葬。这种苦楚对朱元璋而言刻骨铭心。

后来，无处安身的朱元璋，进了黄觉寺，这一年，他十七岁。

元朝特别尊崇佛教，全国寺庙林立，朝廷赏赐给寺庙大量田产，如元顺帝"拨山东地土十六万二千余顷属大承天护圣寺"②。寺庙收容大量佃户耕种，收入相当可观，所以，在灾荒年月，当和尚至少有口饭吃。朱元璋去黄觉寺主要也就是为了活下去。但黄觉寺是个乡间寺庙，规模不大，和尚也不多，财力也有限，再加之元朝中原的寺庙里，僧人大多都有妻室，这样，在灾荒月，租米收不上来，"僧多"粥少，朱元璋在黄觉寺两个月，寺庙就断粮了，朱元璋只好和其他和尚一样，拿着木鱼、瓦钵，出寺化缘去了，成了"游方和尚"。化缘，是朱元璋生活的不得已，但化缘游走各地，遍及乡野，这段经历使他更多地了解了民间的疾苦，也开始思考未来。根据后来的发展，我们可以推测，这时朱元璋思考的应该是，在天下风云际会的元末，安分守己、吃斋念佛不应该是他的首选。

朱元璋少年时的这些经历，对他的影响是深远的。最直观的就是反元

---

① "顺帝"是谥号，当朱元璋得知元顺帝死于北漠的消息后，依照传统给予的谥号，其意大概是肯定这位皇帝退出大都，没有留在那里抵抗，可以算作是顺从天意，故称顺帝。古时，谥号分"美谥"、"平谥"和"恶谥"，朱元璋没有给"恶谥"，自有其打算，也可归结为其"为君之道"吧。如果按照元朝自己的谥法，"顺帝"当是惠宗。黄仁宇先生描述这一过程时写道，顺帝"既不死于社稷，也不留着行禅让礼，却开宫门北奔，回到他祖先所来的草原中去。"（参见黄仁宇：《中国大历史》，生活·读书·新知三联书店 2007 年版，第 198 页）

② 南炳文、汤纲：《明史》（上），上海人民出版社 2014 年版，第 3 页。

战争中和拥有天下后推行政策的"恤民"、"宽民"。

反元战争时期,朱元璋就明确规定不许滥杀无辜。他秉承"克城以武,戡乱以仁"(《明史·太祖纪》)的原则,约束军队,明令禁绝滥杀。其部下也多能照此行事,胡大海曾说:"吾武人不知书,唯知三事而已:不杀人,不掠妇女,不焚毁庐舍"(《明史·胡大海传》)。这里说的不杀人,即是不滥杀无辜。

朱元璋刚登基后,对刘基、章溢说:"朕起淮右,以有天下。战阵之际,横罹锋镝者多,常恻然于怀。夫丧乱之民思治安,犹饥渴之望饮食。若更殴以法令,譬以药疗疾,而加之以鸩,民何赖焉!"章溢顿首曰,"陛下深知民隐,天下苍生之福也。"①朱元璋深深懂得,新朝刚建,百姓饱受战乱之苦,如果再用苛法治理百姓,百姓生活将更加不堪。可见,在马背上得天下,而不能在马背上治天下的道理,朱元璋非常明白。所以,地方府州县官来朝,朱元璋会对他们谆谆教诲,"天下初定,百姓财力俱困,譬犹初飞之鸟,不可拔其羽,新植之树,不可摇其根,要在安养生息之而已。惟廉者能约己而利人,贪者必朘人而厚己。有才敏者或尼于私,善柔者或昧于欲,此皆不廉致之也。尔等当深戒之!"②这里似乎有无为而治、与民休息的味道。朱元璋曾对宋濂等人说过,秦始皇、汉武帝好尚神仙,以求长生,但终无所得。"以朕观之,人君能清心寡欲,使民安田里,足衣食,熙熙皞皞而不自知,即神仙也"③。

朱元璋认为,治国应该有善政,"善政在于养民,养民在于宽赋。"朱元璋特派主事官员往诸府县核实田亩,"以定赋税"④。朱元璋曾问刘基,天下初定之后,如何实行"生息之道",刘基对曰:"生民之道,在于宽仁。"而朱元璋认为,生息之道应该落到实处,"不施实惠,而概言宽仁,亦无益耳。以朕观之,宽民必当阜民之财,息民之力。不节用则民财竭,不省役则民力困,不

----

① [清]谷应泰撰:《明史纪事本末》(一),中华书局 2018 年版,第 194—195 页。
② [清]谷应泰撰:《明史纪事本末》(一),中华书局 2018 年版,第 195 页。
③ [清]谷应泰撰:《明史纪事本末》(一),中华书局 2018 年版,第 198 页。
④ [清]谷应泰撰:《明史纪事本末》(一),中华书局 2018 年版,第 195 页。

明教化则民不知礼义,不禁贪暴则无以遂其生。"刘基顿首曰,"此所谓以仁心行仁政也。"①

朱元璋有想法,也有行动,对遭灾地区、新开发地区免税就多有记载。

洪武元年,

> 免吴江、广德、太平、宁国、和、滁水旱灾租。②

洪武二年,

> 免中原田租,诏曰:"朕本淮右布衣,因天下乱,率众渡江,十有四年。命将北征,兵渡大河。齐、鲁之民,欢然馈迎。近平燕都,下晋、冀,民久被兵,困征敛。其北平、山东、山西,免今年税粮。河南诸郡,西抵潼关,北界大河,南至唐、邓、光、息,亦行蠲免。秦、陇新附之民,俱如一体,以称朕意。"
>
> 免江南田租,诏曰:"朕渡江之始,驻兵太平,继克镇江,下宣城,西征北伐,罔不底定。朕念创业之初,诸郡供亿繁重,尝深悯之。今天下十定其九,太平、应天、镇江免粮税一年,宁国、广德、无为、滁、和亦如之。"③

朱元璋还对祥瑞之说不以为然,比如各地所献一茎三穗、一茎五穗的祥瑞麦等,但对灾异却十分在意,令臣属,"四方或有灾异,无论大小,皆令所司即时飞奏。"④

洪武三年,

① [清]谷应泰撰:《明史纪事本末》(一),中华书局 2018 年版,第 195—196 页。
② [清]谷应泰撰:《明史纪事本末》(一),中华书局 2018 年版,第 198 页。
③ [清]谷应泰撰:《明史纪事本末》(一),中华书局 2018 年版,第 200—201 页。
④ [清]谷应泰撰:《明史纪事本末》(一),中华书局 2018 年版,第 202 页。

三月庚寅,免应天、徽州等十三府州,河南、山东、北平税粮。①

免苏州逋粮。诏苏、松、嘉、湖、杭五郡,民无田产者往临濠耕种,以所种田为世业,官给牛种,舟粮资遣,三年不征税。时徙者四千余户。②

洪武四年,

春二月,免太平、镇江、宁国田租。③

夏五月,免江西、浙江田租。④

秋八月,免淮扬、临濠、泰、滁、无为田租。⑤

洪武十年,

免河南、山西、广东、湖广田租。⑥

洪武十三年,

五月,诏免天下今年田租。⑦

朱元璋时期免除税赋、田租的事例很多,在此不赘言。

朱元璋比较关注社会弱势群体,"八年(乙卯,一三七五)春正月甲子,

---

① [清]谷应泰撰:《明史纪事本末》(一),中华书局 2018 年版,第 203 页。
② [清]谷应泰撰:《明史纪事本末》(一),中华书局 2018 年版,第 205 页。
③ [清]谷应泰撰:《明史纪事本末》(一),中华书局 2018 年版,第 206 页。
④ [清]谷应泰撰:《明史纪事本末》(一),中华书局 2018 年版,第 206 页。
⑤ [清]谷应泰撰:《明史纪事本末》(一),中华书局 2018 年版,第 207 页。
⑥ [清]谷应泰撰:《明史纪事本末》(一),中华书局 2018 年版,第 214 页。
⑦ [清]谷应泰撰:《明史纪事本末》(一),中华书局 2018 年版,第 214 页。

诏天下郡县访穷民无依者,给衣食屋舍。"①

> 二十六年(癸酉,一三九三)夏四月,诏户部谕天下有司,凡遇饥岁,先发仓廪贷民,然后奏闻。②

这体现了朱元璋解民于危困的思想主张。

节俭也是朱元璋"体恤民力"的表现之一。在应天城建设宫殿庙宇,他命令主事,所有宫殿都要除去豪华的雕饰,但求安固,不事华丽,这和他出身贫寒是分不开的。

反对奢华也从小处着手,建国不久,蕲州地方官进献了竹簟(即竹席),朱元璋拒收,并谕令中书省曰:"古者方物之贡,惟服食器用,无玩好之饰。今蕲州进竹簟,未有命而来献,天下闻风争进奇巧,则劳民伤财,自此始矣。其勿受。仍令四方,非朝廷所需,毋得妄献。"③朱元璋认为,开了这个进献"奇巧"的口子,就会形成一种不良的风气,劳民伤财,所以下令,非朝廷所需,不得妄自进献。进献"奇巧"的东西,肯定会动用民力生产或搜寻,是对民力的无端消耗,这一禁令,也体现了"恤民"情怀。

> 十八年(乙丑,一三八五)春正月,上谕户部:"农桑衣食之本,足食在于禁末作,足衣在于禁华靡。申明天下,四民各守其业,不许游食庶民衣锦绣。"④

朱元璋强调重视本业,四民各守其业,禁止奢华,当属是值得肯定的举措。

洪武十九年,朱元璋又谕户部,要"轻徭抑末,使得尽力农桑,自然家给

---

① [清]谷应泰撰:《明史纪事本末》(一),中华书局2018年版,第209页。
② [清]谷应泰撰:《明史纪事本末》(一),中华书局2018年版,第219页。
③ [清]谷应泰撰:《明史纪事本末》(一),中华书局2018年版,第197页。
④ [清]谷应泰撰:《明史纪事本末》(一),中华书局2018年版,第216页。

人足,毋事聚敛伤国体"①。

朱元璋能够清醒地认识到民的不易和重要性,故采取恤民、宽和政策,减免租税,为恢复和发展社会生产提供了宽松的政策环境。

朱元璋还对"恤民"与"敬天"的关系给予了说明,认为,"所谓敬天者,不独严而有礼,当有其实。天以子民之任付于君,君者欲求事天,必先恤民。恤民者,事天之实也。"(《明史·太祖纪》)又说"为人君者,父天母地子民,皆职分之所当尽,祀天地,非祈福于己,实为天下苍生也。"(《明史·太祖纪》)由此可见,朱元璋是把"恤民"当作"事天之实"来看待的,"恤民"才是真正的"事天""敬天"。洪武八年,"十二月,陕州人献天书,斩之。"②作为封建帝王,这种认识不能排除为维护统治而重视"民"的因素,但也能看出其认识问题的客观和理性。如果我们联系周公的"敬天保民"主张,"敬天"是虚"保民"是实,那么,朱元璋的认识颇有吸收周公思想而成自家之言的味道。当然,史书也有不同的记载,如"虽有宽宥之名,而无宽宥之实"③等,类似判断,我们可以从幅员辽阔的中华大地不同区域的具体情况来分析,在富庶地区征收重税在明朝是实际情况,如对苏、松、嘉、湖四府,这是当年张士诚的根据地及附近地区,在此征收重税,似乎有点报复的心理,但灾荒年月免税或减税也是惯例。

在"恤民""保民"方面,有一个问题值得思考,那就是朱元璋对待孟子的态度,这是一个大众化的话题,我们在孟子一章已经提到,在此,为了更明确地了解朱元璋"恤民"思想的整体,再简略一提。当他看到孟子提出"民为贵,社稷次之,君为轻。"(《孟子·尽心下》)"《泰誓》曰:'天视自我民视,天听自我民听。'"(《孟子·万章》)"君之视臣如手足,臣则视君如腹心;君之视臣如犬马,则臣视君如国人;君之视臣如土芥,则臣视君如寇雠。"(《孟子·离娄下》)等"民本"的观点后,便大为恼火,认为非子民所宜言,朱元璋命令儒生刘三吾对《孟子》一书进行删订,删去《孟子》原书中 158 条,形成

---

① 〔清〕谷应泰撰:《明史纪事本末》(一),中华书局 2018 年版,第 216 页。
② 〔清〕谷应泰撰:《明史纪事本末》(一),中华书局 2018 年版,第 209 页。
③ 〔清〕谷应泰撰:《明史纪事本末》(一),中华书局 2018 年版,第 210 页。

了明朝时期《孟子》的简本——《孟子节文》。朱元璋对亚圣尚且如此,对其他有关强调民本而轻视君权的人更不会手软。由此看出,谈民本可以,但不能不尊君,如果将民本与尊君形成对比关系,或者是弱化了君主的地位,则君主不但不会认同这种思想,同时也会从精神上削弱其影响,甚至肉体上消灭思想的创造者。余英时先生认为,"明太祖深知儒家纲常对于他的统治具有无上的工具价值,这是不在话下的。但问题在于他究竟对儒家的圣贤是不是真正存有敬畏的意识?"①从朱元璋对待孟子的态度,答案已经很明显了。

一种思想,出自帝王之口与出自思想家之口是有区别的,帝王推崇某种思想可以通过国家机器推行于全国,但同样的思想如果仅仅出自思想家之口,则会受到限制。朱元璋禁止"民贵君轻"的思想是显而易见的,但其自己的"恤民""保民"思想运用于实践也有事实的佐证。

(二)"屯田"发展生产

朱元璋时期,还实行过"屯田"政策,"屯田"分为"民屯"、"商屯"和"军屯"三种。

"民屯"主要通过移民、招募,加之罪谪完成。比如,洪武三年(1370年),迁徙苏州、松江、嘉兴、湖州、杭州等地无田农民四千多户到濠州种田,发放农具、种子,三年不征税。类似的移民活动还有很多。"战争之后,土地荒芜,由国家组织'狭乡'的人到'宽乡'去耕种,这是我国封建社会中恢复生产行之有效的措施。"②就罪谪而言,到洪武十年(1377年),官员犯罪被贬谪到临濠屯田的就达一万人之多。

"商屯"起源于朝廷命令商人运粮实边。"朝廷给予商人的利益是发给盐引,即准许运粮商人贩盐。"③机灵的商人发现雇人在边地开垦荒地种粮

---

① 沈志佳编:《余英时文集》(第十卷):《宋明理学与政治文化》,广西师范大学出版社2006年版,第17页。
② 南炳文、汤纲:《明史》(上),上海人民出版社2014年版,第115页。
③ 冯绍霆:《细说明太祖》,上海人民出版社2014年版,第249页。

比长途贩运粮食更划算,便在边地垦荒种地,就地缴粮,换取盐引,这就是商屯的由来。这一制度的优点是:"商人自募民耕种塞下,得粟以输边,有偿盐之利,无运盐之苦,便一;流亡之民因商招募,得力而作食其利,便二;兵卒就地受粟,无和籴之忧,无侵渔之弊,便三;不烦转输,如坐得刍粮,以佐军兴,又国家所称为大便者。"①"商屯"对开发边疆有重要作用。

"军屯"的作用显然更大。要支持战争,稳定天下,必须有充足的粮食供应,但青壮年都充实到军中,耕种出现了劳力不足的问题,造成大片的耕地可能撂荒,郑州知府苏琦上言,"调兵转粟,事难卒办。请议屯田积粟,以示长久。"②朱元璋接受了这一建议,寓兵于农,命诸将屯兵各处,战事结束就从事农业生产,产粮多者奖励。这样,既解决了军粮不足的问题,也减轻了百姓的负担。保证了统一战争的顺利进行。可见,朱升所提"广积粮"的建议,朱元璋不仅听进去了,也把它变成了现实。战时为兵平时为"农",是中国古代许多的政治家、军事家常用的解决粮饷和治国措施,从实践来看,效果是值得肯定的。

(三)治乱世重典治吏

整饬吏治是朱元璋"治道"的一大特色。他曾对皇太孙朱允炆说,我治乱世,刑罚不得不重。

任何朝代由盛到衰的直接原因就是官僚集团的腐败,一个强盛的王朝看起来坚不可摧,外在力量也不可能撼动其统治,但内部的腐化堕落却会使其走向万劫不复的深渊。朱元璋对此有清醒的认识。

早年在民间时,朱元璋以民的视角观察,"见州县官吏多不恤民,往往贪财好色"(《明太祖实录》卷三十八)他对此深恶痛绝。

反元战争期间,朱元璋严格执法,规矩官吏的言行。战争期间因为粮食紧张,朱元璋命令严禁以粮酿酒,胡大海的儿子犯酒禁,当时胡大海正在浙

---

① 南炳文、汤纲:《明史》(上),上海人民出版社 2014 年版,第 117 页。
② [清]谷应泰撰:《明史纪事本末》(一),中华书局 2018 年版,第 203 页。

江绍兴一带带兵打仗,如果杀掉胡大海的儿子,胡大海可能兵变,都事王恺提议不要行杀罚,朱元璋说,"宁可使大海叛我,不可使我法不行。"(《明史·胡大海传》)亲手把胡大海的儿子杀了。

称帝后,他希望官吏能够廉洁治民,发展生产。但明初的官吏,"不才者众"(《御制大诰·胡元制治》)"洪武十八年(1385年),明朝政府考核全国布政司及府、州、县来京朝觐官四千一百一十七人,其中所谓称职的只有四百三十五人,不称职以及贪污的就有七百八十五人。""实际上贪污不法的地方官,远不止七百八十五人。"①甚至监察百官的御史也公然枉法,使朱元璋不得不痛下决心,"严立法禁,凡遇官贪吏污蠹害百姓者,绝不宽恕。"(《明太祖实录》卷三十八)刘基曾进言,"宋、元以来,宽纵日久,当使纪纲振肃,而后惠政可施也。"②朱元璋非常认同。

选拔官吏,朱元璋认为,"布衣之士,新授以政,必先养其廉耻,然后责其成功"③。

教育官吏,朱元璋认为,"良心发于父母,嘉言起于妻子,善行询于兄弟。凡走卒、薄书之家,有此三戒,害民者鲜矣。"(《御制大诰续编·戒吏卒亲属》)认为"父母""妻子""兄弟"对于矫正官场风气有重要作用。

朱元璋的立法基本上和他建立明朝是同步进行的。他同意李善长等人提出的参照唐律制定明律的建议,还经常和臣僚一起讲论律义。从吴元年起到洪武六年,七年时间,基本上完成了明律的制定,洪武七年(1374年),颁行天下,共计六百又六条,三十卷。以后由于实际的需要,对明律有所增损。④ 朱元璋把《明律》看作是维护朱明江山的法宝,所以在祖训中说道,"凡我子孙,钦承朕命,勿作聪明,乱我已成之法,一字不可改易。"(《明太祖实录》卷八十二)

---

① 南炳文、汤纲:《明史》(上),上海人民出版社2014年版,第91页。
② [清]谷应泰撰:《明史纪事本末》(一),中华书局2018年版,第198—199页。
③ [清]谷应泰撰:《明史纪事本末》(一),中华书局2018年版,第198页。
④ 《明律》在洪武三十年(1397年)最终书成,共三十卷、四百六十条。

惩治官吏,历史上朱元璋治吏的手段尽人皆知,随着时代的发展,他认为《大明律》太过于仁慈,故制定《大诰》,《大诰》是用来汇集官民犯罪事例进而解释律条的。总体而言,《大诰》针对所有官民。最初于洪武十八年编成《大诰》十目,主要是指官民所犯过失,包括倚法为奸、黥刺在逃、官吏长解卖囚、寰中士夫不为君用等。朱元璋在《大诰》中曾言,各衙门有不尽职尽责反而徇私的,要追究责任,对责任者处以重刑,就是说,饬吏是《大诰》的重点内容,把官民均置于《大诰》的控制之下。第二年,朱元璋又编了《大诰续编》和《大诰三编》,其中规定可以使用法外之法、刑外之刑。被不少朝代废用的凌迟、墨、刖、去势以及挑筋、剁指、断手、刖膑、钩肠等酷刑均为合法惩治手段,官吏贪污钱财六十两以上,就斩首示众,对贪墨之官的惩处下手可谓狠矣,更为惊骇的是在府州县卫衙门旁边设置的"皮场庙",也就是剥人皮的场所,剥皮实草,在官府公座两旁,各悬挂一个填满草的人皮袋,让官员触目惊心,时时提醒办差的官员保持廉洁、公正,不然就会成为填草的人皮袋。

朱元璋还下令天下士子、百姓都要学习《大诰》,要求"一切官民诸色人等,户户有此一本","臣民熟观为戒"(《大诰·颁行大诰第 47》)甚至规定,只要家中有《大诰》,犯了法可以减刑,没有《大诰》,则要加一等徒刑。于是,民众争购《大诰》。朝廷培养讲解《大诰》的人才累计十九万之多,给这些"讲解者"发放路费,让他们还转家乡进行宣讲,这种"普法"在古代社会是不多见的。

朱元璋对敢于惩治奸吏的臣子,多有嘉赏。洪武九年有载:

> 秋九月,中书省奏福建参政魏鉴、瞿庄笞死奸吏。上曰:"君之驭臣以导,臣之驭吏以法。吏诈则政蠹,政蠹则民病。朕尝令吏卒违法,绳之以死。有司多不法,为下所持,任其纵横,莫敢谁何。今两参政能置奸吏于极刑,所谓惟仁人能恶人也。"特赐玺书劳之。①

---

① ［清］谷应泰撰:《明史纪事本末》(一),中华书局 2018 年版,第 209 页。

另外,朱元璋规定,凡地方官贪酷害民,允许百姓到京师陈述,《大诰》说:

> 今后所在布政司府州县,若有廉能官吏,切切为民造福者,所在人民必知其详。若被不才官吏同寮人等捏词排陷,一时不能明其公心,远在数千里,情不能上达,许本处城市乡村耆宿赴京面奏,以凭保全。自今以后,若欲尽除民间祸患,无若乡里年高有德等,或百人,或五六十人,或三五百人,或千余人,岁终议京师面奏,本境为民患者几人,造民福者几人,朕必凭其奏,善者旌之,恶者移之,甚者罪之。呜呼!所在城市乡村耆民智人等皆依朕言,必举此行,即岁天下太平矣。民间若不亲发露其奸顽,明彰有德,朕一时难知,所以嘱民助我为此也。若城市乡村有等起灭词讼,把持官府,或拨置官吏害民者,若有此等,许四邻及阖郡人民指实赴京面奏,以凭祛除,以安吾民。(《大诰·耆纪奏有司善恶第四十五》)。

甚至民众可以持《御制大诰》将害民之官直接绑缚押至京师,沿途官员不得阻拦,否则一并绑缚进京。

> 今后布政司府州县在役之吏,在闲之吏,城市乡村老奸巨猾顽民,专一起灭词讼,教唆陷人,通同官吏,害及州里之间者,许城市乡村贤良方正豪杰之士,有能为民除患者,合议城市乡村,将老奸巨猾及在役之吏、在闲之吏,绑缚赴京,罪除民患,以安良民,敢有邀截阻挡者枭令。赴京之时,关津渡口毋得阻挡。(《大诰·乡民除患第五十九》)

这些整饬吏治的手段别出心裁,体现了朱元璋以民众力量制约官吏的管理理念,相当于构建社会力量的约束机制。

经此一番整治,朱元璋时期保持了相对清廉的吏治。"因为对贪吏的处罚极其严酷,吏畏于法,相比较而言,明太祖时期吏治比明代其他时期要好一些,甚至这种影响延续到后世"①。杨光斌认为,"正是这种自律的行为,加上老百姓血液中的'奉天承运'的观念,朱家王朝在开国后的 100 多年时间里还能比较正常地运转"②。

中国古代社会,由远及近,官民比例的变化情况是,官越来越多,食俸者随之增加,"十羊九牧",百姓负担必然增加。同时,机构臃肿,扯皮推诿,行政效率低下的官风官气势必增长。因此,执政者要治理国家、治理社会,首先就要治吏。

学者林喆认为,在封建时代,治吏是治国之首,她说:"封建皇帝所要防范的自然是民和吏,而吏乃是更为重要的控制对象。在高度集中、等级森严的中央政权下的庞大的封建官僚机构中,各级官吏握有大小不等的实权,高居于百姓之上,虽受皇权制约却完全可以利用封建体制的弊端扩张自己的权势,为非作歹,对大一统的皇权构成直接的威胁。在中国封建社会的二千年历史中,皇亲贵族及各级官吏贪污受贿、敲诈勒索、强取豪夺之类的现象层出不穷,扩张的权力及各种行为的劣迹激化着阶级矛盾,并时时危及着政权的稳固。这样,每一朝代的统治者为了自身的利益,都不得不将治吏置于治国之首。法律在赋予官吏们以种种特权的同时,又对后者的所作所为予以严格的限制。封建法的两大特征便是特权法和治吏法。"③

当然,朱元璋的严刑峻法,对官吏的震慑作用是不言而喻的,京师高官每天上朝前都和妻儿诀别一次、嘱咐后事,各地方官员每天都活得战战兢兢,时时都害怕突然间出现一道圣旨就会首身异处,整个官场风声鹤唳,对官僚政治这部大机器运转也是有影响的。贪官有罪该杀,朱元璋杀了二十年,贪官仍是如"韭菜芽子",后人不能不对其有更多思考。

---

① 陈旭:《清官:研究传统中国政治文化的一个独特视角》,中国社会科学出版社 2010 年版,第 81 页。

② 杨光斌:《制度变迁与国家治理——中国政治发展研究》,人民出版社 2006 年版,第 109 页。明朝初年仍有许多地方的农民生活很困苦,在广东、广西、江西、四川、山东、陕西、福建等地的农民起义不时发生。这里说明开国初期保持了相对清廉的吏治,是比较古代的所谓"乱世"而言的。

③ 林喆:《权力腐败与权力制约》,法律出版社 1997 年版,第 195 页。

吴晗先生评价道:"对官僚地主士大夫,朱元璋用一副恶狠狠的面孔,青面獠牙,无人不怕。对平民百姓,有另外一副面孔,白胡子的老公公,满脸慈悲相,满口和气话。"①这一评价,也道出了朱元璋"治道"的一个方面。

时势造英雄,朱元璋是时代的产物,同时,英雄也造时势,正是由于朱元璋及其臣僚的谋划,促成了元末历史的走向和明初的形势,在那个时代深深打上了朱元璋的烙印。

在当今看来,封建帝王都有他们为创建时代辉煌值得称道的地方,但也有他们自身的不足和缺陷。在封建时代,朱元璋为了保有朱家天下,在太子朱标死后,选定皇太孙朱允炆为未来大明王朝的掌舵人,为了保证年幼的朱允炆坐稳江山,朱元璋大开杀戒,开国功臣幸免者寥寥。这些行为,是必须予以否定的。

---

① 吴晗:《朱元璋传》,北方联合出版传媒(集团)股份有限公司万卷出版公司2018年版,第208页。

第11章　康熙励精图治的治道勋业

爱新觉罗·玄烨(1654—1722),清入关后的第二位皇帝,顺治十八年(1661年),清世祖福临去世,年仅8岁的玄烨继承皇位,年号康熙,14岁亲政,在位61年,是中国历史上在位时间最长的皇帝。他撤三藩、收台湾、拒沙俄、平叛乱、修水利、薄赋税、重农桑,等等,开创了著名的康乾盛世。

一、君道同体与君权合法性

政权合法性问题,我们已经在周公、朱元璋等部分有过论述,他们都从自身出发,给予了充分的说明。清朝作为满族建立的政权,首先说明合法性是必需的,也是必要的。

(一)君、道同体

"清朝以区区一个小部落,居然能入主中原二百余年,远非元朝所及。"①原因何在? 可以从各方面进行探讨,但有一种原因就是"理论的武器",运用理论武器,康熙当然在其中有重要作用。

我们多次提到,被统治者的认可和赞同是统治合法性的首要条件,清朝早期的统治者也明白这个道理。清朝入主中原,被统治者中的大部分是汉

---

① 吕思勉:《中国大历史》,民主与建设出版社2015年版,第441页。

人,所以,汉人对统治的认同是非常关键的,那么,赢得汉人的归服就非常必要。如何赢得?答案的首选是:汉化。皇太极就比较重视对汉文化的吸收,他即位后,下令曾和他并列的三个贝勒:代善、阿敏和莽古尔泰,要"行正道,循礼义,敦友爱,尽公忠"。接受了汉臣推荐的"四书"、《孙子兵法》和《资治通鉴》等。他对科举制度颇为赞赏,即位三年后,开始建立考秀才制度,考取者,免服兵役和劳役。顺治元年,摄政王多尔衮统兵入关后,在燕京承袭明朝旧制,并下令"在京内阁、六部、都察院等衙门官员以原官同满官一体办事"(《清世祖实录》卷五)。重用降臣,明朝大学士冯铨、谢陞等均被任用。这一方面说明确实考虑到当时实际情况,即国家机器需要运转,不得不依靠明代的旧臣,另一方面也说明入关的满清对汉文化及制度的认同。这一做法给前明官员和百姓一个印象:朝代虽然变了,但只是统治的人变了,拥护新朝代的人仍然可以做官,百姓仍然可以像过去一样生产生活,各安其业。当然,作为统治者会考虑牢牢地把实权掌握在自己手里,相当一部分汉臣是享受了大学士等官职的荣耀,而没有相应的职权,到顺治十五年,享受尊荣但无实权的汉臣大学士已超过十人,汉臣成了处理日常行政事务的官员,大部分相当于当今的"秘书"。

多尔衮还接受了崇祯时任顺天知府后降清的宋权的建议,革除明朝的一切苛捐杂税,取消明朝的"军民分籍"制度,不再强迫军籍子弟当兵。这些措施对民心归附有积极意义。

保留与承袭明代的制度,也是清朝显示其合法性的重要举措,"世祖开国之制度,除兵制自有八旗为根本外,余皆沿袭明制,几乎无所更改。……顺治三年三月,翻译明《洪武宝训》成,世祖制序颁行天下,直自认继明统治,与天下共遵明之祖训。此古来易代时所未有。""其驭宫廷阉宦之法,清实大胜于明。但在世祖开创时,亦已模仿明制"。"十三年六月,又仿明祖立铁牌,禁内官干政。"①犯者凌迟处死,等等,不一而足,对于刚刚建立的新朝代而言,不但没有彻底毁掉前朝的制度规范,反而诸多因袭,摆明了收拾人心

---

① 孟森:《清史讲义》,民主与建设出版社 2015 年版,第 87 页。

的姿态。顺治帝曾经问大学士陈名夏,中国历代的皇帝谁为最好,陈答:唐太宗,顺治帝认为,不对,最好的是明太祖朱元璋,因为朱元璋创立了不朽的制度。基于此,顺治时,种种制度大体沿袭明朝。遗憾的是,顺治帝之后,鳌拜等辅政四大臣,废弃了顺治帝"汉化"的诸多措施,趋于保守。那么,接下来康熙帝如何做就显得非常重要。

康熙之母佟氏,祖上本是辽东的汉人,所以,康熙血液中也流淌着汉人的血,这一点是否在其治政中产生影响,我们不去妄加揣度,但康熙对汉文化的喜好却是不争的事实。他从小在孝庄的抚育下长大,接受了很好的中国传统文化的教育,古代典籍,他几乎都有涉猎,经史子集融会贯通,成了中国历史上高素质的皇帝之一。

康熙皇帝没有狭隘地"以满变汉",而是如饥似渴地学习汉文化,并要求皇家子弟、满族贵族统统学习,他最佩服朱熹的哲学,将朱熹正式配享孔庙。任命翰林汉臣入内阁、到南书房做顾问、编史书。这对于征服民心、实证其合法性非常有益。

康熙非常重视利用文化和儒家"道统"的价值,并完成了一件非常重要的工作。

中国传统文化的主体是儒家文化,唐宋八大家之首的韩愈,为了复兴儒家文化,创立了儒家"道统",即:

> 尧以是传之舜,舜以是传之禹,禹以是传之汤,汤以是传之文武周公,文武周公传之孔子,孔子传之孟轲,轲之死,不得其传焉。……(韩愈《原道》)

这一儒家的道统①,到孟轲就没有再传下去,韩愈认为自己是"道统"当

---

① 其实,"道统"的思维模式是儒家固有的文化。儒家祖述尧舜、宪章文武就是在承续道统。孔子盛赞尧舜禹汤文武,曾言:"文王既没,文不在兹乎?天之将丧斯文也,后死者不得与于斯文也;天之未丧斯文也,匡人其如予何?"(《论语·子罕》)明显是在强调自己是文王之后,中国文化的传承者。孟子也有对"道统"的概括,"由尧舜至于汤,五百有余岁,若禹、皋陶,则见而知之;若汤,则闻而知之。由汤至于文王,五百有余岁,若伊尹、莱朱,则见而知之;若文王,则闻而知之。由文王至于孔子,五百有余岁,若大公望、散宜生,则见而知之;若孔子,则闻而知之。由孔子而来至于今,百有余岁,去圣人之世若此其未远也,近圣人之居若此其甚也,然而无有乎尔,则亦无有乎尔。"(《孟子·尽心下》)

然的传承人。儒家"道统"的重要意义在于用"道"来抗衡乃至排斥"佛道",其理论意义是相当深刻的,故为历代儒者所看重,希望自己能够成为时代的"儒者尊",能够成为"道统"的传承者,即最高的学术权威。康熙皇帝以其对儒家思想的通透认识和理解,认为自己是能够传承"道统"之人,这样就实现了"君"和"道"的合一。康熙作为最高政治权力的拥有者,同时又是最高的学术权威,这一结合,具有重要的政治意义——由于人们对儒家思想的尊奉,便会转化到对儒家思想权威的尊奉,这个时候,康熙帝统御天下的合法性就愈发稳固了。

康熙对儒家的尊奉,对其子孙的影响显而易见。

雍正皇帝在清代帝王中首次向孔子像下跪,这象征着清朝执政者对中华文化的绝对认同和真诚皈依。尽管其中包含清朝执政者向中华各民族昭示其统治合法性的成分,但客观上的文化认同已成事实。对这种在共同文化基础上的"谦和、宽容、守成"的心理素质如何评价暂且不说,但其在社会上形成共识确实是不争的事实。

康熙自己曾对臣下说过,清朝取得天下统治权最为合法。

> 自古得天下之正,莫如我朝太祖、太宗。初无取天下之心,尝兵及京城,诸大臣咸奏云当取,太宗皇帝曰:"明与我国素非和好,今取之甚易。但念中国之主,不忍取也。"后流贼李自成攻破京城,崇祯自缢。臣民相率来迎。乃剪灭闯寇,入承大统。昔项羽起兵攻秦,后天下卒归于汉。其初,汉高祖一泗上亭长耳。元末陈友谅等并起,后天下卒归于明。其初,明太祖一皇觉寺僧耳。我朝承席先烈,应天顺人,抚有区宇,以此见乱臣贼子,无非为真主驱除也。(《康熙政要》卷一,论君道第一)①

康熙首先肯定地说,自古以来,各朝以我大清取得天下最为名正言顺。

---

① 所引《康熙政要》,均为[清]章梫纂:《康熙政要》,中州古籍出版社 2012 年版。

太祖、太宗一开始并不想取中原之天下,是原来明朝的臣民"相率来迎",然后剿灭闯寇继承大统的。康熙认为汉高祖不过是一亭长,明太祖不过一和尚。我大清上靠祖宗福荫,顺应天地民心,从而统一全国。可见,乱臣贼子起兵作乱,只不过是为真正的君主统一创造条件罢了。

(二)践行"仁德"政治

推行"仁德"政治是古代统治者自证合法性的重要举措,康熙一生践行"仁德"。

与民休息、轻徭薄赋、赈济灾荒等都是仁德政治的反映,这些康熙朝都有所表现,这里不再赘言。要说的是,康熙以仁德治天下,对明朝朱氏后人、叛乱者也是如此。

康熙四年,吩咐礼部说:

> 本朝定鼎以来,故明朱氏宗室归顺,有官品者,给予房地奴隶,俸禄恩养,无官品者,俱照民人归农,令其所得。其故明各地陵墓,世祖章皇帝有旨设人看守,以时祭祀不绝,此皆昭示恩养宽仁之意。(《康熙政要》卷十一,论宽仁第十四)

康熙认为,既然明朱氏已经归顺,那么,有官职的给予房子土地和奴隶,颁发俸禄加以恩养;没有官职的,都按照平民回乡务农,让他们各得其所。明朝各位皇帝的陵墓,世祖皇帝有圣旨专门派人看守,按时祭祀不断,这些都昭示了恩养宽仁的心意。

康熙在征伐噶尔丹,取得昭莫多之战胜利后,告谕议政大臣等说:

> 天下当以仁感,不可徒以威服。今朕征噶尔丹之意,皆噶尔丹所自取。且噶尔丹凶暴,朕唯待以宽仁;噶尔丹奸狡,朕唯待以诚信。尝览经史云:"唯仁者无敌。"今噶尔丹穷迫已极,遣格垒沽英前来乞怜,朕意仍抚之。(《康熙政要》卷十一,论宽仁第十四)

这是康熙三十五年大胜噶尔丹后,康熙对议政大臣们说的,表达的中心意思是,尽管噶尔丹凶暴,我康熙仍然以宽仁对待;尽管噶尔丹奸狡,我康熙仍然示之以诚信,对噶尔丹派来的乞降使者,我仍以安抚为要。

诸臣均上奏,认为康熙的仁德自古至今未曾有过。康熙接着说:

> 古之将帅,虽善用兵,多戮已降。或其身不得善终,或子孙不昌,此皆好杀之明戒也。又古之人主,或穷兵黩武,好大喜功,朕意不然。惟愿宇宙雍熙,四海升平,家给人足,各的其生而已。噶尔丹使人格垒沽英,可仍遣回。(《康熙政要》卷十一,论宽仁第十四)

康熙认为,古代的将领善用兵,也喜欢杀俘虏,但大多不得善终,子孙不昌。古代的君主有的好大喜功、穷兵黩武,他不这么想。康熙希望的是四海升平、家给人足。为了显示仁德,把噶尔丹的乞降使者也放回去了。使者格垒沽英被康熙的"仁德"所感化,回到草原后竭力劝噶尔丹归降,但噶尔丹一意孤行,顽抗到底,无奈的格垒沽英自己带领亲信投降了清军,也可看作是康熙"仁德"政治的成果吧。

二、巩固"大一统":平内乱、御外寇

在清朝所有的皇帝中,康熙是最有作为的一个,巩固"大一统"是其毕生的追求和守护。

(一)平内乱

平内乱包括平定三藩之乱、剿灭噶尔丹以及收复台湾。

三藩之乱的祸首是吴三桂。吴三桂本是明朝将领,后降清,引清兵入关,一直助清朝剿灭晚明势力,率领大军打到了西南,在西南落足,被封为平西王(开国和硕亲王),事实上成了云南的土皇帝,并兼管贵州,云南、贵州"两省督抚咸受节制,用人则吏、兵二部不得掣肘,用财则户部不得稽迟",

"广征关市,榷盐井、金矿、铜山诸利,一切自擅"①。朝廷还规定每年各省要输送"协饷"供给平西王军队,他的势力越来越强。加上盘踞粤、闽的平南王尚可喜、靖南王耿精忠,在南方形成三足鼎踞之势,每年饷银达两千余万,耗费天下巨额财富。这就是康熙撤藩前面对的形势。

自古以来,地方势力过大,都为君王所忌惮,更妄说"胸怀天下"的康熙帝,他绝不会让这种局面持续下去,在康熙的认识中,吴三桂早晚始终是要反朝廷的,故年轻的康熙决心"撤藩",消除对"大一统"国家潜在的分裂威胁。后来事情的发展世人皆知,吴三桂确实反了,杀掉了云南巡抚朱国治,穿上大明衣冠,发布"兴明讨虏"檄文,在檄文中,他自称"兴明讨虏大将军",耿精忠(靖南王)、尚之信(平南王尚可喜之子)听其号令,一时间,贵州、湖南、四川、陕西、湖北、江西、福建等地,降清的明朝旧臣纷纷响应,战火燃遍半个中国。年轻的康熙帝充分运用其智慧,动用各种资源,并占据百姓求太平的道德制高点,平定了吴三桂叛乱,撤掉三藩,把过去类似于"独立王国"的三藩之地直接囊于国家控制之下,这是完全实现"大一统"国家的重要步骤。

消除三藩之乱后,国内存在的最大的隐患是漠北的噶尔丹。

漠北的准噶尔部在康熙年间出现了一位很有能力的首领噶尔丹。噶尔丹经过多年的吞并战争,到康熙二十七年,成了跨越外蒙古和新疆的大霸主,许多不堪忍受噶尔丹统治的其他部落的数十万人纷纷逃到大漠的南边,康熙命人对他们给予安置,但噶尔丹率领精兵,对这些"难民"紧追不舍,到康熙二十九年(1690年),追到了邻近热河林西县的乌珠穆沁旗,康熙帝明显感觉到了噶尔丹的威胁,决定亲征。战争是残酷的,直到康熙三十七年,康熙三度亲征,噶尔丹兵败自杀,征讨结束,漠北局势趋于稳定,喀尔喀的几十万人口被送回,生活归于平静。这样,消除了漠北的一大隐患,对于"王天下"的康熙而言,志得意满,对于维护整个帝国的安宁和昌盛,起到了固基的作用。

---

① 　孟森:《清史讲义》,民主与建设出版社 2015 年版,第 98—99 页。

康熙曾说,灭噶尔丹之道有三:天时、地利、人和。

> 国家当隆盛之际,宇内熙恬,外藩倾服,独一噶尔丹妄逞凶顽,岂非自取覆亡? 是我之得天时也。朔漠地虽辽阔,川原险要,可以何地进兵,何地犄角,了然指掌,是我之得地利也。师行雷动之顷,甲仗颁自禁中,粮饷出自公府,未尝轻劳民力。而禁旅养之有素,踊跃思奋,是我之得人和也。以知己知彼而上合天时,中获地利,下遂人和,又焉往而不克哉?(《康熙政要》卷二十一,论征伐第三十八)

康熙不仅亲征噶尔丹,还对战争胜利的原因进行总结,分析得当,概括精准,以理服人。

收复台湾,使华夏真正一统,是康熙时人所共知的大事,应该为康熙记上浓墨重彩的一笔,在此不赘述。

(二)御外寇

康熙时期的外患,主要指的是沙俄对东北的入侵。

在东北地区,造成隐患的主要是哥萨克人。哥萨克人原本散居在乌克兰一带和黑海北岸顿河的下游,后来,他们当中的一个首领受雇于俄国东部的一个大地主,向乌拉岭以东开拓土地,一直向东发展,发现了黑龙江,触及了太平洋。再后来,他们已经不仅仅是某个私人的雇佣者了,而成了俄罗斯"沙皇"的开边臣民,他们自称是俄罗斯人。

与康熙同时代的俄国沙皇叫"大彼得","大彼得"在康熙九年派住在尼布楚的俄国官员到北京劝康熙称臣纳贡,当时康熙先把"俄使"在理藩院监禁了半个月,而后,让他们带着赏赐给大彼得的东西回去复命。很明显,没谈拢。面对此情,康熙开始做军事准备。

康熙二十四年(1685 年),清军攻占雅克萨并将其烧毁,回军至瑷珲与墨尔根城。

恭亲王常宁等请求庆贺大捷,康熙派遣阿喇尼、佛伦传谕诸王、大臣等说道：

> 治国之道，期于久安长治，不可图一时之便。当承平无事，朕每殚心筹画。即今征罗刹之役，似非甚要，而所关甚钜。罗刹扰我黑龙江、松花江一带三十余年，其所窃据，距我朝发祥之地甚近，不速加剪除，恐边徼之民不获宁息。

在康熙看来，这次征讨看似并不是特别必要，其实关系重大，俄罗斯侵扰黑龙江、松花江一带三十余年，窃据的就是大清的发祥地，不早日剪除，边疆百姓不能获得安宁。

> 今收复雅克萨地，得遂初心，至于抚绥外国，在使之心服，不在震之以威。①

康熙认为，对于外国，在于使之心服，而不在于用军事威慑。

可事情的发展，并没有那么简单。清军撤离雅克萨之后，俄方折回并重新在废墟修建雅克萨土城，从尼布楚运来大炮，派军兵守卫。第二年，清军再次来攻，城中俄军舍命抵抗，死伤惨重，清军没有拿下雅克萨，此后，两军长期相持。五个月之后，"大彼得"派了两个使臣到北京向康熙说明请和愿望，康熙接受俄方的请和，命令清军停战。

康熙二十八年（1689 年）七月，清、俄双方全权代表索额图和果鲁圆在尼布楚城会面，经过多日的磋商和索额图的军事威慑，俄方接受了清方的条件，双方签约。条约共九条，主要内容是边界的划分：两国以额尔古纳河、格尔必齐河、绰尔纳河与外兴安岭为界。雅克萨城拆毁，城内的俄国军民迁回俄国。

自从《尼布楚条约》签订以后，东北边境得到了稳固，中俄双方的此段

---

① 鲁源生：《康熙治国要略》，东方出版社 2014 年版，第 117 页。

疆界维持了一百五十年之久，没有改动。后人认为这是清廷外交史上的重大胜利，但从实际情况看，清政府是作出了让步的。毋庸讳言，与1840年以后清廷与各国签订的条约相比，《尼布楚条约》值得肯定。

三、慎勤政务：开创一代"盛世"

康熙六年，亲政伊始，诏谕天下曰，朕以幼弱之年继承帝位，天下广大，政务繁杂，不是朕一人能够独自治理，需要依靠辅政大臣、诸王贝勒、内外文武大小各官协助，早日实现天下大治，"政在养民"，故又谕吏部等衙门说："民为邦本，必使家给人足，安生乐业，方可称太平之治。"（《康熙政要》卷一，论君道第一）年幼的康熙要求百官尽忠职守，勤劳乐业。要"以民为本"，希望上下一心，共建、共享盛世。康熙自己更是勤政的典范，几十年如一日勤于政务，成就了"千古一帝"的美誉。

（一）为政以中正诚敬为本

康熙五十四年，康熙告谕大学士等说，张伯行做巡抚时，对富民非常苛刻。如果富民家里边有堆积的米粟，张伯行一定勒令贱卖，"否则治罪"。此事虽然使穷苦百姓一时感激，但并非正道，并且他这么做，也只是因为米价太贵，想要自我掩饰罢了。康熙认为，"地方多殷实之家，最是好事。"殷实之家的财富都是从贸易中积聚的，并非为官贪污受贿而来，何必为了取悦贫民而对他们如此刻薄？

对于小民，康熙认为，"小民无知，贪得无厌。"播种之时就谎报饥荒，这种刁蛮风俗不可助长。还有赈灾之事，饥寒贫苦的百姓聚集在一起，一定会引起争夺。明代的流贼，也是因为赈济散粮而引起，这不可不谨慎。《尚书》说："广开耳目，以洞悉天下四方之情况"，他对天下之事无不洞悉，但是若对此类事件一一追究，也并不是为政之道。

为政以中正诚敬为本。中正则能公，诚敬则能去私。（《康熙政

要》卷二,论政体第二)

为政应该以中正诚敬为根本。中正则能公平公正,诚敬则能去除私心。

康熙的这篇告谕中,最突出的一点是认为,"地方多殷实之家,最是好事。"古代的殷实之家就是后来所说的"中产阶层"以上的社会成员,一般认为,"中产阶层"是社会的稳定器,所以要保护他们的合法财产和权益,不能把他们作为随意打击或"薅羊毛"的对象,才有利于社会的稳定和发展。因为在古代社会有"家底"的人家,都是经过几代人的财富积累才能够富有起来,如果他们是通过合法经营和诚实劳动而有了今天的成果,官府却通过"公权力"对他们的财富予以剥夺,那么就会动摇统治的"民众"基础。所以,康熙告诫地方官员要实心奉公,不能借机勒索和肥私,以免影响社会稳定。

(二)用人德为先,为官须廉洁

康熙十二年,康熙驾临弘德殿,讲官讲授完毕,告谕讲官等人说:

> 从来民生不遂,由于吏治不清。长吏贤,则百姓自安矣。天下善事,俱是分所当为。近见有寸长片善,便自矜夸,是好名也。

又告谕说:

> 有治人无治法,但真能任事者,亦难得。朕观人必先心术,次才学。必术不善,纵有才学何用?(《康熙政要》卷一,论君道第一)

康熙认为,观察人才,必须先观察其心术,其次是才学,如果心术不善,纵然有才学又有什么用? 熊赐履上奏说,圣谕所说,实在是知人善任的要道。康熙对德才的态度,触及的是中国古代用人方面根本性的问题,主张选拔官员"以德为先""节操清廉",只有心术端正,加之才学丰厚,才能造

305

福于民。这一认识，受司马光的影响很大，司马光认为："德胜才谓之君子，才胜德谓之小人。"(《资治通鉴·周纪》)同时，康熙主张"亲贤远佞"，康熙十六年，讲官喇沙里、陈廷敬等进讲《孟子》中的"一暴十寒"①，康熙说道：

> 君子进，则小人退；小人进，则君子退。君子小人，势不并立。孟子所谓一暴十寒，于进君子退小人，亲贤远佞之道，最为明快，人君诚不可不知也。(《康熙政要》卷一，论君道第一)

康熙认为，君子、小人势不两立，孟子所说"一暴十寒"，用来比拟进君子退小人，亲贤远佞的道理，最为明白痛快，人君真是不可不知，并且要持之以恒"亲贤远佞"。

同时，强调官吏要廉洁，"官以清廉为本"(《康熙政要》卷十五，论贪鄙第二十六)，有的官员不能说没才能，但大肆贪污，"此皆由不知廉耻耳"(《康熙政要》卷十五，论贪鄙第二十六)，"国家用人，宜先沈静之才，人臣服官，首重廉耻之节。"②康熙把廉耻之节放在做官的首位，廉耻其实也是"德"的重要组成部分。古人云，"礼义廉耻，国之四维。四维不张，国乃灭亡。"(《管子·牧民》)可见，廉耻是古代的治国者均倡导的官员必备的素质，康熙痛斥一些不法官员自吹自擂、自我辩白的无耻行为，严令对不顾廉耻、忘记国家大义的行为要严加整饬。

康熙对清廉的官员给予褒奖和提拔。康熙二十三年，康熙对清廉爱民的江宁知府于成龙"面加奖励"③，将于成龙破格提拔为安徽按察使，又特地

---

① "一暴十寒"见《孟子·告子上》，原文大意是，君王的不明智，并不奇怪，即便是天下最容易成活、生长的植物，晒它一天，冻它十天，也不能够生长，我拜会大王的次数太少，我一离开，奸佞之人就上前，即使大王有一点善良之心的培育，也没有办法培育。

② 鲁源生：《康熙治国要略》，东方出版社 2014 年版，第 86 页。

③ 鲁源生：《康熙治国要略》，东方出版社 2014 年版，第 145 页。康熙一朝有两个于成龙，一个是官至两江总督，有"天下第一廉吏"美称的于成龙，另一个就是这里说到被破格提拔为安徽按察使的于成龙。两个于成龙为官都很清廉，都曾受到康熙的赞誉。

召见于成龙的父亲加以奖赏,褒奖他教子有方。并把于成龙树为榜样,告诉汉军八旗子弟,"果有洁己爱民如于成龙者,朕立行擢用"①,如果有像于成龙一样洁己爱民的人,立即提拔。反之,如果仍然坚持错误,不思悔改,那么,国家自有法律,绝不会宽恕。

康熙也优礼清廉官员之后人。康熙五十七年,福建巡抚陈瑸病故,陈瑸是个清廉之官,康熙对陈瑸高度赞誉,"清官朕亦见之,如伊者,朕实未见,恐古人中亦不多得也。"(《康熙政要》卷十三,论尚廉第二十一)陈瑸担任台湾知县时,把俸禄三万两全部用于修理炮台等公事。担任闽浙总督时,应得银两也未曾沾染。在去世前,陈瑸上疏欲将自己积攒的官奉捐献给国库,陈瑸曾言:"贪官不在所取之多寡,取一钱,即与取千百万金等。"(《康熙政要》卷十三,论尚廉第二十一)由此可见,陈瑸确实可称为"知行合一"之人,所以,对陈瑸,康熙下令追授礼部尚书,"并荫一子入监读书"(《康熙政要》卷十三,论尚廉第二十一),显示了康熙对清廉官员后人的优礼。

此外,康熙还强调,要清退不肖之官。康熙五十三年,康熙告谕大学士等说:

> 举贤退不肖,正百官也,二者不可偏废。如但举贤而不退不肖,则贤者知所勉,而不肖者不知所惩。终非劝众之道。惟黜退不肖之员,则众人方知所戒,俱勉为好官矣。(《康熙政要》卷九,论择官第十)

康熙认为,举贤的同时要黜退不肖,否则,不肖者不知会受到惩罚,这并非劝人之道。只有黜退不肖之官,众人才会有所警戒,都会尽力去做好官。

客观而言,推举贤者做官固然重要,但黜退无德无能之庸官同样不容忽视,不肖官员不但会影响行政效率,也会败坏官场风气,所以,大力整治不肖之官是治官的重要措施。

---

① 　鲁源生:《康熙治国要略》,东方出版社 2014 年版,第 145 页。

（三）重教化、尚节俭

康熙认为，法令能禁一时，而教化则可以维持长久，故在康熙九年，谕礼部曰：

> 朕唯至治之日，不以法令为亟，而以教化为先。其时人心醇良，风俗朴厚，刑措不用，比户可封，长治久安，茂登上理。盖法令禁于一时，而教化维于可久，若待恃法令，而教化不先，是舍本而务末也。近见风俗日敝，人心不古，嚣凌成习，僭滥多端，狙诈之术日工，狱讼之端靡己。或豪富凌轹孤寒，或劣绅武断乡曲，或恶衿出入衙署，或蠹棍诈害良民，崔符之劫掠时闻，仇忿之杀伤叠见。陷罹法网，刑所必加。诛之，则无之可悯；宥之，则宪典难宽，念兹刑辟之日繁，良由化导之未善，朕今欲法古帝王尚德缓刑，化民成俗。（《康熙政要》卷二，论政体第二）

康熙感叹，刑法日益繁重，是因为教化引导不够完善，所以欲效法古代圣王崇尚道德轻缓刑罚，教化民众的习俗。提出了以下著名的康熙"圣谕十六条"：

> 敦孝悌以重人伦，笃宗族以昭雍睦，和乡党以息争讼，重农桑以足衣食，尚节俭以惜财用，隆学校以端士习，黜异端以崇正学，讲法律以儆愚顽，明礼让以厚风俗，务本业以定民志，训子弟以禁非为，息诬告以全善良，诫窝逃以免株连，完钱粮以省催科，联保甲以弭盗贼，解仇忿以重生命。（《康熙政要》卷二，论政体第二）

以上这些规定，是康熙教化民心、齐整风俗的基本纲领。康熙要求晓谕八旗、直隶各省府州县乡村等人，切实遵行。"圣谕十六条"文字精当、内容全面、影响深远。

康熙二十年，康熙告谕刑部、都察院、大理寺三法司说：

　　帝王以德化民,以刑弼教,莫不敬慎庶狱,刑期无刑。(《康熙政要》卷二十,论刑法第三十四)

　　帝王以道德教化人民,刑罚只是辅助手段,刑狱之事要谨慎,制定刑罚的目的在于不用刑罚,是谓"以德去刑"。与先秦法家"以刑去刑"相比,有本质区别,先秦法家是希望通过严厉的刑罚使人不犯法,而康熙则是把教化放在首位,突出教化的作用,使人不致犯法,最终不用刑罚。

　　康熙认为,教化以孝道为先。

　　康熙三十七年,告谕大学士等说道:"兴起教化,鼓舞品行,必以孝道为先。"他认为,"孝子尤宜褒奖。"八旗之中难道没有孝子吗?"其居官殷实者,行孝乃分内事耳。"(《康熙政要》卷十一,论孝治第十五)即言富有人家行孝是分内的事,对于贫苦之人,康熙认为,贫苦之人能够恪尽孝道并不容易,如果有,应当查明上奏。古代社会有很多朝代宣扬"以孝治天下",目的是使整个社会形成"孝道"文化,但行孝是以一定的经济基础为前提的,所以,康熙对八旗中贫苦之人能够尽孝者要求上报,将予以表彰。

　　节俭是历代开明的帝王共有的品质,康熙也大力提倡。

　　康熙十一年,康熙告谕礼部说:"帝王致治,首在维持风化,辨别等威,崇尚节俭,禁止奢侈。"(《康熙政要》卷十五,论奢纵第二十五)他认为帝王实现大治、崇尚节俭、禁止奢侈,是要务之一。

　　康熙对清朝的发祥之地满洲特别重视,认为"满洲乃国家根本",但满洲"嫁娶丧祭之仪,过于糜费,不可枚举"(《康熙政要》卷十五,论奢纵第二十五),造成许多债务,进而被人追债,康熙告谕八旗都统、副都统、六部满尚书等大臣,"尔等若能各修厥职,不负委任,禁嬉戏无益之事,劝善惩恶,则自感化矣。"(《康熙政要》卷十五,论奢纵第二十五)此告谕明确要求满洲各旗的管理者负起责任,提倡节俭,严禁嬉戏,惩恶扬善。从晚清八旗子弟的作为来看,游手好闲、不务正业者居多,成为一帮扶不起来的"阿斗"。可见,康熙当时的忧虑是有远见的。

　　康熙二十八年,巡幸浙江,体察民情后告谕随行的部院诸大臣说,听闻东南地方有许多巨商大贾,但在吴越州郡进行市肆贸易的大多是山西人,而本地人却很少。康熙认为"良由晋风多俭,积累易饶。南人习俗奢靡,家无储蓄"①,山西民风俭朴,日积月累容易富饶,南方人习俗奢靡,家中没有储蓄,一旦遇到水旱灾害,粮食歉收,生计就将陷入困顿。"苟不变易陋俗,何以致家给人足之风?"所以,康熙告谕随行臣子,传谕给将军、总督等官员,让百姓家喻户晓,"务使敦本兴让,崇俭黜浮。"②

(四)处理政务"以小见大"

康熙对"帝王当举大纲,不必兼综细务。"有自己的认识,他认为,"一事不谨,即贻四海之忧;一时不谨,即贻千百世之患。"(《康熙政要》卷一,论君道第一)一件事不谨慎,就会给天下造成忧患;一时不谨慎,就会造成千百年的祸患。因此,康熙自言,每办一件事都要谨慎小心,政务无论大小,"故朕于一应本章,见有错字,必行改正。"(《康熙政要》卷一,论君道第一)然后才予以发出,决不能马虎大意,这是朕的天性。四海之内百姓称颂朕的功德,哪里只能抓大事而不注意小节呢?

无论古今,政府部门掌握公权力,其办事效率一方面关系国家机器的正常运转,另一方面也关系百姓的切身利益。康熙二十二年,康熙针对刑部案件的迟滞问题,和大学士们商讨,认为,其他部门的案件即使稍有迟延,不过关涉一两个人,不会造成太大的伤害,如果刑部的案件延迟太久,那么,正犯和受牵连者人数较多且伤害无穷,所以,如何立法或去除弊源,可商议。康熙还认为,刑部不仅人命关天的大事延迟,就是杖笞鞭责的罪责也会拖延,故康熙谕令:"凡见审人犯,自宜早取口供,速行完结,庶不致无辜九禁,图圄淹滞,毙命其中。"(《康熙政要》卷十一,论宽仁十四),这样事情就不至于延迟,而定罪是否得当也可完全知晓。

康熙对这些事的过问可谓细致入微,康熙自己也认为,"此等小事,朕

---

① 鲁源生:《康熙治国要略》,东方出版社 2014 年版,第 174 页。
② 鲁源生:《康熙治国要略》,东方出版社 2014 年版,第 174 页。

不应苛察"①但面对现实,刑部事务拖沓,高高在上的皇帝不得不加以稽查。如果我们"读读"康熙的心理,表面上一个个小案件这样的小事,其实背后关系到黎民百姓生死或受到伤害的大事,最后是关系百姓是否赞同"清"统治的大事,那么,这样的站位就不是一般官员所能领悟得了。

(五)广开言路

康熙三十六年,康熙告谕吏部、都察院说道:

> 国家设立都御史及科道官员,以建白为专责,可以达下情而祛壅蔽,职任至重。使言官果能奉法秉公,实心尽职,则闾阎疾苦,咸得上闻,官吏贪邪,皆可厘赐。故广开言路,为图治第一要务。(《康熙政要》卷六,论求谏第六)

康熙认为,国家设立都御史及科道官员,应当以建议建言为职责,责任重大。如果言官能够奉公守法、实心尽职,那么,民间疾苦就可以上达到朝廷,贪腐奸邪的官员就可以清理剔除。因此,广开言路是君主励精图治的第一要务。

康熙认为,当时言官条奏的参劾章疏寥寥无几,偶尔有进呈的,但针对时政的直陈利弊的也很少,他认为,这不是设立言官的初衷,故:

> 自今以后,凡事关国计民生,及吏治臧否,但有确见,即应指陈。其所言可行与否,裁酌自在朝廷。虽言有不当,言官亦不坐罪。(《康熙政要》卷六,论求谏第六)

广开言路,需要一定的环境条件,康熙就为言官创造了这样的条件,言官上奏的关乎国计民生的条呈,即使有言语不当的地方,也不获罪。这样就

---

① 鲁源生:《康熙治国要略》,东方出版社 2014 年版,第 195 页。

为言官大胆进言创造了条件。康熙还告谕言官,从皇子诸王以及内外大臣官员,只要有贪虐不法、私结朋党、互相倾轧的事情发生,不必顾及情面,要据实指参。鼓励言官,不要畏惧权贵。即使是康熙本人有所失误,也应该给予指出,不会加以罪责。同时,也警示言官不要怀挟偏私,借故侵陷政敌。要涤清心志,做到忠诚正直。

康熙对言官是非常重视的,早在康熙六年,就告谕吏部、都察院说道:

> 设立言官,原为国家大事、兵民疾苦、内外官员贪酷等项,应许陈奏。理宜简约,真切直陈,以备采择。(《康熙政要》卷六,论求谏第六)

康熙特别强调言官陈奏关系国计民生的事情,要简约真切、直陈时弊。但当时康熙见到的言官上奏,在陈述事理之外,牵引比拟,多用浮华不实之言,敷衍了事,甚至有怀挟私利更改国家已经制定好的良法者。并且上奏本章原规定不得超过三百字,现在超字数的浮词太多。所以,康熙严令,对此现象必须改正,如若不改,要严加治罪。

康熙十一年,康熙召讲官等至懋勤殿,告谕道:

> 汉官中有请令言官以风闻言事者,朕思忠爱之言,切中事理,患其不多。若不肖之徒,借端生事,假公济私,人主不察,必至侵害善良,扰乱国政,危害甚巨。①

这是康熙对风闻言事的担忧,因为风闻言事是把"双刃剑",既可纠察百官,也可能随意举报,造成冤假错案,因此,康熙认为,必须谨慎从事,以免侵害善良,扰乱国政。

设立言官的初衷,康熙说得很明白,就是要言官劝谏君主、监察百官,使下情上达,纠正为政之过。但作为言官,如果没有死谏为忠的决心,那么,行

---

① 鲁源生:《康熙治国要略》,东方出版社 2014 年版,第 4 页。

使本职过程中,就会瞻前顾后,就会使言官制度想要取得的成效大打折扣。但制度本身的设置,是有益于国家治理的。

(六)力推"满汉和谐"

康熙十八年,康熙告谕吏部等衙门说:

> 凡臣子者,同寅协恭,自古皆然。今各部院办理事务,大小汉官,凡事推诿满官,事之得当,则归功于己,如事失宜,则卸过于人。至于入署,不待事毕,诿于满官,止图早归宴会游嬉,不为国家尽力担当,料理公务。自此以后,各宜协力同心,务尽厥职,不可仍前推诿。①

康熙认为,臣子都应该协力同心、尽职尽责,但现状是大小汉官把事务都推诿给满官,事情处理得当,功劳归自己,处理不当,就推卸责任。每天只贪图早点回家宴会游嬉,不为国家尽力料理公务。鉴于此,康熙告谕,自此以后,满汉群臣要协力同心、各尽其责,不可再行推诿。

又告谕等学士等说:

> 满汉论事,往往不能和衷。汉官每谓满官偏执,若汉官肯实心为公,据理辨论,满官岂有不从之理?若满官坚意偏执,汉官即当奏闻。②

这里,康熙点到了讨论朝政之事,认为,满汉官员往往不能和睦同心。汉官常说满官偏执,康熙认为,如果汉官肯实心为公,据理力争,满官岂有不从之理。如果满官仍然偏执,汉官可上奏告知。如果满汉官员都能够公而忘私、国而忘家、和衷协恭,没有什么祸患是不能平息的,国家何患不能实现大治。

---

① 鲁源生:《康熙治国要略》,东方出版社 2014 年版,第 92 页。
② 鲁源生:《康熙治国要略》,东方出版社 2014 年版,第 92 页。

纵观整个清朝的发展,都面临着一个现实的问题:处理满汉关系。我们在本章开始就提到多尔衮和顺治的"汉化"问题。到康熙时期,使康熙夙夜挂记的重要问题中就有满汉问题,这个问题处理得好,就为天下大治提供了前提。所以当时以康熙为代表的最高统治集团除了强制性的措施外,就是用感化的一手争取民心,康熙本人则是谆谆教诲其满汉臣子,要协力同心、尽职尽责,构建满汉和谐的官场氛围和社会氛围。

康熙四十八年,康熙告谕文武诸臣说道:"朕向待大臣,不分满汉,一体包容"①,并希望汉族大臣在"清议"时,能够针对所议政事发表意见,学以致用。

在地方官员的参劾中,康熙发现,"满洲所参,大抵皆汉人,汉人所参,大抵多汉军,皆非从公起见"②。依据当时的"大势"而言,满臣的地位明显优越。针对此情况,康熙在处理案件时,不偏袒满臣。在处理两江总督噶礼和江苏巡抚张伯行互相参劾案件时,两次派重臣调查,结果都是噶礼无罪,建议革除张伯行官职。康熙于是亲自过问此事,并根据二人平时为官表现和个人操守做出决定,张伯行无罪,噶礼个人操守不佳,被革除官职。此案表面看是噶礼与张伯行二人的个人恩怨,实际上反映了当时满汉大臣之间的矛盾。康熙两次挑选办案大臣,并做了一满一汉的安排,但这些办案的臣子,胡乱揣摩圣上的心思,处理结果仍有偏袒满臣之嫌,故康熙亲自断案,依据事实和对二人的了解,做出并不偏袒满臣的裁决。这一裁决的作用是不可小觑的,一方面压制了满臣的跋扈气焰,一方面使汉臣感受到了"圣上"的公允,日后会更加尽忠职守为朝廷办差。从这一事件也可以看出,康熙的战略眼光和治理天下的良苦用心。

(七)体恤臣、民

首先是对宰相的看法。康熙四十五年,康熙告谕大学士等说:

---

① 鲁源生:《康熙治国要略》,东方出版社 2014 年版,第 139 页。
② 鲁源生:《康熙治国要略》,东方出版社 2014 年版,第 141 页。

> 朕观前史,汉因灾异而重处宰相,此大谬也。夫宰相者,佐君理事之人,倘有失误,君臣共之,竞诿之宰相,可乎? 或有为君者,凡事俱付托宰相,此乃其君之过,不得独咎宰相也。(《康熙政要》卷八,论君臣鉴戒第九)

勤勉好学的康熙读史书看到,汉代因发生灾异而重处宰相,便对大学士们说,这种做法太荒谬了。宰相是辅佐君主处理事务的,如果为政出现失误,应当君臣共担,而不是单单处罚宰相。康熙还认为,有一种君主,把所有的政事全部交给宰相处理,如果出现失误就怪罪宰相,这也是君主的过错,不能只惩罚宰相。君主要勤理政事,出现为政失误,要勇于承担责任。

另外对地方官,康熙也多有包容,如康熙曾多次南巡,尽管谕令沿途所用钱财均由皇室钱财加以预备,但地方督抚仍要预备纤夫、修理桥梁、开浚河道、修筑道路等,这些钱必然要挪用地方财政帑银,以至地方财政出现亏空。但因为官员变动较大,有调走的,有致仕的,也有被迫离职的,那么,继任的官员就不得不面对这些亏空,康熙认为,"若将因公挪用,责之新任官赔补,朕心实不忍也。""以彼前各官挪用之亏空,而将后来者之奉扣补,于理不顺,朕心实为不忍。"①就是让继任官员还前任的债,他认为"于理不顺",并且如果靠地方赋税弥补亏空,地方官势必会增加百姓的负担,他心中也是不忍的。所以,下令亏空由国库负担,这既体现了对地方官的体恤,也体现了对百姓的怜悯。当然,国库的钱也是从民间汇聚来的,也是天下百姓的血汗钱,但由康熙这样一调拨,似乎暖暖的人情味就浸透其中了。

对于跟随巡幸的侍从,康熙也倍加体恤。康熙二十三年,巡幸口外地方,口外水草肥美但柴薪稀少,御膳房所用柴薪已经预备,其他侍从护卫各自携带柴薪前往,康熙看到上奏后说道,"凡事岂可独为朕一人计,要当为众人计也。朕所需用,岂致有误? 唯恐军士困乏,不能携带柴薪,一直窘迫。设使众人劳苦,朕有何乐?"康熙还说道,现在偶有一省水旱,都要开仓放粮

---

① 鲁源生:《康熙治国要略》,东方出版社 2014 年版,第 122 页。

赈济灾民,哪怕是边疆海岛,哪有让身边跟随的士兵饿肚子而艰苦跋涉。他告诉身边的大臣,要付好管理士兵的责任,也应该体恤群下。这些细微的地方康熙能够考虑得很全面,柴薪不仅能够熟食,更能赢得士兵的拥戴。

对民的体恤,集中反映在免税和赈灾、反对劳民伤财、"与民休息"和悯农。

康熙四十六年,告谕张玉书等臣子说:"朕在宫中,无刻不以民间疾苦为念。"①这是康熙在谈兴修水利,预防旱涝灾害时所发的感慨。如果联系康熙一生的治政经历,"时刻念民间疾苦"这一理念是贯穿始终的。

康熙四十九年,康熙告谕大学士、九卿说:"朕为天下生民计,蠲免各省钱粮,已逾万万"②。

康熙五十一年,康熙告谕大学士、九卿登说道:"屡岁蠲免,辄至千万"。(《康熙政要》卷十一,论宽仁第十四)即屡次蠲免的钱粮的数量甚至达到千万。可见,蠲免力度之大。

康熙五十二年,康熙对户部尚书张鹏翮说:"朕心惟百姓为重。今广东、福建沿海之府州县等处,正青黄不接之时,尚宜酌量免其钱粮。"张鹏翮回复,已经下令调运米粮赈济,到征收钱粮时,再向皇上请旨,但康熙认为,米谷虽然运去,但仅能够糊口而已,还是难以承担钱粮,遂果断下令,"不可迟延,今即其时矣"③。康熙的这一举动,解除了灾民的后顾之忧,体现了爱民之心。

康熙六十年,作为当时已经是中国古代历史上在位时间最长的帝王,群臣及皇子、皇孙们要为他操办登基六十年大典,康熙坚辞不受,告谕户部说:

> 目今直隶、山东、河南、山西、陕西,麦已无收,民多饥馁。屡令大学士、九卿议奏,茫无头绪。似此尚忍而不言,将来不知作何底止也!④

---

① 鲁源生:《康熙治国要略》,东方出版社 2014 年版,第 188 页。
② 鲁源生:《康熙治国要略》,东方出版社 2014 年版,第 122 页。
③ 鲁源生:《康熙治国要略》,东方出版社 2014 年版,第 128 页.
④ 鲁源生:《康熙治国要略》,东方出版社 2014 年版,第 130 页。

这一年,直隶、山东、河南、山西、陕西等地遭遇严重旱灾,粮食绝产,百姓饥馑、生活困苦,康熙对六十年庆典的请求坚辞不受,要求百官以百姓为念,献计献策,赈灾济民。

除赈灾减灾外,康熙还反对满足口腹之欲的劳民伤财。

康熙认为,作为君临天下的皇帝,想尝尽天下美味,什么样的要求达不到,但他感念百姓供给繁多,实在不忍。有一次,康熙夜半想吃烤羊,但告诫左右不要借用皇令向相关衙门索取,"恐膳夫奉行,沿为成例,徒糜有用之物"①,恐怕厨师奉令而行,成为定例,白白浪费有用的物品。康熙认为,这是必须引起注意的,不可不谨慎。对于皇帝来说,吃一餐是一个解决口欲的问题,实不为过,但对于百姓来说,皇帝的一餐可能就是一户百姓一个月的口粮开销,乃至一年的开销,所以,康熙不能使其成为定制,注意自己的一言一行是否给百姓带来了不便和损害。这种高高在上的皇帝的表率作用,在封建社会中引起的反响是巨大的,孔子的"政者,正也。"(《论语·为政》)说的就是这个道理。康熙在践行孔子的思想。

与民休息是历代开明的统治者常用的治国方略。

康熙十一年,告谕说:

> 从来与民休息,道在不扰,与其多一事,不如省一事。朕观前代君臣,每多好大喜功,劳民伤财,紊乱旧章,虚耗元气,上下讦嚣,民生日蹙,深可为鉴。(《康熙政要》卷一,论君道第一)

大臣熊赐履上奏,认为康熙所言,是君主治国的千古不变之理。"与民休息"、清静无为是中国古代黄老治国思想的精髓,康熙熟读史书,对历史上"好大喜功,劳民伤财"的后果了然于心,所以,希望以史为鉴,时刻保持警觉,以免重蹈历史覆辙。强调"为君之道,要在安静,不必矜奇立异,亦不可徒为夸大之言。"(《康熙政要》卷一,论君道第一)

---

① 鲁源生:《康熙治国要略》,东方出版社 2014 年版,第 156 页。

"敬"是康熙特别看重的,他认为,"从来帝王之治天下,未尝不以敬天法祖为首务。敬天法祖之实,在柔远能迩,修养苍生。"(《康熙政要》卷一,论君道第一)康熙把使远近宾服、百姓休养生息作为敬天法祖之实,是对先贤主张的继承,更是对现实的深刻洞见。

"与民休息"实质上就是恢复和发展社会生产、发展经济,增加社会财富的总量,就是富民,康熙曾说:"百姓足,君孰与不足?百姓不足,君孰与足?古今不易之理也。"(《康熙政要》卷一,论君道第一)

"自古国家长治久安之模,莫不以足民为首务。"(《康熙政要》卷十九,论务农第三十三)在古代,民富的主要途径是农业生产。清初,有许多荒地尚未开垦,康熙认为,使民富足,就要开垦荒地,并且把当时施行的垦荒六年后开始征收钱粮的定例改为十年之后开始征收,这无疑是一项鼓励垦荒的惠民政策。同时还鼓励各省官员对垦荒者给予经济资助,保护农民的合法权益。这些政策的实施,使康熙时期全国的耕地面积有了大幅度的提升。

安排好春播生产,康熙也时有过问。康熙二十九年告谕户部:"虽小民糊口有资,其籽料牛具,恐多匮乏。"(《康熙政要》卷十九,论务农第三十三)百姓可以糊口,但耕种所需的种子和耕牛等还很匮乏。当时正是春天来临之际,播种刚开始,如果不及时播种,秋天就不会有收获。所以,康熙谕令:"直隶被灾州县卫所,穷民有不能自备牛种等项者,该府督率有司劝谕捐输,及时分行助给,务令田畴遍得耕耰,毋致稍有荒芜。"(《康熙政要》卷十九,论务农第三十三)这是直隶的情况。对于八旗屯田士兵,如有无耕牛、种子者,相关官员也要酌情资助。使所有耕田不要错过播种的机会。在以农立国的古代社会,政府在青黄不接时对百姓给予接济,并资助耕牛种子,就是在维护国本,不论从主观还是从客观看,都具有积极意义。

康熙的恤民还在于劝导民众储藏粮食,康熙十八年,康熙告谕户部说:"自古耕九余三,重农贵粟,所以藏富于民,经久不匮,洵国家之要务。"[1]如果连年庄稼丰收,粮食充裕,百姓就不知道储存,任其散乱堆积,造成浪费,

---

① 鲁源生:《康熙治国要略》,东方出版社2014年版,第180页。

一旦遇到歉收年月,便会有流民。这种情况出现是因为平时地方官不关注百姓生计,没有很好地劝谕百姓所致,所以,康熙"著各该地方大吏督率有司晓谕小民,务令力田节用,多积米粮,俾俯仰有资,凶荒可备"①。在古代,很早就有粮食储备多寡与国运关系的论述,如"王者之法,国无九年之蓄积谓之不足,无六年之蓄谓之急,无三年之蓄曰国非其国也。"(《新书・忧民》)"国无九年之蓄曰不足,无六年之蓄曰急,无三年之蓄曰国非其国也。"(《礼记・王制》)康熙当然是站在统御天下的高度来说明储存粮食的重要性,既有对贤哲思想的继承,更有未雨绸缪的现实关照。

尽可能少地使用民力、"轻徭役"也是恤民的表现。

康熙三十年,总兵蔡元上疏说古北口一带长城边墙倾塌很多,请求进行修筑,工部等衙门批示同意修复,上奏朝廷,康熙告谕大学士等说:"蔡元所奏,未谙事宜。帝王治天下,自有本原,不专恃险阻。"康熙认为,帝王治理天下自有根本依据,不只靠地势险阻,秦代修筑长城以来,汉、唐、宋也经常修理,那些朝代难道就没有边患吗? 明朝末年,我太祖统领大兵、长驱直入、势不可挡,"可见守国之道,惟在修德安民。民心悦服,则邦本得而边境自固。"(《康熙政要》卷一,论君道第一)"修德安民",使"民心悦服"是康熙关注的重点,他认为这就是"众志成城",现在想要修复,兴工劳役,难道会无害于百姓? 而且,绵延数千里的长城,需要多少军兵把守,康熙认为,蔡元的奏言实属无益。从康熙所讲历史事实和现状来看,境界是非常高远的,"众志成城"说明他希望把民众的力量引导为国家的力量,并希望"修德安民",不无谓地使用民力,充分反映了他"治道"的可圈可点之处。

悯农方面,康熙二十八年(1689 年),康熙第二次南巡时,有人进献了一部《耕织图》,图中以诗画的形式介绍了耕织技术,康熙看后,十分欢喜,觉得"耕织图"这种形式可以作为教材,直观形象地教育官吏重农爱农和学习农桑知识。康熙返京后,命令宫中画师重新绘制《耕织图》,新图于康熙三十五年(1696 年)绘成,耕图二十三幅,织图二十三幅,共四十六幅,康熙亲

---

① 鲁源生:《康熙治国要略》,东方出版社 2014 年版,第 180 页。

自为《耕织图》作序,表达了深深地悯农之心,《耕织图》是一本非常形象的农桑教科书。

刑罚方面,康熙的基本主张是"宽缓刑罚"、珍爱生命。"律例繁简,因时制宜,总期合于古帝王钦恤民命之意。"①总的原则是符合古代圣王恤民之意。反对严刑峻法,为良好民风的形成创造条件。

(八)放眼现实、反对虚妄

佛教自东汉传入中国以来,对中国社会产生了较大的影响,有的朝代甚至将其奉为国教,比如梁武帝萧衍,数次舍身为僧,国家再耗费大量钱财把皇帝"请回",对整个社会造成的负面影响极大。康熙认为,"汉、唐以来,士人信从佛教者,往往有之。皆其识见愚昧,中无所主,故为所惑耳。"②唐太宗时期的名臣萧瑀出身显赫,又有治国之才,但他笃信佛教,上演了出家未果的闹剧,被唐太宗贬为商州刺史,康熙在读史书时看到这一记载,认为萧瑀没有主见,被佛教迷惑,实在愚蠢至极。

康熙五十年,左都御史赵申乔奏请禁止修建佛寺,康熙说道,最近发现直隶各省修建了很多寺庙。建寺庙,就会占百姓的农舍,建成之后,愚民又为僧侣的日常用度凑集银两,买来平民百姓的田地赠予他们,导致民田越来越少。况且很多游民冒充僧侣道士,窝藏逃犯罪人,净干违法之事,扰乱社会安定,对民生非常无益。所以,康熙下令,"各省督抚及地方官,除原有寺庙外,其创建增修,永行禁止"③。

辩证地看,佛教对于统治者而言,是把"双刃剑":一方面,佛教的"戒律"和教义中的教化内容有助于统治者的统治,另一方面,佛教的"沙门不敬王者"的"与君争民"和占有大量田产的"与君争利"会严重威胁君主的统治,所以,如何处理好国家政权与宗教的关系,需要高超的政治智慧。康熙对佛教的"抑"或"扬"完全是从其现实政治需要出发的:一方面在承德修筑

---

① 鲁源生:《康熙治国要略》,东方出版社 2014 年版,第 191 页。
② 鲁源生:《康熙治国要略》,东方出版社 2014 年版,第 158 页。
③ 鲁源生:《康熙治国要略》,东方出版社 2014 年版,第 167 页。

外八庙,以利用宗教笼络周边游牧民族,另一方面在中原地区下令限制寺庙的过度发展,避免民众为宗教蛊惑、舍家弃业,造成社会动荡。同时,康熙还极力表彰陈朱理学,以抑制佛教的发展。

康熙对所谓的"圣物"也持一种不屑的态度。

康熙巡幸蓟州,侍臣奏报说盘山佛寺有佛骨佛牙。还说佛牙大约宽二寸,长二寸有余。康熙告谕说:"故所谓圣贤,皆与人无异,故学尧则可至于尧,学舜则可至于舜,能忠则为忠臣,能孝则为孝子,此圣贤所以可贵也。若尔所言佛牙之大如此,则佛本天地间奇异之人,生来便不可学,有何用遵奉为哉?"康熙的意思是,圣贤和常人无异,所以,学尧则可达到尧的水平,学舜可达到舜的水平,学忠可为忠臣,学孝可为孝子,佛祖本是天地间奇异之人,生来便不可学,那遵奉他又是为什么呢? 康熙的认识体现了求真务实,因为在古代,把先贤圣化的事例比比皆是,圣人异象的记载更是不绝史书。但康熙认为,圣贤首先是人,常人只要努力去学习,向圣贤看齐,就能达到圣贤的修为。因此,康熙按常理推断,对奇异的"佛骨佛牙"加以否定,这是很难得的认识,需要勇气和胆识。

谶纬之说,在中国古代社会中的影响同样不可低估。

谶主要是预示吉凶的预言,《说文》:"谶,验也。有征验之书,河洛所出之书曰谶。"《四库全书总目》载:"谶者,诡为隐语,预决吉凶。"纬是相对于"经"来说的,是附会经学的一些书。学人多把"谶"和"纬"合称为"谶纬"。钟肇鹏先生认为:"谶纬思想的渊源可以上溯至邹衍"①"谶纬囊括自然、社会、人事各方面,其中不仅有解释六艺经典、文字训诂的,也有讲天文、历法、地理、古史、神话传说、典章制度等各方面的。把当时的自然科学和社会科学通通纳入依傍经义的神学系统——谶纬之中,构成一个包罗万象的神学体系。谶纬在东汉王朝成为统治思想,因之各种学术都笼罩在乌烟瘴气的神学迷雾之中,谶纬在东汉时代称为'秘经',实际上就是官方神学的

---

① 钟肇鹏:《谶纬论略》,辽宁教育出版社 1991 年版,第 82 页。

经典。"①

由于谶和纬说的都是各种隐语或隐言,所以常常将二者合一称为"谶纬之学"。史书中记载的"亡秦者胡也"(《史记·秦始皇本纪》)、"鱼腹丹书"(《史记·陈涉世家》)、"今年祖龙死"(《史记·秦始皇本纪》)等,都属于"谶纬之学"。

康熙认为,"谶纬之说,本不足据。"②对虚妄之说要保持清醒的认识。

对于巫术,康熙同样不予相信。中国古代巫术出现得很早,巫师的地位也很高,有时还会左右国家政策的制定。最著名的还有追求长生不老的修炼。康熙二十八年,康熙南巡至江宁,当地百姓王来熊进献《炼丹修身秘书》一册,康熙告谕随行诸臣说:

> 朕于经史之余,所阅载籍多矣。凡炼丹修养长生及师巫自谓前知者,皆妄诞不足信,但可欺愚民而已,通经明理者,断不为其所惑也。③

康熙还对司马光在《资治通鉴》中多次批判谶纬佛道、怪力乱神之说给予高度评价,认为"所论甚当"④。

对于淫祠滥祀,要严察禁革。

康熙二十五年,江宁巡抚汤斌上奏苏州上方山有五通邪鬼⑤的祀庙,应当予以焚毁。康熙告谕礼部说:

> 直隶各省淫祠滥祀,诬民惑众,俗尚甚多,有关风化,应行文直隶各省巡抚,严察禁革。违者按律治罪,该管官不行察出隐匿者,照例议处。⑥

---

① 钟肇鹏:《谶纬论略》,辽宁教育出版社1991年版,第89页。
② 鲁源生:《康熙治国要略》,东方出版社2014年版,第158页。
③ 鲁源生:《康熙治国要略》,东方出版社2014年版,第151页。
④ 鲁源生:《康熙治国要略》,东方出版社2014年版,第151页。
⑤ 五通邪鬼:即"五通神",是专事奸恶的妖鬼。
⑥ 鲁源生:《康熙治国要略》,东方出版社2014年版,第165页。

淫祠滥祀,在民间尤其是社会底层有广泛的基础和影响,容易蛊惑人心,往往与统治者的主流不符,轻者耗费民间财富,重者则会引起社会动荡,所以,历代统治者对其都高度警觉,并常常加以整治和打击。康熙诏令对淫祠滥祀"严察禁革"主要是为了维护统治的需要,但客观上对涤荡社会风气,防止民间财富无谓消耗起到了重要作用。

总的来看,康熙放眼现实,对一切虚妄之说秉承不予理睬或坚决反对的态度,这对治理国家益处良多。

(九)主张"学""行"结合,变革与稳定的统一

康熙十六年,告谕讲官说:

> 尔等进讲经书,皆内圣外王修齐治平之道。朕亦孜孜详询,每讲之时,必专意以听,但学问无穷,不在徒言,要唯当躬行实践,方有益于所学。尔等仍直言无隐,以助朕好学进修之意。(《康熙政要》卷一,论君道第一)

"内圣外王"、"修齐治平"都是古代帝王追求的境界。康熙对讲官所言,不仅要学习经书知识,更强调要躬行实践,把"学"与"行"结合起来。

康熙十八年,康熙告谕大学士等说:

> 自古帝王治天下之道,因革损益,期于尽善,原无数百年不弊之法。果属不可行者,自宜参酌事宜,归于可久。①

意为:自古帝王治理天下之道,要对以往的制度继承抛弃或者革除,以达到尽善尽美。本来就没有数百年不变之法,如果有的制度实属不可行,自应该商议新的制度,统治才能够长久。这里,康熙"原无数百年不弊之法"

---

① 鲁源生:《康熙治国要略》,东方出版社 2014 年版,第 163 页。

的认识是相当深刻的,这在"祖宗之法不可变"的年代无疑似"惊雷一声"。晚清龚自珍的"一祖之法无不弊"以当时"体制内"官员的视角表达了同样的声音,对唤起统治阶级"自改革"有无尽的期盼。

同时,康熙又认为,"至于制度制定,事可遵行,不宜议论纷纭,朝更夕改"①。亦即制度已经制定,并且在实践中能够较好地执行,那么,就不要再图口舌之快,纷纷议论,切记"空谈误国"。其实康熙强调的是,要保持制度的相对稳定性,不要朝令夕改,这种治国理念是有借鉴价值的。

(十)以史为鉴,居安思危

"以史为鉴,可以知兴替"。明智的帝王深深懂得这个道理。

编纂前朝史是历代封建王朝的惯例,但如何编纂则有所不同。康熙三十一年,康熙告谕修纂《明史》的诸位大臣时,分析了明代宦官在明朝灭亡中究竟起了什么样作用的问题,认为,"宦官为害,历代有之。明如王振、刘瑾、魏忠贤辈,负罪尤甚。崇祯之诛锄阉党,极为善政,但谓明之亡于太监,则朕殊不以为然。"对明代亡于太监之说不以为然,"明代朋党纷争,在廷诸臣,置封疆社稷于度外,惟以门户胜负为念。不待智者知其必亡,乃以国祚之颠覆,尽委罪于太监耶?"②由此可见,康熙认为,明代灭亡的重要原因是朋党纷争,不顾社稷的存亡。因此,他告诉修史大臣,修史的原则,一定要秉持公正,不应固执己见妄下结论。

修史的目的一方面是记录前朝的基本情况,另一方面是从中总结治国安邦的经验教训,如果能够客观记录、公正评价,后人就能以史为鉴,避免重蹈覆辙。康熙分析明代灭亡的原因,没有苟同众人的说辞,而是从一个新的视角进行分析,既讲明了道理,也是作为君王面对现实政局的忧患意识。

对于所谓的民间"暴乱",康熙认为,"前史民乱,率起于饥",历史上的农民暴乱,大多因为饥荒而起,"祸多生于所忽"。③ 这是康熙又一个独到的

---

① 鲁源生:《康熙治国要略》,东方出版社 2014 年版,第 163 页。
② 鲁源生:《康熙治国要略》,东方出版社 2014 年版,第 199 页。
③ 鲁源生:《康熙治国要略》,东方出版社 2014 年版,第 204 页。

认识，因为很多官员以为，百姓饥荒不足挂齿，只要赈济即可，但在康熙看来，百姓饥荒不可疏忽大意，饥荒往往是农民暴动的导火线，处置不当，就会形成燎原之势，后果不可估量，一定要引起高度警惕。

　　清朝作为中国历史上最后的封建王朝，从 1644 年入关到 1911 年被推翻，延续 267 年，这和康熙等清初几位帝王的励精图治是分不开的，清朝入关后，经过顺治短暂的过渡，传承"国祚"的责任很快压在了康熙的肩上，回头看历史，放在封建社会的大环境下，康熙作为帝王作出了不少合理的治国举措，值得称道，从客观上也有利于促进经济发展和民众生活的改善。

结语:古代治道与现代治理文化建设

　　不论是先秦思想家还是秦以后的封建帝王,他们所探讨的"治道"理论和实践都已经成为遥远的过去,但"历史经验值得注意,而理性的反省从来就是必须的"①。对历史的遍览必须要有对现实的观照,我们不断地寻觅古人的智慧,目的就是为当今服务。古人的"治道"理论与实践,就像一个万花筒一样丰富多彩,涉及治国、治吏、治民、发展生产、修身、养性等诸多方面,毋庸讳言,这些对我们当今"治理体系和治理能力"当有一些启示。

一、"威权政治"的反思及其现代内涵

　　我们认为,古代社会中的君主集权政治都属于"威权政治",威权政治与"君主专制"可以交汇,也可能不同。遵循规则的君主集权有其积极意义,随心所欲的君主集权便会滑向专制,是不可取的。

　　在中国古代,"大一统"一直就是帝王们的"心向往之"。要实现"大一统",就必须有强有力的中央权威,中央政府能够调动一切社会资源,为实现国家的统一和抵御外寇,使权力能够及时转化为执行力,从而达成既定的目标,所以。要用辩证的、时代的眼光看待"威权政治"。

---

　　① 　易中天:《帝国的终结:中国古代政治制度批判》,复旦大学出版社 2018 年版,第9 页。

具有高度权威的中央政府的存在，在古代很大程度也从宏观上维护了民众的利益。从历史上看，在特定的条件下，统治阶级的意愿与百姓的意愿有交融之处。比如为了发展生产采取的与民休息政策，对统治者而言是稳定统治，对民而言是恢复生产和生活趋于正常的机会，那么，统治者与民众的交汇点是大家都需要静下来、不折腾，此时，统治者与民的意愿是一致的。再如，抗击外侵，秦汉时期抗击匈奴的侵袭、唐代反击突厥边侵、清初抗击沙俄对领土的蚕食等，实现了边境的安定，使民众生产能够有序展开，这种御敌行为，朝廷与民众的愿望是一致的。还有，新的朝代建立后削平地方割据势力，实现社会稳定等。这些结果的达成，必须有强有力的中央政府的存在。回顾中国古代历史上若干分裂割据时期，社会动荡的情形，便会一目了然威权政府存在的必要和重要。

本著提到的秦始皇、汉武帝、唐太宗、朱元璋、康熙等封建帝王，他们都采取过一定的手段，强化过中央权威，他们强化中央权威的理念其实就是"治道"的重要组成部分。我们更能看到他们强化权威后做了很多事情（当然有的劳民伤财的事情是应该予以否定的），并且能够令行禁止，这也是他们能够在历史上留下一笔的重要凭借。

当今时代，为了民族的伟大复兴，需要在法治的框架内，凝聚可以凝聚的力量，共同实现伟大的目标。在现代治理文化建设方面，通过宣传和引导，使人们从历史的长河中汲取经验教训，达成共同的认识。

二、"民本"之启示到"人民至上"的治理理念

本著提到周公的敬天保民思想，是总结了朝代更替的原因后，看到"民"的力量，为了维护西周王朝的统治而提出了"怀保小民"，逻辑上也就是做到了顺应天意。周公推行的"仁德"政治就是重视百姓的具体表现。

孟子的民本思想，就其理论观点来看，是和战国时期的梁惠王、滕文公等国君谈话时讲的，和孔子一样，孟子为了实现其政治抱负，周游列国。每逢与所到国国君谈到治国方略时，孟子都会提倡其"仁政"主张。认为"乐

民之乐者,民亦乐其乐,忧民之忧者,民亦忧其忧。"希望有国君能够接受他的建议并付诸实践。从国家发展的大计而言,孟子的基本出发点是:民是统治者的财用之源,如他说:"劳心者治人,劳力者治于人,治于人者食人,治人者食于人"(《孟子·滕文公上》),民心向背决定统治者是否能够保有天下,如他说:"天时不如地利,地利不如人和"(《孟子·公孙丑下》),就此,孟子主要的政治也就是为了国家治理,是为统治者开出的治理国家的"药方"。但同时,孟子字字句句强调的是"民"的重要性。

荀子关于君民犹如"舟、水"的形象比喻,为统治者敲响了警钟。最具有代表性的是"贞观集团",唐太宗君臣经常坐而论道,探讨创业难还是守业难的问题,探讨"民"对国家的意义问题,唐太宗君臣作为统治集团的中枢,非常重视荀子关于"君""民"如舟水的观点,把其作为执政理念的指导,他们对民重要性的强调,显示了作为开明政治家的远见卓识。把这种认识运用于政治实践,出现了所谓的"贞观之治"。在"民本"这点上,即使是暴君也能认识到民的重要性,隋炀帝曾昭告天下:"非天下以奉一人,乃一人以主天下也。民惟国本,本固邦宁,百姓足,孰与不足!"(《隋书·炀帝纪上》)但他的作为完全背离了他的认识,断送了统治前程,使隋朝成为又一个中国历史上统一的短命王朝。隋炀帝的反面教材作用其实也正说明了民本"落地"的重要性。尽管我们没有把隋炀帝列入本书写作范围,但他有关"民本"的理论认识还是值得一提的。

朱元璋时期,由于出身比较贫寒,颇能了解民间疾苦,明朝初年他说:"天下初定,百姓财力俱困。譬犹初飞之鸟,不可拔其羽;新植之木,不可摇其根,要在休养安息。"①朱元璋能够清醒地认识到民的不易和重要性,故采取恤民、宽和政策,减免租税,为恢复和发展社会生产提供了宽松的政策环境。

客观来讲,"民为邦本,本固邦宁"等民本观念,是中国古代思想中的核心价值之一,但在传统社会中,实际上"民"并不是政治价值的主体,真正的

---

① [清]谷应泰撰:《明史纪事本末》(一),中华书局 2018 年版,第 195 页。

主体是君主，最终的结果是君本。那么，这是不是就没有现代的借鉴和启示呢？回答是否定的，我们认为，对任何思想的深刻分析必须放在其产生的时代，古代主观上的君本，前提是君主制，为了使君主制能够具有合法性，就必须赢得民众的拥护，至少是认可或不反对，考虑到这个前提，就必须对"民"表现一种姿态，客观上就必须重民、养民、恤民、利民、珍惜民力，这些思想转化而成的轻徭薄赋、发展生产、先德后刑、赈灾济民等具体措施，理性地评判是值得肯定的。理论上的表述，正如有学者所说："一个社会政治共同体的统治者和被统治者也会形成若干共识。无论出于对共同利益的维护，还是出于对公共权力的认知，都有可能导出君主与民众相互依存的理念。许多统治者也会标榜自己是公共利益的代言人和维护者。"[1]这种认识比较理性，笔者表示充分的认可。

鉴于此，我们可以对古代的民本思想和实践批判地吸收。当今，人民当家作主，人民至上，主权在民，人民成了真正的政治主体，通过选举产生人民代表"共商国是"，这就是民本思想在当今时代的反映。人民代表能够很好地代表人民的意愿，执政党能够秉持"立党为公、执政为民"的执政理念，这就是对凝结在中华文化传统中的民本思想的批判继承。实践中从"顶层设计"实现中华民族的伟大复兴，到具体而微的"精准扶贫"、"奔小康"等各项具体措施，更能够凸显人民政府把人民利益放在第一位的执政精神和实践。

三、德治与法治结合及其杂糅治理 措施之批判性继承

"德治"和"法治"是国家治理的主要方法。从先秦时期思想家的角度看，儒家侧重于"德治"，法家重视"法治"。从古代帝王治国措施的视角看，德、法结合或杂霸居多。"在这个意义上，中国古代专制主义政治理论的许

---

① 张分田：《中国古代统治思想研究》，人民出版社 2013 年版，第 48 页。

多政治智慧和政治理念具有毋庸置疑的现代价值。……中国古代专制主义政治理论和政治制度中一切具有普适性的因素都可以成为构建中国现代政治文明的传统文化资源。"①

我们梳理古代的"治道"理论和实践,可以发现一个明显的共同点,即"治道"措施的杂糅性。儒家倡导德治,但周公、孔子、孟子等,在主要强调德政、仁政外,都对法治留有很大的空间,"德主刑辅"的治理理念是不变的法则。荀子更是"礼法并举",把法看作是重要的治理手段。而以韩非为主要代表的法家,虽然强调"一断于法",但也强调君主的自身修养,韩非的"三顺"思想,即"臣事君,子事父,妻事夫,三者顺则天下治,三者逆则天下乱。"(《韩非子·忠孝》)为后来儒家"三纲"的形成提供了前提,可见,儒法是"你中有我、我中有你"。

思想的凝练必然反映到实际政治中,我们遍览古代统治者的"治道"实践,儒法皆用、礼法并用,乃至儒、法、道杂用,是常态,因为只有这样,才能实现其政治目的,收到治理的最佳效果。从一般意义上来讲,封建帝王与思想家那种理想化的思考还有区别,思想家考虑的是最好,封建帝王需要的是实用,只要是能够为巩固政治统治服务的,都会成为"治道"的因子,因此,真正运用于政治实践的方法和措施杂糅性更强,儒、法、道、墨、佛,乃至阴阳、数术等都可能囊括其中。

在古代凌乱的各式各样的"治道"思想和实践中,我们如何择取借鉴确实是个问题,犹如珍珠与漂亮的石子掺和在一起,只有细心摘选方可寻得所求。首先,时代的要求,我们要建立法治社会,"依法治国是党领导人民治理国家的基本方式",那么,古代先贤和封建帝王们所倡导的法治思想和实践中的有益成分,是可以适当借鉴和吸收的。其次,"德治"、"教化"是从古至今流传下来的治理社会和教育民众的重要方法,儒家有十分丰富的"德、教"思想,这些思想在当今赋予其新的内涵,便可以成为社会治理文化的重要组成部分。

---

① 张分田:《中国古代统治思想研究》,人民出版社 2013 年版,第 38 页。

四、"用人与吏治"的思想与实践对当代
公务员队伍建设之借鉴

从"治道"的角度而言，"用人"就是如何选官并管理之。包括对官吏的选拔、任用、考核、奖惩等，古代"治道"理论十分重视官僚队伍建设，"为政之要，惟在得人"。周公"一沐三捉发，一饭三吐哺，起以待士，犹恐失天下之贤人。"（《史记·鲁周公世家》）显示了对人才的渴望。"我亦不敢宁于上帝命，弗永远念天威。越我民罔尤违，惟人。"（《尚书·君奭》）治国惟用贤人。孔子、孟子、荀子等儒家代表主张"贤人政治"，孔子说："举直错诸枉，则民服；举枉错诸值，则民不服。"（《论语·为政》）荀子认为："王者之论，无德不贵，无能不官"《荀子·王制》，"外不避仇，内不阿亲"（《荀子·成相》）。可知，荀子主张任人唯贤、唯能，"贤"自然就成为儒家选拔官吏的标准，这一标准直接影响了整个封建社会官吏的选拔、考绩与奖惩。法家的御臣措施，有许多是拿不上台面的，必须坚决摒弃。但也有很多是可以为当今所借鉴的，如"因任而授官，循名而责实""必罚明威""信赏尽能"、"众端参观、听无门户"等，都有可取之处。

汉武帝从儒生中选拔人才，举贤良对策，尊儒术使"布衣之士"跻身朝廷，唐太宗"任官惟贤才"，"官不必备，惟其人。"（《贞观政要》择官第七）倡科举，使"天下英雄尽入吾彀"，同时，不拘一格用人才，儒家、法家、杂家、兵家等人士，只要能为政权服务，尽可施展才能，最终形成以唐太宗为首的高智商统治集团。选拔官吏，朱元璋认为，"布衣之士，新授以政，必先养其廉耻，然后责其成功。"[1]

对官吏的管理俗称"吏治"，"吏治"的好坏关乎国本，韩非曾谆谆告诫君主，"明主治吏不治民"，这一观点成为"治道"的重要内容。"治国先治吏"成为共识。朱元璋治吏手段达到了历代的高峰，他对贪鄙违法之吏毫

---

[1]　［清］谷应泰撰：《明史纪事本末》（一），中华书局2018年版，第198页。

不手软,贪污六十两银子便处死,官府衙门设有"皮场庙",警示官员要奉公守法。颁行《大诰》及《大诰续编》和《大诰三编》,并允许民众持诰押缚违法官员进京告状,这些措施,集吏治与反腐于一体,起到了一定的威慑作用。

当今,在公务员队伍建设中,在管理过程中,也有相关的法律、规范和规定,涉及考核、晋升、奖惩等,但在完善管理的同时,时有发生公务员渎职、违法的现象,不断敲响的警钟,昭示着需要更有力度的措施,以保证公务员"为民服务"的宗旨,在古代的"吏治"实践中有一些值得借鉴的措施。

五、居安思危忧患意识之当代认知

思想家的伟大之处在于思想的深邃和眼光的长远。荀子把君、民比喻为"舟"和"水"的关系,既包含了重民思想,也是在提醒统治者要有忧患意识。民可以载舟,也可以覆舟。

古代开明的统治者均有居安思危的意识。

周公的"惟德是辅",提倡德政并谆谆告诫年幼的成王和大臣要善待小民。小民看似羸弱,但正是一次次小民力量的积累,推动了朝代的更替,所以,提倡德政、怀保小民,不仅仅是重民,同时也是在为稳固统治而忧思。

唐太宗在和大臣们议论"创业难"还是"守成难"时,魏征回答:"观自古帝王,在于忧危之间,则任贤受谏。及至安乐,心怀宽怠,言事者惟令兢惧,日陵月替,以至危亡。圣人所以居安思危,正为此也。安而能惧,岂不为难?"(《贞观政要》君道第一)守成要居安思危,唐太宗深以为然。经常以隋亡为戒,"前事不远,吾属之师也"(《资治通鉴》《唐纪八》)。

另外,我们多次谈到的不同时期的执政者一再阐释的政权合法性,也可以看作是居安思危的表现,周公的"皇天无亲,惟德是辅",秦始皇、汉武帝、唐太宗的"封禅"等,一方面,说明自己政权的合法,另一方面也是居安思危的体现。一般说来,在古代社会,统治者提倡什么或强调什么,说明现实中已经很缺少这种东西,统治者极力去做什么,比如"封禅",似乎是在天下太平的时候向上天汇报政绩,其实更重要的是,向天下人宣告必须承认我的统治,这里边隐含的忧患意识凸显无疑。

当今,经济发展、社会稳定、人民生活逐步走向富裕,这些成就是有目共睹的。同时,也有隐患,比如较大的贫富差距、腐败问题等,这些隐患已经引起了高度重视,"坚持底线思维,做到居安思危",防范社会重大风险已经成为一项重要的工作。

再者,居安思危,还应该珍惜今天来之不易的和平生活。放眼世界,霸权主义、强权政治依然存在。我国周边总存在一些不和谐的声音,这些都应该引起高度重视,忧患意识时刻不能放松。

参 考 文 献

[西汉]贾谊:《新书》,阎振益、钟夏校注,中华书局 2000 年版。

[西汉]司马迁:《史记》,中华书局,1959 年版。

[西汉]刘安等:《淮南子》,许匡一译注,贵州人民出版社 1993 年版。

[西汉]韩婴撰:《韩诗外传集释》,许维遹校释,中华书局 1980 年版。

[西汉]刘向撰:《说苑》,向宗鲁校证:《说苑校证》,中华书局 1987 年版。

[西汉]董仲舒:《春秋繁露》,张世亮、钟肇鹏、周桂钿译注,中华书局 2012 年版。

[东汉]班固撰:《汉书》,[唐]颜师古注,中华书局 1962 年版。

[东汉]王符撰:《潜夫论》,[清]汪继培笺,上海古籍出版社 1978 年版。

[魏]王弼著,楼宇烈校释:《王弼集校释》,中华书局 1980 年版。

[南朝·宋]范晔撰,[唐]李贤等注:《后汉书》,中华书局,1965 年版。

[唐]吴兢:《贞观政要》,骈宇骞译注,中华书局 2011 年版。

[唐]魏征等撰:《群书治要》,载刘余莉主编《群书治要译注》,中国书店 2013 年版。

[唐]柳宗元:《柳河东集》,上海古籍出版社 2008 年版。

[宋]司马光:《资治通鉴》,胡三省注,中华书局 1956 年版。

[宋]司马光:《司马光集》,四川大学出版社 2010 年版。

[宋]朱熹:《朱子语类》,中华书局 1999 年版。

[宋]朱熹撰:《四书章句集注》,中华书局 1983 年版。

[明]黄宗羲:《明夷待访录》,段志强译注,中华书局 2011 年版。

[清]王先谦撰:《荀子集解》(上、下),沈啸寰、王星贤点校,中华书局 1988 年版。

[清]谷应泰撰:《明史纪事本末》(一),中华书局 2018 年版。

[清]章梫纂:《康熙政要》,中州古籍出版社 2012 年版。

[清]皮锡瑞:《经学历史》,周予同注释,中华书局 2011 年版。

[清]焦循撰:《孟子正义》(上、下),沈文倬点校,中华书局 1987 年版。

[清]张廷玉等:《明史》,中华书局 1974 年版。

《明太祖实录》,"中央研究院历史语言研究所校印"本1966年版。

《清实录》(第三册)《世祖实录》,中华书局1985年版。

安作璋、熊铁基:《秦汉官制史稿》,齐鲁书社1984年版。

蔡尚思:《中国礼教思想史》,上海古籍出版社2006年版。

蔡尚思:《中国传统思想总批判》(附补编),上海古籍出版社2006年版。

蔡尚思主编:《十家论孔》,上海人民出版社2006年版。

陈来:《古代宗教与伦理:儒家思想的根源》,生活·读书·新知三联书店2017年版。

陈来:《中华文明的核心价值:国学流变与传统价值观》,生活·读书·新知三联书店2015年版。

陈鼓应:《老子注译及评介》(增订重排本序),中华书局2015年版。

陈桐生译注:《国语》,中华书局2013年版。

陈春会:《前诸子时代的思想学说》,陕西人民出版社2011年版。

陈修武:《人性的批判:荀子》,中国友谊出版公司2013年版。

陈旭:《清官:研究传统中国政治文化的一个独特视角》,中国社会科学出版社2010年版。

陈奇猷:《吕氏春秋校释》,学林出版社,1984年版。

陈卫平、郁振华:《孔子与中国文化》,贵州人民出版社,2000年版。

陈苏镇:《汉代政治与〈春秋〉学》,中国广播电视出版社,2001年版。

晁福林:《天命与彝伦:先秦社会思想探研》,北京师范大学出版社2012年版。

曹锦清:《如何研究中国》,上海人民出版社2010年版。

戴木茅:《韩非君主观论析》,《哲学动态》2019年第2期。

冯友兰:《中国哲学史》(上、下),华东师范大学出版社2011年版。

冯友兰:《中国哲学简史》,北京大学出版社2002年版。

冯天瑜:《中华元典精神》,武汉大学出版社2006年版。

费孝通:《中国文化的重建》,华东师范大学出版社2014年版。

郭沫若:《十批判书》,科学出版社1956年版。

郭东旭:《燕赵法文化研究》(古代版),河北大学出版社2009年版。

辜堪生、李学林:《周公评传》,四川大学出版社2006年版。

葛兆光:《中国经典十种》,中华书局2008年版。

葛兆光:《中国思想史》(导论、第1、2卷),复旦大学出版社2005年版。

顾颉刚:《秦汉的方士与儒生》,上海古籍出版社2005年版。

顾德融、朱顺龙:《春秋史》,上海人民出版社2004年版。

谷方:《韩非与中国文化》,贵州人民出版社 1996 年版。

侯外庐、赵纪彬、杜国庠:《中国思想史》第一卷,人民出版社 1957 年版。

胡适:《胡适谈国学》,中国华侨出版社 2013 年版。

胡适:《中国哲学史大纲》,东方出版社 1996 年版。

胡平生:《孝经译注》,中华书局 1999 年版。

惠吉星:《荀子与中国文化》,贵州人民出版社 1996 年版。

韩星:《先秦儒法源流述论》,中国社会科学出版社 2004 年版。

黄仁宇:《中国大历史》,生活·读书·新知三联书店 2007 年版。

黄朴民:《王者无外——中国古代国家统一战略研究》,岳麓书社 2013 年版。

黄松筠:《华夷理论演变与中华民族形成》,《新华文摘》2020 年第 2 期。

金耀基:《中国民本思想史》,法律出版社 2008 年版。

金景芳:《中国奴隶社会史》,上海人民出版社 1983 年版。

金兆梓:《尚书诠释》,中华书局 2010 年版。

金春峰:《汉代思想史》,中国社会科学出版社 2006 年版。

金观涛、刘青峰:《兴盛与危机——论中国社会超稳定结构》,法律出版社 2011 年版。

金观涛、刘青峰:《中国思想史十讲》,法律出版社 2015 年版。

姜鹏:《汉武帝和他的时代》,学林出版社 2020 年版。

嵇文甫:《春秋战国思想史话》,北京出版社 2014 年版。

蒋庆:《政治儒学:当代儒学的转向、特质与发展》(修订本),福建教育出版社,2014 年版。

李泽厚:《中国古代思想史论》,天津社会科学院出版社 2003 年版。

李振纲:《中国古代哲学史论》,中国社会科学出版社 2004 年版。

李振纲:《智者的叮咛——先秦诸子的生存智慧》,河北大学出版社 2001 年版。

李振纲:《董仲舒思想五题》,《河北学刊》1999 年第 1 期。

李宗桂:《中国文化概论》,中山大学出版社 1988 年版。

李勇强:《焚书坑儒的真相:秦朝儒学》,中州古籍出版社 2014 年版。

李桂民:《荀子思想与战国时期的礼学思潮》,中国社会科学出版社 2012 年版。

李存山:《秦后第一儒——陆贾》,《孔子研究》1992 年第 3 期。

李世东、陈应发、杨国荣:《老子文化与现代文明》,中国社会出版社 2008 年版。

吕思勉:《先秦学术概论》,岳麓书社 2010 年版。

吕思勉:《中国大历史》,民主与建设出版社 2015 年版。

吕思勉:《秦汉史》,译林出版社 2016 年版。

吕庙军:《周公研究》,人民出版社 2012 年版。

刘泽华:《中国传统政治思想反思》,生活·读书·新知三联书店 1987 年版。

刘泽华:《中国政治思想史集》第一卷,人民出版社 2008 年版。

刘泽华:《中国政治思想史集》第二卷,人民出版社 2008 年版。

刘泽华:《中国政治思想史集》第三卷,人民出版社 2008 年版。

刘文典撰:《淮南鸿烈集解》(上、下),冯逸、乔华点校,中华书局 1989 年版。

刘毓璜:《先秦诸子初探》,江苏人民出版社 1984 年版。

刘永佶:《中国文化现代化》,河北大学出版社 1997 年版。

刘永佶:《中国官文化的奠基者与批判家——孔子与毛泽东》,山东人民出版社 1994 年版。

刘鄂培:《孟子大传》,清华大学出版社 1998 年版。

刘元峰:《〈论语〉大义》,河北大学出版社 2008 年版。

刘海峰、李兵:《中国科举史》,东方出版中心 2004 年版。

刘绪贻英文原著,叶巍、王进译,刘绪贻校:《中国的儒学统治:既得利益抵制社会变革的典型事例》,中国人民大学出版社 2014 年版。

楼宇烈:《中国文化的根本精神》,中华书局 2016 年版。

林语堂:《吾国与吾民》,江苏文艺出版社 2010 年版。

林喆:《权力腐败与权力制约》,法律出版社 1997 年版。

林剑鸣:《秦史稿》,中国人民大学出版社 2009 年版。

林剑鸣、余华青、周天游、黄留珠:《秦汉社会文明》,西北大学出版社 1985 年版。

陆玖译注:《吕氏春秋》,中华书局 2011 年版。

陆建华:《先秦诸子礼学研究》,人民出版社 2008 年版。

卢育三:《老子释义》,天津古籍出版社 1987 年版。

罗云锋:《礼治与法治》,法律出版社 2012 年版。

鲁源生:《康熙治国要略》,东方出版社 2014 年版。

梁启超:《先秦政治思想史》,东方出版社 1996 年版。

梁启雄:《韩子浅解》(上、下),中华书局 1960 年版。

雷戈:《秦汉之际的政治思想与皇权主义》,上海古籍出版社 2006 年版。

牟宗三:《历史哲学》,广西师范大学出版社 2007 年版。

牟宗三:《政道与治道》,广西师范大学出版社 2006 年版。

马平安:《中国政治史大纲》,新世界出版社 2015 年版。

马平安:《政治家与古代国家治理》,团结出版社 2018 年版。

孟森:《清史讲义》,民主与建设出版社 2015 年版。

孟宪实：《中国文化的延续性》，《新华文摘》2020 年第 5 期。

摩罗：《国王的起源：关于社会组织与政治权力的人类学思考》，中华书局 2014 年版。

南怀瑾：《论语别裁》下册，复旦大学出版社 2002 年版。

南炳文、汤纲：《明史》（上），上海人民出版社 2014 年版。

彭新武：《中国古代治国要略》，人民出版社 2018 年版。

潘乃樾：《孔子与现代管理》，中国经济出版社 1994 年版。

骈宇骞译注：《贞观政要》，中华书局 2011 年版。

钱穆：《国史大纲》（上、下），商务印书馆 1996 年版。

钱穆：《中国历代政治得失 政治·社会·人文》，广西师范大学出版社 2005 年版。

钱穆：《中国近三百年学术史》，商务印书馆 1997 年版。

钱穆：《先秦诸子系年》，商务印书馆 2015 年版。

钱穆：《周公》，九州出版社 2018 年版。

钱穆：《中国历史精神》，贵州人民出版社 2019 年版。

钱穆：《秦汉史》，生活·读书·新知三联书店 2004 年版。

漆侠：《漆侠全集》第一卷，河北大学出版社 2008 年版。

祁志祥：《"重写中国思想史"发凡——中国思想史若干重大问题的反思与构想》，《新华文摘》2020 年第 11 期。

施觉怀：《韩非评传》，南京大学出版社 2011 年版。

商聚德：《孔子的智慧》，河北人民出版社 1997 年版。

田延峰：《中华帝制的精神源头：秦思想的发展历程》，人民出版社 2011 年版。

唐燮军、翁公羽：《从分治到集权：西汉的王国问题及其解决》，浙江大学出版社 2012 年版。

汤可敬译注：《说文解字》，中华书局 2018 年版。

吴晗：《朱元璋传》，北方联合出版传媒（集团）股份有限公司万卷出版公司 2018 年版。

王国维：《观堂集林》（上、下），中华书局 1959 年版。

王玉哲：《中华远古史》，上海人民出版社 2019 年版。

王博：《老子思想的史官特色》，文津出版社有限公司 1993 年版。

王卡点校：《老子道德经河上公章句》，中华书局 1993 年版。

王文锦：《礼记译解》，中华书局 2001 年版。

王维堤、唐书文撰：《春秋公羊传译注》，上海古籍出版社 2004 年版。

王利器：《新语校注》，中华书局 1986 年版。

王利器：《盐铁论校注》，中华书局 1992 年版。

王守谦、金秀珍、王凤春：《左传全译》，贵州人民出版社 1990 年版。

王斐弘：《治术与权谋——韩非子典正》，厦门大学出版社 2013 年版。

王引淑：《中国传统政治哲学：十大著名思想家的治国方略》，华语教育出版社 1999 年版。

王绍玺：《中国学术思潮史》卷二，《经学思潮》，上海社会科学院出版社 2006 年版。

王炳照、徐勇主编：《中国科举制度研究》，河北人民出版社 2002 年版。

王世舜、王翠叶译注：《尚书》，中华书局 2012 年版。

王鸿生：《中国传统政治的王道与霸道》，《武汉大学学报》（哲学社会科学版），2009 年第 1 期。

王国轩、王秀梅译注：《孔子家语》，中华书局 2009 年版。

武树臣、李力：《法家思想与法家精神》，中国广播电视出版社 1998 年版。

夏曾佑：《中国古代史》，东方出版社 2012 年版。

徐复观：《徐复观论经学史二种》，上海世纪出版集团、上海书店出版社 2006 年版。

徐复观：《中国人性论史·先秦篇》，九州出版社 2014 年版。

徐复观：《两汉思想史》第一卷，华东师范大学出版社 2001 年版。

徐远和：《儒学与东方文化》，人民出版社 1994 年版。

萧公权：《中国政治思想史》，新星出版社 2010 年版。

徐克谦：《荀子：治世的理想》，上海古籍出版社 2009 年版。

邢义田：《天下一家：皇帝、官僚和社会》，中华书局 2011 年版。

熊铁基、马良怀、刘韶军：《中国老学史》，福建人民出版社 2005 年版。

熊铁基、刘韶军、刘筱红、吴琦、刘固盛：《二十世纪中国老学》，福建人民出版社 2002 年版。

胥仕元：《先秦儒道墨理想社会思想研究》，人民出版社 2018 年版。

胥仕元：《殷周秦汉国家治理思想及其工具性价值研究》，人民出版社 2015 年版。

胥仕元：《秦汉之际礼治与礼学研究》，人民出版社 2013 年版。

胥仕元：《孔子、孟子、荀子之"礼"论》，《学习与探索》2008 年第 6 期。

余英时：《士与中国文化》，上海人民出版社 1987 年版。

余英时：《中国思想传统的现代诠释》，江苏人民出版社 2003 年版。

杨伯峻：《论语译注》，中华书局 2006 年版。

杨向奎：《大一统与儒家思想》，北京出版社 2011 年版。

杨向奎：《宗周社会与礼乐文明》，人民出版社 1992 年版。

杨宽：《战国史》，上海人民出版社 2019 年版。

杨荣国:《中国古代思想史》,人民出版社 1973 年版。

杨天宇:《周礼译注》,上海古籍出版社 2004 年版。

杨光斌:《制度变迁与国家治理——中国政治发展研究》,人民出版社 2006 年版。

杨义:《韩非子还原》,中华书局 2011 年版。

杨生民:《战国秦汉治国思想新考》,金城出版社 2011 年版。

杨志刚:《千秋兴亡——六合一统》,长春出版社 2005 年版。

杨尚懂:《道德违约与先秦社会的政治变迁》,华夏出版社 2012 年版。

杨泽波:《孟子与中国文化》,贵州人民出版社 2000 年版。

易中天:《我山之石:儒墨道法的救世之策》,广西师范大学出版社 2009 年版。

易中天:《帝国的终结:中国古代政治制度批判》,复旦大学出版社 2018 年版。

姚中秋:《华夏治理秩序史》(第一卷)上册,海南出版社 2012 年版。

姚小鸥:《诗经三颂与先秦礼乐文化》,北京广播学院出版社 2000 年版。

于琨奇:《战国秦汉小农经济研究》,商务印书馆 2012 年版。

叶光大、李万寿、黄涤明、袁华忠译注:《贞观政要全译》,贵州人民出版社 1991 年版。

喻中:《二十二条君规:老子创设的君主义务规范》,《管子学刊》2020 年第 1 期。

赵明:《先秦儒家政治哲学引论》,北京大学出版社 2004 年版。

赵伯雄:《春秋学史》,山东教育出版社 2004 年版。

张觉:《荀子译注》,上海古籍出版社 2012 年版。

张觉:《韩非子译注》,上海古籍出版社 2016 年版。

郑开:《道家政治哲学发微》,北京大学出版社 2019 年版。

张岂之主编:《中国思想文化史》,高等教育出版社 2006 年版。

张分田:《中国古代统治思想研究》,人民出版社 2013 年版。

张允起:《政道溯源》,商务印书馆 2019 年版。

张永忠:《黄宗羲政治哲学思想研究》,人民出版社 2009 年版。

张奇伟:《亚圣精蕴——孟子哲学真谛》,人民出版社 1997 年版。

张宏杰:《中国人的性格历程》,陕西师范大学出版社 2008 年版。

张涛:《经学与汉代社会》,河北人民出版社 2001 年版。

张志林:《孔子正名思想的现代诠释》,《孔子研究》1996 年第 4 期。

周振甫:《诗经译注》,中华书局 2010 年版。

周光辉:《论公共权力的合法性》,吉林出版集团有限责任公司 2007 年版。

周桂钿:《秦汉思想史》,河北人民出版社 2000 年版。

周桂钿:《秦汉哲学》,武汉出版社,2006 年版。

钟肇鹏:《谶纬论略》,辽宁教育出版社1991年版。

邹昌林:《中国礼文化》,社会科学文献出版社,2000年版。

译著:

[德]马克斯·韦伯:《儒教与道教》,洪天富译,江苏人民出版社2010年版。

[德]阿尔伯特·史怀哲:《中国思想史》,常暄译,社会科学文献出版社2009年版。

[法]让-马克·夸克:《合法性与政治》,佟心平、王远飞译,中央编译出版社2002年版。

[法]孟德斯鸠:《论法的精神》上册,张雁深译,商务印书馆1961年版。

[美]费正清、赖肖尔主编:《中国:传统与变革》,陈仲丹等译,江苏人民出版社2012年版。

[美]顾立雅:《申不害:公元前四世纪中国的政治哲学家》,马腾译,江苏人民出版社2019年版。

[美]顾立雅:《孔子与中国之道》(修订版),高专诚译,大象出版社2014年版。

[美]赫伯特·芬格莱特:《孔子:即凡而圣》,彭郭翔、张华译,江苏人民出版社2010年版。

[美]本杰明·史华兹:《古代中国的思想世界》,程钢译,江苏人民出版社2008年版。

[美]狄百瑞:《东亚文明:五个阶段的对话》,何兆武、何冰译,江苏人民出版社2012年版。

[美]威廉·伊斯特利:《威权政治》,冯宇、邓敏译,中信出版集团2016年版。

[美]陆威仪:《哈佛中国史·早期中华帝国:秦与汉》,王兴亮译,中信出版社2016年版。

[日]浅野裕一:《古代中国的文明观》,高莹莹译,新星出版社2019年版。

[日]王柯:《从"天下"国家到民族国家》,上海人民出版社2020年版。

[日]佐竹靖彦主编:《殷周秦汉史学的基本问题》,中华书局2008年版。

[日]中村元:《东方民族的思维方法》,林太、马小鹤译,浙江人民出版社1989年版。

[英]凯伦·阿姆斯特朗(Karen Armstrong):《轴心时代(公元前800年—公元前200年):塑造人类精神与世界观的大转折时代》,孙艳燕、白彦兵译,海南出版社2010年版。

[英]崔瑞德、鲁惟一:《剑桥中国秦汉史》(公元前221至公元220年),杨品泉等译,中国社会科学出版社1992年版。

[英]崔瑞德:《剑桥中国隋唐史》(589—906),中国社会科学院历史研究所、西方汉学研究课题组译,中国社会科学出版社 1990 年版。

[英]伯特兰·罗素:《伦理学和政治学中的人类社会》,黄红宇译,上海译文出版社 2018 年版。

[意]尼科洛·马基雅维里:《君主论》,潘汉典译,商务印书馆 1985 年版。

后　记

在本书付梓之际，特别要感谢李振纲教授。李振纲教授是河北大学中国哲学重点学科、中国哲学二级学科博士点、哲学一级学科博士点的原创学科带头人，成果丰硕，在学界享有很高的声誉。先生在百忙之中对本书的框架结构设计、标题的语言表达等给予了指导，完成了第三章老子部分的撰写，并坚辞署名，这种高风亮节的精神令人敬佩。在此，对先生表示最衷心的感谢。

感谢中国人民大学彭新武教授。彭新武教授是课题"我国古代治理理念研究"的主持人，是彭教授的信任，使我们有机会对该问题进行研究，在此表示深深的谢意！感谢人民出版社曹歌副编审。

本课题开题时，参加开题的专家学者提出了许多建设性的意见和建议，本书在写作过程中充分予以吸收；在写作过程中，参考了学界一些专家学者著述中的观点。在此，均表感谢！

本书的出版，得到了河北大学燕赵文化高等研究院提供的经费支持，对此表示深深的谢意！

中国古代的"治道"是个非常宏大的范畴，我们自知水平有限，对此问题的思考仍有不足之处，敬请方家批评指正。

胥仕元
2021 年 7 月 30 日

责任编辑:曹　歌
封面设计:王欢欢
版式设计:岳秋婧
责任校对:吕　飞

图书在版编目(CIP)数据

中国古代治道理论与实践研究/胥仕元,李宏亮 著. —北京:人民出版社,
　2021.11
ISBN 978 - 7 - 01 - 023569 - 1

Ⅰ.①中…　Ⅱ.①胥…②李…　Ⅲ.①政治思想史-研究-中国-古代
Ⅳ.①D092.2

中国版本图书馆 CIP 数据核字(2021)第 135846 号

中国古代治道理论与实践研究
ZHONGGUO GUDAI ZHIDAO LILUN YU SHIJIAN YANJIU

胥仕元　李宏亮　著

人民出版社 出版发行
(100706　北京市东城区隆福寺街 99 号)

环球东方(北京)印务有限公司印刷　新华书店经销

2021 年 11 月第 1 版　2021 年 11 月北京第 1 次印刷
开本:710 毫米×1000 毫米 1/16　印张:22.25
字数:319 千字

ISBN 978 - 7 - 01 - 023569 - 1　定价:88.00 元

邮购地址 100706　北京市东城区隆福寺街 99 号
人民东方图书销售中心　电话 (010)65250042　65289539